KB155756

기업성장단계 주식투자

★★★★★ **특허받은 주식투자전략** ★★★★★

기업성장단계
주식투자

김상정 지음

국일증권경제연구소

기업성장단계는
경영과 투자의 솔루션이다

사업 사이클(Business Life Cycle)은 사업의 탄생, 성장, 성숙, 쇠퇴, 소멸의 Life Cycle을 의미한다. 세상의 모든 사업은 이 과정을 거친다. 사업가는 높은 수익을 내며 영속하기를 바라지만, 시간이 지나면서 이익은 감소하고 결국 시장에서 사라진다. 왜 사업은 영속되지 못하고 사라지는 것일까? 이 책에서는 기업의 장기성장 및 장기생존의 비결과 주식투자에서 성공하기 위해 어떤 기업에 투자해야 하는지에 대한 의문을 기업성장단계 모델의 관점에서 찾는다.

기업은 창업하여 소멸할 때까지 수많은 투자 및 경영에 관한 의사결정을 한다. 그 의사결정이 기업을 성장시키기도, 소멸시키기도 한다. 만약 동일한 제품을 취급하고, 동일한 성장단계에 있는 두 개의 기업이 서로 상반된 전략을 수행한다면 두 기업은 어떻게 될까? 아마도 둘 중의 한 기업은 의사결정 실패로 시장에서 사라질 수도 있다. 왜냐하면 그 성장단계에 적합한 경영해법을 찾은 기업만이 생존할 수 있기 때문이다. 그러므로 성장단계의 개념은 기업의 장기생존과 장기성장의 중요한 키워드가 되며, 장기투자에 성공할 기업을 찾는 데 도움이 된다.

Life Cycle 개념은 1960년경 제품 Life Cycle 개념에서 시작된 후, 기업 Life Cycle, 서비스 Life Cycle, 기술 Life Cycle, 사업 Life Cycle, 산업 Life Cycle, 국가 Life Cycle, 경기 Life Cycle, 소득 Life Cycle, 소비 Life Cycle 등 다양한 Life Cycle 개념과 이론으로 확장되었다. 생존과 번식이 자연계 생명체의 본능인 것과 같이, 기업과 국가라는 조직체도 역시 생존과 확장의 본능을 갖고 있다. 그러나 기업은 탄생과 성장, 성숙, 쇠퇴의 진화과정을 겪으며, 환경 속에서 살아남거나 소멸된다. 따라서 기업 Life Cycle의 발생원인과 활용방법에 대하여 아는 것은 성공적인 기업 경영과 투자 관점을 갖게 한다.

이 책은 주식투자자에게는 보유주식의 성장단계를 확인하고 미래의 성장방향을 예측하게 하며, 보유주식이 처한 경영환경과 저평가/고평가 여부를 판단하는데 필요한 기법과 전략적 팁을 제공한다. 그리고 경영자에게는 기술, 사업, 기업, 산업, 국가 Life Cycle 간의 연쇄사슬 관계를 이해함으로써 기업이 당면한 문제의 해석력을 높이고, 문제의 적절한 해법을 찾을 수 있도록 돕는다.

이 책의 효과를 구체적으로 살펴보면 다음과 같다.

첫째, 기업의 성장단계를 알게 됨으로써 기업의 성장 방향을 파악하는 계기가 된다.

기업의 성장단계를 안다는 것은 그 기업의 현재와 미래 모습에 대한 정보를 획득하는 것이다. 경영자는 이미 다양한 경로를 통해 내 회사가 어려워지고 있음을 직감하고 있지만, 쇠퇴단계 또는 말기단계기업이라고 명시적으로 알게 되면, 임직원에게 특별한 경각심을 주고 새로운 각오를 다지게 하는 계기가 될 수 있다. 한편 주식투자자에게는 이 정보가 매도매수전략을 변경하라는 신호등이 될 수 있다.

둘째, 성장단계별로 경영문제의 발견과 해결에 도움을 준다.

성장단계 정보는 기업 경영자와 투자자에게 해당 기업이 어떤 성장통을 겪고 있고, 어떤 노력을 해야 하는지 그 방향을 제시해 준다. 기업은 성장단계에 따라 직면하는 경영문제와 그 해결방법이 다르다. 기업이 성장단계에 수반되는 경영의 문제점을 미리 알고 대비한다면 적은 비용과 노력으로 문제가 해결되며, 기업의 경쟁력 강화로 이어질 수 있다. 이 책에서는 성장단계별로 나타나는 경영특징과 성장통에 대하여 설명한다.

셋째, 성장단계 개념을 경영에 접목하여 지속가능경영을 할 수 있다.

기업 안에는 초기, 성장, 성숙, 쇠퇴, 말기단계 사업 등 다양한 사업포트폴리오를 가지고 있다. 경영자는 성장단계 이론을 활용하여, 보유한 쇠퇴단계 사업을 리모델링 또는 매각하고 신규사업을 도입함으로써 기업의 생존력을 강화시키고, 장기 수익성을 회복시킬 수 있다. 이러한 전략적 선택이 지속가능경영을 할 수 있게 한다.

넷째, 컨설팅업계 경영전략 도구 구축에 기여한다.

경영학 및 경영컨설팅 분야에는 수십 년간 많은 경영전략 도구들이 소개되었다. 컨설턴트가 사업포트폴리오 관리와 성장전략 수립시 이 책에서 소개한 기업성장 6단계 프레임을 접목하여 사용한다면 기존의 전략도구들을 효과적으로 보완하고, 기업의 경영환경과 경영문제 그리고 솔루션을 찾는 데 확실한 도움을 얻을 것이라 생각한다.

다섯째, 기업의 성장단계별 경영특성 연구에 프레임을 제공한다.

이 책에서 소개하는 기업성장 6단계 분류법은 주가와 재무지표의 계량적 수치를 이용하여 성장단계 분류를 하기 때문에 분류된 자료의 객관성과 비교가능성을 매우 높인 방법이다. 이 분류법을 활용하여 기업을 분류하고 성장단계에 따른 현금흐름, 수익, 지배구조, 리더십, 마케팅, 인사조직, 주식시장 등의 경영특성을 연구한다면 보다 많은 경영연구에 쉽게 접근할 수 있을 것으로 판단한다.

여섯째, 성장단계에 따라 기업가치를 정확하게 평가한다.

기업가치를 평가할 때 기업의 성장단계를 고려하지 않으면 기업가치가 왜곡될 수 있다. 성장단계별로 평균PBR과 평균PER이 다른 이유는 기업의 성장단계별로 성장률이 다르기 때문이다. 사업의 수익은 지속되는 것이 아니라 어느 단계에서는 하락한다는 것을 고려하여 미래 추정이익을 계산해야 하며, 성장단계에 따라 자산가치와 수익가치 비중을 다르게 고려하여 기업가치를 평가해야 정확한 기업가치를 산출할 수 있다.

일곱째, 매매시점 판단과 저평가/고평가 분석으로 성공적인 주식투자를 이끈다.

내가 보유한 주식이 가진 초기, 성장, 성숙, 쇠퇴, 말기, 재기단계의 성장단계 정보는 기업의 성장방향을 예측할 수 있게 함으로써 매매시점 판단에 중요한 도움을 준다. 한편 기업은 성장단계에 따라 서로 다른 시장환경과 재무적 특징을 가지고 있는데, 성장하는 기업은 PBR>1이고, 쇠퇴하는 기업은 PBR<1이다. 상장기업을 성장단계별로 구분하고, 성장단계별로 평균PBR, 평균PER, 평균ROE를 산출한 후에, 개별 투자대상 기업의 PBR, PER, ROE를 산출하여 상호 비교하면 저평가/고평가 여부를 확인할 수 있다. 이에 대한 상세한 설명은 제10장에서 한다.

여덟째, 각 나라의 국가성장단계 비교와 추이를 파악할 수 있다.

국가성장단계를 파악하는 방법으로 각 나라 상장주식의 기업성장단계 분포를 살펴보는 것으로 국가성장단계 비교와 추이를 파악할 수 있다. 한 국가의 상장주식에는 그 나라 경제를 이끌어가는 글로벌기업, 대기업, 강소기업이 대부분 포함되어 있다. 그러므로 상장주식들은 그 나라의 경제력을 대변한다고 말할 수 있다. 예를 들어 상장주식 중에 쇠퇴단계기업, 말기단계기업, 재기단계기업의 비중이 높다면 그 국가의 경제력은 많이 노화되었다고 우회적으로 판단할 수 있다.

이 책은 다음과 같은 독자층에 도움을 줄 것으로 기대한다.

첫째, 주식투자자, 애널리스트, 펀드매니저

투자한 주식의 성장단계를 파악함으로써 투자한 기업의 성장 방향을 예측하고, 그 회사의 경영문제와 개선방안을 파악하며, 매도매수 전략 수립에 참고할 수 있다. 그리고 성장단계모델을 활용하여 주식의 저평가/고평가 여부를 분석해 볼 수 있다.

둘째, 기업경영자 및 임직원

사업부 또는 기업 전체의 성장단계를 분석하여, 성장단계별로 직면하게 되는 경영문제를 미리 파악하고 해결방안을 찾아가는 데 도움을 줄 수 있다.

셋째, 경영컨설팅 전문가

성장단계별로 경영과제와 해법이 다르므로, 자문기업의 성장단계를 분석하고 그 기업의 상황에 맞는 컨설팅 방향과 성장전략, 성장동력을 찾아내는 데 도움이 된다.

넷째, 경영분야 연구자

기업성장 6단계 분류방법을 활용하여 연구대상기업을 분류하면, 성장단계별로 마케팅, 회계, 인사, 재무, 전략, 기업가치 등 경영특성에 대한 연구에 용이하다.

이 책이 성공적인 경영과 투자를 추구하는 기업과 개인에게 성장동력이 되길 기대한다.

기업성장단계연구소 대표

김상정

차례

1장	성장단계가 왜 중요한가

2장	성장단계란 무엇인가

성장단계가
왜 중요한가

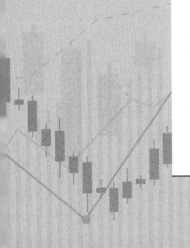

1. 기업성장의 방향을 파악하게 한다.
2. 경영문제의 발견과 해결에 도움을 준다.
3. 경영에 접목하여 지속가능경영에 기여한다.
4. 컨설팅업계 경영전략 도구로 사용된다.
5. 기업의 성장단계별 경영특성 연구에 프레임을 제공한다.
6. 성장단계에 따라 기업가치를 정확하게 평가한다.
7. 매매시점 판단과 저평가/고평가 분석으로 성공적인 주식투자를 이끈다.
8. 각 나라의 국가성장단계 비교와 추이를 파악할 수 있다.

기업성장의 방향을 파악하게 한다

　기업의 성장단계는 초기, 성장, 성숙, 쇠퇴, 말기, 재기단계로 자연적인 진화를 거친다. 진화 과정에서 기업이 신규사업에 진출하여 사업포트폴리오를 바꾸지 않는다면 기업 소멸은 시간문제이다. 근본적인 변경 없는 경영진의 노력은 그 시간을 늦출 수 있을 뿐이다. 그러나 기업의 성장단계를 알게 되면 그 기업의 현재와 미래 모습에 대한 중요한 정보를 획득하게 된다. 쇠퇴단계기업의 경우 경영자는 이미 다양한 경영정보를 통해 내 회사가 어려워지고 있음을 직감하고 있지만, 쇠퇴단계 또는 말기단계기업이라고 명시적으로 알게 되면, 임직원에게 특별한 경각심을 주고 새로운 각오를 다지게 하는 계기가 될 수 있다. 한편 주식투자자에게는 이 정보가 매도매수전략을 변경하라는 신호등이 될 수 있다.

　기업의 성장단계는 그 기업이 보유한 제품 성장단계의 합으로 이루어진다. 예를 들어 단일 제품을 가진 기업은 그 제품의 성장단계와 기업의 성장단계가 동일하다. 이때 제품이 시장에서 성장하면 기업도 같이 성장하고, 제품이 소비자로부터 외면받아 시장에서 소멸되면 기업도 같이 시장에서 사라진다. 그러나 여러 제품을 보유한 기업의 경우에는 각 제품의 성장단계의 합이 기업의 성장단계가 되기 때문에, 한 제품의 소멸로 기업이 폐업까지는 가지 않고 회사의 경영상황이 악화되는 정도일 것이다.

주식투자자의 경우 내가 투자한 상장주식이 어느 성장단계에 있는지를 이 책의 부록 〈한국상장법인의 성장단계 일람표〉를 통해 확인할 수 있다. 내가 보유한 주식의 성장단계에 따라 매도매수 전략을 변경해야 한다. 그리고 해당 주식의 경영진이 성장단계에 적합한 경영을 하는지 면밀하게 검토할 필요가 있다.

경영문제의 발견과 해결에 도움을 준다

기업을 성장시키기 위해서는 많은 성장통과 경영과제를 넘어서야 한다. 대부분의 경영자들은 기업의 성장단계에서 직면하는 성장통과 경영과제에 대해 사전에 충분히 예측하지 못한 상태에서 직면하게 된다. 문제가 드러난 이후에 해결하려면 많은 시행착오와 비효율성이 발생한다. 그러므로 경영자는 내가 속한 기업의 성장단계를 사전에 예측하고, 그 성장단계에 대한 성장통과 경영과제에 대한 해결책을 미리 준비해야 성공적인 경영을 할 수 있다.

기업성장단계 정보는 기업 경영자와 투자자에게 해당기업이 어떤 성장통을 가지고 있고 어떤 노력을 해야 하는지 방향을 제시해 준다. 창업 초기단계에는 기업가정신과 자질, 시장 적응력이 매우 중요하다. 임직원의 도전정신이 없다면 어려운 근무환경을 이겨낼 수 없다. 또한 부족한 자금조달도 애로사항이다. 성장단계에서는 기술인력 관리와 생산시설 확대의 문제, 경영시스템 미구축 문제가 있다. 경쟁사가 생겨나기 때문에 기술인력 유출에 주의해야 하며, 대규모 설비투자를 위한 저리자금 조달이 기업의 경쟁력에 큰 영향을 미친다. 성숙단계에서는 조직안정화에 따른 인력관리 문제, 경영관리의 문제가 본격화되는 시기이다. 시스템 관리를 통한 원가절감과 운영 효율화를 위한 노력이 필요하다. 매출을 더욱 확대하기 위해 해외진출도 절실하다. 쇠퇴단계에서는 매출성장 하락에 대한 문제, 신규사업의 필요성이 대두된다. 기존사업의 기술과 디자인을 변경하여 제품수명을 연장시켜야 한다. 말기단계에서는 신규사업 부재와 기업내 혁신이 경영과제로 등장한다. 이것을 해결하지 못하면 기업은 더욱 어려워진다. 재기단계에서는 신규사업 진출과 영업적자 해소, 그리고 자금부족이 경영과제로 등장한다.

기업이 성장하면서 수반되는 성장통과 경영의 문제점을 미리 알고 대비한다면 적은 비용과 노력으로 문제가 해결되며, 기업의 경쟁력 강화로 이어질 수 있다. 이 책의 제6장에서는 성장단계별로 나타나는 경영특성과 성공과제에 대해 설명하였다. 기업의 리더는 성장단계별로 분석된 경영특성과 성공과제에 적합한 성장동력을 선택하고 그것을 경영전략에 반영하는 일을 지속적으로 추구해야 한다. 필요시 외부 컨설팅기관의 협력을 받아 경영혁신의 기회를 가져야 한다.

경영에 접목하여 지속가능경영에 기여한다

지속가능경영은 본래 기업을 둘러싸고 있는 각종 경영환경과 지속적인 소통을 통하여 사회적 책임을 다하고, 기업의 위험을 축소하여 기업의 생존력과 기업의 경쟁력을 강화시키자는 개념이다. 그러나 여기에서 말하는 지속가능경영은 사업의 포트폴리오 관리를 강조하기 위해서 사용하였다. 기업은 초기단계사업, 성장단계 사업, 성숙단계사업, 쇠퇴단계사업, 말기단계사업, 재기단계사업 등 다양한 사업포트폴리오를 가지고 있다. 경영자는 사업이 안정되고 자금이 풍부한 성숙단계에 진입하면 새로운 신규사업을 모색해야 한다. 성숙단계에 진입하면 많은 경쟁자가 나타나게 되는데, 새로운 경쟁기업이 신제품을 가지고 시장에 진출하여 시장점유율을 빼앗아 간다면 급격히 수익구조가 악화될 수 있다. 그러므로 성숙단계에 진입하면 신사업팀을 조직하여 신제품을 출시하고 신규사업에 진출해야 한다. 경영자가 이 시기를 놓친다면 기업은 순식간에 무너질 수 있다. 대표적으로 MP3플레이어 제조업체를 예로 들 수 있다. 새로운 디지털음악재생장치로 각광을 받아서 주식시장에 상장되었지만, 모바일 핸드폰에서 MP3 재생이 가능해지면서 매출이 급격히 감소되고 주식시장에서도 사라지게 되었다. 그러므로 기업이 쇠퇴단계에 진입하면 사운을 걸고 사업을 리모델링 하거나 매각하고 신규사업 진출에 전력을 다해야 한다. 쇠퇴단계는 기업의 사업구조조정과 경영전략 컨설팅이 가장 필요한 시기이다. M&A를 통한 신규사업 진출을 적극 고려하고, M&A를 통한 경쟁기업 인수도 고려해야 한다. 이러한 노력들이 기업의 생존력을 강화시킬 수 있으며, 기업의 수익성을 더욱 오랫동안 지속시킬 수 있다. 그러므로 내가 소속된 기업의 성장단계를 모니터링 하고 경영환경을 지속적으로 점검하며 필요한 경영전략을 수행한다면, 기업의 수명을 더욱 연장시키며 기업의 지속가능경영 목표를 달성할 수 있다.

컨설팅업계 경영전략 도구로 사용된다

기업은 창업하여 소멸할 때까지 경영환경에 적응하면서 경영에 따른 수많은 의사결정을 하게 된다. 그 의사결정에 따라 기업은 부흥하기도 하고 쇠락하기도 한다. 만일 제품의 성장단계가 다른 기업이, 서로 처한 경영환경이 다름에도 불구하고 경영에 있어 같은 의사결정을 한다면 그 기업들은 어떻게 될까? 아마도 둘 중의 한 기업은 경영실패로 인해 시장에서 사라지게 될지도 모른다. 왜냐하면 조직이 경영목표를 달성하기 위해서는 성장단계별 경영전략이 달라야 하기 때문이다. 기업의 성장단계별로 경영과제가 다르다는 것은 여러 학자들의 연구를 통해 검증되었다. 성장단계에 직면한 경영과제를 넘어서야 기업은 성장할 수 있으며, 경영과제의 해결이 곧 성공요건이라 할 수도 있다. 플램홀츠 & 랜들(Flamholtz & Randle)[*]은 이러한 경영과제를 성장통(Growing Pains)이라는 용어로 표현하였다. 그러므로 기업성장단계라는 분석도구는 컨설팅 대상기업의 기업경영환경과 기업전략 간의 관계를 설명하는 매우 중요한 경영전략 프레임이라고 할 수 있다.

경영전략 컨설팅 분야에서는 기업의 핵심역량 구축을 중요하게 다룬다. 그 이유는 핵심역량이 경쟁력과 기업수익 창출의 원천이 되기 때문이다. 그래서 컨설턴트는 기업의 핵심역량 구축에 중점을 두고 컨설팅을 진행한다. 기업성장단계 측면에서 볼 때, 초기단계는 핵심역량의 발생 시기, 성장단계는 핵심역량의 강화 시기, 성숙단계는 핵심역량의 완성 시기, 쇠퇴단계는 핵심역량의 분산 시기, 말기단계는 핵심역량의 소멸 시기, 재기단계는 새로운 핵심역량 재구축 시기이다. 컨설턴트가 기업의 성장단계를 재무적인 기준에 따라 손쉽게 구분할 수 있다면, 컨설팅 대상기업의 경영문제와 핵심역량의 수준을 보다 명확하게 분석할 수 있다. 또한 컨설팅 대상 기업들을 성장단계별로 상호 비교 분석하고 솔루션을 축적해 나가는 일이 용이해질 것이다.

경영컨설팅 분야에는 많은 경영전략 이론과 도구가 소개되어 있다. 경영전략이론으로는 블루오션전략, 인접성이론, 교통신호이론, 육성이론 등 수많은 이론이 있다. 경영전략 도구에는 보스턴컨설팅의 성장단계별 성장-점유율 매트릭스 분석기법, 맥킨지의 시장매력도-시장경쟁력 매트릭스 분석기법, 사업위치별 시장전략, 제품성장단계별 추천전략, 사업성장단계별 수평선전략, ADL컨설팅의 성장단계별

---

[*]   Eric G. Flamholtz, Yvonne Randle, 이광준 역, 2000(원문), 2002(번역), 기업성장을 방해하는 10가지 증상(원제 : Growing Pains), 매일경제신문사

포트폴리오 매트릭스전략 등이 있다. 컨설턴트가 사업포트폴리오 관리와 성장전략 수립시 이 책에서 소개한 기업성장 6단계 프레임을 접목하여 사용한다면 기존의 전략도구들을 효과적으로 보완하고, 기업의 경영환경과 경영문제 그리고 솔루션을 찾는 데 큰 도움이 될 것으로 기대한다.

기업의 성장단계별 경영특성 연구에 프레임을 제공한다

기업성장단계에 따른 경영특성에 대해서는 지난 50여 년간 많은 학자의 논문이 발표되었다. 기업의 성장단계별로 현금흐름, 수익, 지배구조, 리더쉽, 마케팅, 인사조직 등의 경영특성이 서로 다르다는 것이다. 기존의 성장단계 분류방법은 군집분석의 방법을 사용하였으나, 본서에서 소개하는 기업성장 6단계 분류법은 주가와 재무지표의 계량적 수치를 이용하여 성장단계를 분류하였기 때문에 자료의 객관성과 비교가능성이 매우 높다. 이 분류법을 활용하여 기업을 분류하고 성장단계에 따른 현금흐름, 수익, 지배구조, 리더십, 마케팅, 인사조직, 주식시장 등의 경영특성을 연구한다면 보다 많은 경영연구를 할 수 있을 것으로 판단한다. 기존에 발표된 경영학자들의 기업성장단계의 경영특성과 성공과제에 대한 연구는 제6장에서 보다 상세하게 설명하였다.

성장단계에 따라 기업가치를 정확하게 평가한다

기업가치를 평가하는 경우 기업특성 또는 산업특성을 고려하지 않으면 정확한 기업가치를 산출할 수 없다. 기업특성에 따라 기업가치의 차이가 발생된다는 것을 증명한 다수의 논문이 있다. 이종천 외 1명[*]은 벤처기업과 일반기업의 기업가치에 차이가 있음을 증명하였고, 헤인(Hayn)^{**}은 손실이 발생한 기업에는 이익보다 순자산가액이 더 가치관련성이 있다고 실증하였다. M. E. 바르스(M. E. Barth)^{***}도 재무건전성이 나쁜 기업일수록 또 부외자산이 적은 산업일수록 이익보다 순자산가액이 기업가치에 더 많은 영향을 준다고 실증하였고, 김상정^{****}은 기업성장단계별로 이익과 순자산 가치의 가치관련성 비중에 차이가 있음을 증명하였다. 기업가치 평가시 기업의 성장단계를 고려하지 않으면 기업가치가 왜곡될 수 있다. 성장단계별로 평균PBR(Price Book Value Ratio)과 평균PER(Price Earning Ratio)이 다른 이유는 기업의 성장단계별로 성장률이 다르기 때문이다. 사업의 수익은 지속되는 것이 아니라 어느 단계에서는 하락한다는 것을 고려하여 미래 추정이익을 계산해야 하며, 성장단계에 따라 자산가치과 수익가치 비중을 다르게 고려하여 기업가치를 평가해야 정확한 기업가치를 산출할 수 있다.

매매시점 판단과 저평가/고평가 분석으로 성공적인 주식투자를 이끈다

성장단계 정보는 두 가지 측면에서 주식투자에 도움이 된다.

첫째, 내가 투자한 기업의 성장방향과 성장환경을 알 수 있다. 일반적으로 기업

---

* 이종천·오웅락, 2004, 기업특성에 따른 기업가치평가모형의 적합성 차이에 관한 연구 : 코스닥 일반기업과 벤처기업을 중심으로, 회계학연구, 제29권 제2호, pp. 157~182

** C. Hayn, 1995, The Information Content of Losses, Journal of Accounting and Economics(20), pp. 125~153

*** M. E. Barth, W. H. Beaver, and W. R. Landsman, 1998, Relative valuation roles of equity book value and net income as a function of financial health, Journal of Accounting and Economics 25, pp. 1~34

**** 김상정, 2010. 8, 기업의 성장단계에 따른 본질가치 평가모형의 적합성에 관한 연구, 서울시립대 대학원 박사논문

은 성장단계에 따라 서로 다른 시장환경과 재무적 특징을 가진다. PBR 및 PER도 성장단계에 따라 다른 특징을 보인다. 주식시장에서 고속 성장하는 기업은 대부분 PBR>1이고, 쇠퇴하는 기업은 PBR<1이다. 주가는 기업의 미래 매출액과 미래이익이 반영되어 결정되기 때문에 시가총액/순자산인 PBR은 기업성장단계에 따라 차이가 날 수 밖에 없다. 일반적으로 성장단계는 초기, 성장, 성숙, 쇠퇴, 말기, 재기 단계로 진화하는 속성이 있으므로 현재의 성장단계는 기업의 다음 성장단계를 예측하는 좋은 정보가 된다.

둘째, 성장단계를 활용하여 주식의 저평가/고평가 여부를 파악하는 기법을 제공한다. 성장단계별로 평균PBR, 평균PER, 평균ROE(Return on Equity)를 산출한 후에, 개별 투자대상 기업의 성장단계와 PBR, PER, ROE을 산출하여 성장단계 평균 PBR, 평균PER, 평균ROE와 상호 비교하면 내가 투자한 기업이 성장단계 평균에 비해 얼마나 높은지 또는 낮은지를 알 수 있다. 수학의 표준편차 개념처럼 내가 평균에서 얼마나 떨어져 있는지 괴리율을 파악한 후 평균보다 매우 낮은 종목을 선택하여 매수하고, 평균보다 매우 높은 종목을 매각한다면 안정된 수익을 얻을 수 있다. 이와 같은 성장단계 투자방법의 실제적인 검증은 제10장에서 설명한다.

각 나라의 국가성장단계 비교와 추이를 파악할 수 있다

상장 주식시장에는 한 나라를 대표하는 기업들이 거의 대부분 모여 있다. 우리나라의 경우도 삼성그룹, 현대자동차그룹, LG그룹 등 모든 그룹사들이 상장되어 있고, 공공성이 강한 한국전력과 같은 공기업과 시중은행도 모두 상장이 되어 있다. 따라서 상장된 2,200여 개의 기업은 우리나라의 경제력을 대표한다고 할 수 있다. 제9장에는 우리나라를 대표하는 한국 상장기업들의 성장단계분포와 재무지표를 통계로 정리하였다.

한 나라의 상장기업 성장단계 분포 중에 쇠퇴단계기업, 말기단계기업, 재기단계기업의 비중이 높다면 그 국가의 경제잠재력은 노화되었다고 판단할 수 있다. 만일 미국, 중국, 일본, 독일, 프랑스 등 다른 나라들도 제9장의 내용처럼 성장단계분포와 재무지표를 산출해서 상호 비교한다면 매우 의미있는 시사점을 도출할 수 있을 것이라 생각한다. 또한 상장기업의 성장단계 분포를 시계열로 추이를 비교해 본다면 국가의 경제정책과 산업정책을 평가하는데 도움이 될 수 있고, 정책방향과 목표를 세우는데 기여할 것으로 생각한다.

성장단계란
무엇인가

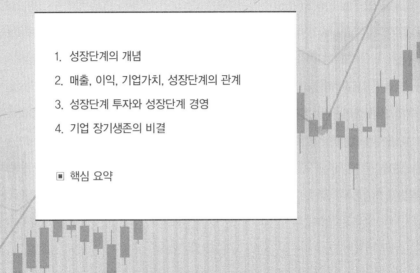

성장단계의 개념

성장단계 용어는 제품, 기술, 사업, 기업, 산업, 국가의 영역에서 사용된다. 원문으로는 Life Cycle과 Growth Stage라는 용어가 사용된다. Life Cycle은 국내에서 주로 '수명주기(壽命週期)'로 번역되는데, Life의 의미 때문에 탄생, 성장, 쇠퇴, 소멸의 단선적 사이클을 강조하는 경향이 있다. 반면 Growth Stage는 주로 성장단계로 번역되는데, 소멸단계가 없이 탄생, 성장, 쇠퇴단계가 반복되는 순환적 사이클을 강조하는 경향이 있다. 따라서 기업, 산업, 국가 같은 조직체는 순환적 사이클 경향이 있는 성장단계(Growth Stage)라는 용어가 보다 적합하고, 제품, 기술, 사업과 같이 시간이 되면 소멸되는 것은 수명주기라는 용어가 더 적합해 보인다. 그러나 본서에서는 혼선을 방지하기 위해 성장단계라는 용어를 공통적으로 사용한다.

Life Cycle 개념은 1960년대 Product Life Cycle 개념의 사용으로부터 출발했다. 이 용어는 한국에서 제품수명주기로 번역되어 사용되었다. 제품수명주기 개념은 미국의 컨설팅업계에서 기업분야에 적용하여 기업수명주기(Firm Life Cycle, Corporate Life Cycle)라는 용어로 확장되었고, 컨설팅업계에 성장단계별 전략이 강조되면서 기업성장단계(Corporate Growth Stages)라는 용어가 탄생되었다. 이것을 사업단위에 적용하면서 사업성장단계(Business Growth Stages), 조직에 적용하여 조직성장단계(Organizational Growth Phases)가 되었다. 이 용어들은 모두 제품, 기업, 사업, 조직이 성장과 쇠퇴의 단계를 거쳐 진화한다는 의미를 공통적으로 담고 있다. 다만 다른 점은 제품과 같은 유형적인 경제재의 경우에는 탄생, 성장, 쇠퇴, 소멸이 단 한 번에 끝나는 단선적 사이클의 특징을 가지고 있고, 기업이나 국가와 같은 조직(Orgnization or Vehicle)의 경우에는 다양한 경제재를 보유하고 있으므로, 사업포트폴리오 전략에 따라 성장단계가 반복되는 순환적 사이클의 특징을 나타낸다는 점이다.

매출, 이익, 기업가치, 성장단계의 관계

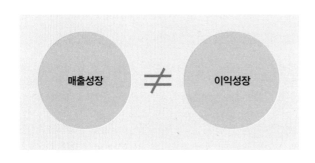

기업의 성장에는 매출과 이익, 두 가지 측면의 성장이 있다. 이때 매출과 이익은 동시에 성장할까? 일반적으로는 동시에 증가한다. 그러나 매출액만 증가하고 이익이 증가하지 않는 경우도 많다. 기업이 성숙단계나 쇠퇴단계에 진입하여 경쟁이 치열해지면 매출이 증가하지만 이익은 별로 증가하지 않는다. 반대로 품귀제품인 경우 매출액은 증가하지 않지만 이익이 증가하는 경우가 있다. 영업을 통한 이익의 증가가 아닌 자산의 매각과 환차익 같은 영업외수익이 증가한 경우도 이익만 증가하는 경우이다. 그러므로 성장의 측정을 통해 성장단계를 파악해야 하는 경우에는 매출과 이익을 어떤 기준으로 결정해야 할지 선택해야 한다.

만일 기업성장의 기준을 정함에 있어 매출성장과 이익성장 중 한 가지 기준만을 선택해야 한다면 무엇이 더 적합한 것일까? 기업의 존립 목적이 매출인지, 아니면 이익인지를 생각하면 명확해진다. 이익을 얻기 위하여 매출을 하는 것이므로 이익의 증가가 더 중요한 측정기준이라 할 수 있다. 다만 다음과 같은 이유 때문에 실제로는 매출을 기업성장의 측정기준으로 사용하는 경우도 많다. 그 이유는 첫째, 사업초기에는 이익의 증가가 거의 없거나, 적자인 경우가 많아 분석의 도구로 사용하기에 용이하지 않다. 둘째, 이익은 매출이라는 선행 결과로 발생하는 후속적인 수치라고 생각하는 경우이다. 셋째, 이익에는 경상적인 사업이익과 비경상적인 사업이익이 혼재되어 있다고 생각하는 경우이다.

고전적인 전략이론에서는 시장점유율이 크면 클수록 금전적인 성공도 크다는 원칙을 고수하였다. 그래서 경영자들은 시장점유율을 높이는 데 집착하였다. 그러나 이러한 태도는 좋은 현금흐름을 포기하게 할 수 있다. 성장산업의 진입을 결정하기 위해서는 매출도 중요하지만 이익이 더 중요하다. 이익이 없는 매출은 투자수익성이 Zero이기 때문이다. 그래서 베인앤컴퍼니(Bain & Company)의 오릿 가디시(Orit Gadiesh)와 제임스 길버트(James L. Gilbert)는 이윤풀(Profit Pools) 전략이론에서 경영자들은 매출보다는 이익을 중심으로 생각하고 의사결정을 내려야 한다고 주장한다.[*]

기업가치는 일반적으로 기업의 이익으로 계산한다. 일반적으로 매출액이 증가하면 단위당 고정비용을 감소시키기 때문에 기업의 순이익이 증가한다. 그리고 순이익의 증가는 기업가치 증가로 이어진다. 그러나 매출액의 성장이 곧 기업가치의 증가를 의미하지는 않는다. 매출액 규모를 증가시킬 목적으로 이윤 없는 상품을 매출하거나, 기업인수를 잘못해 매출은 늘었으나 적자가 나는 경우가 그러하다. 이러한 경우는 매출액의 성장과 기업가치 증가가 동시에 일어나지 않는다. 따라서

---

[*] Ralph Scheuss, 안성철 역, 2007(원저), 2010(번역), 전략사전(Handbuch der Strategien), 옥당, pp. 122~123

기업가치를 결정하기 위해서는 외형적 매출성장의 방향과 이익성장의 방향을 함께 살펴보아야 한다.

다음은 두를리 & 도노반(Doorley & Donovan)[*]이 매출성장률과 수익과의 관계를 이용하여 기업가치를 설명한 도표이다. 매출성장률과 수익이 평균보다 높으면 기업가치가 증가하고 평균이하이면 기업가치가 감소한다는 단순한 공식을 설명한 것이다. 평균매출성장률을 기준으로 고성장과 저성장을 구분하였고, 평균자본비용을 기준으로 고수익과 저수익을 나누어 4개의 기업가치 영역을 설명하였다. 이것은 내가 속해 있는 사업과 산업의 현재와 앞으로 전개될 미래를 보여준다. 쇠퇴하는 사업과 산업 속에서는 아무리 노력해도 수익이 잘 나지 않는다.

가치증가(Increasing Value) 영역은 매출성장률이 높고 자본비용 이상의 수익률을 보이는 경우로서 가치를 증대시키는 성장이 된다. 이러한 가치증가의 중요한 원인은 계속적이면서 성공적인 신제품 출시이다.

가치파괴(Destroying Value) 영역은 매출성장률은 높으나 자본비용 이하의 수익률을 보이는 경우로서 가치를 파괴하는 성장이 된다. 시장경쟁이 치열한 경우가 여기에 속한다. 무리한 시장확대나 비효율적인 시장확대, 기업을 잘못 인수하여 매출확대에는 성공했으나 수익창출에 실패한 경우가 여기에 속한다.

가치제한(Limiting Value) 영역은 자본비용이 평균 이상이지만 매출성장률이 평균이하여서 가치성장의 한계를 보이는 경우이다. 기업이 속한 산업성장률의 한계로인해 기업은 생산성 증대와 원가절감을 통하여 수익성을 개선하게 된다.

---

[*] Thomas L. Doorley III & John M. Donovan, Value – Creating Growth – How to lift your Company to the Next Level of Performance, Jossey–Bass Inc., 1999

〈매출, 이익, 기업가치의 관계〉

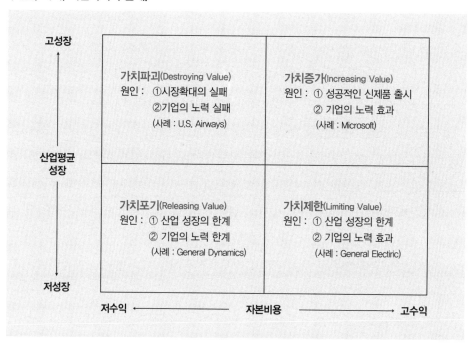

가치포기(Releasing Value) 영역은 매출성장률과 자본비용이 모두 평균 이하를 기록하는 경우로서 장기적으로는 생존하기 어려우며, 사업매각 또는 철수를 통해 생존을 모색하는 경우가 많다.

위 도표를 초기, 성장, 성숙, 쇠퇴, 말기, 재기단계의 기업성장 6단계에 접목하여 개념적으로 살펴보면, 가치증가 기업은 성장단계기업에 해당하고, 가치파괴 기업은 쇠퇴단계기업과 유사하며, 가치제한 기업은 성숙단계기업, 가치포기 기업은 말기단계기업 및 재기단계기업과 유사하다고 판단한다.

성장단계 투자와 성장단계 경영

성장단계 투자는 투자자가 투자의사 결정시에 기술, 제품, 사업, 기업, 경기 사이클을 보고 투자시기와 투자규모를 결정해야 함을 강조하는 용어이다.

주식투자자의 경우 성장단계 투자를 해야 한다. 투자대상기업의 제품 사이클, 기업 사이클, 산업 사이클, 경기 사이클의 위치를 살펴본 후 투자규모와 투자시기를 정해야 한다. 예를 들어 대상기업의 제품 사이클이 쇠퇴기라면 투자시기를 유보하고 성장초기 제품을 보유한 기업을 찾아 투자하는 것이 투자수익에 유리하다. 또한 경기가 호황기에 직면하고 있다면 불황기의 주식 하락기가 곧 찾아올 수 있으므로 새로운 경기 사이클이 올 때까지 투자시기를 유보하는 것이 옳은 결정이다. 기업성장단계를 활용한 주식투자는 기업성장사이클 단계별로 효과적인 주식투자 방법이 다르다는 것을 고려하는 것이다.

기업경영자의 경우도 기업의 자원을 투자하는 투자자로서, 성장단계 경영을 해야 한다. 보유한 기술과 제품의 사이클과 관련한 산업 사이클, 경기 사이클을 보고 투자규모와 투자시기를 결정해야 한다. 예를 들어 신규사업에 진출하거나 M&A를 시도하는 경우 대상기업의 제품 성장단계를 보고 진출여부를 판단해야 한다. 또한 경기 호황기에 대규모 투자를 하게 되면 불황기의 매출감소 위험에 노출되기 때문에 위험에 빠질 수 있다. 따라서 사이클 경영의 중요한 과제 중 하나는 사업포트폴리오 변경관리이다. 기업 경영자가 보유한 사업의 성장단계를 파악하고 쇠퇴단계 이후의 사업은 교체 신규사업 계획을 수립하는 등 사업포트폴리오 관리를 해야 한다. 그리고 보유한 사업 성장단계에 맞는 전략 경영을 실행해야 한다. 성장단계별로 직면하는 성장통과 경영과제가 다르므로, 이에 알맞은 성장전략을 수립하여 경영해야 하는 것이다.

기업 장기생존의 비결

　이 세상의 모든 기업은 탄생, 성장, 성숙, 쇠퇴, 소멸의 사이클을 거치는데, 기업 경영자는 보유한 사업에서 높은 수익을 내며 영속하기를 바란다. 그러나 시간이 지나면서 사업이익은 감소하고 사업은 결국 시장에서 사라진다. 왜 사업이 영속하지 못하고 사라지는 것일까? 기업의 장기생존 비결은 무엇일까? 무어(Moore) 교수[*]는 기업이 높은 성장을 지속하지 못하는 원인을 조직의 타성 때문이라고 설명한다. 높은 성장보다는 안정을 선호하기 때문이라는 것이다. 그렇다면 안정을 선택한 기업이 더 오래 생존할까? 반드시 그렇지만은 않다. 안정을 선택한 기업이 높은 성장을 선택한 기업에 비해 시장에서 오랫동안 살아남았다는 증거는 없다. Hidden Champion으로 분류된 뷔르트의 사장 라인홀트 뷔르트[**]는 자신의 회사를 나무에 비유한다. 나무가 성장하는 동안은 건강하지만, 성장을 멈추면 나무의 몰락이 시작된다. 오로지 성장만이 회사를 젊고 활력 있으며 민첩하게 유지해 준다는 것이다.

　IBM BCS 컨설팅[***]의 연구에 따르면 '성공한 성장기업'들은 비용절감보다는 성장정책이 장기적으로 위험부담이 더 적다는 현실을 경험적으로 잘 이해하고 있으며, 가장 큰 위험은 성장에 충분한 모험을 걸지 않는 데에 있다고 한다. 많은 사람이 인수합병을 통한 성장에 대해 우려를 표명하고 있다. 그럼에도 불구하고 대기업들은 여전히 "기업 인수합병을 통하여 성장을 유지하는가?"라는 질문에 대해

---

[*]　Geoffrey A. Moore, 2004, "Darwin and the Demon : Innovating Within Established Enterprises", Harvard Business Review, July-August

[**]　Hermann Simon, 히든 챔피언, 2008, p73

[***]　IBM 글로벌CEO연구 2004(Your Turn : The Global CEO Study), p15

"그렇다"라고 대답한다. 100억 달러 이상의 매출을 기록한 기업들은 지난 10년간 규모가 이보다 작은 기업들보다 50% 더 많은 기업을 인수하였다. 중요한 것은 인수를 통한 이런 성장이 가치 창출에 방해가 되지 않았다는 것이다. 실제로 대기업의 경우 총주주수익률(주가상승률+시가배당율)이 10.5% 성장한 데 비해 이보다 규모가 작은 회사는 7.2%에 머물렀다. IBM BCS 컨설팅은 성공한 성장기업들이 규모와 관계없이 다른 기업들보다 기업인수 가능성이 더욱 높다는 것을 발견하였다. 지난 10년간 성공한 기업들의 기업인수는 다른 회사들보다 두 배나 높았다고 한다. 결국 기업의 성장지향적 사고가 장기생존의 비결이며, 기업성장이 기업가치에 미치는 긍정적인 영향을 준다는 것이다. 따라서 기업의 성장단계를 파악하고 투자하는 것이 매우 중요한 투자관점이 된다는 것을 이해해야 한다.

- 경영학계에서 Life Cycle은 성장, 쇠퇴, 소멸의 단선적 사이클을 보이는 제품, 기술, 사업에 주로 사용되고, Growth Stage는 순환적 사이클의 특성을 보이는 기업, 산업, 국가와 같은 조직에 주로 사용되었다.

- 기업성장 기준을 정함에 있어 매출성장과 이익성장 중 한 가지 기준만을 선택해야 한다면 무엇이 더 적합한 것일까? 기업의 존립 목적이 매출인지, 이익인지를 생각하면 명확해진다. 이익을 얻기 위하여 매출을 하는 것이므로 이익의 증가가 더 중요한 측정기준이라 할 수 있다.

- 기업가치는 기업의 이익으로 계산한다. 일반적으로 매출액이 증가하면 단위당 고정비용을 감소시키기 때문에 기업 순이익의 증가와 기업가치의 증가로 이어진다. 그러나 매출액의 성장이 곧 기업가치의 증가로 이어지지 않는 경우도 많다. 따라서 이익이 기업성장의 측정에 더 중요한 개념이다.

- 주식투자자와 기업경영자는 성장단계 투자와 성장단계 경영을 해야 한다. 투자대상기업의 기술 및 제품 사이클, 기업 사이클, 산업 사이클, 경기 사이클의 위치를 살펴본 후 투자규모와 투자시기를 정해야 한다.

- 기업성장은 주주의 가치를 높이고, 종업원의 업무경력을 쌓아주며, 업무를 더욱 보람 있게 만든다. 사회적 차원에서는 경제를 이끌고 일자리를 창출하며, 새로운 제품과 서비스를 소개함으로써 삶의 질을 향상시킨다. 기업안정

을 추구하는 기업보다 기업성장을 추구하는 기업이 성장을 지속할 가능성
이 높다.

3장

성장단계는
어디에 나타나는가

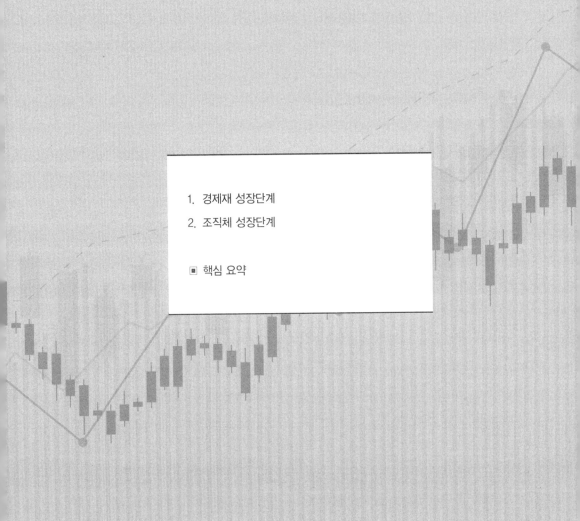

경제재 성장단계

경제(economy)란 재화와 용역을 생산·분배·소비하는 활동 및 그와 직접 관련된 질서와 행위의 총체를 말한다. 이 재화와 용역은 다시 자유재(自由財)와 경제재(經濟財)로 구분한다. 자유재는 공급이 거의 무한대여서 매매 또는 점유의 대상이 되지 않는 것이고, 경제재는 공급이 제한되어 점유나 수요의 필요에 따라 매매의 대상이 되는 것이다. 재화 중 거래의 대가가 없는 자유재는 경제학의 대상에 포함시키지 않는다. 물적인 재화는 아니지만 특허권·의장권·영업권과 같이 양도·매매 또는 담보의 대상이 되는 것도 재화에 준하는 것으로 간주하여 준경제재(準經濟財) 또는 관계재(關係財)라고 하여 재화 속에 포함시킨다.

경제재(economic goods)는 인간의 욕망을 만족시키는 데 도움이 되면서, 동시에 그 존재량이 한정되어 있기 때문에 그것을 얻기 위한 대가의 제공이 필요한 재산이다. 달의 아름다움이나 별의 반짝임 등은 인간의 욕망을 충족시켜 주기는 하지만, 인간이 자유롭게 처분할 수 없으므로 재산이 되지 않는다. 또 물이나 공기 등은 인간이 처분할 수 있기 때문에 재산이 될 수 있을 것 같지만, 이것들은 일반적인 여건하에서는 무한하게 존재하고 있기 때문에 인간의 경제행위 대상이 되지 않는 자유재이다. 그러나 특수한 상황에서 이들의 매매가 있는 경우에는 물도 훌륭한 경제재로 취급된다. 경제재는 소비자에게 가치를 제공하는 것이며, 희소가치가 있기 때문에 대가가 있으며, 대가가 있기 때문에 소비자 만족 변화에 따라 수요와 공급이 변화되고, 재화와 용역의 Life Cycle을 발생시킨다.

가. 기술 사이클

기술은 제품보다 작은 개념이다. 그 관계를 살펴보면 기술<제품<사업이라고 할 수 있다. 기술을 활용하여 제품을 만들고 제품의 서비스가 합해져 사업이 되기 때문이다. 포스터(Foster)[*]는 다양한 기술혁신 케이스를 분석한 결과 기술에도 일정한 법칙이 있다고 주장하였다. 그는 모든 기술이 그 개발 노력에 맞는 성과를 일정하게 얻을 수 있는 것이 아니고 한계가 있다는 것을 'S자 커브'로 나타내고 있다. 기술의 투자에도 불구하고 기술적 효과가 없다는 것은 기술이 성숙단계에 진입하였다는 것을 의미한다.

영역 I은 'Emerging Technology단계'이다. 제품기술 창조기라 할 수 있다. 기술의 목표와 성과가 명확하지 않고 투자를 해도 성과가 나오지 않는다. 따라서 과도한 투자보다는 유능한 연구자 혹은 연구팀에 맡기는 전략이 필요하다.

영역 II는 'Pacing Technology단계'로서 제품기술 개량기라 할 수 있다. 영역 II의 초기에 기술을 상용화할 것으로 예상된다. 적은 투자로 많은 성과를 얻을 수 있는 단계이다. 큰 투자가 필요한 단계이므로 투자효과를 최대화하기 위한 전략적 경영판단이 필요하다. 이 시기에 완성된 기술이 사업을 지탱하는 존재가 되고, 개선과 개량의 목표가 생긴다. 이 단계의 기술은 비로소 Key Technology가 된다.

---

[*]   R. N. Foster, 1986, Innovation : The Attacker's Advantage, Guild Publishing, London

〈포스터의 기술 Life Cycle〉

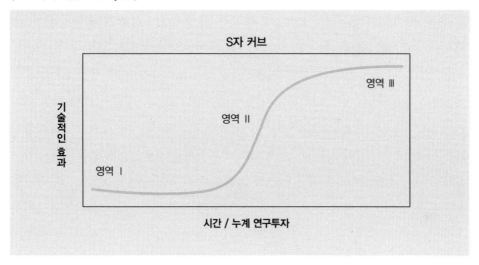

이 기술의 유무가 기업의 경쟁력을 좌우한다. 이 단계의 기업은 초기단계 및 성장단계에 있을 것으로 예상된다.

영역Ⅲ은 'Base Technology단계'로서 제품기술 표준화기라 할 수 있다. 투자를 해도 기술적인 성과가 나오지 않는 단계이다. Key Technology가 널리 보급되면서 Base Technology가 된다. Base Technology는 기업 활동을 위해 필요하지만 널리 보급되어 있으므로 경쟁우위로 이어지지 않는다. Base Technology에 약간의 응용기술을 적용하면 제품의 차별화를 통해 시장에서 승부할 수 있게 된다. 제품이 성숙단계에 이르면 기업들은 기술 개량과 생산성 향상을 위해 치열하게 경쟁하며, 기술은 제품기술보다 생산원가 절감을 위한 Process 기술혁신에 중점을 둔다.*

---

* 후지스에 켄조, 2009, 기술·경영전략 길라잡이, 극동기술경영연구원, pp. 60~62

나. 제품 사이클

제품성장단계(Product Life Cycle)는 제품이 시장에 진입하여 퇴출될 때까지 일정한 성장패턴을 갖는다는 것을 의미한다. 마케팅계의 거장인 필립 코틀러(Philip Kotler)는 그의 저서 『마케팅관리론』에서 PLC(Product Life Cycle)전략은 1950년 조엘 딘(Joel Dean)이 하버드 비즈니스 리뷰에 발표한 『새로운 제품에 대한 가격 정책(Pricing Policies for New Products)』에서 시작되었다고 밝혔다. 기업 재무론 전문가였던 조엘 딘은 그의 논문에서 "감과 배짱으로 신제품의 가격을 정하지 마라! 끊임없이 변하는 생산과 판매비용을 주시하면서 과감하게 가격을 낮춰라. 반대로 비싸도 팔릴 상품을 안이하게 싸게 팔지 않도록 하라"고 주장한 이후 많은 경제학자, 사회학자, 마케팅학자가 PLC를 연구하기 시작했다고 주장했다. 그 후 1962년 에버렛 로저스(Everett Rogers)가 『개혁의 확산』이라는 논문에서 획기적으로 신상품이 보급되는 과정을 고객의 관점에서 완벽하게 설명하였다. 그것이 바로 로저스의 소비자 5분류(Innovators, Early Adapters, Early Majority, Late Majority, Laggards)이다.[*]

마이클 포터(Michael Porter)[**]는 도입, 성장, 성숙, 쇠퇴라는 일반적인 제품성장단계별로 구매, 제품, 마케팅, 생산, 유통, 연구개발, 무역, 전략, 경쟁, 위험부담, 마진의 차이점이 무엇인지 심도있게 분석하였다. 다음은 마이클 포터가 분야별로 제시한 성장단계별 경영상의 특징이다. 내가 보유한 주식이나 관련된 기업이 어떤 경영환경 속에 있는지 윤곽을 파악할 수 있다. 각 성장단계마다 경영환경이 다르기 때문에 경영해법이 다를 수밖에 없다.

---

[*]   E. M. Rogers, 1983, Diffusion of Innovation, 3rd Edition, The Free Press, New York / 후지스에 켄조, 2009, 기술·경영전략 길라잡이, 극동기술경영연구원, p57

[**] Michael Porter, 조동성 역, 1980(원저), 2008(번역), Michael Porter의 경쟁전략(Competitive Strategy), 21세기북스

(1) 구매자 및 구매형태

도입기	성장기	성숙기	쇠퇴기
• 품질 열등 • 제품 디자인과 개발이 관건 • 다양한 제품 변형과 비표준화 • 빈번한 디자인 변경 • 기본 제품 디자인	• 제품의 기술적 성능상의 차별화 • 복잡한 제품에서는 신뢰성이 관건 • 경쟁적인 제품향상 • 우량 품질	• 월등한 품질 • 제품차별화의 축소 • 표준화 • 빈번한 제품 변화속도가 완만해지는 대신 사소한 모델변화가 늘어남 • 중고품의 신품대체 현상 뚜렷	• 제품 차별화가 거의 없어짐 • 품질의 균등성 상실

(2) 제품 및 제품변화

도입기	성장기	성숙기	쇠퇴기
• 고소득 구매자 • 소비자의 무반응 • 구매자들에게 제품을 사용해보도록 적극 권장	• 구매집단 확대 • 소비자들이 제품의 품질 차이 인정	• 대량판매 시장 • 포화점 • 반복구매 • 상표를 기준으로 한 선호구매 원칙화	• 고객들의 제품 선택이 까다롭고 능숙해짐

(3) 마케팅

도입기	성장기	성숙기	쇠퇴기
• 판매량 대비 광고비의 고율화 • 높은 마케팅 비용	• 광고비가 여전히 높은 수준이지만, 판매량에 대비된 비율은 도입기보다 떨어짐 • 의약품의 경우 의사의 처방전에 따른 약품의 판매촉진이 두드러짐 • 비기술 제품의 경우 광고와 유통부문이 관건	• 시장 세분화 • 수명주기 연장을 위한 노력 경주 • 제품라인의 확대 • 서비스와 흥정이 일반화됨 • 제품포장이 중요시됨 • 판매량 대비 광고비의 감소 • 광고경쟁 격화	• 판매량 대비 광고비와 그 밖의 마케팅비용 감소

(4) 생산 및 유통

도입기	성장기	성숙기	쇠퇴기
• 과잉설비 • 짧은 생산조업 시간 • 숙련기술 함유분의 상승 • 높은 생산원가 • 전문화된 유통경로	• 과소설비 • 양산체제로의 이동 • 유통경로 확보를 위한 경쟁 • 대량 유통경로	• 부분적인 설비 과잉 • 적정설비 • 생산공정의 안정성 증대 • 노동 숙련성의 요구 감소 • 안정된 기술을 이용한 생산 조업시간의 연장 • 마진을 높이기 위해 제품라인 별로 유통경로를 점진적으로 축소 • 제품라인 확대로 유통비용 증대 • 대량 유통경로	• 상당한 설비과잉 현상 • 대량생산 • 전문화된 유통경로

(5) 무역

도입기	성장기	성숙기	쇠퇴기
• 약간의 수출	• 수출량 대폭 증대 • 약간의 수입	• 수출량 감소 • 수입량 대폭 증가	• 수출량 전무 • 수입량 대폭 증대

(6) 전반적인 전략

도입기	성장기	성숙기	쇠퇴기
• 시장점유율을 증대하기 위한 최적기 • 연구개발과 기술부문이 관건	• 가격이나 품질상의 이미지를 바꾸는 것이 실용적 • 마케팅이 핵심적인 기능	• 시장점유율을 증대할 만한 적 기가 못됨 • 특히 시장점유율이 낮은 기업 에는 이 시기가 시장점유율 증대를 도모할 시기가 아님 • 경쟁적인 가격을 유지하는 것 이 관건 • 가격이나 품질 이미지를 바꿀 만한 적기가 되지 못함 • 마케팅상의 효율성이 관건	• 비용 통제가 관건

(7) 경쟁

도입기	성장기	성숙기	쇠퇴기
• 경쟁기업이 거의 없음	• 경쟁기업들의 진출 • 다수의 경쟁기업 • 많은 기업합병과 도산 현상	• 가격경쟁 • 재편성 • PB브랜드의 증가	• 철수 • 경쟁기업수의 대폭 축소

(8) 위험부담

도입기	성장기	성숙기
• 높은 위험부담	• 성장률이 높아 위험을 부담할 수 있음	• 위험과 안정의 순환적 현상

(9) 마진과 이윤

도입기	성장기	성숙기	쇠퇴기
• 높은 가격 • 높은 마진율 • 개별 판매자의 가격탄력성이 성숙기 정도만큼 높지 않음	• 최고의 이윤율 • 상당히 높은 가격 • 도입기보다는 가격 하락 • 불경기에 대항할 수 있음 • 기업 취득의 적기	• 가격 하락 • 이윤율 저하 • 거래상의 마진율 저하 • 시장점유율과 가격 구조의 안정성 증대 • 기업의 취득 적기가 되지 못하고 기업의 매도도 어려움 • 가격과 마진이 최저수준으로 떨어짐	• 가격과 마진 수준의 저하 • 쇠퇴기 후반에는 가격이 상승할 가능성 있음

다. 서비스 사이클

서비스기업도 제조기업과 마찬가지로 성장단계가 존재한다. 서비스 산업환경에 따라 용역서비스 및 금융서비스와 같은 기업의 수적 증가나 감소가 발생하기 때문에 서비스사업에도 성장단계의 적용이 가능하다. 서비스 Life Cycle의 대표적인 논문인 새서 & 올슨 & 위코프(Sasser & Olsen & Wyckoff)는 도입기, 확장기, 성장기, 성숙기로 분류하였고, 보스 & 아미스테드 & 존스톤(Voss & Armistead &

Johnston)은 도입기, 성장기, 성숙기로 분류하였다. 코넬리스 클뤼버(Cornelis Kluyver)와 존 피어스(John Pearce)는 태동기, 성장기, 성숙기, 쇠퇴기 4단계 성장단계를 기준으로 서비스기업의 성장단계 특징을 정리하였다.

〈새서 외 2인의 서비스운영 성장단계에 기초한 성장전략〉[*]

구분	도입기	확장기	성장기	성숙기
목표	• 창립자 의도 • 현금흐름 확보 • 운영 및 통제	• 서비스의 확대 • 권한위임 발생 • 지점 통제	• 표준화 통한 서비스 상품의 복제 • 선점에 의한 경쟁우위 확보 • 품질 유지	• 성장보다 이익 • 신규수요 창출 위한 새로운 서비스의 확대
결정 사항	• 사업종류 • 자금 • 직원 채용	• 모델형 매장 • 프랜차이즈	• 틈새시장 • 주식공개 • 대기업에 매도	• 차별화에 따른 최적 마케팅수단 • 신서비스 컨셉트
문제점	• 최초 홍보 • 창립자의 노력 • 인적자원 채용	• 권한위임 • 입지선정 • 통제시스템 미비	• 투자비용 부족 • 경영진의 능력의 한계가 나타남	• 성장한계 • 매출감소 • 직원 사기 저하
조직	• 창립자가 거의 전담	• 일부기능 위임	• 신규사업자 선정 및 매장 확장에 초점 • 전문경영인 영입	• 창립자의 조직 • 통제력 상실, 관리자는 쇠퇴기 전까지 통제 확보

〈코넬리스와 존 피어스의 서비스기업의 성장단계 특징〉[**]

구분	태동기	성장기	성숙기	쇠퇴기
진입장벽	• 낮음	• 중간수준 혹은 높음	• 자본소요량에 따라 증가	• 니치공략기업에게는 낮음
퇴출장벽	• 낮음	• 증가추세	• 대기업에게는 높음	• 자산의 용도전환가능성이 낮을수록 높음
공급자 교섭력	• 높음	• 중간수준	• 낮음	• 낮음

---

[*] W.E. Sasser & R.P. Olsen & D.D. Wyckoff (1978), 「Management of Service Operations」, Allen and Bacon. / 이경환, 김승환, 2002, 서비스기업의 성장단계와 서비스 상품 개발에 관한 탐색적 연구, 상품학연구, 제27호 재인용

[**] Cornelis A. Kluyder & John A. Pearce, 송재용외 역, 2012(원문), 2014(번역), 경영전략 다이제스트(원제 : Strategy : A View from the Top), 3mecca, pp. 162~163

경쟁강도	• 경쟁자 거의 없음	• 빠르게 증가해서 높아짐 • 산업구조조정 이후에는 중간수준으로 안정	• 중간수준이나 낮은수준에서 안정	• 매출감소에 따라 증가
경험곡선 효과	• 낮음	• 높음	• 높으나 기존 기업 간에는 차이가 없음	• 낮음
규모의 경제	• 거의 없음	• 중간수준에서 증가	• 높음	• 높으나 가치하락
수요의 가격탄력성	• 비탄력적	• 구조조정기간에 탄력성 높음	• 비탄력적	• 높은 탄력성 • 구매자의 큰 교섭력
제품 차별화	• 낮음	• 빠르게 증가	• 높음	• 낮음
단위당 비용	• 마케팅비용 높음	• 고정자산 비용 높음	• 중간수준 혹은 낮음	• 증가
현금흐름	• 낮음	• 높으나 필요함	• 높음	• 중간수준에서 감소
이익	• 매우 낮음	• 구조조정기간을 제외하고 증가	• 높거나 중간수준	• 낮음

라. 사업 사이클

사업(business)은 제품과 서비스를 만들어 제공하는 것이므로 제품과 서비스보다는 넓은 개념이다. 사업에는 제품 제조 이외에 그 제품을 납품하는 방법, 그 제품에 대한 애프터서비스 시스템, 그것을 마케팅 하는 시스템, 재고를 관리하는 시스템 등 다른 경영적인 요소가 포함되어 있으며, 그러한 사업적 요소들의 총합을 비즈니스 모델이라고 한다.

제품과 사업의 범위는 다르지만 성장단계 측면에서 제품과 사업의 성장단계는 동일하다고 할 수 있다. 다만 단일 사업을 보유한 기업과 여러 개의 사업을 보유한 기업은 구별할 필요가 있다. 단일 사업을 보유한 기업은 그 사업 성장단계가 곧 기업의 성장단계이나, 여러 개의 사업을 보유한 기업의 성장단계는 개별 사업의 성장단계의 합이 그 기업 전체의 성장단계가 된다. 즉 쇠퇴단계의 사업, 초기단계의 사업, 성숙단계의 사업을 가진 기업의 성장단계는 3개 사업의 실적을 합한 재무실적으로 산출된 성장단계가 기업의 성장단계가 된다.

McKinsey 컨설턴트들[*]의 저서인 『성장의 묘약』에서 성장의 3단계를 3개의 수평선으로 보고 태동기, 성장기, 성숙기로 정의했다. 거대기업의 경우 다양한 사업이 공존하므로 각 사업마다 Life Cycle이 다를 수 있다는 것을 전제할 때, 기업은 3개의 수평선을 동시에 관리해야 한다. 그러나 기업은 일부에만 집중하는 경우가 대부분이며, 만일 각각의 성장 수평선에 대한 관리를 게을리한다면 기업은 장기적 성장에 장애를 갖게 될 것이라 설명한다.

〈맥킨지의 수평선 특징〉

단계 항목	수평선1 : 성숙기 핵심사업에 대한 확장 및 방어	수평선2 : 성장기 신규사업 정착	수평선3 : 태동기 가능성있는 옵션창출
정의	소비자나 증권분석가들이 기업의 이름을 들었을 때 떠올리는 그 기업의 주력사업을 가리킨다.	하나의 컨셉이 사업으로 자리 잡아 급속도로 성장하는 경우를 지칭한다.	미래에 추진할 사업의 씨앗이라는 성격을 띠고 있다. 즉, 미래의 기회에 대한 사업들이 여기에 포함된다.
목표	경쟁력 있는 입지를 확보하고 주력사업의 잠재력을 최대한 끌어내는 것	새로운 사업의 매출과 시장점유율을 동시에 높이는데 역점	잠재력이 적은 옵션을 배제하고, 자원을 과도하게 투입하지 않으면서 가능한 많은 옵션을 확보하는 것

마. 소비 사이클

경제재를 구매하는 소비자의 구매활동에도 S자 곡선의 Life Cycle이 있다. 다음은 에버렛 로저스(E. M. Rogers)[**]의 소비자 분류분석이다. 그는 소비자의 성격을 정규분포를 활용하여 분류하였다. 최초 구매자는 혁신적 채용자(Innovator)로서

---

[*]   Mehrdad Baghai, Steve Coley, David White, Stepher Coley, McKinsey 역, 1999(원저), 2000(번역), 성장의 묘약(The Alchemy of Growth), FDI미디어

[**]   23. E. M. Rogers, 1966, Diffusion of Innovation, 3rd Edition, The Free Press, New York / 후지스에 켄조, 2009, 기술·경영전략 길라잡이, 극동기술경영연구원, p57 재인용

2.5% 수준, 두 번째는 초기 소수채용자(Early Adopter)로서 13.5%, 세 번째는 전기 다수채용자(Early Majority)로서 34%, 네 번째는 후기 다수채용자(Late Majority)로서 34%, 마지막은 채용지체자(Laggards)로서 16%라고 분석하였다.

〈로저스의 소비자 분류분석〉

구분	보급률	특징
혁신적 채용자	2.5%	위험을 감수하면서 새로운 기술을 시험한다. 그러나 다른 사용자에게 미치는 영향은 적다.
초기 소수채용자	13.5%	다른 사용자에게 미치는 영향은 가장 크고 가치관의 선행자로서 동료로부터 존경을 받는다.
전기 다수채용자	34%	제품의 성장기라고 할 수 있으며, 보급률이 높아져 기업의 이익은 매우 크다.
후기 다수채용자	34%	성숙기에는 후기 다수채용자의 분석이 가장 필요하다. 시장점유율을 높이는데 마지막으로 기여한다고 볼 수 있다.
채용지체자	16%	저소득층이나 노년층 등 제품의 가격이 낮아진 후에 사용하는 경향이 높다.

위의 소비자 분류분석을 누적으로 보면 S자 보급률 곡선이 된다. 혁신적 채용자들부터 순차적으로 빠져 나간다면 보급률 곡선은 오른쪽으로 기울어지면서 소비자 Life Cycle의 형태를 보이게 된다. 혁신적 채용자들은 다른 혁신제품이 나타나면 사용을 포기하거나 제품이 대중화되면 탈퇴하는 성향이 있기 때문에 보급률 곡선은 계속적으로 누적되지 않는다. 전기 다수채용자가 오면 혁신적 채용자는 빠져나가고, 후기 다수채용자가 오면 초기 소수채용자는 빠져나가며, 채용지체자가 오면 전기 다수채용자가 빠져나가기 시작한다고 가정하면, 보급률 곡선은 어느 정도 시간이 지나면 감소할 수 밖에 없으며, 이것은 기업의 매출을 감소하게 만들고 제품의 성장단계를 만드는 원인이 된다.

바. 소득 사이클

경제재를 구매할 수 있는 소득에 있어서도 Life Cycle이 존재한다. 이것의 이론적 근거는 라이프-사이클 가설(Life-cycle hypothesis)이다. 라이프-사이클 가설은 1985년 노벨 경제학상을 받았던 케인스학파의 석학인 프랑코 모딜리아니(Franco Modigliani)의 대표적 이론으로 사람들이 노년에 대비해 어떻게 소비하고 저축하는가를 규명한 가설이다. 그에 의하면, 소비는 전 생애에 걸쳐 일정하거나 혹은 서서히 증가하는 형태를 띤다. 하지만 소득은 일반적으로 중년기에 가장 높고 유년기와 노년기에는 낮다. 당연히 저축률은 중년기에 높고 유년기나 노년기에는 저축률이 낮을 뿐만 아니라 마이너스 저축까지 하게 된다. 모딜리아니는 이같은 가설에 따라 소비가 미래소득흐름의 현재가치 함수라고 정의했다. 현재소득이나 자산만을 근거로 이루어지는 것이 아니라 남은 생애 동안 기대되는 평균 예상근로소득의 영향을 받는다는 것이다. 이 이론은 상대적으로 젊은세대가 많은 사회와 노년인구가 많은 사회에서 저축률이 서로 다르게 나타나는 현상을 어느 정도 설명할 수 있게 해주었다. 뿐만 아니라 다양한 연금지급사업이 장래에 각각 어떤 효과를 가져올 것인지를 예측하는 데도 유용한 도구가 되었다.

라이프-사이클 가설을 성장단계 이론에서 보면 일생의 소득은 초기, 성장, 성숙, 쇠퇴의 과정을 거친다는 것이다. 사람의 소득은 체력과 지식 그리고 경험의 함수관계라 할 수 있다. 청년기에는 체력이 좋으나 지식과 경험수준이 낮아 소득수준이 낮다가 중년기에는 지식과 경험이 풍부해져서 높은 수준의 소득을 받는다. 그리고 노년기에는 지식과 경험은 풍부하나 체력과 두뇌의 한계로 인해 소득이 낮아진다. 이 주장이 제품의 성장단계와 동일하다고 볼 수는 없으나 소득의 초기, 성장, 성숙, 쇠퇴라는 측면에서는 반론의 여지가 없다고 할 것이다. 중년기에 일시적으로 쇠퇴했던 소득은 기술의 획득, 지식의 재창조, 네트워크의 확보 등에 의해 다시 성장기로 회복시킬 수 있으며, 소득이 낮은 노년기에도 꾸준한 연구 활동 등으로 소득 쇠퇴의 시기 진입을 연기시키거나 소득 소멸의 시기를 연기시킬 수 있다.

사. 자산 사이클

주식, 채권, 부동산, 원자재와 같은 투자자산에도 상승시기와 하락시기가 있다. 일반적으로 자산시장은 경기 순환주기와 연동되지만, 수요와 공급에 의해서 달라지기도 한다. 부동산 경기순환은 회복기, 호황기, 후퇴기, 침체기라는 용어를 사용하기도 하고, 하향시장, 회복시장, 상향시장, 후퇴시장, 안정시장이라는 용어를 사용하기도 한다. 기업성장단계와 비교하면 초기, 성장, 성숙, 쇠퇴의 주기와 동일하다는 것을 알 수 있다. 부동산 시장의 사이클이 반복된다는 것은 많은 경제학자의 정설이다. 10년 주기설, 20년 주기설 등 여러 학설이 존재한다. 부동산은 내구재이며 큰 자본이 소요되므로 이자율에 민감하다. 따라서 이자율은 부동산 사이클을 진화시키는 중요인자라고 할 수 있다. 물론 이자율은 경기 순환주기 변동의 중요인자이기도 하다.

조직체 성장단계

경제재와 마찬가지로 기업, 산업, 국가와 같은 조직체에도 Life Cycle이 있다. 경제재는 구체적인 외형을 가진 반면 기업, 산업, 국가는 외형을 가지지 않고 경제재를 보유하고 있는 조직체(Organization) 또는 매개체(Vehicle)이다. 제품이나 사람은 물적 형태를 가지고 있으므로 그 자체 시간에 따라 진부화되는 반면, 조직체는 매개체이기 때문에 스스로 진부화되는 것이 아니라 보유사업의 진부화에 따라 종속되는 성질을 가지고 있다. 이론적으로 기업의 성장단계는 개별 제품성장단계가 모여 형성되고, 산업의 성장단계는 그 산업에 속하는 개별 기업의 성장단계가 모여서 형성되며, 국가의 성장단계는 보유 산업의 성장단계가 모여서 형성된다.

기업은 여러 다른 경제재를 보유하고 있고, 산업은 여러 기업을 포함하며, 국가는 여러 산업을 운영하고 있기 때문에 조직체는 보유 사업을 교체함으로써 성장단계의 조절이 가능하다. 예를 들면 장미공원에 봄장미, 여름장미, 가을장미, 겨울장미를 모두 보유하고 있다면 이용객은 사계절 동안 만개한 장미를 볼 수 있다. 개별 제품으로 보면 각각의 장미들은 분명한 계절의 Life Cycle을 가지고 있다. 구성원의 노력으로 개별 Life Cycle을 변경시킬 수 없으나 Life Cycle이 다른 장미를 계절마다 심어서, 장미를 사계절 내내 볼 수 있는 것이다. 구성원은 봄장미, 여름장미, 가을장미, 겨울장미의 사이클을 조절할 수는 없으나, 식재 수량을 조절할 수 있다. 예산 부족으로 겨울장미를 포기할 수도 있고, 관심 부족으로 겨울장미를 심지 않을 수도 있으며, 심었으나 관리 소홀로 죽을 수도 있다. 만일 겨울 동안 장미를 볼 수 없다면 장미공원의 연간 관람객은 감소하게 된다. 그리고 겨울장미가 없는 장미공원이 주식시장에 상장된 기업이라면 분명히 주가는 하락할 것이다.

기업, 산업, 국가는 구성원들이 움직이는 조직체이기 때문에 구성원의 노력으로 성장단계를 변화시킬 수 있는 특성을 가지고 있다. 아디제스(Adizes)[*]는 "기업뿐만 아니라 사람, 상품, 시장, 사회도 특정한 Life Cycle을 갖는다"고 주장하였다. 여기에서 사람과 상품은 경제재이고 시장과 사회는 조직체이다. 이미 오래 전부터 Life Cycle의 개념은 다양한 각도에서 인식되었음을 알 수 있다.

---

[*]　Ichak, Adizes 1979, "Organizational passages-Diagnosing and treating lifecycle problems of organizations", Organizational Dynamics, 8, pp. 3~25

가. 기업 사이클

라부이 & 컬버트(Lavoie & Culbert)와 밀러 & 프리센(Miller & Friesen)*은 그들의 논문에서 기업은 성장단계에 따라 발전하며 성장단계 간 순서는 쉽게 바뀌지 않는 다고 했다. 또한 기업은 성장단계에 맞는 기업활동과 구조를 갖는다고 주장하였다. 기업의 성장단계는 제품성장단계에서 출발되었다. 밀러와 프리센은 기업이 성장 단계별로 서로 다른 경영환경과 조직구조, 경영전략과 의사결정 구조를 갖고 있는 것을 실증해 주었고, 고트(Gort)와 클레퍼(Klepper)**는 기업의 성장단계는 그 자체로 기업과 산업에 대한 이해와 지식, 핵심역량(core competence), 원가구조와 기업환경 에 대한 적응력 등 기업의 경제적 현황과 관련된 특성 정보를 제공하는 중요한 개 념임을 설명하였다.

기업의 자연스러운 쇠퇴를 부인하는 사람은 "이 세상에 성숙기업이나 쇠퇴기 업은 존재하지 않고, 성숙경영만이 있을 뿐이다"라고 주장한다. 산업의 쇠퇴는 인 정하지만, 기업이 훌륭한 경영으로 성숙산업과 쇠퇴산업을 돌파할 수 있다는 의 미이다. 항공산업에서 South West가 쇠퇴단계를 극복하였으며, 컴퓨터산업에서 Dell컴퓨터가 레드오션 시장에서 고수익을 실현하며 이를 증명하였다. 또한 기업 은 다양한 제품포트폴리오를 보유하고 있기 때문에 한 개의 제품이 쇠퇴하기 시작 하면 다른 신제품으로 기업 자체가 쇠퇴단계에 들어가는 것을 막을 수 있다. 이러 한 측면에서 기업성장단계와 제품성장단계는 다르다고 할 수 있다.

한 종류의 제품을 생산하는 중소기업의 경우에는 제품성장단계가 기업성장단

---

* 　D. Miller and P. H. Friesen, 1984, "A Longitudinal Study of the Corporate Life Cycle," Management Science, Vol.30, pp. 1161~1183

** 　M. Gort and S. Klepper, 1982, Time Paths in the Diffusion of Product Innovation, Economic Journal 92 : pp. 630~653

계와 동일하다고 할 수 있지만 여러 종류의 제품을 생산하는 대기업은 개별 제품의 성장단계와 기업성장단계가 동일하지 않다. 단일 제품만을 생산하는 기업은 도입, 성장, 성숙, 쇠퇴의 4단계를 거치다가 다른 신제품이 없다면 그 기업은 시장에서 사라진다. 그러나 대기업의 경우에는 제품포트폴리오를 가지고 있는 경우가 많으므로 단일 제품을 가진 중소기업과 상황이 다르다. 따라서 제품성장단계와 기업성장단계는 3가지 측면에서 서로 다르다고 볼 수 있다.

첫째, 제품은 단선적인 Life Cycle을 갖고 기업은 복합적인 Life Cycle을 갖는다. 제품성장단계 관점에서 기업성장단계를 연구한 학자들은 도입, 성장, 성숙, 쇠퇴의 4단계로만 기업성장단계를 구분한다. 그러나 기업은 다양한 제품을 보유하고 있으므로 복합적인 사이클을 가지고 있다. 기업은 영속성을 추구하기 때문에 신규사업에 진출하면 쇠퇴단계 이후의 재창업단계인 재기단계가 존재한다. 만일 신규사업이 성공하면 기업은 다시 초기, 성장, 성숙, 쇠퇴의 단계를 거치게 되고, 실패하게 되면 시장에서 퇴출된다. 따라서 기업성장단계는 재기단계를 고려하나, 제품성장단계는 일반적으로 재기단계를 고려하지 않는다.

둘째, 제품은 성장단계 파악이 용이하나 기업은 용이하지 않다. 제품성장단계 접근방법은 한 개의 제품을 상대하므로 그 제품만 파악하면 된다. 그러나 기업은 여러 개의 제품을 보유하고 있는 경우가 많다. 한 제품은 도입기, 한 제품은 성장기, 한 제품은 성숙기, 한 제품은 쇠퇴기라면 그 기업의 성장단계는 모든 제품을 종합하여 결정해야 한다.

셋째, 제품은 Life Cycle에 대한 대응전략에 한계가 있고, 기업은 다양한 방법으로 대응전략을 사용할 수 있다. 제품은 소비자의 선호도가 바뀌면 회복하기 어렵다. 그러나 기업은 여러 가지 사업을 동시에 보유할 수 있기 때문에 소비자의 선호가 바뀌어도 성장단계를 유지하기 위한 다양한 전략을 수행할 수 있다.

나. 산업 사이클

산업은 같은 사업을 하는 기업이 모여서 산업의 성장단계를 구성한다. 산업은 본질적으로 사업이 모인 것이다. 기업 성장단계별로 강조되는 경영방식이 다른 것처럼 산업성장단계에서도 강조되는 경영방식이 다르다. 신기술에 의해 신산업이 일어나면 일반적으로 버블을 거쳐 산업이 안정되는 것을 볼 수 있다. 이것은 산업이 패턴을 가지고 움직인다는 것을 의미한다.

마이클 포터(Michael Porter)*는 산업을 신생산업, 성장산업, 성숙산업, 사양산업으로 분류하고, 각 단계별 전략이 다름을 지적하면서 다음과 같이 단계별 특징을 설명하였다.

(1) 신생산업(Emerging Industry)
- 기술적인 불확실성 – 어떤 방식이 옳은지 검증되지 않은 시기
- 전략적 불확실성 – 전략적 자유의 폭이 가장 크고, 훌륭한 전략적 선택이 훌륭한 성과로 나타날 수 있는 가능성도 큰 시기
- 초기의 높은 생산원가와 대조되는 급격한 원가절감
- 주로 기존기업에서 분리되거나, 신설한 기업
- 신제품을 구매할 Early adopter가 필요
- 다양한 고객의 압력에 단기적 시야로 업무처리
- 정부 보조금이 존재하는 시기
- 게임의 법칙이 존재하지 않는 시기
- 미약한 산업의 이미지와 신뢰성으로 산업 협력이 필요한 시기

---

* Michael Porter(1980년) Michael Porter, 조동성 역, 1980(원저), 2008(번역), Michael Porter의 경쟁전략(Competitive Strategy), 21세기북스, pp. 318~397

(2) 성장산업(Growth Industry)

- 가격경쟁이 필요하지 않은 시기
- 고속 성장
- 기존제품을 지속적으로 개선하고 적극적으로 판매하려는 시기

(3) 성숙산업(Maturity Industry)

- 느린 성장은 시장점유율을 위한 경쟁 과열 의미
- 산업내의 기업은 점차 재주문 경험이 있는 노련한 구매자들을 상대
- 경쟁은 원가와 서비스를 더욱 강화하는 쪽으로 변화
- 생산시설 및 인력 확대가 공급과잉으로 이어질 가능성 존재
- 제조, 마케팅, 유통, 판매, 리서치 방법이 끊임없이 변화
- 새로운 제품과 응용제품을 만들어 내기가 더욱 힘들어지는 시기
- 국제 경쟁 가열
- 산업 수익률이 일시적 또는 영구적 하락
- 판매자들의 한계이윤 하락, 영향력 증가
- 품질 차이 소멸
- 성장률의 둔화에 이동장벽까지 낮으면, 곧 평균이상의 수익이 종식됨을 의미

(4) 사양산업(Declining Industry)

- 산업매출액의 감소
- 한계이윤의 하락
- 생산라인의 단축
- 연구개발 및 광고활동의 축소

다. 국가 사이클

기업성장단계가 모이면 산업성장단계가 되고, 산업성장단계가 모이면 국가성장단계가 된다. 국가는 산업 포트폴리오를 변경함으로써 성장단계를 변경할 수 있다. 국가의 성장단계를 분류하는 기준은 일반적으로 국가 GDP 규모와 국민소득수준을 고려하여 선진국, 중진국, 개도국, 최빈국 등으로 분류하고 있다. GDP는 국가단위의 기업 매출액에 해당하는 것으로서 국내총생산이다. 2012년 1월 IMF에서 발표한 세계경제전망 자료에 따르면 2012년 미국, 유럽, 일본과 같은 선진국은 GDP성장률이 0~2%로 평균 1.6%를 예상하고 있고, 중국을 비롯한 신흥국은 6~8%로서 평균 6.2%를 전망하고 있다. 그리고 세계평균 GDP는 3.3%로 발표하였다.

군집분석 방법에 따라 국가성장단계를 분류해 보면, 세계평균 GDP성장률보다 위에 있으면 성장단계, 세계평균 GDP성장률 수준이면 성숙단계, 세계평균 GDP성장률 아래에 있으면 쇠퇴단계라고 할 수 있다. 그러면 선진국과 같이 저성장을 보이는 국가는 성숙단계나 쇠퇴단계에 있다고 할 수 있고, 고성장 신흥국 중 경상수지가 좋은 국가는 성장단계라고 할 수 있다. 고성장 신흥국 중 경상수지가 나쁜 국가는 초기단계에 있는 국가라 할 수 있고, 나머지 저성장을 보이는 국가는 말기단계의 길을 걷고 있다고 할 수 있다. 국가가 보유한 산업성장단계의 결합체가 국가성장단계이므로, 국가는 산업성장단계 포트폴리오를 면밀하게 관리할 필요가 있다.

국가성장단계를 파악하는 또 한 가지 방법은 각 나라 상장주식의 기업성장단계 분포를 보는 것이다. 한 국가의 상장주식에는 그 나라를 이끌어가는 글로벌기업과 대기업, 강소기업이 대부분 포함되어 있다. 그러므로 상장주식의 기업가치 총계가 그 나라의 경제력을 대변한다고 말할 수 있다. 예를 들어 상장주식 중에 쇠퇴단계 기업, 말기단계기업, 재기단계기업의 비중이 높다면 그 국가의 경제력은 많이 노화되었다고 판단할 수 있다. 본서의 제9장에서는 한국 주식시장의 성장단계 분포와 통계를 보여주고 있는데, 마찬가지로 미국, 중국, 일본, 독일, 영국, 프랑스, 인도, 베트남 등 각 나라 상장주식의 기업성장단계 분포를 분석하여 나라별로 비교하고, 시계열적 비교를 한다면 매우 의미 있는 시사점이 많이 도출될 것으로 보인다. 한국은 2016~2019년 조사자료를 바탕으로 분석해 볼 때, 쇠퇴단계기업이 12.7%, 말기단계기업이 10.1%, 재기단계기업이 31.0%를 차지하고 있다. 다른 나라의 경우는 추후 연구를 통해 발표할 예정이다.

국가성장단계를 변화시키기 위한 국가전략 중에 '집중전략'과 '다각화전략'이 있다. 최근 선진국에서는 집중전략이 옳다고 생각하는 경향이 많다. 그러나 신흥국 기업에서도 집중전략이 옳은가에 대해서는 다른 의견이 있다. 타룬 칸나 & 크리쉬나 팔레푸(Tarun Khanna & Krishna Palepu)[*]는 선진국 기업들이 집중전략을 쓴다고 해서 덩달아 신흥국 기업들이 집중전략을 쓰면 안 된다고 했다. 집중전략은 뉴욕이나 런던 같은 곳에서는 훌륭한 전략이지만, 신흥시장의 그룹사에는 제도적 미비로 어려움이 있다는 것이다. 선진국 기업에서는 최신 기술을 쓸 수 있고, 저비용으로 자금을 조달할 수 있으며, 경영기술도 발달해 있다. 이런 요소가 부족한 신흥국의 제도적 환경에서는 다각화를 통한 사업 포트폴리오가 가장 좋은 경쟁전략일 것이다. 서구에서는 기업활동을 뒷받침하는 다양한 제도가 당연하지만, 신흥국 기업은 집중전략으로 일부 사업만 탁월하게 운영하기보다는 다방면에서 움직여서, 한가지만 집중하다가 부딪힐 수 있는 사업리스크를 줄여야 사업에 성공할 수 있다고 한다.

---

[*]　Tarun Khanna & Krishna Palepu, 1997, "Why focused Strategies May Be Wrong for Emerging Markets", Harvard Business Review, July–August 1997

라. 경기 사이클

경제학의 경기순환주기(Economic Cycle)는 세계경제를 한 묶음으로 보고 사이클을 분석한 것이다. 세계경기에는 많은 자연적, 심리적, 경제적 순환주기들이 섞여서 상호작용을 하며 세계경기의 성장과 쇠퇴의 흐름을 이끌고 있다.

순환주기 분석에는 태양의 흑점주기를 이용하여 10년 경기 순환설을 주장하는 사람도 있고, 원자재 시장을 분석하여 원자재의 30년 원자재 순환주기를 주장하는 사람도 있으며, 주식시장의 순환주기를 이용하여 다양한 주기를 분석하는 사람도 있다. 파동연구자들은 인류 역사는 장기파동으로 움직인다고 주장한다. 가장 긴 경기 파동은 '콘드라티예프(Kordratiev)파동'으로 50~70년 주기로 일어난다고 보고 있다. 이밖에 80년 주기설도 있다. 자주 사용되는 경기순환 10년 주기설에 의하면, 경기는 10년마다 버블이 오고 버블 붕괴가 온다고 한다. 다음 표는 1998년 세계 금융위기 이후 회복되는 과정과 2008년 금융위기가 다시 출현하여 붕괴되는 과정 및 회복하는 과정을 기업성장 6단계와 비교하여 본 것이다.

경기 순환주기와 마케팅 방법을 연계시키면 효과를 볼 수 있다. 불황기에는 가격민감도가 높은 고객을 대상으로 가격차별화 정책이 효과적이다. 이에 대한 예로 다음 두 가지를 들 수 있다.

첫째, 가격에 민감한 고객층만을 대상으로 선별하여 할인을 제공함으로써 경쟁사와의 가격경쟁을 피하고 기존 고객의 충성도를 유지할 수 있다는 것이다. 하얏트호텔의 경우 외지고객보다 지역주민들이 가격에 민감함을 파악하고, 지역주민이 하얏트호텔을 이용하면 할인혜택을 제공하는 CATH(Club at the Hyatt)프로그램을 개발하였다.

둘째, 가격에 민감한 고객층을 더욱 세분화하여 수익성 높은 고객을 대상으로 더욱 차별화하는 전략을 구사하는 것이다. A.T.커니(Kearney)는 글로벌 온라인

〈경기순환주기와 기업성장단계의 비교〉

경기순환	기간	MSCI 주가지수	상황	성장 단계
터널탈출 (경기회복)	2002.1~ 2002.9	180	1998년말 세계 경기불황 이후 처절한 자구노력을 통해 경제 시스템의 정상적인 가동이 시작된다.	초기
정상성장 (경기성장)	2002.9~ 2005.1	320	경제시스템의 정상가동으로 경제는 안정되고 소비 및 해외여 행이 늘어난다.	성장
버블형성 (경기호황기)	2005.2~ 2006.12	400	부동산, 주식 등의 자산소득이 증가하면서, 연봉소득에 비해 소비의 크기가 더욱 늘어난다.	성장
버블정체 (버블완성기)	2007.1~ 2007.10	427	자산소득의 증가가 멈추었으나 관성에 의한 소비는 멈추지 않는다. 소득과 소비의 균형이 무너져 있으며, 자산소득이 감 소하기 시작한다.	성숙
붕괴 (경기붕괴기)	2007.11~ 2009.2	187	자산소득이 감소하기 시작했으나, 정치권과 경제주체들은 위 기를 느끼지 못하고 안일한 방법으로 대응한다. 리만브라더스 로부터 촉발된 버블붕괴가 일어난다.	쇠퇴/말기
자구노력 (경기회생기)	2009.3~ 2010.6	265	붕괴 이후 경제시스템의 정상적인 복구를 위한 처절한 자구 노력이 진행된다. 유동성 확대를 통한 금융시스템의 건전화와 재정확대를 통한 일자리 창출과 소비를 진작시킨다.	재기
터널탈출 (경기회복기)	2010.7~ 2011.1	335	처절한 자구노력 이후 금융시스템의 정상적인 가동이 시작된 다. 그러나 경제의 정상화는 더 많은 시간을 요구한다.	초기

※ MSCI주가지수 : 미국의 모건스탠리캐피털인터내셔널(Morgan Stanley Capital International)사가 작성해 발표하는 세계 주가지수로서,
위 수치는 해당 기간의 주가지수를 평균하여 산출하였다.

여행사의 고객을 2만여 마이크로 세그먼트로 분류한 후 수익성이 높은 세그먼트
에 초단기적 프로모션을 실시한 결과, 타깃 세그먼트 내 시장점유율이 5~8%에서
50~75%로 급상승하였다고 한다.[*]

일반적으로 기업들이 불황기에 고객유지율, 매출, 비용절감에 주력하는 것과는
달리, 가격정책을 개선한다면 불황임에도 불구하고 2~3%의 수익성 향상이 가능

---

[*] 삼성경제연구소(홍선영), 2012.7, 서비스 상품의 스마트 가격전략, SERI경영노트 제158호, pp. 4~5

하다고 한다.*

경기순환주기와 기업성장단계는 다음 도표와 같이 서로 만난다. 서로 독립적으로 움직이므로 어느 단계에서 어떻게 만날지 알 수 없다. 기업의 쇠퇴단계와 경기의 쇠퇴단계가 만날 수도 있고, 기업의 성장단계와 경기의 쇠퇴단계가 만날 수도 있다. 어떤 조합으로 만나든지 기업은 그 성장단계에 맞는 경영을 해야 한다. 경기는 외생변수이므로 경기의 순환주기와 기업의 성장단계를 잘 조합하여 전략적 의사결정을 해야 한다.

세계경제의 경기순환도 기업성장단계와 동일한 과정을 밟는 것으로 볼 수 있다. 경기회복기(=초기단계), 경기성장기(=성장단계), 경기호황기(=성장단계), 버블완성기(=성숙단계) 경기붕괴기(=쇠퇴/말기단계), 경기회생기(=재기단계)를 거쳐서 경기가 순환되기 때문에 기업의 성장과정과 유사하다. 다음 도표는 경기순환주기 4단계를 일반적인 기업성장 6단계와 접목하여 비교한 것이다.

〈경기순환주기와 기업성장단계의 교차〉

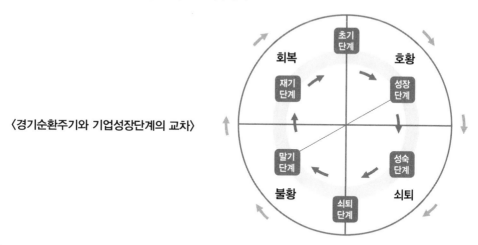

---

*   T. Nagle, et al, 2009, Defending Profitability with proactive price management, Monitor

정상적인 기업의 성장경로는 초기, 성장, 성숙, 쇠퇴, 말기, 재기의 순서이지만 사업의 정상사이클은 외부의 경기 사이클, 소비자 사이클, 경쟁자 사이클 등 다양한 사이클과 부딪치면서 성장경로에 영향을 받는다. 그런 외부의 영향에 기업의 적극적 대응, 소극적 대응, 잘못된 대응 등 다양한 경영반응을 보이며 사업 사이클은 정상적인 성장경로를 이탈하고 다양한 성장경로 유형으로 발전하기도 한다.

핵심 요약

- 경제란 재화와 용역을 생산·분배·소비하는 활동 및 그와 직접 관련된 질 서와 행위의 총체를 말한다. 이 재화와 용역을 다시 자유재와 경제재로 나 눌 수 있다. 자유재는 공급이 거의 무한이어서 매매 또는 점유의 대상이 되 지 않는 것이고, 경제재는 공급이 수요에 대해 상대적으로 제한되어 점유나 매매의 대상이 되는 것이다.

- 경제재 사이클의 종류를 정리하면 다음과 같다.

종류	내용
기술 사이클	Foster는 다양한 기술혁신 케이스를 분석한 결과 기술에도 일정한 법칙이 있다고 주장하였다. 그는 어떤 기술에서도 그 개발 노력에 맞는 성과를 일정하게 얻을 수 있는 것이 아니고 한계가 있다는 것을 'S자 커브'로 나타내고 있다.
제품 사이클	제품성장단계(Product Life Cycle)는 제품이 시장에 진입하여 퇴출될 때까지 일정한 패턴을 갖는다는 것을 의미한다.
서비스 사이클	Sasser & Olsen & Wyckoff는 도입기, 확장기, 성장기, 성숙기로 분류하였고, Voss & Armistead & Johnston은 도입기, 성장기, 성숙기로 분류하였다.
사업 사이클	성장단계 측면에서 제품과 사업의 성장단계는 동일하다고 할 수 있다. 다만 단일 사업을 보유한 기업과 여러 개의 사업을 보유한 기업은 구별할 필요가 있다. 단일 사업을 보유한 기업은 그 사업의 성장단계가 곧 기업의 성장단계이나, 여러 개의 사업을 보유한 기업은 개별 사업의 성장단계의 합이 그 기업의 성장단계가 된다.
소비 사이클	E. M. Rogers는 소비자의 성격을 정규분포를 이용하여 분류하였다. 최초 구매자는 혁신적 채용자로서 2.5%, 두 번째는 초기 소수채용자로서 13.5%, 세 번째는 전기 다수채용자로서 34%, 네 번째는 후기 다수채용자로서 34%, 마지막은 채용지체자로서 16%로 분석하였는데, 이것을 그래프로 그리면 S자 성장-쇠퇴 곡선이 나온다.
소득 사이클	Franco Modigliani의 라이프-사이클 가설로서 소비는 전 생애에 걸쳐 일정하거나 혹은 서서히 증가하는 형태를 띠지만 소득은 일반적으로 중년기에 가장 높고 유년기와 노년기에는 낮다고 주장한다.
자산 사이클	주식, 채권, 부동산, 원자재와 같은 투자자산에도 상승시기와 하락시기가 있다. 일반적으로 자산시장은 경기순환주기와 연동된다.

- 기업 사이클은 개별 제품 사이클이 모여 형성되고, 산업 사이클은 그 산업에 속하는 개별 기업의 사이클이 모여서 형성되며, 국가 사이클은 보유 산업 사이클이 모여서 형성된다.

- 제품은 단선적인 사이클을 거치기 때문에 구성원의 노력으로 기업의 성장단계를 변경시키기 어려운 반면, 기업과 산업, 국가와 세계경제는 다수의 사업 사이클의 합으로 이루어져 있기 때문에 구성원의 노력으로 조직체의 성장단계를 변경시킬 수 있다.

- 조직체 사이클의 종류를 정리하면 다음과 같다.

종류	내용
기업 사이클	한 기업의 제품과 서비스가 모여 기업의 사이클을 형성한다. 한 종류의 제품을 생산하는 중소기업의 경우에는 제품 사이클과 기업 사이클이 동일하다. 그러나 여러 종류의 제품을 생산하는 대기업은 개별 제품의 사이클과 기업 사이클이 동일하지 않다.
산업 사이클	산업은 같은 사업을 하는 기업이 모여서 산업의 성장단계를 구성한다. 산업은 본질적으로 사업이 모인 것이다. 기업 성장단계별로 강조되는 경영방식이 다른 것처럼 산업성장단계에서도 강조되는 경영방식이 다르다. 신기술에 의해 신산업이 일어나면 일반적으로 버블을 거치며 산업이 안정되는 것을 볼 수 있다. 이것은 산업이 패턴을 가지고 움직인다는 것을 의미한다.
국가 사이클	국가의 성장단계를 구분하는 연구는 미약하다. 약식으로 국가의 성장단계를 구분하는 방법은 국가의 GDP성장률이 세계평균 GDP성장률보다 높으면 성장단계, 평균에 가까우면 성숙단계, 평균 이하이면 쇠퇴단계로 구분하는 방법이 있다.
경기 사이클	세계경제의 경기순환도 기업성장단계와 동일한 과정을 밟는 것으로 볼 수 있다. 경기회복기(=초기단계), 경기성장기(=성장단계), 경기호황기(=성장단계), 버블완성기(=성숙단계) 경기붕괴기(=쇠퇴/말기단계), 경기회생기(=재기단계)를 거쳐서 경기가 순환되기 때문에 기업의 성장과정과 유사하다.

성장단계의 진화요인에는
어떤 것이 있는가

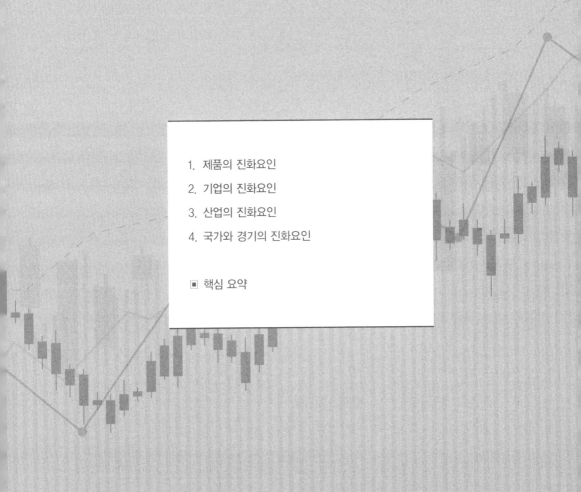

제품의 진화요인

제품, 기업, 산업, 국가·경기 사이클을 움직이는 진화요인은 무엇인가? 제품이 모이면 기업이 되고, 기업이 모이면 산업이 되고, 산업이 모이면 국가경제가 되므로 제품, 기업, 산업, 국가·경기의 진화요인은 공통점이 많을 수밖에 없다. 그러나 제품, 기업, 산업, 국가·경기에 개별적인 진화요인이 있다는 점도 간과해서는 안 된다. 제품의 대표적인 진화요인은 '기업 구성원의 타성', '소비자 구매의사의 변화', '기술 독점성의 변화'이다.

가. 기업 구성원의 타성

바움(Baum)[*]은 기업이 매우 타성적이라 환경과의 부조화(misaligned)가 갈수록 심해질 수 있으며, 위험은 연령에 따라서 더욱 증대된다고 하는 성숙기의 불리함(liability of obsolescence)을 주장한다. 즉, 제품 진부화의 원인이 기업의 타성일 수 있다는 것이다. 이것은 제품 진부화의 요인을 임직원의 책임으로 돌린 것이라 할 수 있다. 조직체는 매

---

[*]　J. A. C. Baum (1989), "Liabilities of Newness, Adolescence, and Obsolecence : Exploring Age Dependence in the Dissolution of Organizational Relationships and Organizations," Proceedings of the Adminstrative Science Association of Canada Vol.10, No.5, pp. 1~10

개체이기 때문에 스스로 진부화되는 것이 아니라 조직구성원의 속성에 의해 좌우된다.

나. 소비자 구매의사의 변화

소비자 측면에서 보면 제품의 성장과 쇠퇴는 소비자 구매의사의 변화와 적접적인 관련이 있다. 소비자의 구매의사는 왜 증가하거나 감소하는가? 첫째, 그 제품의 품질, 가격, 서비스가 소비자를 만족시키면 증가하고 만족시키지 못하면 감소한다. 둘째, 경제의 호황과 불황이 소비자의 구매의사를 증가시키거나 감소시킨다. 셋째, 제품의 희소성이다. 유사 기능의 제품을 다른 기업에서도 쉽게 구입할 수 있다면 특정 기업의 제품을 구입할 필요가 없다.

다. 기술 독점성의 변화

한 기업의 기술 독보성이 약해지면 경쟁회사의 제품이 많아지게 되고, 기업의 시장점유율은 감소하게 된다. 한 국가의 기술 독보성이 약해지면 산업의 매출이 낮아지고 국가 GDP가 낮아지게 되는 요인이 된다. 미래학자 에드워드 코니시(Edward Cornish)는 "환경의 변화라는 요소도 중요할 수 있지만, 최근 문화 발전을 이끄는 주요 동력은 기술지식의 축적이다"라고 했다.[*] 기술이 사회 발전과 변화의 원동력이라는 말이다. 이것은 기업의 성장단계에도 그대로 적용된다. 기업은 초기단계에 새로운 기술과 비즈니스모델을 가지고 출범한다. 기술이 소비자에게 왕성하게 채택되면 성장단계에 진입하게 되고, 보유한 기술이 진부화되면 기업은 쇠퇴단계로 들어가게 된다. 한 국가가 보유한 기술들이 독보적이고 경쟁력이 있다면 그 경제는 많은 부를 창출할 수 있으나, 진부화된 기술 위주로 보유하고 있다면 진

---

[*]　최윤식 · 배동철, 2009, "2030 부의 미래지도", 지식노마드, p136

부화된 제품을 저가로 공급하는 국가로 전락할 수밖에 없다. 결국 기술의 독보성이 기업과 국가의 부를 창출하는 원동력이 되는 것이다.

홍성훈·조계수[*]는 제품수명주기의 결정요인을 시장요인, 기술요인, 경쟁요인 3가지로 구분하였다. 이 요인들이 매출액을 증감시키는 원인이 되어 제품의 성장단계를 만들게 되는데, 첫째, 시장요인은 소비자의 기호, 인구구성, 소득, 생활양식으로서 제품의 성장단계 움직임에 큰 영향을 준다. 둘째, 기술요인은 기술진보 및 신기술의 개발과 같은 것으로서 신기술 및 소재에 의한 제품의 혁신이나 대체품의 개발이 기존 제품의 매출액에 많은 영향을 미쳐 기존제품의 수명을 단축시킨다. 셋째, 경쟁요인은 경쟁기업의 출현이 제품수명주기에 영향을 미친다는 것이다. 특히 경쟁기업이 마케팅 활동을 강화하거나 새로운 제품을 개발하거나 저가격 정책을 펼치면 제품의 수명은 급격히 단축된다고 설명한다.

기업의 진화요인

기업은 제품을 보유하고 있으므로 기업의 진화요인에는 제품의 진화요인이 작용하고 있다고 할 수 있다. 그러나 기업, 산업, 국가와 같은 조직체는 제품과 달리 눈에 보이지 않는 일종의 조직단위(Vehicle)이므로 진화의 요인이 조직체, 그 자체에 있기보다는 조직체의 구성요소에서 찾아야 한다. 기업의 경우는 제품의 진화요인과는 다른 기업 경영적 요인에서도 진화요인이 있다. 관련 연구자를 중심으로 기업의 개별적인 진화요인을 살펴보면 다음과 같다.

---

[*]   홍성훈 · 조계수, 2011, 기업성장전략, 북넷

가. Eric & Yvonne

에릭 & 이본느(Eric & Yvonne)*는 기업의 쇠퇴를 초래하는 주요 원인으로 '시장 경쟁의 심화', '리더십의 퇴화로 인한 경쟁기술의 손실', '조직의 변화를 방해하는 자기 만족감', '조직의 성장에 걸맞는 충분한 조직 인프라 구축을 하지 못하는 경영자의 무능력'을 열거하였다. 기업의 쇠퇴원인을 임직원의 책임으로 돌린 것이다.

나. Moore

무어**도 기업쇠퇴의 원인으로 '기업의 타성'을 주장하였다. 환경변화에 맞춰 변화하지 않고 과거의 관습을 지키려는 타성을 기업쇠퇴의 원인으로 지적한 것이다. 기업이 장기간에 걸쳐 수익을 지속하기 위해서는 기업의 핵심역량을 바꾸어야 하는데, 기업이 핵심역량을 바꾸려는 노력의 과정은 '초기의 성공이 만들어낸 타성'에 의해 방해를 받는다고 설명한다. 시장의 초기단계에서는 놀라울 정도로 유리하게 기능하는 제품혁신 기술이, 프로세스 관리 및 마케팅의 새로운 전문적 기술이 요구되는 기업 Life Cycle의 중심단계에서는 유지되지 못할 수도 있으므로, 이 경우에 기업은 핵심역량을 변화시켜야 한다고 주장한다.

경영진이 타성을 극복하기 위해서는 새로운 유형의 혁신을 도입해야 한다. 가장 보편적인 실수는 그들이 물려받은 조직구조를 손대지 않고 그냥 두는 것이다. 그들이 새로운 혁신을 통해 기대하는 성공은 낡은 조직구조의 자원을 통해 유기적으로 고통 없이 변화를 가져오는 것이다. 그러나 이러한 접근방법은 성공할 가능

---

* Eric G. Flamholtz, Yvonne Randle, 이광준 역, 2000(원문), 2002(번역), 기업성장을 방해하는 10가지 증상(원제 : Growing Pains), 매일경제신문사, p426

** Geoffrey A. Moore, 2004, "Darwin and the Demon : Innovating Within Established Enterprises", Harvard Business Review, July-August

성이 희박하다. 경영진은 건설과 해체라는 이중 경로를 추구해야 한다. 건설의 경우 차세대 경쟁우위를 만드는 것이고, 해체는 낡은 프로세스 및 조직구조를 없애는 것이다.[*]

다. 이지우

이지우[**]는 1980년 이후 설립된 36개 기업을 실증연구 분석한 결과, 구성원·경영·조직·외부환경 등이 중소기업 성장과 관련된 것으로 발표하였다. 성장이 빠른 기업이 가진 경영요소로는 '창업자(소유자)의 창업 전 경험과 젊은 나이', '적극적이며 차별적인 전략과 적절한 경영방식', '다양한 능력을 갖춘 인력 고용을 통한 전문화 및 분권화', '조직 규모가 크고 업력이 짧은 기업', '외부환경에 민첩하게 적응하는 기업'인 것으로 설명한다. 그리고 이러한 요소가 없는 기업은 성장이 느리거나 쇠퇴할 것으로 예상하였다. 이 연구는 기업의 열정과 민첩성, 전문화와 분권화와 같은 조직 내부적인 요소를 성장의 원천으로 본 것이다.

라. 신용보증기금

신용보증기금 경제연구소[***]는 기업의 성장에 영향을 주는 주요 요인이 '업종', '기업형태', '연구개발비(R&D) 투자여부' 및 '총자산회전율'이라고 설명하면서, 이 요인들이 기업의 외형적 성장 측면인 매출액증가율 및 실질적 성장 측면인 자기자본증가율에 영향을 주는 요인이라고 실증 연구하였다. 연구결과에 따르면 기업

---

[*]   Gary Hamel 외, 2009, 수익창출의 원리, 21세기북스, pp. 83~84

[**] 이지우, 2001, 중소기업의 성장에 관한 통합모형, 중소기업연구, 제23권 제1호, 한국중소기업학회, pp. 145~172

[***] 김성규·조현영·박희진, 2008. 5, 중소기업 창업·성장단계 판별모형 및 창업특성에 관한 연구, 신용보증기금 Report 2008-5호, 신용보증기금경제연구소

형태별로는 법인기업이 개인기업보다 성장률이 더 높았으며, R&D투자를 했는지에 따라서는 투자한 기업이 그렇지 않은 기업에 비해 성장률이 더 높았다고 한다. R&D투자 등의 전략적인 경영 판단이 기업의 성장에 긍정적으로 작용하는 것으로 설명하였다. 업종 및 총자산회전율은 매출액증가율과 자기자본증가율에 대한 영향이 다소 상이한 것으로 주장하였다. 중공업은 다른 업종에 비해 매출액증가율과 자기자본증가율 모두 성장성이 가장 높았고 반면, 서비스업과 건설업은 매출액증가율은 높았지만 자기자본증가율은 가장 낮았고, 도소매업은 자기자본증가율이 높지만 매출액증가율은 가장 낮은 것으로 나타났다. 또한 총자산회전율이 높을수록 매출액증가율은 상승하지만, 자기자본증가율은 떨어지는 것으로 나타났고, 총자산회전율이 높다고 자기자본 형성에 긍정적인 효과를 주는 것은 아닌 것으로 설명하였다. 자기자본의 증가율이 높다는 것은 수익성이 높다는 것을 의미한다. 따라서 기업이 성장단계나 성숙단계에 머물러 있을 가능성이 높다.

〈기업의 진화요인 요약〉

연구자	인적요인	시장요인	기술요인	경쟁요인
에릭 & 이본느	리더십의 퇴화로 인한 경쟁기술의 손실	시장경쟁의 심화		
	조직의 변화를 방해하는 자기 만족감			
	조직의 성장에 걸맞는 충분한 조직 인프라 구축을 하지 못하는 경영자의 무능력			
무어	기업의 타성			
이지우	기업의 열정과 민첩성, 전문화와 분권화			
신용보증기금	기업형태		연구투자비	
	효율적인 자산의 활용			

이 표는 기업의 진화요인에 대해 앞에서 살펴본 내용을 진화요인 4대 인자별로 요약한 것이다. 인적요인의 내용이 대부분이라는 것을 알 수 있다. 기술요인도 임직원이 해결하는 것이므로 크게 보면 인적요인에 포함된다고 할 수 있다.

산업의 진화요인

산업 진화요인의 대표적인 연구자는 마이클 포터이다. 마이클 포터[*]는 기업의 초기구조, 구조상의 잠재력, 특정 기업의 투자결정 등이 산업 진화요인이라고 할 수 있으며, 산업에 따라 비록 속도와 방향은 다르지만, 모든 산업에 공통적이고 예측가능하며 일반화할 수 있는 중요한 요인이 있다고 주장하였다. 산업 진화요인의 상당 부분은 제품의 진화요인과 중복되기도 한다. 다음 내용과 같이 마이클 포터는 시장요인, 기술요인, 경쟁요인을 고르게 열거하였다는 것을 알 수 있으며, 기술요인은 기업 내부적 요인으로 임직원이 해결하는 것이므로 인적요인에 포함된다고 할 수 있다.

〈마이클 포터의 산업 진화요인 요약〉

인적요인	시장요인	기술요인	경쟁요인
(1)기업의 경험 축적	(3)인구 통계적 요인	(10)제품의 변화	(14)대체재의 상대적 위치 변화
(2)기업의 마케팅혁신	(4)수요추세의 변화	(11)독점적 지식의 해소	(15)보완재의 상대적 위치 변화
	(5)고객집단 침투의 한계	(12)기업의 제품혁신	(16)진입비용과 환율의 변화
	(6)구매자 집단의 변화	(13)기업의 공정혁신	(17)정부정책의 변화
	(7)구매자의 학습		(18)기업의 진입과 철수
	(8)사업 불확실성의 감소		(19)인접 산업의 구조적 변화
	(9)산업규모의 팽창과 축소		

---

*   Michael Porter, 조동성 역, 1980(원저), 2008(번역), Michael Porter의 경쟁전략(Competitive Strategy), 21세기북스, pp. 252~258

(1) 기업의 경험 축적 : 제품의 생산, 유통, 마케팅 활동의 경험이 축적됨에 따라 단위당 비용이 하락하여 이익이 상승한다. 경험을 축적한 기업이 다른 기업에 비해 지속적인 우위를 기록한다면 후발기업들은 선도기업을 모방하거나 좋은 설비를 도입해도 그 격차를 좁히지 못할 것이다. 그러나 후발기업들이 비약적인 발전을 보인다면, 선도기업은 기존의 연구와 설비를 새로운 방식의 연구와 설비로 바꾸는 데 어려움이 있어 불리한 입장에 놓일 수 있다.

(2) 기업의 마케팅혁신 : 제품혁신과 마찬가지로 마케팅혁신도 수요증대를 통해 산업구조에 직접적인 영향을 미친다. 예를 들면, 영화의 TV광고는 관람객을 증대시키고 진입장벽을 높이는 결과가 된다.

(3) 인구 통계적 요인 : 소비재에서는 특히 인구 통계적 변화 즉, 구매자의 연령층, 소득수준, 교육수준, 지리적 위치의 변화는 소비에 밀접한 영향을 미친다.

(4) 수요추세의 변화 : 생활방식, 취향, 철학 또는 구매자들이 처한 사회적 상황의 변화에 의해 영향을 받는다.

(5) 고객집단 침투의 한계 : 구매자는 신규구매자와 반복구매자가 있는데, 신규구매자에 대한 침투가 거의 한계에 다다르면 반복구매자만 남고 산업이 변화한다.

(6) 구매자 집단의 변화 : 소비자 세분시장의 변화이다. 예를 들면, 휴대용 전자계산기는 처음에는 과학자와 엔지니어에게 판매되다가 나중에는 학생과 회사원에게도 판매된다.

(7) 구매자의 학습 : 구매자가 제품에 대해 많이 알게 되면 자연스럽게 품질보증이나 서비스 및 성능 개선 등의 요구가 늘어난다.

(8) 사업 불확실성의 감소 : 산업초기에 잠재적 시장규모, 최적의 생산체계, 잠

재적 구매자의 성격과 접근 방법, 기술적 난관과 극복 방법 등 불확실성 요소가 많아 안정적인 대기업들의 참여가 적으나, 시간이 경과하며 이러한 불확실성이 해소되면서 새로운 형태의 신규 참여기업이 파고들게 된다.

(9) 산업규모의 팽창과 축소 : 산업규모의 확대는 규모의 경제 효과로 인해 활용 가능한 전략의 폭을 넓힌다. 산업은 자본 집약도가 높은 대량생산 체제로 바뀌면 진입장벽이 높아진다. 기업도 수직적 통합이 강화되면 진입장벽이 높아진다. 또한 산업규모가 확대되면 새로운 기업들의 진출을 유혹하는 경향이 있다.

(10) 제품의 변화 : 제품의 쇄신은 새로운 욕구가 충족되고 대체재와 보완재에 대한 필요성에 변화를 줄 수 있다.

(11) 독점적 지식의 해소 : 특정기업들이 개발한 제품이나 기술은 시간이 경과함에 따라 그 독점성이 약화되는 경향을 보인다. 특허상의 보호가 없다면 독점적인 기술이나 정보는 쉽게 허물어진다. 그러나 특허 보호가 있거나 지속적인 특허 보완을 한다면 오랫동안 기술적 우위를 차지할 수 있다.

(12) 기업의 제품혁신 : 제품혁신은 판매시장을 확대하여 산업 성장을 촉진시키거나 제품 차별성을 높일 수 있다. 기술혁신은 새로운 마케팅, 유통, 생산 방식을 요구한다. 제품변화는 구매자들의 축적된 경험을 무효화하여 구매 행위에도 영향을 미친다. 아날로그시계와 달리 디지털시계는 보다 높은 자본투자를 요구하며, 이는 진입장벽을 높이는 결과가 된다.

(13) 기업의 공정혁신 : 생산공정의 혁신은 자본 집약도를 낮출 수 있고, 규모의 경제 효과를 크거나 작게 할 수 있으며, 고정비 비율을 변화시킬 수 있고, 수직적 통합의 정도를 높이거나 낮출 수 있으며, 경험의 축적과정에 영향을 미칠 수 있다. 이러한 요인들은 모두 산업구조에 영향을 미친다. 부품

공급업체의 생산공정의 혁신에도 영향을 미친다.

(14) 대체재의 상대적 위치 변화 : 대체재의 비용과 품질의 변화로 인하여 영향을 받을 수 있다.

(15) 보완재의 상대적 위치 변화 : 보완재의 비용과 품질의 변화로 인하여 영향을 받을 수 있다.

(16) 진입비용과 환율의 변화 : 투입요소의 비용이나 질이 변화되면 산업구조에 영향을 미칠 수 있다. 인건비, 자재비, 자본비, 통신비, 운송비 등과 같은 투입비용의 변화는 제품비용에 반영되어 수요에 영향을 미친다. 또한 공급측면에서 규모의 경제 효과나 자동화를 촉진시킨다. 환율변동도 산업내 기업들의 위치나 기반에 큰 변화를 불러일으킨다.

(17) 정부정책의 변화 : 정부의 경쟁정책, 진입제도, 가격통제, 환경제도, 조세제도, 해외투자에 대한 규제는 산업구조에 직접적인 영향을 미친다.

(18) 기업의 진입과 철수 : 기업의 진입 특히 다른 산업에서 기반을 다진 기업이 진입하면 산업의 구조는 영향을 받는다. 외부에서 기반을 다진 기업이 특정 산업에 진입하면 다른 시장에서 쌓은 기술과 자원을 보유한 상태에서 진입하기 때문에 새로운 산업의 경쟁 양상을 변화시킬 수 있다. 기업 철수도 산업구조에 영향을 미친다. 활동하는 기업 수가 줄어들어 유력 기업들의 지배력이 강화되면 산업구조는 개편되지 않을 수 없다. 철수장벽은 가격경쟁이나 다른 경쟁과열 현상을 불러올 수 있다.

(19) 인접 산업의 구조적 변화 : 공급자 또는 구매자 산업의 구조는 교섭력에 영향을 미친다. 인접 산업의 집중화나 수직적 통합의 변화에도 많은 관심을 기울여야 하겠지만, 그 산업에 있어 경쟁방식의 미묘한 변화도 다른 산업의 진전에 중요한 영향을 미치는 경우가 있다.

국가와 경기의 진화요인

기업 분야에서 사이클은 성장과 쇠퇴라는 표현을 쓰지만, 경제 분야에서는 경기상승(호황)과 경기하락(불황)이라는 표현을 쓴다. 경제 연구자들은 경기순환의 대표적인 진화요인으로 '인구구조'와 '기술혁신'을 말한다. 한 국가의 인구구조를 보면 소득과 소비가 정점에 이르는 시기를 알 수 있다는 것이다. 이것은 그 나라의 경제성장률에 영향을 미치고, 경제성장률은 그 나라 경기의 호황 및 불황과 밀접하다는 것이다. 이 인구구조의 변화로 미국에서는 1983년부터 2007년까지 경기호황이 나타났고, 소비정점을 지난 2008년 이후에는 경기가 둔화되기 시작했다. 그리고 기술혁신이 경기순환에 미치는 과정은 기술혁신이 높은 수요와 많은 투자를 일으켜 호황을 가져오고, 호황은 과잉투자를 발생시키며, 과잉투자가 가격하락 및 불황을 이끈다는 것이다.

미국의 경제사학자 킨들버거(Kindleberger)[*]는 국가도 성장과 쇠퇴의 생명주기를 갖고 있고, 초기에는 무역을 기반으로 서서히 성장하다가 공업화와 산업혁명을 맞게 되며, 이어서 금융이 발전하다 쇠퇴한다고 주장한다. 국가의 성공과 쇠퇴 요인에는 전쟁과 발명(발견)이라는 외적요인도 있지만, 무엇보다도 가장 중요한 것은 생명력, 정신, 의지 등 내적인 대응능력이라고 주장한다. 킨들버거 역시 국가 진화에 있어 인적요인의 역할을 높게 평가한 것이다. 국가의 선두가 바뀌는 것은 도전자가 후발의 이점을 가지고 추격함으로써 가능한 것이나 이에 관한 구체적인 법칙은 없다고 한다. 다만 역사상 선도국가의 이동은 이탈리아 도시국가, 포르투갈과 스페인, 네덜란드, 영국, 미국 등으로 이어져 왔다고 발표하였다.

---

[*]   Charles Kindleberger, 주경철 역, 2004, 경제강대국 흥망사 1500–1990, 까치글방

국가경제적 측면의 진화요인을 연구한 사람은 미국의 경제예측연구소인 해리 덴트(Harry Dent)[*]이다. 해리 덴트는 국가의 도시화가 진전될수록, 그리고 인구구조가 젊을수록, 국민소득과 경제성장률이 높다고 생각한다. 첫째, 도시화율의 경우 구체적으로 도시화율의 정도에 따른 국가의 등급을 매기지는 않았지만 도시화율이 국민소득을 올리는 매우 중요한 요소라고 주장한다. 한국은 1950년 도시화율이 27%에서 현재는 83%에 달하고 있다. 신흥국의 1인당 국민소득을 끌어올리는 가장 중요한 요인이 도시화율이다. 한국이 중국이나 다른 아시아 국가보다 1인당 국민소득이 높은 이유는 도시화율이 가장 먼저 높은 수준에 도달했기 때문이다. 둘째, 인구구조 추세 또한 국가생산 및 소비흐름과 밀접한 관련이 있다. 주로 46세에 가장 높은 소비흐름을 보이는데, 국가인구의 평균나이가 젊을수록 국가의 소비 증가율이 높아지고 이것은 국가의 성장으로 이어진다고 보는 것이다. 한국의 소비흐름은 2010년에 이미 고점을 이르렀으며, 2020년까지 계속해서 최고 수준에 머물다가 2020년 이후부터 급격하게 떨어질 것으로 해리 덴트는 전망하고 있다. 중국의 경우 인구구조가 2015년부터 사실상 하락세로 돌아서고 일본은 이미 1996년 이후 급격하게 떨어지고 있다. 대부분의 서구 선진국들도 2020년 초에 소비흐름이 하락세로 돌아서고 일본과 남유럽 국가들은 향후 수십 년간 소비흐름이 떨어지는 추세를 이어갈 것으로 전망한다.

앞의 두 연구에서 주장하는 진화요인이 국가 진화의 모든 것을 대변한다고는 할 수 없지만, 매우 중요한 국가 진화요인이라 할 수 있다. 킨들버거와 해리 덴트의 연구내용을 진화요인 4대 인자별로 요약하면 다음과 같다.

---

[*] Harry S. Dent Jr. & Rodney Johnson, 2011(원저), 2012(번역), 세계경제의 미래(The Great Crash Ahead), 청림출판

연구자	인적요인	시장요인	기술요인	경쟁요인
킨들버거	생명력, 정신, 의지 등 내적인 대응능력		발명	전쟁
해리 덴트	국가인구의 평균나이	도시화율	기술혁신	

경기의 진화요인과 관련하여, 라스 트비드(Lars Tvede)[*]는 경기사이클 진화의 정도를 측정하는 변수를 연구하여 발표하였다. 이는 경기사이클의 측정변수로 GDP 대비 '이자지급액', '자산가격', '건축시공', '자본지출', '재고'의 변화를 제시하였다.

(1) GDP대비 이자지급액의 비율 : 이자지급액은 통화의 건강 상태를 알려주는 중요한 지표이지만 합계를 얻기 어려운 통계치 가운데 하나이다. 각 나라의 형편에 따라 다르나 평균적으로 GDP(2004년 약 41조 달러)의 약 3.6~5% 수준이며, 이자지급액 증가는 저축을 증가시키고 소비와 투자는 감소시켜 결국 경제를 침체시키는 효과가 있다.

(2) GDP대비 자산가격의 비율 : 자산가격은 현금이나 은행예금과 같은 고정 가격과, 부동산이나 주식 같은 변동가격으로 나눌 수 있다. 2004년 OECD 주거용 부동산 가치를 약 60~80조 달러로 추산하고, 개발도상국의 주거용 부동산 가치를 약 15~25조 달러, 세계 상업용 부동산 가치를 15~25조 달러, 비공개 개인 부동산 가치를 10~20조 달러로 추산하여 더하면 세계 부동산 가치가 된다. 2004년 주식시장의 규모를 35~40조 달러로 추산하고, 2004년 채권시장 가치는 45~55조 달러로 추산한다. 금은 1.6~2.0조 달

---

*   Lars Tvede, 안진환 역, 2009, "비즈니스사이클(Business Cycles)", 위즈덤하우스

러, 수집품은 0.3~0.6조 달러, 지금까지의 자산가치를 합하면 172~228조 달러의 추정치가 나오고, 여기에서 중복 계산된 상장기업 소유 자산 추정 치인 2~8조 달러를 빼면 총 가변자산가격은 170~220조 달러가 된다. 보통은 세계 GDP의 400~500%가 된다. 만일 인플레이션이 높은 기간에 계산했다면 GDP에 대한 자산가격의 비율은 더 높아졌을 것이며, 거품기간에 계산했다면 더 높아졌을 것이다. 자산가격은 '부의 효과'라는 것을 통해 경제에 영향을 미친다. '부의 효과'란 사람들이 자신의 부가 커지면 더 많이 소비하게 되는 현상을 말한다. 일반적으로 '부의 효과'는 총 자산가치 변동분의 4~5%에 이른다고 한다. 즉, 자산가치가 GDP의 600%에서 400%로 하락하면 200×4% = 8%의 실질GDP가 하락한다는 것이다.

(3) GDP대비 건축시공의 비율 : 2004년 세계 주택 건축시공은 GDP의 약 9%이다. 유럽은 12%, 중국은 3~4%이다. 전 세계 상업용 건축시공은 GDP의 2~3%이고, 세계 건축시장은 GDP의 11%가 된다. 건축시공의 1/3이 사라지면 GDP의 3~4%가 사라지는 것이다. 이것이 부동산가격 하락으로 이어지고, '부의 효과' 때문에 추가로 사라지는 부분이 생길 수 있다.

(4) GDP대비 자본지출의 비율 : 자본지출은 건물이 아닌 기계류 및 장비에 대한 투자이다. 이것은 GDP의 10%를 차지한다. 자본지출은 슘페터 (Schumpeter)가 강조한 새로운 핵심 혁신과 관련되는 경우가 많으며, 자본지출의 물결이 크게 일 때마다 그것을 주도한 분야가 있었다. 만일 경기침체로 자본지출이 1/3로 감소하면 GDP의 약 3%가 감소하게 된다.

(5) GDP대비 재고의 비율 : 일반적인 경기상황에서, 재고는 GDP의 6%, 확장기에는 GDP의 3%를 차지한다. 재고는 미래의 전망에 따라 그 수치의 변동이 매우 심하다. 그 원인은 미래가 불안하면 구매하지 않는 TV, 냉장고와

같은 내구재가 많이 차지하고 있기 때문이다. 맥주나 우유 재고는 그 비중이 많지 않다. 맥주나 우유는 유통기한이 짧아 소비가 빠르게 진행되기 때문이다. 이발이나 치과 치료와 같은 서비스업은 재고가 없으므로 경제에서 재고로 인한 주기성이 적게 나타나는 부분이다. 재고 주문이 1/3 하락하면 GDP는 약 2% 정도 손실을 보게 된다.

핵심 요약

- 제품의 진화요인은 '기업 구성원의 타성', '소비자 구매의사의 변화', '기술 독점성의 변화'로 분류해 볼 수 있다. 기업 구성원의 타성은 조직이 시장에 대응하는 속도를 느리게 하여 제품을 쇠퇴의 길로 걷게 하며, 소비자의 기호변화와 경쟁사의 기술혁신이 제품을 쇠퇴하게 하는 것이다.

- 기업의 진화요인을 연구자별로 요약하면 아래와 같다. 대부분 인적요인의 내용이 많다는 것을 알 수 있다. 인적요인과 기술요인은 기업 내부적인 요인이다.

연구자	인적요인	시장요인	기술요인	경쟁요인
Eric & Yvonne	리더십의 퇴화로 인한 경쟁기술의 손실	시장경쟁의 심화		
	조직의 변화를 방해하는 자기 만족감			
	조직의 성장에 걸맞는 충분한 조직 인프라 구축을 하지 못하는 경영자의 무능력			
Moore	기업의 타성			
이지우	기업의 열정과 민첩성, 전문화와 분권화			
신용보증기금	기업형태		연구투자비	
	효율적인 자산의 활용			

- 마이클 포터의 산업 진화요인을 4대 인자별로 요약하면 다음과 같다. 마이클 포터는 인적요인, 시장요인, 기술요인, 경쟁요인을 고르게 열거하였다는 것을 알 수 있다.

인적요인	시장요인	기술요인	경쟁요인
기업의 경험 축적	인구 통계적 요인	제품의 변화	대체재의 상대적 위치 변화
기업의 마케팅혁신	수요추세의 변화	독점적 지식의 해소	보완재의 상대적 위치 변화
	고객집단 침투의 한계	기업의 제품혁신	진입비용과 환율의 변화
	구매자 집단의 변화	기업의 공정혁신	정부정책의 변화
	구매자의 학습		기업의 진입과 철수
	사업 불확실성의 감소		인접 산업의 구조적 변화
	산업규모의 팽창과 축소		

- 미국의 경제사학자 킨들버거는 국가도 성장과 쇠퇴의 생명주기를 갖고 있으며, 초기에는 무역을 기반으로 서서히 성장하다가 공업화와 산업혁명을 맞게 되며, 이어서 금융이 발전하다가 쇠퇴한다고 주장한다.

- 경기순환의 대표적인 진화요인은 인구변화와 기술혁신이다. 우수한 생산인력확보와 핵심기술 확보는 기업과 국가의 성장과 경쟁력의 원천이다. 인구구조는 그 조직의 젊음과 에너지를 나타내고, 핵심기술 확보는 그 조직의 좋은 재화와 서비스를 생산하게 한다.

연구자	인적요인	시장요인	기술요인	경쟁요인
Kindleberger	생명력, 정신, 의지 등 내적인 대응능력		발명	전쟁
Harry Dent	국가인구의 평균나이	도시화율	기술혁신	

기업성장경로를 바꾸는
힘은 무엇인가

기업성장경로의 방향을 결정하는 힘

기업은 성장단계나 성숙단계에 오랫동안 머물고 싶어 한다. 높은 매출과 높은 이익을 내는 단계이기 때문이다. 기업이 원하는 성장단계나 성숙단계에 오래 머물기 위해서는 많은 노력이 필요하다. 왜냐하면 기업을 부정적인 방향으로 이끄는 자연진화의 힘과 싸워야 하기 때문이다. 상장기업 실제 데이터를 분석해 보면, 기업의 진화는 두 가지 경로로 움직인다. 초기, 성장, 성숙, 쇠퇴, 말기단계로 진행하는 순방향 진화와 성장단계에서 초기단계로 움직이거나, 쇠퇴단계에서 성숙단계로 가는 역방향 진화가 있다. 그리고 기업 진화의 방향은 기업가치를 증가시키는 긍정적인 진화와 기업가치를 감소시키는 부정적인 진화가 있다. 성장단계를 중심으로 초기단계로 가는 경우는 역방향 진화이고, 성숙단계로 가는 경우는 순방향 진화이다. 이 경우 모두 기업가치를 감소시키는 부정적인 진화라고 할 수 있다. 그러나 쇠퇴단계에서 성숙단계나 성장단계로 가는 역방향 진화나, 말기단계에서 초기단계로 가는 순방향 진화는 기업가치를 증가시키는 긍정적인 진화이다. 긍정적인 진화는 임직원의 노력으로 이루어진다. 성장단계를 기준으로 순방향 진화와 역방향 진화, 긍정적인 진화와 부정적인 진화를 그림으로 나타내면 다음과 같다.

〈기업성장경로의 방향을 결정하는 두 가지 힘〉

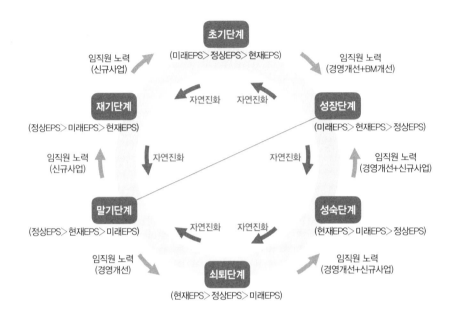

가. 부정적인 진화의 힘

부정적인 진화는 성숙단계에서 쇠퇴단계 그리고 말기단계로 진화하는 것과 같이 기업가치를 감소시키는 진화를 의미한다. 기업이 창업해서 창업가 정신으로 기업을 성장시켰다가 진부화의 과정을 통해 성장단계에서 말기단계로 진화하는 Life Cycle은 기업에 내재된 숙명적인 힘이다. 창업에서 성장까지는 임직원의 열정과 노력으로 이룩했지만, 성공한 이후 시장의 변화, 경쟁자의 출현에 따른 임직원의 시장대응이 부족하게 되면 기업은 쇠퇴단계로 넘어가게 된다.

부정적인 진화의 힘은 공급과 수요라는 두 가지 측면에서 살펴볼 수 있다. 제품의 공급자인 임직원에게 내재된 부정적인 속성(태만, 탐욕, 실수 등)이 있다. 이것은 기업활동을 위축시켜 기업경쟁력을 약화시키고 기업가치를 감소시킨다. 한편 제품의 소비자는 시장의 변화, 경쟁제품의 출현에 따라 제품의 불만족이 증가함으로써 제품의 소비를 감소시킨다. 이러한 움직임은 해당 기업의 가치를 축소시키고, 기업을 부정적인 진화로 몰고 간다. 그러나 소비자의 불만족 원인이 결국 공급자인 임직원이 제품과 서비스를 개선하지 못하여 일어난 것이므로 이 또한 임직원의 부정적인 속성에 기인한 것으로 볼 수 있다. 그러므로 부정적인 진화의 원천은 결국 임직원의 부정적인 속성에서 찾아야 한다.

기업이 부정적인 진화로 들어서는 이유를 조직이 피할 수 없는 기본적인 속성 측면에서 살펴보면 첫째, 인간에게 내재된 부정적인 속성(태만, 탐욕, 실수 등)에 기인하여 조직의 시장대응을 미흡하게 만드는 기본적인 속성을 가졌다는 점과, 둘째 제품이 시장메카니즘 속에서 자연스럽게 진부화되는 기본적인 속성을 가졌다는 점이다. 이 두 가지 부정적인 속성에 대응하여 기업이 어떤 노력으로도 극복하지 못한다면 기업은 자연스럽게 부정적인 진화의 길로 갈 수밖에 없게 된다. 그러므로 부정적인 진화의 힘은 조직 내부에 자연적으로 존재하는 자연진화의 힘이라고 할 수 있다. 조직이 부정적인 진화를 하는 것은 조직내부에 존재하는 자연진화의 힘을 극복하지 못한 것으로 설명할 수 있다.

나. 긍정적인 진화의 힘

긍정적인 진화는 초기단계에서 성장단계로 진화하는 것과 같이 기업가치를 증가시키는 진화를 의미한다. 임직원의 노력은 기업을 성장의 방향으로 이동시키는 힘이며, 기업 경쟁력을 좌우하는 가장 중요한 요소이다. 따라서 기업의 임직원은 제품개선, 경영개선, 신규사업 진출 등의 경영활동을 통하여 기업을 긍정적인 진화방향으로 이끌도록 노력해야 한다. 상장기업 실제 데이터를 분석해 보면, 임직원의 노력은 기업의 가치를 높이는 긍정적인 진화로 이끄는 것이 명백하게 나타난다. 말기단계에서 재기단계, 초기단계, 성장단계로 이끌고, 쇠퇴단계로 악화된 기업을 다시 성숙단계로 이끌기도 한다. 임직원의 노력을 선순환의 힘이라고 한다면 자연진화의 힘은 악순환의 힘이라고 할 수 있다. 선순환의 힘이 악순환의 힘을 눌러야 기업은 성장단계 또는 성숙단계에 장기간 생존할 수 있다. 결국, 기업의 가치를 감소시키는 것도 임직원이고, 기업의 가치를 증가시키는 것도 임직원이라고 할 수 있다. 그러므로 임직원의 마음을 이끌어가는 창업가정신, 기업가정신, 경영리더십이 기업성공에 매우 중요한 요소라고 할 수 있다. 임직원의 열정과 창의력이 제품의 성장 및 쇠퇴와 그 속도를 결정하므로 회사는 임직원의 능력을 최대로 발휘하게 하기 위한 인사정책, 리더십, 동기부여, 조직문화 등 여러 가지 경영요소를 동원해야 한다.

기업성장경로의 이동속도를 결정하는 힘

기업성장경로의 이동속도란 기업성장단계 간 이동하는 시간의 길이를 의미한다. 제품에 따라, 사업에 따라, 기업에 따라, 성장단계 간 이동속도에 많은 차이를 보인다. 한 개의 단계를 이동하는 데 어떤 제품은 1년이 소요되고 어떤 제품은 10년이 소요된다. IT기술의 어떤 제품은 그 수명이 1년밖에 안 되고, 설탕과 같은 제품은 수명이 50년이 넘는다. 이것은 그 제품이 가지고 있는 내재적 요인과 외부적 요인 때문이다. 내재적 요인에는 (1) 제품기술의 개발속도와 교체속도, (2) 기업의 경쟁력이 있고, 외부적 요인으로는 (1) 제품의 경쟁환경, (2) 글로벌라이제이션(Globalization)을 들 수 있다. 더 많은 요인들이 존재할 수 있으나 이 네 가지를 중심으로 살펴보면 첫째, 이동속도는 기술의 고유한 개발속도와 교체속도에 의해 차이를 보인다. 사업의 종류에 따라 판매제품이 가진 기술의 개발속도와 교체속도는 모두 다르다. 예를 들어 IT기술의 개발속도와 BT기술의 개발속도는 다르다. IT기술은 1년만에도 여러 개의 응용기술이 나오는 반면, BT 신약기술은 임상실험을 통해 상용화되기 때문에 5~10년의 시간이 필요하다. 따라서 IT제품과 BT제품은 제품의 출시 주기가 기본적으로 다르기 때문에 성장단계의 이동속도가 다르다. 이것은 제품의 Life Cycle에도 큰 영향을 끼친다. 둘째, 이동속도는 기업의 경쟁력에 따라 차이를 보인다. 기업의 경쟁력을 좌우하는 것에는 매우 많은 요소가 있다. 원가경쟁력, 품질경쟁력, 서비스경쟁력이 있으며, 이러한 요소들은 그 기업에 소속된 임직원의 노력에 따라 결정된다. 자사 제품의 업그레이드를 지속적으로 할 경우 시장에서 오래 존속할 수 있지만 업그레이드를 하지 않는 경우에는 시장에서 상대적으로 빨리 퇴출당할 수밖에 없다. 셋째, 이동속도는 그 제품의 경쟁환경에 의해 차이를 보인다. 제품 공급자의 숫자와 소비자의 숫자가 그 제품의 교체속도에 영향을 준다. 공급과잉인 제품은 교체속도가 빠르고, 수요과잉인 제품은 상대적으로 교체속도가 느리다. 기업이 독과점기업인 경우에는 이동속도가 느릴 수밖에 없다. 제품의 교체 대안이 없기 때문에 소비자는 지속적으로 독과점 제품을 구매할 수밖에 없다. 넷째, 이동속도는 글로벌라이제이션에 따라 차이를 보인다. 글로벌라이제이션으로 제품의 이동속도가 빨라지고, 제품 성장과 쇠퇴의 속도에 영향를 준다. 글로벌라이제이션이 최근 대두되고 있는 기업의 수명단축이나 산업의 사이클 단축현상과 관련 깊다는 것은 널리 알려진 사실이다.

기업성장경로의 변경 절차

기업이 성장경로를 긍정적인 진화로 바꾸려는 의지가 있다면, 먼저 성장단계를 파악하고, 기업의 전략적 상황을 분석한 후 성장목표를 세워야 한다. 전략적 상황 분석은 현 성장단계에 따른 성장통과 경영과제가 무엇인지, 경쟁상황은 어떠한지, 우리 기업의 핵심역량 및 자원은 무엇인지 파악하는 것이다. 이것을 바탕으로 성장경로의 목표를 설정하고, 성장동력을 확보하기 위한 구체적인 세부 성장전략을 수립한다. 그리고 선택된 성장동력을 실행하고 성과를 점검한다. 그 과정이 성공적이면 그 기업은 성장경로를 바꾸어줄 핵심 성장동력을 확보한 것이다.

가. 전략적 상황 분석

전략적 상황의 분석을 위해서는 첫째, 기업의 전략적 자원의 현주소를 파악해야 한다. 물리적 자산, 재무적 자산, 인적 자산, 시스템 자산을 조사한다. 둘째, 기업의 전략적 위치를 판단해야 한다. 제품과 기업의 성장단계는 어디에 있는지, 현재의 성장통과 경영과제는 무엇인지, 시장에서의 위치는 강한지 약한지, 고객의 미세분류와 당사의 기여도에 대하여 조사해야 한다. 셋째, 기업의 핵심역량 보유여부를 파악해야 한다. 경쟁우위를 갖기 위하여 다른 기업에 비해 차별화된 역량이 무엇인지 물리적 자산, 재무적 자산, 인적 자산, 시스템 자산 측면에서 분석해 보아야 한다.

나. 성장전략 수립 및 실행

전략적 상황 분석이 끝난 후, 기업이 가고자 하는 성장목표를 세운다. 성장 6단계 중 목표로 하는 성장단계를 정하고 이에 맞는, 매출목표와 이익목표를 정한다. 목표가 설정된 이후에는 목표에 맞는 성장전략을 세워야 한다. 성장단계별로 성장통이 다르므로, 기업의 상황에 맞는 성공요인도 달라진다는 것을 유념해야 한다. 성장전략은 기업의 전략적 상황에 적합하게 수립해야 한다. 기업이 조달할 수 있는 성장동력을 탐색하고 기업의 상황과 성장단계에 적합한 성장동력 확보전략을 세워 시장에서 승부해야 한다. 성장전략에는 기술전략, 생산전략, 제품전략, 서비스전략, 마케팅전략, 브랜드전략, 인사전략, 혁신전략, 차별화전략, 원가절감전략, 포지셔닝전략, 유통전략 등 성장에 도움이 되는 모든 전략이 포함된다. 성장전략의 최종적인 목적은 성장동력의 확보이므로 성장전략의 내용에는 (1) 누가(Who) 성장동력을 확보할 것인가?, (2) 언제(When) 성장동력을 확보할 것인가?, (3) 어디에서(Where) 성장동력을 확보할 것인가?, (4) 무슨(What) 성장동력을 확보할 것인가?, (5) 어떻게(How) 성장동력을 확보할 것인가?, (6) 왜(Who) 그 성장동력을 확보해야 하는가?에 대한 해답이 도출되어야 한다.

다. 성장동력 확보

기업은 가능한 한 성장단계나 성숙단계에 오랫동안 머물고 싶어 한다. 그래서 임직원은 성장단계를 변경시키기 위해 여러 가지 변경수단을 동원한다. (1) 경영개선과 원가절감을 통하여 변경하는 방법, (2) 신제품개발을 통하여 개선하는 방법, (3) 신규사업에 진출하여 개선하는 방법, (4) M&A를 통하여 개선하는 방법 등 다양한 변경수단이 있다. 이 변경수단을 성장동력이라고 한다. 성장동력은 기업에 새로운 가치와 수익을 창출하는 기술, 인력, 조직, 사업, 방법, 시스템을 의미한다. 즉 기업의 나이를 젊게 하는 모든 것이라 할 수 있다. 일반적으로 경영개선이나 원가절감만으로 기존사업을 활력 있게 만들기는 쉽지 않다. 이 방법은 현재의 성장단계를 지속시키기 위한 수단으로는 적합하나 현재의 성장단계를 변경시키기는 어렵다. 그 이유는 해당 사업을 둘러싼 진부화된 산업 사이클이 있기 때문에 개별 기업의 경영개선이나 원가절감만으로는 성장단계를 젊게 하는 데 어려움이 있다.

- 기업의 성장경로를 결정하는 두 가지 힘은 악순환의 길로 이끄는 '자연진화의 힘'과 선순환의 길로 이끄는 '임직원의 노력'이 있다. '자연진화의 힘'은 임직원의 부정적인 속성과 소비자의 불만족에 근거한 힘이다. '임직원의 노력'은 임직원의 긍정적인 속성에 근거한 힘이다.

- 기업이 자연진화적인 힘에 의해 쇠퇴하는 방향을 바꾸기 위해서 기업은 기업성장경로의 변경수단인 성장동력을 확보하여 기업성장경로를 변경시켜야 한다. 임직원의 노력은 성장동력을 이용하여 성장단계를 개선시키거나 성장단계를 오랫동안 지속시키게 한다. 임직원의 노력은 기업의 경쟁력 강화라는 과정을 통해 성장단계의 경로방향과 이동속도를 결정하는 힘을 만든다. 회사는 임직원의 능력을 최대한 발휘시키기 위해 인사정책, 리더십, 동기부여, 조직문화 등 여러 가지 경영요소를 동원해야 한다.

- 기업의 성장경로에서 이동속도를 결정하는 힘에는 제품의 내재적 요인과 외부적 요인이 있다. 내재적 요인에는 제품기술의 개발(교체)속도와 기업의 경쟁력이 있으며, 외부적 요인에는 제품의 경쟁환경과 글로벌라이제이션(Globalization)이 있다.

- 기업은 성장단계를 변경시키기 위해 6가지 절차를 밟아야 한다. 첫째, 성장의지를 가져야 한다. 둘째, 기업의 성장단계를 파악해야 한다. 셋째, 기업 내부 및 외부의 전략적 상황을 분석해야 한다. 넷째, 기업의 전략적 상황에 맞

는 성장목표를 설정한다. 다섯째, 성장전략 수립 및 실행을 한다. 여섯째, 기업의 전략적 상황에 맞는 성장동력을 선택하여 시장에서 승부해야 한다.

전통적인 기업성장단계의
성장통과 성공과제

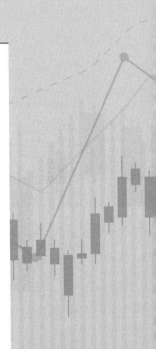

BCG의 기업성장 4단계

기업성장단계를 구분해야 하는 이유는 경영자 측면에서 보면, 각 성장단계별 경영상의 문제와 해법이 다르기 때문이다. 성장단계별로 경쟁구도, 경영전략, 핵심 능력이 다르게 대처해야 한다. 성장단계별 문제와 해법을 파악하면 성공요인이 정리되고, 경영방향이 명확해진다. 주식투자자의 입장에서도 내가 투자한 기업의 성장단계를 알고 예상되는 경영상의 문제와 해법을 미리 파악하여 지켜볼 수 있는 장점이 있고, 경영자의 경영실적을 평가하는 데 도움이 된다. 그리고 기업이 향후 전개될 방향을 예측할 수 있다.

보스턴컨설팅그룹(Boston Consulting Group)에서는 기업의 성장단계를 기업운영 측면에서 창조기, 성장기, 우위성 확립기, 효율성 추구기의 4단계로 구분하였다. 창조기는 기업의 초기단계, 성장기는 성장단계, 우위성 확립기는 성숙단계, 효율성 추구기는 쇠퇴단계라고 할 수 있다. 각 단계별 특징*을 살펴보면 다음과 같다.

(1) 창조기 : 연구개발로 새로운 아이디어나 기술이 창조되어 사업을 시작하는 단계로, 창업자의 능력이 중요한 시기이다.

---

*   후지스에 켄조, 2009, 기술 · 경영전략 길라잡이, 극동기술경영연구원, p64

(2) 성장기 : 사업의 규모가 커지므로 조직체계나 경영자원에 대한 고민이 시작된다. 소수의 경쟁자가 시장에 참여하는 시기이다.

(3) 우위성 확립기 : 다수의 경쟁자가 참여하게 되며, 경쟁우위의 필요성이 생긴다. 경쟁력을 유지하기 위해 다른 기업과의 차별화 전략이 중요해지는 시기이다.

(4) 효율성 추구기 : 차별화를 유지한 기업은 좀 더 오랫동안 수익을 올릴 수 있지만, 그렇지 못한 기업은 퇴출된다. 새로운 사업을 창조하기 위해 준비하는 시기이기도 하다.

창조기에는 이노베이션이, 성장기에는 사업화 성공이, 우위성 확립기에는 사업전략이, 효율성 추구기에는 오퍼레이션이 중요한 성공요소가 된다.

Doyle의 기업성장 4단계

피터 도일(Peter Doyle)*은 기업의 성장단계를 매출, 현금흐름, 고객, 경쟁, 경영전략의 초점, 기술(제품)전략이라는 분류기준을 활용하여 도입기, 성장기, 성숙기, 쇠퇴기의 4단계로 분류하였다.

---

*   Peter Doyle, / Koji Mitani, 김정환 역, 2013(원문), 2014(번역), "경영전략 논쟁사"(원제 : 經營戰略全史), 메가북스, p120, 재인용

〈도일의 기업성장 4단계 분류〉

분류기준	도입기	성장기	성숙기	쇠퇴기
매 출	증가	급성장	완만 상승	하락
이 익	적자	고수준	하락	저수준 또는 zero
Cash-Flow	마이너스	완화	고수준	저수준
고객유형	Innovator	Early Majority	Late Majority	Laggard
경쟁자	소수	증가	다수	감소
경영전략의 초점	시장의 확대	점유율 확대	점유율 방어	생산성 향상
마케팅 목표	인지	브랜드 확립	브랜드 강화	선택적
Product	기초적 기능	개량	차별화	합리화
Price	고수준	저하	최저 수준	상승
Place	전문점	양판점	양판점	선택적
Promotion	전문지	대중매체	대중매체 선택적	극소
기술(제품)전략	기초적 기술	기술개량	차별화	합리화

Churchill & Lewis의 기업성장 5단계

처칠 & 루이스(Churchill & Lewis)[*]는 성장단계를 창업초기, 생존/유지, 성공, 도약, 성숙단계로 구분하고 각 단계의 특징을 다음과 같이 설명하였다.

(1) 창업초기단계(existence) : 창업초기단계에서는 자본의 충분성, 사업 확장 가능성, 고객, 제품, 서비스의 시장성에 대한 불확실성이 주요한 애로사항이다. 이 단계에서는 일반적으로 창업자의 실행능력과 현금의 보유, 창업자의 개

---

[*] N. C. Churchill and V. L. Lewis, 1983, "The Five Stage of Small Business Growth," Harvard Business Review, March-June, pp. 30-50 / 정승화 · 안준모, 1997, 한국 소프트웨어 벤처기업의 기술역량개발과 성장전략에 관한 조사연구, 정보통신산업진흥원, 정보통신산업진흥원 학술기사에서 재인용

인적 취향과 사업목표의 동질성이 성공의 가장 주요한 요인으로 간주된다.

(2) 생존/유지단계(Survival) : 생존/유지단계에서는 수익과 비용이 일치하기까지 자본의 고갈에 대비한 자본의 창출능력이 가장 주요한 경영 애로사항이다. 이는 사업 유지를 위한 현금흐름의 창출여부가 향후 성장을 위한 생존전략이라 할 수 있기 때문이다. 이 단계에서도 제1단계 성공요인의 중요성이 지속되나, 소유주의 사업 목표와 개인적 목표 사이의 일치도는 그리 중요하지 않게 된다.

(3) 성공단계(Success) : 성공단계에서는 계속적인 성장과 과거의 생존단계로부터 계속적인 성장을 유지하는 것이 최대의 관심사라 할 수 있다. 이 단계에서는 현금의 흐름이 사업의 성장에 의해 일부 해결되고, 창업자 실행능력의 상대적 중요도는 점차 떨어지게 된다.

(4) 도약단계(Take-off) : 도약단계에서는 계속적인 성장에 의한 자본의 고갈과 효과적인 경영자의 관리능력이 최고의 애로사항이라 할 수 있다. 이 단계에서는 전략적 계획, 관리, 통제의 중요성이 부각되기 시작하고 그 절정을 이루게 된다.

(5) 성숙단계(Resource Maturity) : 성숙단계에서는 재정수익의 통제 및 강화가 주요 현안으로 등장하고 상대적으로 전략적 계획이 가장 중요하게 된다. 여기에서는 규모의 이점을 살려 환경변화에 민감하게 대처하고 기업가정신을 지속적으로 유지시켜 나가야 한다.

Miller & Friesen의 기업성장 5단계

밀러 & 프리센(Miller & Friesen)*은 다른 학자와 달리 독특한 5단계 연구를 하였다. 고영우(2010)는 밀러 & 프리센의 성장 5단계를 다음과 같이 요약하였다.

(1) 도입기(Introduction) : 이 시기는 기업이 처음으로 독립적인 개체가 되어 운영을 시작하는 단계이다. 따라서 상대적으로 기업의 규모가 작으며, 생산되는 제품도 단순한 포트폴리오로 구성된다. 기업의 운영이 창업자 등 소수의 소유자에 의해 주로 행해지며, 조직도 단순한 형태를 벗어나지 못한다. 하지만 미래에 대한 긍정적인 기대 및 이를 실현시키기 위한 발전을 도모하기 위해 많은 투자가 이루어지는 시기이다. 매출액이 급격히 신장되는 시기이지만, 아직 기업의 수익 구조가 완성되지 않은 상태인데다 많은 재원을 필요로 하는 때이므로 외부로부터의 자금조달이 요구되는 시기이다.

(2) 성장기(Growth) : 도입기에 비해 기업이 급격히 성장하여 규모나 성장성이 더욱 강화되는 단계이다. 기업이 성장을 추구하면서 인접 제품군과 시장으로의 진출을 모색하게 되어, 경쟁자들과 충돌이 일어나기 시작한다. 이 시기에는 많은 혁신이 일어나고 기업의 활동이 매우 왕성해진다. 영업활동으로부터의 현금흐름은 순유입을 나타내기 시작하지만, 투자활동으로부터의 현금흐름은 여전히 순유출을 보이는 단계이다.

(3) 성숙기(Maturity) : 기업이 영위하는 사업에서 경쟁자들과의 경쟁이 심화되면

---

*   D. Miller and P. H. Friesen, 1984, "A Longitudinal Study of the Corporate Life Cycle," Management Science, Vol.30, pp. 1161~1183. / 고영우, 2010, 기업수명주기 관점에서의 이익조정과 원가비대칭, 고려대 대학원 박사학위논문

서, 기업의 매출 및 사업 확장이 정체되는 단계이다. 이에 기업은 기존의 안정된 시장에 대한 효율적인 공급을 중시하는 보다 보수적인 전략을 보이기 시작하며, 매출의 성장보다는 이익의 극대화를 추구하게 된다. 기업의 조직은 더욱 관료화되고, 기능에 기반한 조직으로 변화된다. 소유권의 분산이 더욱 심화되며, 관련 경영환경은 더욱 복잡한 모습을 보이게 된다. 영업활동으로부터의 현금흐름은 계속 순유입을 기록하지만, 투자활동으로부터의 현금흐름 및 재무활동으로부터의 현금흐름은 방향성을 예측하기 어렵다.

(4) 초기 쇠퇴기(Revival/Shake-out/Early Decline) : 전 단계의 경쟁이 더욱 격화되며, 기업의 매출과 이익이 감소세로 돌아서는 단계이다. 이 단계가 되면 기업은 의사결정의 정교화나 보다 근본적인 차원에서의 혁신 등을 통해 위기를 극복하려는 노력을 하게 된다. 이러한 노력의 일환으로 제품이나 시장의 다변화를 통해 비관련 시장에 접근을 시도하기도 한다. 따라서 이 시기의 특성은 여러 요소가 혼재되어 있다. 즉, 기업이 성숙기를 거쳐 점차 약해지는 초기 쇠퇴기 단계 특성과 새로운 도약의 시도로 인해 성장기 특성이 다시 발견되기도 한다.

(5) 쇠퇴기(Decline) : 쇠퇴기의 기업은 주력 제품이나 산업 자체의 성장이 정체 내지는 하강 국면에 접어들어 쇠락의 길을 걷는 단계이다. 이 단계에서 기업은 향후 전망을 통해 기존의 사업에서 회수 내지는 철수하는 전략을 수립하게 된다. 기업의 운영은 비용을 최소화하는 관점에서 이루어지며, 이를 위해 기존에 분화되었던 사업분야나 생산라인을 통합하고, 보수주의를 통한 위험 회피가 중요한 성향으로 부각된다.

Anthony & Ramech의 기업성장 3단계

안소니(Anthony)외 1인*의 기업성장 3단계는 학계에서 가장 많이 인용되는 분류방법이다. 그들은 매출액증가율, 자본적지출, 기업연령, 배당성향의 분류변수를 사용하여, 기업의 성장단계를 성장기, 성숙기, 쇠퇴기로 분류하였다.

〈안소니 & 라메쉬의 3단계 기업성장단계 분류〉

분류기준	성장기	성숙기	쇠퇴기
배당성향	낮다	중간	높다
매출액증가율	중간	중간	낮다
자본적지출/기업가치	높다	중간	낮다
기업연령	적다	중간	많다

A. T. Kearney의 기업성장 4단계

미국 컨설팅회사 A. T. Kearney는 J. 맥그래스(J. McGrath), F. 크로거(F. Kroeger), M. 트램(M. Traem), & J. 로큰하우저(J. Rockenhauser)의 모델을 활용하여 전 세계 34개국 23개 주요 산업을 대상으로 1988년에서 2002년까지 29,000개 상장기업에 대해 재무분석을 한 결과, 기업을 산업평균대비 시장가치 성장률과 매출성장률의 2개 차원에 따라 Value Growers(가치성장기업), Profit Seekers(수익추구기업), Simple Growers(외형성장기업), Under Perfrmers(저성과기업)의 4가지 유형으로 분류하였다.

---

*   J. H. Anthony and K. Ramesh, 1992, Association between Accounting Performance Measures and Stock Prices, Journal of Accounting and Economics 15 : pp. 203~227

〈A. T. Kearney의 4단계 기업성장단계 분류〉[*]

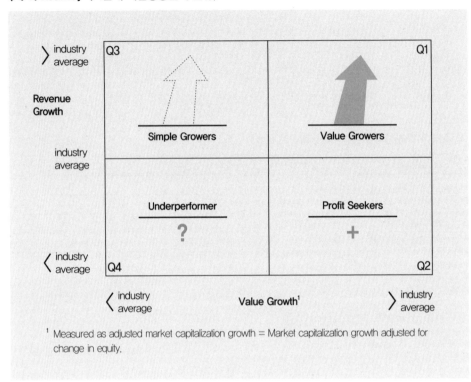

¹ Measured as adjusted market capitalization growth = Market capitalization growth adjusted for change in equity.

위 분류를 제7장의 기업성장 6단계와 비교하면 Value Growers는 성장단계에 해당하고, Profit Seekers는 성숙단계, Simple Growers는 초기단계, Under Perfrmers는 쇠퇴단계에 해당한다고 할 수 있다. A. T. Kearney는 가장 바람직한 목표를 Value Growers라고 설명한다. 여기에서 Value는 시가총액을 의미한다.

---

* J. McGrath, F. Kroeger, & M, Treaem, & J. Rocken haeuser, 2001, The Value Growers – Archieveing Competitive Advantage, Through Long-Term Growth and Profits, McGraw-Hill / 최경규, 2007, 고수익 성장전략 개발과 실행, 아진, pp. 6~7

구분	Value Growers (가치성장기업)	Profit Seekers (수익추구기업)	Simple Growers (외형성장기업)	Under Perfrmers (저성과기업)
분류 기준	• 시가총액 : 산업평균이상 성장 • 매출성장 : 산업평균이상 성장	• 시가총액 : 산업평균이상 성장 • 매출성장 : 산업평균 미달	• 시가총액 : 산업평균 미달 • 매출성장 : 산업평균이상 성장	• 시가총액 : 산업평균 미달 • 매출성장 : 산업평균 미달
성장률	• 시가총액 : 년 21.5% 성장 (산업평균 : 7%) • 매출성장 : 년 21.5% 성장 (산업평균 : 9.9%)	• 시가총액 : 년 12.6% 성장 • 매출성장 : 년 4.1% 성장	• 시가총액 : 년 -2.7% 성장 • 매출성장 : 년 13.8% 성장	• 시가총액 : 년 -3.6% 성장 • 매출성장 : 년 3.6% 성장
구성비	20%	19%	14%	47%

14년간 계속해서 가치성장기업을 유지하는 경우는 29,000개 회사의 1%에도 미치지 못하는 250개 미만으로 나타났다. 이것은 기업이 가치성장기업으로 진입하는 것도 어렵지만 이것을 유지하는 것은 더욱 힘든 과제임을 보여주는 것이다. Nestle, Johnson & Johnson, Wal-Mart, MS 등이 여기에 속하는 기업이다. 위의 연구는 모든 기업이 성장단계에만 머물 수 없다는 것을 확인시켜 준다. 잠시 다른 단계로 하락했다가 다시 회복하기도 하고, 지속적으로 하락하기도 한다는 것을 보여 준다.

Sheth & Sisodia의 기업성장 3단계

세스(Sheth)외 1인[*]은 기업의 성장단계를 Emerging Stage(도입단계), Shakeouts Stage(성장단계), Mature Stage(성숙단계)의 3단계로 구분하고, 그 특징을 다음과 같이 설명하였다.

---

[*] J. Sheth & R. Sisodia, ,2002, The Rule of Three, - Surviving and Thriving in Competitive Markets, Free Press / 최경규, 2007, 고수익 성장전략 개발과 실행, 아진, pp. 116~117, 재인용

구분	Emerging Stage(도입단계)	Shakeouts Stage(성장단계)	Mature Stage(성숙단계)
특징	• 많은 중소기업 • 기술표준이 없음 • 빠른 성장 • 진입과 퇴출의 용이 • 전문화 수준이 높음 • 과잉 생산능력 • 지역적 포커스(Local focus) • 많은 지역 브랜드	• 소수의 대규모 경쟁자들 • 다수의 표준 • 더 빠른 성장 • 진입과 퇴출 장벽 • 전문화 수준이 높음 • 합리적 생산능력 • 국가적 포커스 • 국가적 브랜드	• 쇼핑몰 구조 • 표준의 발생 • 더 느린 성장 • 변동성 장벽 • 표준화와 전문화 • 증설된 생산능력 • 세계적인 포커스 • 메가 브랜드와 니치브랜드

Ralph Scheuss의 기업성장 4단계

랄프 쇼이스(Ralph Scheuss)[*]는 기업의 성장단계를 도입기, 성장기, 성숙기 및 포화기, 쇠퇴기로 나누고 그 성장단계별 특징을 다음과 같이 설명하였다.

(1) 도입기

- 기업이 신제품을 시장에 도입한다.
- 첫 고객은 선도적 소비자(Early Adopter)이다.
- 매출이 서서히 증가한다.
- 광고와 마케팅이 매우 중요한 시기이다.
- 혁신제품의 가격은 높게 책정되거나(초기 고가전략), 낮게 책정된다.(시장침투 가격전략)
- 높은 마케팅 때문에 이윤은 마이너스일 때가 많다.
- 따라서 현금흐름도 마이너스이다.

---

[*] Ralph Scheuss, 안성철 역, 2007(원저), 2010(번역), 전략사전(Handbuch der Strategien), 옥당, p 116

(2) 성장기

- 제품을 선도하는 기업이 이 단계에 들어선다.
- 제품에 대한 고객의 관심이 매우 높아져 히트상품이 된다.
- 매출이 증가한다.
- 광고는 경쟁자를 떨어뜨리기 위한 보조수단으로 사용된다.
- 제품이 이윤을 내기 시작한다.
- 현금흐름이 빠르게 증가한다.

(3) 성숙기 및 포화기

- 보수적인 기업도 이 제품에 관심을 가진다.
- 넓은 계층의 대중이 이 제품을 구매한다.
- 매출은 느리게 증가하고 경쟁이 격화된다.
- 제품을 매력적으로 유지하기 위해서는 차별화가 필요하다.
- 가격이 흔들리기 시작한다.
- 매출은 약하게 증가하지만 이윤은 줄어든다.
- 현금흐름이 줄어든다.
- 더 많은 경쟁자가 시장에 뛰어든다.
- 여전히 많은 사람이 이 제품을 구매한다.
- 시장지위를 확보하기 위해서 더 집중적인 광고가 필요하다.
- 가격전쟁이 시작되고 수익률이 하락한다.
- 제품은 대량생산시장으로 추락한다.

(4) 쇠퇴기

- 새로운 제품이나 대체재가 개발된다.
- 적은 수의 사람이 아직까지 이 제품을 구매한다.
- 매출은 줄어들고 시장은 더 이상 매력적이라고 평가되지 않는다.
- 제품이 시장에서 퇴출된다.

McKinsey의 기업성장 4단계

패트릭 비커리(Patrick Viquerie)외 2인[*]의 맥킨지(McKinsey) 컨설턴트는 100개 기업을 표본으로 추출하여 기업을 고성장/고수익기업군, 고수익중심기업군, 고성장중심기업군, 저성장/저수익기업군의 4개 그룹으로 분류하였고, 이 4개 그룹을 1984년부터 1994년까지 10년 동안 조사하여 그 성장변화를 관찰 보고하였다.

〈100개 표본기업의 10년간(1994~2004년) 성장 변화〉

구분	1984~ 1994년	1994~2004년					계[**]
		고성장/ 고수익기업	고수익 중심기업	고성장 중심기업	저성장/ 저수익기업	퇴출	
고성장/고수익기업	29개	41%	14%	14%	28%	3%	100%
고수익중심기업	33개	12%	9%	15%	27%	36%	100%
고성장중심기업	11개	18%	18%	9%	36%	18%	100%
저성장/저수익기업	27개	19%	19%	4%	33%	26%	100%
계	100개						

---

[*] Patrick Viquerie, Sven Smit, Mehrdad Baghai, 조성숙 역, 2007(원저), 2008. 8(번역), 성장의 모든 것(원제 : Granularity of Growth), 이콘, pp. 29~37, p52

[**] 비율의 합이 100이 안되거나 넘는 것은 반올림 때문이다.

(1) 고성장/고수익기업군 : 고성장/고수익기업군의 총주주수익률[*]은 연간 약 18%이며, 매출증가율[**]은 9%에 달한다. 더욱 주목할 만한 사실은 이들 기업 중 41%는 두 번째 비즈니스 사이클이 끝나는 2004년 말까지도 계속해서 우수한 실적을 유지하고 있었고, 이것은 고성장/고수익기업들의 굳건함을 보여준다. 일단 고성장/고수익기업에 들어갈 수 있는 기업문화가 형성되면, 그 다음 10년 동안에도 거의 절반 정도의 기업이 고수익/고성장을 유지했다는 것은 시사하는 바가 매우 크다.

(2) 고수익중심기업군 : 고수익중심기업군은 처음 사이클에서 매출증가율이 경제 전체의 성장률보다 약간 더 높은 수준에 불과했으나 총주주수익율은 고성장/고수익기업 못지않은 훌륭한 보상을 제공해 주었다. 두 번째 사이클에서는 33개 고수익중심기업 중 매출증가율이 GDP보다 높게 유지되고 주주들에게도 계속 높은 가치를 창출해 주는 기업이 9%에 불과했다. 33개 고수익중심기업 중 1/3인 36%는 인수합병을 통해 시장에서 퇴출되었다. 이 사회는 독립적으로 사업을 지속하는 것보다 회사를 매각하는 쪽이 주주들에게 더 높은 가치를 제공해 줄 수 있다고 결정하였다. 고수익기업의 퇴출 비율은 고성장/고수익기업보다 12배 더 높게 나타났다. 9개 기업(27%)은 시장 전반에 비해 성장률이 낮아졌으며, 주주들에게 지속적인 보상도 제공할 수 없는 저성장/저수익기업으로 떨어졌다. 일부는 매출증가율을 한 차원 끌어올렸다. 이들 중 4개 기업은 M&A를 통해 자신들의 포지션을 정리함으로써 다음 사이클에서는 고성장/고수익기업군으로 옮겨갈 수 있었다.

---

[*]   연간 주가상승률과 배당을 합한 수익개념

[**]   평균복합성장률(Compound Annual Growth Rate, CAGR) 개념

나머지 5개 회사들은 매출증가율을 끌어올린 대신 주주들에게는 이에 상응하는 가치를 제공하지 못하는 고성장중심기업으로 옮겨갔다. 이와 같은 결과는 어떤 대기업이 영업 실적을 개선해서 잠시 동안은 가치를 창출할 수 있지만, 매출액 증가를 달성하지 못하면 결국 벽에 부딪혀서 총주주수익률이 하락하게 되거나, 인수합병의 대상이 되는 것이다. 조사결과는 고수익중심기업들의 내리막 현상을 보여 준다.

(3) 고성장중심기업군 : 고성장중심기업군은 미국 GDP에 비해서는 성장 속도가 빠르지만 총주주수익률에 있어서는 실적이 저조한 기업들이다. 그들 중 36%(4개)는 두 번째 사이클에서 주주수익률이 높은 고성장/고수익기업군과 고수익중심기업군으로 옮겨갔고, 또 다른 36%는 더 악화되어 저성장/저수익기업군으로 옮겨갔다. 18%는 인수합병을 당했으며, 무보상군의 자리에 그대로 있는 회사들은 9%에 불과했다. 조사 결과는 고성장중심기업들의 불확실성을 보여준다. 성장드라이브 정책의 결과, 잘되면 고성장/고수익기업군으로 가고, 실패하면 저성장/저수익기업군으로 옮겨간다는 것을 보여준다.

(4) 저성장/저수익기업군 : 저성장/저수익기업군은 매출액과 주주가치 창출 모두에서 저조하지만 두 번째 사이클에서는 38%가 높은 주주수익률을 보여주었으며, 이것은 21%를 보인 고수익중심기업군보다 좋은 성적이다. 이는 성장이 느리면서 주주수익률이 괜찮은 고수익중심기업군에 안주하기보다는 저성장/저수익기업군처럼 오히려 실적 위기를 겪는 것이 성장을 위한 더 좋은 자극이 될 수 있다는 것을 시사한다. 조사 결과는 저성장/저수익기업들의 화려한 부활을 보여준다. 또한 이 기업군들이 해산기의 기업군이 아니며, 기업이 재기를 위해 노력한 결과 어떻게 변할 수 있는지의 사례를 보여준다.

기업이 고수익/고성장으로 분류된 이유가 성장산업에 속하기 때문일까? 그렇지는 않다고 McKinsey 컨설턴트가 『Granularity of Growth』에서 주장한다. 이것은 매출과 수익의 원천이 성장형 기술에만 있지 않다는 것을 의미한다. 마케팅 전략의 성공으로 시장점유율이 확대된 경우, 도소매와 같은 서비스 분야나 금융 분야에서의 성공과 같이 성장산업이 아니어도 훌륭한 실적으로 고수익/고성장으로 분류되기도 한다.

　이것은 성숙산업으로 분류된 기업들도 고성장/고수익기업군으로 분류될 수 있다는 것이다. 그들은 성장기업으로 가기 위해 기존사업을 완전히 포기할 필요가 없다. 현재의 사업을 더욱 세밀히 분석하여 잠재적인 시장기회를 찾거나, 더 빠른 성장률과 더 많은 이익을 낼 수 있는 영역에 시간과 자원을 집중적으로 투입함으로써 성장기업으로 분류될 기회를 찾을 수 있다.

　이 연구를 제7장의 기업성장 6단계와 비교해 보면, 고수익/고성장기업은 성장단계에 해당하고, 고수익중심기업은 성숙단계에 해당한다. 고성장중심기업은 초기단계에 해당하고, 저성장/저수익기업은 쇠퇴단계, 말기단계, 재기단계가 혼합되어 있는 것으로 분류할 수 있다. 이 연구가 시사하는 점은 쇠퇴단계에 있는 기업이 10년 후 성장단계에 갈 수도 있고, 성숙단계에 갈 수도 있으며, 말기단계나 퇴출이 될 수도 있다는 것이다. 그것은 임직원의 노력이 기업의 운명을 좌우한다는 것을 보여주고 있다.

Jim Collins의 기업몰락 5단계

짐 콜린스(Jim Collins)[*]는 그의 저서 『How The Mighty Fall』에서 조직구성원의 심리적인 상태와 기업경영을 연결하여 기업몰락의 5단계를 설명하였다. 짐 콜린스는 "기업들은 대부분 다음의 5단계를 차례로 거치지만, 경우에 따라서는 단계를 건너뛰기도 하고, 어떤 기업은 수년 혹은 수십 년이 걸리기도 하며, 각 단계는 기업에 겹쳐서 올 수도 있다"고 주장한다. 그리고 5단계까지 완전히 떨어지지 않은 이상 기업의 몰락은 되돌릴 수 있다고 설명한다. 그는 기업의 위기는 소리 없이 순식간에 다가오므로 언제나 귀와 눈을 열고 열린 마음으로 위기를 모니터링 해야 함을 강조한다.

그는 "초기단계에는 질병을 진단하기 어렵지만 치료는 비교적 쉽다. 반면 말기단계에는 진단은 쉬워도 치료가 어렵다는 문제가 있다. 겉보기에는 멀쩡해도 안으로는 이미 종양이 깊어져 언제 갑자기 쓰러질지 모른다"고 설명한다.

---

[*] Jim Collins, 김명철 역, 2009.6(원문), 2010(번역), "위대한 기업은 다 어디로 갔을까(원제 : How The Mighty Fall)", 김영사, pp. 38~43, 서문

〈짐 콜린스의 기업몰락 5단계〉

단계	명칭	설명
1단계	성공으로부터 자만심이 생겨나는 단계	경영진은 성공을 당연한 것으로 간주해 거만해지고, 진정한 성공의 근본 요인을 잊는다. 자기 능력과 장점을 과대평가하고 자만하게 된다. 다음은 자만의 형태이다. ① 역량을 갖추지 못한 채 뛰어드는 자만 ② 자신의 수준 이상으로 성장을 추구하는 자만 ③ 부정적인 증거를 알면서 과감하게 위험한 결정을 내리는 자만 ④ 외부 위협이나 내부 침식으로 위기에 몰릴 수 있는 가능성을 부정하는 자만 ▶서킷시티 사례 : 매년 20% 이상의 성장을 자만하여 기존사업과 동떨어진 신사업에 투자하여 연이어 실패 ▶2009년 미국 고속도로에서 렉서스 브레이크 사고로 촉발된 도요타사태(대규모 리콜)의 진정한 원인은 도요타가 세계 1위 업체로 등극하고 하이브리드 기술 등 세계 자동차업계의 기술을 주도한다는 자만심 때문이었다고 분석하였다.
2단계	원칙 없이 더 많은 욕심을 내는 단계	경영진이 원칙 없이 더 많은 욕심을 내는 경우로서 자신을 위대한 기업으로 이끌어 준 창의적 역량으로부터 벗어나, 자기통제와 규율 없이 새로운 성장을 추구한다. ▶에임스 사례 : 대형할인점을 주축으로 하는 기업이었지만, 자이레 백화점을 인수하여 기업 규모를 2배로 늘린 후 거듭된 실적하락으로 파산
3단계	위험과 위기 가능성을 부정하는 단계	내부에 경고신호가 증가하지만 외부 성과가 여전히 견고하기 때문에, 성과 부진을 자기 책임으로 받아들이는 대신 외부 요인으로 돌리고 모든 데이터를 긍정적으로 해석한다. ▶모토로라 사례 : 이리듐 프로젝트의 사업 타당성이 부족하다는 경고가 지속되는 상황에서도 추가 투자를 단행
4단계	구원을 찾아 헤매는 단계.	이 단계에서는 누구에게나 기업의 가파른 하락세가 뚜렷이 보인다. 경영진은 묘안과 극약처방을 찾는다.(Nucor, Nordstorm, 디즈니, IBM은 이 단계에서 회복에 성공했다.) ▶어드레스그래프 사례 : 1970년대초 적자를 면치 못하자 외부로부터 CEO를 영입했으나, 핵심사업을 외면하고 신사업을 추진하다가 몰락
5단계	유명무실해지거나 생명이 끝나는 단계	경영진의 거듭된 실책으로 재무적 강점이 침식되기 시작해 경영진은 위대한 미래를 건설하려는 모든 희망을 버리기에 이른다. 경영진이 퇴출되고 조직이 심하게 위축되는 경우도 있다. ▶스콧페이퍼 사례 : 서서히 몰락하는 상황에서 매각전문 CEO를 임명하여 회사를 경쟁사인 P&G에 매각

　　위 몰락 5단계를 제7장의 기업성장 6단계와 비교하면 성공으로부터 자만심이 생겨나는 1단계는 성장단계에 발생할 수 있고, 원칙 없이 더 많은 욕심을 내는 2단계는 성장단계와 성숙단계에 발생할 수 있고, 위험과 위기 가능성을 부정하는 3단계는 쇠퇴단계에 발생할 수 있고, 구원을 찾아 헤매는 4단계와 유명무실해지거나 생명이

끝나는 5단계는 말기단계와 재기단계에 발생할 수 있다. 자만과 탐욕은 인간의 대표적인 부정적 속성으로서 부정적 기업진화의 강력한 요인이 되므로 유의해야 한다.

중소기업연구원의 기업성장 5단계

중소기업연구원의 표한형 외 2인*은 아래의 설문조사 방법으로 기업을 창업기, 초기성장기, 고도성장기, 성숙기, 쇠퇴기로 구분하고 성장단계별로 수출 결정요인 및 애로요인을 다음과 같이 분석하였다.

〈중소기업의 성장단계별 수출 결정요인 및 애로요인〉

구분	창업기	초기성장기	고도성장기	성숙기	쇠퇴기
결정요인	• 경영자의 해외시장 지향성 • 협소한 국내시장/국내시장의 경쟁 압력 • 해외에서 시장기회 발견 및 탐색 열의	• 제품의 기술 지향성 • 해외 마케팅(수출 시장 조사) 전략	• 제품의 기술 지향성 • 해외에서 시장기회 발견 및 탐색에 대한 열의	• 협소한 국내시장 • 국내시장의 경쟁 압력	• 협소한 국내시장 • 국내시장의 경쟁 압력 • 해외 마케팅 전략 • 제품의 기술 지향성
애로요인	• 제품의 기술력 부족 • 해외유통망 확보 곤란	• 수출운영자금의 부족 • 해외 유통망 확보 곤란	• 수출운영자금의 부족 • 각종 해외 인증 등 외국정부의 규제	• 중복되는 애로요인 없음	• 각종 해외 인증 등 외국 정부의 규제 • 해외시장/바이어 조사 등 현지시장 이해 부족 • 수출운영자금의 부족

---

*   표한형 · 오동윤 · 박태수, 2011.12, 수출중소기업의 성장단계별 수출결정요인 및 애로요인 연구, 중소기업연구원

전통적인 성장단계의 경영특성과 성공과제

각 성장단계에는 강점과 약점, 또는 성장통이 있다. 창업 및 성장기 조직의 강점은 팀워크와 열정, 혁신과 실험정신, 자발성, 학습욕구 충만을 들 수 있으나, 낮은 효율성과 시스템 미비, 자원 불충분, 타협 불허라는 약점을 가지고 있다. 반면에 성숙기 조직의 강점은 풍부한 자원, 경험과 역량 우위, 루틴 안정화를 들 수 있으나 안주경향, 자만심, 기회와 위협에 둔감, 활력저하, 조직 이기주의라는 약점을 갖고 있다. 이와 같이 사람 몸의 강점과 약점이 연령에 따라 변하듯이 기업도 성장단계 별로 서로 다른 강점과 약점을 가지며, 그로 인해 성장단계별 서로 다른 경영과제와 성공요건을 갖게 된다.

그렇다면 기업의 수익을 가져다주는 성공요소는 무엇일까? 경영연구자들은 이윤(ROI)을 증가시키는 50개의 핵심요소를 찾아냈는데, 그것 중 다음의 6개가 70%를 설명해 준다고 한다.* 첫째, 시장매력도(예를 들면 산업성장률), 둘째, 경쟁지위의 강도(예를 들면 시장점유율), 셋째, 투자의 집중도(예를 들면 생산능력의 효율적 사용), 넷째, 생산성(예를 들면 노동자 1인당 생산성), 다섯째, 제품의 품질(고객측면에서 볼 때), 여섯째, 통합도(예를 들면 매출 중 자체 부가가치 창출비율)이다. 이러한 성공요소들을 모든 기업이 언제나 확보할 수 있는 것은 아니다. 기업의 성장단계에 따라 우선적으로 공략해야 할 성공요소가 다르다.

다음의 표는 성장단계별 경영특성과 성공과제 관련 기존 성장단계 논문들의 내용을 간략하게 요약한 것이다. 기업의 경영자는 내가 소속된 기업의 성장단계를 파악하고 경영환경과 성공과제를 면밀하게 검토하여 경영활동에 반영할 필요

---

*   Ralph Scheuss, 안성철 역, 2007(원저), 2010(번역), 전략사전(Handbuch der Strategien), 옥당, p134

가 있다. 주식투자자는 내가 보유한 기업의 성장단계를 파악하고, 경영자가 필요한 경영활동을 잘하는지 질문하고 점검할 필요가 있다. 만일 경영자가 성장단계에 필요한 경영활동을 하지 않는다면, 주식을 과감히 매각하는 것이 투자수익에 유리할 것이다.

〈전통적인 성장단계의 경영특성과 성공과제〉

성장단계	경영특성(강점과 약점)	성공과제
초기단계	(강점) • 팀워크, 열정, 혁신, 실험정신 • 자발성, 학습욕구 충만 • 전략적 리더쉽을 발휘할 수 있는 기회 • 정부보조금의 존재 (약점) • 자금부족 • 창업자의 권력집중화 • 미숙한 의사결정체계 • 낮은 효율성(시스템 미비) • 자원불충분 • 타협불허 • 시행착오 비용이 많이 듦 • 산업상황을 예측하기 어려움 • 진입장벽 낮음 • 기업과 공급자와의 관계 미구축 • 유통채널이 막 발생하는 시기 • 높은 마케팅 비용 • 과잉설비 • 높은 생산원가 • 시장에 대한 불확실성 • 이윤은 마이너스 • 게임의 법칙이 존재하지 않는 단계	• 창업가적인 활동 중시 • 생존을 위해 조정효율성이 중요 • 제품 및 서비스혁신을 중시 • 성공의지, 비전수립 역량 중요 • 사업아이디어 발굴능력 중요 • 창업자의 연령과 성격, 경험과 교육이 중요 • 신규시장의 전략적 포지셔닝이 중요 • 고객 밀착 마케팅 중요 • 시장진입과 마케팅 차별화가 중요 • 자금의 확보와 시설 및 장비의 확보 그리고 재고관리 중요 • 전략적 성공을 결정하는 것은 타이밍 • 독특한 핵심능력을 탐색하면서 강한 문화를 개발하려고 노력하는 것이 중요 • 일에 대한 의욕과 자율성 및 구매자 집중도가 성공의 중요한 요인 • 제품개발 및 판매와 관련하여 다양한 지식의 획득과 활용이 매우 중요 • 환경요인보다 기술관련 요인이 가장 중요 • 성장률 높은 국내시장의 존재 • 충분한 자본 • 첫 제품과 서비스의 수요창출 성공 • 자사제품의 핵심재정의 및 강화 • 가치를 파괴시키는 제품의 퇴출 및 제품포트폴리오 정비 • 기업가치 중심의 성과관리 및 보상체계 전환 • Operational Excellence를 통한 효율성 증대에 집중 • 자사의 전략과 노력을 투자자에게 적극 알리는 IR활동 확대 • 유통채널 확보가 중요 • 연구개발과 기술부문이 중요 • 창업자의 개인적 취향과 사업목표의 동질성이 성공의 주요한 요인 • 선도수요자(Early adopter)를 공략해야 함 • 혁신제품의 가격은 높게 책정되거나(초기 고가전략), 낮게 책정되어야 함 (시장침투 가격전략)

성장단계	(강점)
	• 신속하고 직관적인 의사결정
	• 조직체계 및 관리시스템이 정비되는 시기
	• 대량공급체계가 구축되는 시기
	• 시장점유율을 확대하는 시기
	• 강한 문화가 형성되는 시기
	• 우량한 품질
	• 최고의 이윤율
	• 불경기에도 대항할 수 있는 환경
	• 직원들의 높은 숙련도
	• 가격경쟁이 필요 없는 상황
	
	(약점)
	• 고성장기에 많은 성장통이 발생
	• 빠른 성장으로 인한 불평불만과 방향감
	  각 상실
	• 환경이 매우 불확실해짐
	• 불충분한 기술과 시스템의 문제
	• 경쟁자의 등장에도 과거 성공방식 고수
	• 새로운 인력의 영입으로 혼란과 분열
	• 막대한 자금 부족
	• 체계적 관리능력 부족
	• 과소설비
		• 강한 문화 형성을 위한 변화담당자의 역할이 중요
		• 기능조직 중심에서 공식화조직으로 변경하는 것
		• 신제품과 기술요인이 중요
		• 재고 및 비용이나 회계시스템이 중요
		• 불확실한 환경에의 적응이 중요
		• 기업규모와 마케팅능력이 중요
		• 타제품과의 경쟁이 시작되면서 원가절감이 부각
		• 경험곡선의 효과를 극대화하는 전략이 중요
		• 기술적 효율성과 전략적 효율성이 중요
		• 상품을 다각화하거나 새로운 신규시장 진입이 중요
		• 산업 성장단계 분석과 경쟁분석이 중요
		• 인력요인의 중요성이 강화, 인재관리 중요
		• 전략지식이 많이 필요한 시기
		• 내부개발보다는 합작, 제휴, 기존사업의 인수를 통한 신규제품과 세분시
		  장에 침투하는 경향
		• 높은 성장이나 이윤의 기회를 제공하는 세분시장에 집중
		• 차별화와 비용절감이 중요
		• 세분시장의 활발한 성장을 위해 제품과 프로세스의 혁신을 추구
		• 원가절감을 위해 생산과 배송과정의 낭비요인을 제거
		• 보다 유망한 제품이나 산업으로의 전략적 이동을 준비하기 위해 현재 사
		  업에서 현금을 확보
		• 소비자에게 강요하고 있는 제도(일명 소비자 양보)를 찾아내어 제거하면
		  급성장의 원동력
		• 저가전략은 의미 없고, 차별화전략만 의미 있음
		• 수평적 통합을 통한 시장점유율 확대를 시도
		• 배당지급보다 내부유보를 통한 성장이 중요
		• 첫제품과 후속제품의 시너지 창출
		• 지속적인 개선과 혁신을 추구하여 First Mover Advantage를 계속 유지
		• 변화와 혁신을 전 조직에 일상화하면서 자사의 모든 역량과 자산, 경쟁지
		  위를 최대한 활용하여 고수익성장의 기회를 연속적으로 발굴
		• 전세계적 차원에서 가치사슬을 재설계하고, Business Domain을 재정의
		  하는 등 최대한 조직을 유연하게 유지
		• 고객들의 잠재적 needs를 파악하기 위하여 시장을 선도하고 있는
		  Leading-edge customers와의 밀접한 관계를 강화
		• Market Champion으로서 Product Leadership을 유지
		• 프랜차이즈로 성장을 확산

성숙단계	(강점) • 제품다각화, 조직안정화 • 세밀한 내부 통제시스템 도입 • 사업부 기반구조 구축 • 매우 공식화된 체계 • 풍부한 자원 • 경험과 역량우위 구축	• 조직과 시스템을 구축하고 정착하는 것이 핵심 경영과제 • 제품라인과 시장의 일치성 및 품질우위가 중요한 성공요건 • 정부로비나 시장환경에 적응하는 것이 중요 • 기업내부관리와 전략이 중요

성숙단계	• 루틴 안정화 • 일상화, 표준화, 공식화, 집권화 • 월등한 품질 (약점) • 낮은 유연성 • 안주경향 • 자만심 • 활력저하 • 조직 이기주의 • 조직의 침체 • 가격하락, 마진율하락 • 엄격한 관료제 • 제품표준화 • 기술을 투자해도 기술성과가 나오지 않는 단계 • 해당 산업과 산업내 지위에 대해 지나치게 낙관적 전망 • 전략적 명료성의 부족으로 광범위 경쟁전략과 집중전략 사이에 선택의 실패 • 작은 이윤을 얻기 위해 지나친 투자를 감행하는 현금의 덫(cash trap) 발생 • 단기 성장향상 압력으로 시장점유율을 포기하고 수익성을 추구하는 것 • 가격경쟁의 회피 • 산업의 구조적인 변화나 새로운 관행에 대한 저항 • 기존제품 개선보다 신제품개발의 과한 강조 • 과도한 유휴 생산능력의 보유 • 제품 차별화가 축소됨 • 광고경쟁 격화 • 사소한 모델 변화가 심해짐 • 보수주의를 통한 위험회피가 중요한 성향으로 부각 • 느린 성장은 경쟁의 강화를 의미 • 노련한 고객을 상대로 판매해야 하는 시장	• 인수합병을 통해 신규사업에 진출하거나 사업구조 재편 • 높은 성장이나 이윤의 기회를 제공하는 세분시장에 집중 • 차별화와 비용절감 • 세분시장의 활발한 성장을 위해 제품과 프로세스의 혁신을 추구 • 원가절감을 위해 생산과 배송과정의 낭비요인을 제거 • 보다 유망한 제품이나 산업으로의 전략적 이동을 준비하기 위해 현재 사업에서 현금을 확보 • 경영개선, 원가절감, 불필요한 자산의 매각을 통해 기업의 경쟁력을 향상 • 환경요인이 기업의 경영성과에 유의한 영향 • 안정기(stability)에는 조직 및 전략적 요소가 주요 차별화된 요인 • 대폭적인 인사이동과 조직개편 등 획기적이고 강압적인 전환(turn around)방법을 사용 • 선진기술의 도입이 중요 • 성장우선의 비전과 양적 목표를 제시 • 통제중심의 조직문화에서 성장과 기업가정신을 강조하는 문화로의 변신 추진 • 보다 분권화된 조직구조로 개편 • 고객/시장과 친밀한 관계를 구축 • 고객에 대한 심도 깊은 이해를 바탕으로 지속적인 혁신을 추구 • 시장점유율과 지역적 확장이 가능한 인수합병의 기회를 최대한 모색하고 실행 • 제품차별화가 없어지므로 제품포장이 중요 • 원가절감을 위한 대량유통경로의 확보가 중요 • 마케팅상의 효율성이 관건 • 규모의 이점을 살려 환경변화에 민감하게 대처하고 기업가정신을 지속적으로 유지시켜 나가는 것이 필요 • 사업분야나 생산라인을 통합하는 것이 필요 • 표준화된 시장에서 차별화 전략이 중요
쇠퇴단계	(강점) • 경영자의 파워 증가 • 마케팅비용의 감소 • 상당한 설비과잉	• 조직 자율성과 협력이 필요 • 분권화와 조직 구조의 정교화가 중요 • 고수익성장을 위한 비전을 설정 • 비전을 근거로 사업포트폴리오 정비

쇠퇴단계	(약점) • 관료적인 관리로부터 위기 도래 • 어려운 시장환경 • 경쟁기업의 숫자 증가 • 차별화 전략만이 효과 발휘 • 제품 차별화가 없어짐 • 가격과 마진수준의 지속적 하락 • 새로운 대체재가 출현	• 핵심사업에 대한 모든 자원과 역량을 집중 • 필요시 가치사슬 전체를 재설계 • 강력한 성장의지 공유 필요 • 어려운 과제를 과감하고 주도적으로 추진할 리더십팀 구축이 특히 중요 • 전문화된 유통경로 확보가 중요 • 비용통제가 관건

- 제품과 기업 분류에 관한 대부분의 앞선 연구자들은 도입, 성장, 성숙, 쇠퇴라는 4가지 분류를 선호하였다.

- 성장단계의 분류기준을 아래의 표로 요약하였다. 분류기준을 보면 매출액이나 이익과 같은 명확한 분류기준이 있는 연구자도 있고, 개념적으로만 분류한 연구자도 많다. 그러나 공통적으로 도입, 성장, 성숙, 쇠퇴의 단계를 기본으로 구성하고 있다.

연구자	분류기준	제품, 산업기업의 성장단계				
		창업기	상업화	성장기	성숙기	쇠퇴기
BCG컨설팅	개념적 구분	창조기		성장기	우위성 확립기	효율성 추구기
Doyle	개념적 구분	도입기		성장기	성숙기	쇠퇴기
Churchill & Lewis	개념적 구분	창업초기단계 생존/유지단계 성공단계		도약단계	성숙단계	
Miller & Friesen	매출액증가율	도입기		성장기	성숙기	초기쇠퇴기 쇠퇴기
Anthony & Ramech	매출액증가율, 자본적지출, 기업연령, 배당성향			성장기	성숙기	쇠퇴기
A.T.Kearney	시장가치성장률, 매출성장률	외형성장기업		가치성장기업	수익추구기업	저성과기업
Sheth외1	개념적 구분	도입단계		성장단계	성숙단계	
Ralph Scheuss	개념적 구분	도입기		성장기	성숙기	쇠퇴기
McKinsey	매출액증가율, 주주수익률	고성장중심기업		고성장 고수익기업	고수익 중심기업	저성장 저수익기업

혁신적인 기업성장 6단계 분류법의 개발

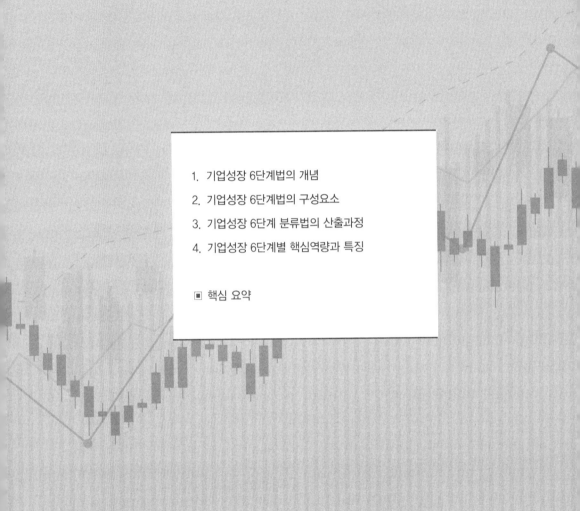

기업성장 6단계법의 개념

기업성장단계를 분류하는 방법은 첫째, 광공업통계와 벤처기업을 대상으로 업력을 설명변수로 하고 매출액을 종속변수로 하여 생산함수를 추정한 후 한계생산의 체증과 체감구간이 존재함을 보임으로써, 성장과 쇠퇴를 구분하는 생산함수 연구, 둘째 매출액성장률, 종업원증가율과 같은 성장성비율을 활용하여 표본기업을 상, 중, 하로 분류하여 '상'은 성장기업, '중'은 성숙기업, '하'는 쇠퇴기업으로 분류하는 군집분석 연구, 셋째 성장단계의 기업특성을 개념적으로 열거하고 기업구성원에게 설문조사를 하여 자기 기업의 성장단계를 답변받는 설문조사 연구가 있다. 그 중 주로 군집분석 방법을 사용하는데, 연구자마다 군집을 나누는 분류기준이 다르기 때문에 분석결과에 대한 비교가 불가능하다. 또한 군집분석을 한 후에 개별기업의 성장단계가 나오므로, 개별기업 한 개만 있는 경우에는 성장단계 분석이 불가능하다. 그러나 기업성장 6단계 분류법은 주식분석에서 가장 많이 쓰는 PER, PBR의 생성원리를 기초로 각 개별기업의 미래EPS(Earning Per Share), 정상EPS, 현재EPS를 추출하여 성장단계를 구분함으로써, 한 개 기업만 있어도 성장단계 구분이 가능하고, 분류기준이 동일하므로 연구자간 분석결과를 상호 비교할 수 있는 장점이 있다.

성장단계 분류변수에 관한 대부분의 선행연구에서는 매출액증가율, 유형자산 증가율, 기업연령, 종업원증가율, 배당성향 등을 기업의 성장단계 분류변수로 보았다. 이 변수들이 기업의 성장단계와 무관하지 않지만 결정적이지는 않다. 기업연령의 경우 대기업과 벤처기업은 제품 성장단계 기간에 차이가 있어 기업연령과 제품 Cycle이 일치되지 않는다. 즉, 벤처기업의 경우 기업연령이 적어도 쇠퇴기업인 경우가 있고, 대기업의 경우 기업연령이 많아도 성장기업인 경우가 있어 기업연령만으로 분류변수를 삼는 것에는 문제가 있다. 유형자산증가율의 경우 수익모형 쇠퇴기에 신규사업을 하기 때문에 대폭 증가할 수도 있고, 종업원증가율의 경우 매출액 증가율과 유사한 특징을 보이므로 중복성이 있다고 판단된다. 기업의 Life Cycle 즉, 기업의 설립, 성장, 쇠퇴, 소멸은 그 기업의 매출액과 이익의 성장 및 쇠퇴와 가장 밀접한 관계를 갖는다. 재화와 용역의 매출액이 증가하면 일반적으로는 이익이 정비례로 증가한다. 그러나 기업의 경쟁환경에 따라서는 매출액이 증가해도 이익이 늘지 않거나, 매출액이 늘지 않아도 이익이 증가할 수 있다. 만일 매출액이 증가해도 이익이 감소되거나 적자상태라면 그 제품의 시장경쟁력이 감소되는 기업이거나 반대로 시장에 신제품을 출시한 기업일 것이다. 전자는 미래이익이 감소하는 경우로서 주가가 낮은 경우이고, 후자는 미래이익이 증가하는 경우로서 주가가 높은 경우이다. 따라서 주가와 이익을 통하여 성장하는 기업인지 쇠퇴하는 기업인지를 구별해 낼 수 있다. 한편 기업가치 평가는 매출의 크기로 평가되는 것이 아니라 이익의 크기로 평가된다. 기업의 진정한 성장은 기업가치의 성장이다. 기업가치는 미래이익의 현재가치로 평가하거나 이익을 자본환원률로 나누어 평가하는 등 이익이 평가의 핵심변수로 작용한다. 결론적으로 매출액과 이익의 성장 모두 기업의 성장에 가장 중요한 변수이지만 둘 중에 우선순위를 정한다면 매출액보다는 이익이 기업의 성장에 보다 중요한 변수가 된다.

기업성장 6단계 분류법*은 이익중심으로 성장단계를 구분하며, 재무제표와 주가만 가지고도 성장단계를 쉽게 구분할 수 있다. 저자는 종전의 군집분석 방법을 개선하기 위하여 미래ROE, 현재ROE, 정상ROE를 활용하여 기업성장단계를 초기, 성장, 성숙, 쇠퇴, 말기, 재기의 6단계로 분류하였다.

첫째, 초기단계의 기업은 회사를 설립하여 기술개발 및 특허를 마치고 제품 매출을 시작한 지 얼마 되지 않은 기업을 전제로 한다. 의욕적으로 제품을 출시하였으나, 시장이 성숙되지 않아 아직 공장가동률이 높지 않은 상태이며, 약간의 적자를 보이거나 흑자 전환을 보이고 있는 기업들이 있다. 이 단계의 회사는 기술투자 및 초기시장 진입비용으로 인한 적자로 순자산이 감소된 경우도 있으며, 현재의 수익보다는 미래의 수익에 대한 기대가 크다. 이 단계에서는 PBR>1이므로 초과EPS>0이다. EPS부등호는 미래EPS>정상EPS>현재EPS이다.

〈기업성장 6단계법 분류〉

기업단계	특징	ROE 부등호	EPS 부등호
초기단계	PBR>1이므로 초과EPS>0	미래ROE>정상ROE>현재ROE	미래EPS>정상EPS>현재EPS
성장단계	PBR>1이고, 높은 초과EPS를 보인다.	미래ROE>현재ROE>정상ROE	미래EPS>현재EPS>정상EPS
성숙단계	PBR>1이고, 낮은 초과EPS를 보인다.	현재ROE>미래ROE>정상ROE	현재EPS>미래EPS>정상EPS
쇠퇴단계	PBR<0이고, 초과EPS<0	현재ROE>정상ROE>미래ROE	현재EPS>정상EPS>미래EPS
말기단계	PBR<0이고, 초과EPS<0	정상ROE>현재ROE>미래ROE	정상EPS>현재EPS>미래EPS
재기단계	PBR<0이고, 초과EPS<0	정상ROE>미래ROE>현재ROE	정상EPS>미래EPS>현재EPS

---

* 　김상정, 2010. 8, 기업의 성장단계에 따른 본질가치 평가모형의 적합성에 관한 연구, 서울시립대 대학원 박사논문, pp. 17~32

둘째, 성장단계의 기업은 증권시장 상장과 관련이 많다. 코스닥에 상장하는 벤처기업의 상장기준 중 매출요건과 이익요건을 보면 벤처기업은 초기단계를 넘어 성장단계에 진입해야 상장이 가능하다. 따라서 코스닥에 상장된 지 1년 이내의 벤처기업은 성장단계의 특징을 보이는 경우가 대부분이다. 그러나 상장 후 몇 년이 지나면 기술 및 경영환경 변화에 적응하지 못한 벤처기업이 수익모형의 진부화로 쇠퇴기에 진입하는 경우가 다수 발생한다. 이 경우에 성숙단계를 거치지 않고 바로 쇠퇴단계로 진입하는 경우도 많다. 그러나 성장단계에 진입한 기업은 매출액 증가율이 높고 수익성이 좋아 높은 초과EPS를 보이고 PBR이 1보다 크다. EPS부등호는 미래EPS>현재EPS>정상EPS이다.

셋째, 성숙단계의 기업은 수익모형이 안정되어 있고, 시장도 커져서 다수의 경쟁자들이 시장에 공존하게 되어 매출증가율의 증가폭은 감소되고 수익성의 증가도 정체되는 경우가 많다. 이로 인해 성장단계에서 폭등했던 주가는 조정을 받는다. PBR은 감소하나 PBR이 1보다 여전히 크므로 초과EPS를 유지한다. EPS부등호는 현재EPS>미래EPS>정상EPS이다.

넷째, 쇠퇴단계의 기업은 기존사업 시장에 많은 경쟁자들이 참여하게 되거나, 제품의 진부화로 인해 제품의 수익성과 성장성이 감소하기 시작하는 단계이다. 이 단계의 기업은 새로운 성장동력을 찾기 위해 신규사업을 모색하거나 또는 추가로 사업을 확장하지 않고 원가절감, 신시장개척, 신제품개발, 기술개선 등 경영개선에 중점을 두기도 한다. 경영개선에 성공하게 되면 성숙단계로 회귀하기도 한다. 이 단계의 수익성은 감소하기 시작하므로 PBR이 영(0)보다 작고, 초과EPS도 영(0)보다 작다. EPS부등호는 현재EPS>정상EPS>미래EPS이다.

다섯째, 말기단계의 기업은 기존사업의 경영개선에 한계를 느끼고 신규사업 접목에 매진하게 된다. 이 신규사업에 성공함으로써 기업을 재기시켜 초기단계기업으로 들어갈 수도 있고, 실패하여 회사가 파산할 수도 있다. 주식시장의 관리종목에 있는 기업들이 대부분 이곳에 속한다. 이 단계의 수익가치는 대폭 낮아지며, PBR이 영(0)보다 작고, 초과EPS도 영(0)보다 작다. EPS부등호는 정상EPS>현재EPS>미래EPS이다.

여섯째, 재기단계의 기업은 기존사업을 줄여가면서 신규사업을 시작하여 신제품을 개발하고 제품을 출시하는 단계이다. 이 단계에서 신규사업마저 실패하는 경우에는 시장에서 퇴출되어 사라지게 된다. EPS부등호는 정상EPS>미래EPS>현재EPS이다.

기업성장 6단계법의 구성요소

기업성장단계를 구분하기 위해서는 분류기준에 해당하는 미래EPS, 현재EPS, 정상EPS의 개념을 알아야 한다.

가. 기업이익, EPS, ROE의 개념

기업성장 6단계 분류법은 펜만(Penman)[*]의 현재이익과 미래이익, 정상이익과 초과이익의 개념과 PER 및 PBR 관계모형을 활용한다.

기업의 이익은 발생되는 시점에 따라 과거이익, 현재이익, 미래이익으로 나눌 수 있고, 그 크기에 따라 정상이익, 초과이익이라는 개념으로 분류할 수 있다. 기업이익을 가중평균유통주식수로 나누면 EPS(주당이익)가 되고 기업이익을 자기

---

[*] S. Penman, 1996, The Articulation of Price–Earning Ratios and Market–to–Book Ratios and the Evaluation of Growth, Journalof Accounting Research, Fall

자본으로 나누면 ROE(자기자본이익률)가 된다. 이익의 개념은 아래와 같이 정리할 수 있다.

〈기업이익, EPS, ROE의 종류〉

구분	내용
〈현재이익〉 현재EPS 현재ROE	• 현재이익 = 가장 최근 발표된 재무제표의 순이익 • 현재EPS = 현재이익/가중평균유통주식수 = BPS(주당순자산)×현재ROE • 현재ROE(current ROE[*]) = 현재EPS÷BPS
〈미래이익〉 미래EPS 미래ROE	• 미래이익 = 기업의 미래에 발생될 순이익을 현재가치로 환산한 것 • 미래EPS = 미래이익/가중평균유통주식수 = BPS×미래ROE = 정상EPS+초과EPS • 미래ROE(expected future ROE[**]) = 미래EPS÷BPS = 정상ROE+초과ROE
〈정상이익〉 정상EPS 정상ROE	• 정상이익[***] = Ohlson이 도입한 개념으로서, 순자산 가치를 유지시키는 미래의 이익으로서 자기자본을 사업에 투자해서 회사가 획득해야 할 정상적인(normal) 수익을 의미한다. • 정상EPS = 정상이익/가중평균유통주식수 = BPS×정상ROE • 정상ROE(normal ROE[****], 정상이익률[*****]) = 정상EPS÷BPS
〈초과이익〉 초과EPS 초과ROE	• 초과이익 = 정상이익을 초과하는 미래이익 • 초과EPS = 초과이익/가중평균유통주식수 = BPS×초과ROE = 미래EPS − 정상EPS • 초과ROE(residual ROE) = 초과EPS÷BPS = 미래ROE − 정상ROE

---

[*]   S. Penman, 1996, The Articulation of Price—Earning and Market—to—Book Ratios and the Evaluation of Growth, Journalof Accounting Research, Fall : pp. 343~384

[**]   *과 동일

[***] Ohlson(1995)은 장부가액을 영구적인 정상이익(현재 순자산×정상이익률)의 현재가치로 정의하였으며, 현재의 정상이익을 정상이익률로 나눈 영구가치로 계산할 수 있다. 정상이익률은 이광조(2005)와 백원선 · 최관(1999)이 무위험이자율(3년 만기 국채금리)을 사용하였고, 김권중 · 김문철(2008)은 CAPM에 의한 자본비용을 주장하였다. 본 연구는 CAPM에 의한 기대수익율을 계산한다. 정상이익률을 정상ROE라 칭하며, 자기자본비용과 동일하게 사용한다. 한편 Ohlson은 초과이익을 비정상이익(abnormal earnings)이라는 용어로 사용하였다.

[****] Penman(1996), p247 / 김권중, 김문철, 2009, 재무제표분석과 가치평가, 창민사. p324 재인용

[*****] 기업의 리스크를 감수하는 자기자본 투자자에게 보상해야 할 자기자본 요구수익률(Required ROE)로서 전문가 간 수익률에 대한 견해는 다르다. 본서에서는 CAPM에 따라 한국은행 5년 국고채 이자율 + 5.5%(리스크 프리미엄)를 적용한다.

현재이익은 가장 최근 발표된 재무제표의 순이익을 의미하고, 현재EPS는 현재이익을 가중평균유통주식수로 나눈 것이며, 현재ROE는 현재EPS를 주당순자산으로 나눈 것이다. 미래이익은 기업의 미래에 발생될 순이익을 현재가치로 환산한 것이며, 미래EPS는 미래이익을 가중평균유통주식수로 나눈 것이고, 미래ROE는 미래EPS를 주당순자산으로 나눈 것이다.

정상이익은 올슨(Ohlson)의 초과이익을 설명하기 위한 이익의 개념으로서, 순자산이 자기자본으로서 매년 획득해야 할 정상적(normal)인 이익의 크기이다. 정상EPS는 정상이익을 가중평균유통주식수로 나눈 것이고, 정상ROE는 정상EPS를 주당순자산으로 나눈 것으로 자기자본비용 개념이다.

초과이익은 정상이익을 초과하는 이익으로서 '미래이익 – 정상이익'으로 산출되며, 미래이익의 크기에 따라 양(+)의 부호도 나올 수 있고, 음(-)의 부호도 나올 수 있다. 초과EPS는 초과이익을 가중평균유통주식수로 나눈 것이고, 초과ROE는 초과EPS를 주당순자산으로 나눈 것이다.

나. 미래EPS의 개념

일반적으로 시장가치는 미래이익의 현재할인가치라고 정의를 한다. 주가를 시장가치라고 전제한다면 주가는 미래이익의 현재할인가격이라고 할 수 있다. 미래EPS는 이러한 개념에서 출발하며, 여기에서는 주가로부터 미래EPS를 도출하는 방법을 설명한다.

펜만은 '미래이익 = 정상이익 + (±)초과이익'이라고 정의한다. 이것을 EPS 개념으로 바꾸면 '미래EPS = 정상EPS + (±)초과EPS'로 변형할 수 있다. 이것을 양변에 정상ROE로 나누면 '미래EPS/정상ROE = 정상EPS/정상ROE + (±)초과EPS/정상ROE'이 되고, 이것은 '(미래이익/정상ROE) = (정상이익/정상ROE) +

(초과이익/정상ROE)'가 되고, 이것은 영구가치 개념인 '시장가치 = 자산가치 + (±)초과이익가치'가 되어 잔여이익모형*이 된다.

만일 기업의 자기자본이 공정가격으로 이루어졌다면 매년 발생되는 정상EPS는 기업의 자기자본의 가치를 유지시켜 주는 EPS가 된다. 만일 미래기간에 매년 EPS가 정상EPS 수준만 창출된다면, 즉 '미래EPS = 정상EPS'라면 시장가치(미래EPS/정상ROE)를 자산가치(정상EPS/정상ROE)로 나눈 지표인 PBR은 1이 된다. 그리고 만일 초과EPS가 양(+)이면 PBR>1이 되고 초과EPS가 음(-)이면 PBR<1이 된다. 따라서 정상EPS에 현재 주식시장의 PBR(미래이익 성장성이 낮은 기업은 1 이하, 미래이익 성장성이 높은 기업은 1 이상이다.)을 곱해 주면, 개념적으로 이것이 주식시장에서 현재 생각하고 있는 미래이익의 크기이다.

$$PBR= \frac{시장가치}{자산가치} = \frac{미래EPS/정상ROE}{정상EPS/정상ROE} \ 이므로$$

- 미래EPS = PBR×정상EPS

주식시장 시가총액이 매일 바뀌는 것처럼 미래EPS도 주가에 따라 매일 바뀌지만, 본 연구는 연도별 분석을 하기 때문에 결산기를 감안하여 12월 결산법인은 3월말 주가를, 3월 결산법인은 6월말 주가를, 6월 결산법인은 9월말 주가를 사용하며, 미래EPS는 이 시점의 'PBR×정상EPS'를 활용하여 산출된다. 이론적으로 주가

---

* 　잔여이익모형은 '주식가치=순자산+초과이익의 현가'로서 복합가치평가개념이다. 이것을 펜만의 이익개념으로 적용하여 바꾸어보면 '미래이익의 현가=정상이익의 현가+초과이익의 현가'로 바꿀 수 있다. 이것을 영구가치 개념으로 바꾸면 '미래이익/자본환원율=정상이익/자본환원율+초과이익/자본환원율'이 된다. 본서에서는 자본환원율을 정상ROE와 동일한 개념으로 정의하여 사용한다.

는 다음과 같은 공식으로 표현할 수 있다.

- 주가 = 주당순자산 + 주당초과EPS의 현재가치

위 공식을 영구가치 개념으로 바꾸어 보면 다음과 같다.

- 주가 = 정상EPS/정상ROE + 초과EPS/정상ROE

'미래EPS = 정상EPS+초과EPS'이므로 이것을 대입하면

- 주가 $= \dfrac{(\text{미래EPS}-\text{초과EPS})}{\text{정상ROE}} + \dfrac{\text{초과EPS}}{\text{정상ROE}}$
- 주가 = 미래EPS/정상ROE
- 미래EPS = 정상ROE×주가
- 미래ROE = 미래EPS/BPS = 정상ROE×(주가/BPS) = 정상ROE×PBR

위의 내용을 정리하면 다음과 같다.

정상EPS의 산출방법	미래EPS의 산출방법	현재EPS의 산출방법
주당순자산×정상ROE	정상ROE×주가	현재순이익/가중평균주식수
	PBR×정상EPS	

정상ROE의 산출방법	미래ROE의 산출방법	현재ROE의 산출방법
정상EPS/주당순자산	정상ROE×PBR	현재EPS/주당순자산

다. PBR, PER, ROE의 이론적 관계

주가는 모든 이해관계자가 참여하여 결정된 시장가격이며, 가장 대표적인 공정가치이다. 저평가 및 고평가가 일시적으로 있지만 가장 대표적인 내재가치이기도 하다. 주식참여자들은 일반적으로 그 기업의 매출 및 이익의 성장성을 반영하여 투자를 한다. 어느 한 기업의 미래이익이 커질 것으로 예상되면 투자자들은 그 기업에 투자를 늘리게 되고 주가는 올라간다. 이러한 과정은 PER 및 PBR 지표로 나타난다.

PER은 현재이익과 주가와의 배수관계이고 PBR은 현재 순자산과 주가와의 배수관계이다. 투자자들이 미래전망을 긍정적으로 보아 주식매수를 많이 할수록 주가는 상승하게 되고 PER 및 PBR 지표는 높아진다. 즉, PER 및 PBR 지표가 높을수록 시장참여자는 그 기업의 미래이익 성장성을 높게 보는 것이다.

이 책에서는 ROE 개념을 세분하여 장부ROE, 시가ROE, 정상ROE 개념을 도입한다. ROE는 일반적으로 자기자본이익률이라고 칭한다. 여기에서 자기자본은 장부가액을 의미한다. 따라서 이 책에서는 장부ROE라는 용어를 사용한다.

반면 당기순이익을 주식시장 시가총액(시장가격)으로 나눈 것을 시가ROE라 정의한다. 이것은 투하자본 실현ROE(Realized ROE of Invested Capital)라고 할 수 있다. 정상ROE(정상이익률)는 주식시장에 참여하는 자기자본 투자자에게 보상해야 할 시장평균 투하자본 요구ROE(Required ROE of Invested Capital)로서 자본비용(Cost of Capital)이라고도 할 수 있다. 전문가 간 자본비용에 대한 견해는 다르다. 종전 본질가치 계산에서는 정기예금 이자율의 1.5배를 적용하였고, 상속세법에서는 획일적으로 10%를 적용하고 있으며, CAPM(Capital Asset Pricing Model)에 의한 요구수익률은 기업의 위험도에 따라 다르지만, 일반적으로 7~10%의 요구수익률이 계산된다. 요구ROE는 특정 성장단계에 속한 특정 기업의 투자자가 얻어야 한다고 생각하는 요구수익률이다. 아래 도표는 장부ROE, 요구ROE, 시가ROE의 관계를 정리한 것이다.

〈장부ROE, 요구ROE, 시가ROE〉

구분	내용
PBR	시장가치/자기자본 = 주가/주당순자산 = PER × 장부ROE
PER	시장가치/당기순이익 = 주가/주당순이익 = PBR / 장부ROE
장부ROE	당기순이익/자기자본 = 주당순이익/주당순자산 = PBR / PER = PBR×시가ROE
요구ROE	요구이익/시장가치 = 주당요구이익/주가 ① 주식시장 투하자본 요구ROE = 1/주식시장 평균PER ② 성장단계 투하자본 요구ROE = 1/성장단계 평균PER
시가ROE	당기순이익/시장가치 = 주당순이익/주가 = 1 / PER = 장부ROE / PBR =) PBR 1배당 장부ROE =) 투하자본 실현ROE

기업성장 6단계 분류법의 산출과정

가. 현재초과이익과 미래초과이익의 개념

펜만은 PER과 PBR의 상호관계를 다음의 도표와 같이 9개 구역으로 구분하여 발표하였다. 여기서 RI_F(Future Residual Income)[*]는 미래이익이 자본비용을 초과하는 초과이익 흐름의 기대치를 의미하고, RI_0(Current Residual Income)[**]는 현재이익이 자본비용을 초과하는 초과이익을 의미한다. 다음 도표는 펜만의 기본 프레임에 부등호 관계를 추가하여 정리한 것이다.

---

[*] RI_F: 미래 초과이익(미래이익-정상이익) 흐름의 기대치를 표현한 것으로서 $RI_F > 0$면 PBR>1이고, $RI_F < 0$이면 PBR<1이고, $RI_F = 0$이면 PBR=1이다.

[**] RI_0: 현재 초과이익(현재이익-정상이익) 흐름의 기대치를 표현한 것으로서 $RI_0 < RI_F$이면 PER이 정상PER 보다 높으며, $RI_0 > RI_F$이면 PER이 정상PER보다 낮고, $RI_0 = RI_F$이면 PER=정상PER이 된다.

〈PBR과 PER의 상호관계〉

항목		PBR		
		High PBR(>1) $(RI_F>0)$ (A, D, G)	Normal PBR(=1) $(RI_F=0)$ (B, E, H)	Low PBR(<1) $(RI_F<0)$ (C, F, I)
PER	High PER $RI_F>RI_0$ (A, B, C)	A $RI_F>RI_0$ $RI_F>0,\ RI_0?0$	B $RI_F>RI_0$ $RI_F=0,\ RI_0<0$	C $RI_F>RI_0$ $RI_F<0,\ RI_0<0$
	Normal PER $RI_F=RI_0$ (D, E, F)	D $RI_F=RI_0$ $RI_F>0,\ RI_0>0$	E $RI_F=RI_0$ $RI_F=0,\ RI_0=0$	F $RI_F=RI_0$ $RI_F<0,\ RI_0<0$
	Low PER $RI_F<RI_0$ (G, H, I)	G $RI_F<RI_0$ $RI_F>0,\ RI_0>0$	H $RI_F<RI_0$ $RI_F=0,\ RI_0>0$	I $RI_F<RI_0$ $RI_F<0,\ RI_0?0$

나. 구역별 현재이익과 미래이익의 부등호 관계 파악

위 도표의 구역별로 소속된 기업의 특징을 설명하면 A구역은 PBR과 PER이 동시에 높은 기업이 포함되어 있다. PBR이 높다는 것은 미래이익이 자본비용(또는 정상이익)을 초과하여 양(+)의 초과이익이 있다는 것을 의미한다. PER이 높다는 것은 미래 초과이익(RI_F)이 현재 초과이익(RI_0)보다 크다는 것을 의미하고, 이는 곧 미래이익이 현재이익보다는 상승할 것을 뜻한다. 따라서 A구역내 이익의 상호관계는 '미래이익>(정상이익, 현재이익)'의 관계가 된다. B구역은 PBR이 1이고 PER이 높은 기업으로서 PBR이 1이므로 미래이익이 정상이익(또는 자본비용)과 동일하여 초과이익이 영(0)이며, PER이 높으므로 미래이익은 현재이익보다 상승할 것으로 예상되어 B구역내 이익의 상호관계는 '(미래이익=정상이익)>현재이익'의 관계가 된다. C구역은 PBR이 낮고 PER이 높은 기업이 포함되어 있으며, PBR이 낮으므로 미래이익은 정상이익(또는 자본비용)보다 낮아 음(-)의 초과이익(또는 초과손실)이 있으며, PER이 높으므로 미래이익은 현재이익보다 높을 것으로 예상되어 이익의 상호관계는 '정상이익>미래이익>현재이익'의 관계가 된다. D구역은 PBR이 높고 PER

이 정상적인 기업이 포함되며, PBR이 높으므로 미래이익이 정상이익(또는 자본비용)을 초과하여 초과이익이 있으며, PER이 정상이므로 미래이익은 현재이익과 동일할 것으로 예상되어 이익의 상호관계는 '(미래이익=현재이익)>정상이익'의 관계가 된다. E구역은 PBR이 1이고 PER이 정상적인 기업이 포함되어 있으며, PBR이 1이고 PER이 정상적이므로 미래이익이 정상이익(또는 자본비용)과 현재이익이 모두 동일할 것으로 예상되어 초과이익이 없으며, 이익의 상호관계는 '미래이익=현재이익=정상이익'의 관계가 된다. F구역은 PBR이 낮고 PER이 정상적인 기업이 포함되어 있으며, PBR이 낮으므로 미래이익은 정상이익(또는 자본비용)보다 낮아 초과손실이 있으며, PER이 정상적이므로 미래이익은 현재이익과 같아 '정상이익>(미래이익=현재이익)'의 관계가 된다. G구역은 PBR이 높고 PER이 낮은 기업이 포함되어 있으며, PBR이 높으므로 미래이익은 정상이익(또는 자본비용)을 초과하여 초과이익이 발생되며, PER이 낮으므로 미래이익은 현재이익보다 하락이 예상되어 '현재이익>미래이익>정상이익'의 관계가 된다. H구역은 PBR이 1이고 PER이 낮은 기업이 포함되어 있으며, PBR이 1이므로 미래이익은 정상이익(또는 자본비용)과 동일하여 초과이익이 없으며, PER이 낮으므로 미래이익은 현재이익보다 하락이 예상되어, '현재이익>(미래이익=정상이익)'의 관계가 된다. I구역은 PBR이 낮고 PER이 낮은 기업이 포함되어 있으며, PBR이 낮으므로 미래이익은 정상이익(또는 자본비용)보다 낮은 수준이 예상되어 초과손실이 있으며, PER이 낮으므로 미래이익은 현재이익보다 하락할 것으로 예상되어 이익의 상호관계는 '(정상이익, 현재이익)>미래이익'의 관계가 된다.

다. 구역별 현재이익, 미래이익, 정상이익의 부등호 관계 추론

위에서 살펴본 바와 같이 RI_F와 RI_0의 관계는 미래초과이익과 현재초과이익을 대변하는 것이며 ROE와 연결하여 설명하면 $RI_F>0$이면 PBR>1으로서 미래이익$>$정상이익이 되고, 미래ROE$>$정상ROE가 된다. $RI_F=0$인 경우에는 PBR=1으로서 미래이익=정상이익이 되고, 미래ROE=정상ROE가 된다. $RI_F<0$이면 PBR<1로서 미래이익$<$정상이익이 되고, 미래ROE$<$정상ROE가 된다. 이와 같은 논리를 확장하면 $RI_F=RI_0$이면 미래ROE=현재ROE가 되고, $RI_F>RI_0$이면 미래ROE$>$현재ROE가 되며, $RI_F<RI_0$이면 미래ROE$<$현재ROE가 된다. 이와 같은 부등호를 이용하여 아래 도표에 미래ROE, 현재ROE, 정상ROE(=자기자본비용)를 도입하여 재분류 및 정리하면 다음과 같다. 이 도표는 기업성장단계 모형의 기초자료가 된다.

〈PBR과 PER의 상호관계와 ROE〉

항목		높은 PBR(>1) ($RI_F>0$) 미래ROE > 정상ROE	정상 PBR(=1) ($RI_F=0$) 미래ROE = 정상ROE	낮은 PBR(<1) ($RI_F<0$) 미래ROE < 정상ROE
		PBR		
PER	높은 PER $RI_F>RI_0$ 미래ROE>현재ROE	A $RI_F>RI_0$(미래초과이익 발생) 미래ROE>(현재ROE ? 정상ROE)	B $RI_F>RI_0$ $RI_F<0$(현재초과손실 발생) $RI_F=0$(미래초과손익=0) (정상ROE=미래ROE)> 현재ROE	C $RI_F>RI_0$ $RI_0<0$(현재초과손실 발생) $RI_F<0$(미래초과손실 발생) 정상ROE>미래ROE> 현재ROE
	정상 PER $RI_F=RI_0$ 미래ROE = 현재ROE	D $RI_F=RI_0$ $RI_0>0$(현재초과이익 발생) $RI_F>0$(미래초과이익 발생) (미래ROE=현재ROE)> 정상ROE	E $RI_F=RI_0$ $RI_0=0$(현재초과손익=0) $RI_F=0$(미래초과손익=0) 미래ROE=현재ROE= 정상ROE	F $RI_F=RI_0$ $RI_0<0$(현재초과손실 발생) $RI_F<0$(미래초과손실 발생) 정상ROE>(미래ROE= 현재ROE)
	낮은 PER $RI_F<RI_0$ 미래ROE<현재ROE	G $RI_F<RI_0$ $RI_0>0$(현재초과이익 발생) $RI_F>0$(미래초과이익 발생) 현재ROE>미래ROE> 정상ROE	H $RI_F<RI_0$ $RI_0>0$(현재초과이익 발생) $RI_F=0$(미래초과이익=0) 현재ROE>(미래ROE= 정상ROE)	I $RI_F<RI_0$ $RI_F<0$(미래초과손실 발생) (현재ROE ? 정상ROE)> 미래ROE

라. 구역별 현재ROE, 미래ROE, 정상ROE의 부등호 관계 결정

위 도표의 3개 ROE 관계에서 현재ROE와 미래ROE의 관계가 명확하지 않은 구역은 A구역과 I구역이다. 기업이익이 성장과 쇠퇴라는 사이클의 측면에서 부등호 관계를 합리적으로 배열하면 A구역의 '미래ROE>현재ROE>정상ROE'는 이익이 성장하는 초기이므로 처음에는 정상ROE가 앞선 미래ROE>정상ROE>현재ROE 순서를 보이다가 기업의 수익모형이 안정화되면서 미래ROE>현재ROE>정상ROE의 순서로 변하는 것으로 예측할 수 있다. 한편 I구역의 '현재ROE>정상ROE>미래ROE'는 이익이 감소하는 단계이므로 현재ROE>정상ROE>미래ROE의 순서에서 정상ROE>현재ROE>미래ROE로 변하는 것을 예측해 볼 수 있다. 이것을 반영하여 구분하면 아래 도표와 같이 11구역으로 나누어진다. 이 구역 중 ROE 부등호에 '='가 나타나는 구역 5곳을 제외하고(주식시장 현실에는 정확하게 '='가 나타

〈기업성장 6단계의 분획 과정〉

항목		PBR		
		높은 PBR(>1) ($RI_F>0$) 미래ROE > 정상ROE	정상 PBR(=1) ($RI_F=0$) 미래ROE = 정상ROE	낮은 PBR(<1) ($RI_F<0$) 미래ROE < 정상ROE
PER	높은 PER $RI_F>RI_0$ 미래ROE>현재ROE	(1)초기단계 미래ROE>정상ROE>현재ROE	(미래ROE=정상ROE)>현재ROE	(6)재기단계 정상ROE>미래ROE>현재ROE
		(2)성장단계 미래ROE>현재ROE>정상ROE		
	정상 PER $RI_F=RI_0$ 미래ROE = 현재ROE	(미래ROE=현재ROE)>정상ROE	미래ROE=현재ROE=정상ROE	정상ROE>(미래ROE=현재ROE)
	낮은 PER $RI_F<RI_0$ 미래ROE<현재ROE	(3)성숙단계 현재ROE>미래ROE>정상ROE	현재ROE>(미래ROE=정상ROE)	(5)말기단계 정상ROE>현재ROE>미래ROE
				(4)쇠퇴단계 현재ROE>정상ROE>미래ROE

나는 기업은 없다.) 부등호가 명확한 구역은 6개 구역이다. 이 6개의 구역은 미래ROE, 현재ROE, 정상ROE의 순서조합으로 이루어졌으며, 미래ROE>정상ROE>현재 ROE를 기업의 초기단계로 설정하고, 기업의 이익의 성장에 따라 미래ROE>현재 ROE>정상ROE를 성장단계, 현재ROE>미래ROE>정상ROE를 성숙단계, 현재 ROE>정상ROE>미래ROE를 쇠퇴단계, 정상ROE>현재ROE>미래ROE를 말기 단계, 정상ROE>미래ROE>현재ROE를 재기단계로 설정하였다.

〈기업성장 6단계의 순환구조〉

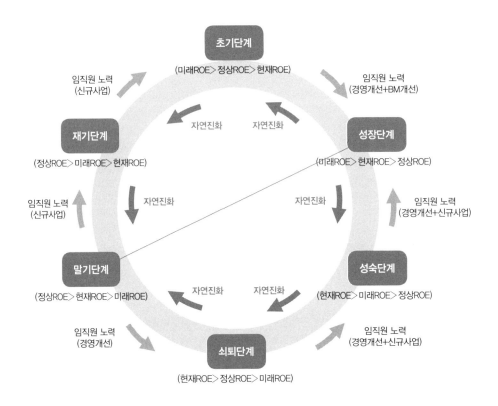

기업성장 6단계별 핵심역량과 특징

제품의 성장단계를 중심으로 기업성장단계를 연구한 학자는 주로 창업, 성장, 성숙, 쇠퇴의 4단계로 구분하는 경우가 많았다. 그러나 다수의 사업을 보유한 기업은 영속성을 추구하기 때문에 쇠퇴단계에는 신규사업에 진출하여 핵심역량을 보완하려고 한다. 신규사업이 성공하면 기업은 다시 성장, 성숙, 쇠퇴의 단계를 거치게 되고, 실패하게 되면 시장에서 퇴출된다. 만일 쇠퇴단계에서 신규사업에 진출하지 않으면 말기단계에 진입할 가능성이 높다. 아래의 표는 성장단계별 핵심역량이 어떻게 발전하는지와 재무적 특성을 기술한 것이다.

〈성장단계별 핵심역량과 재무특성〉

성장단계	핵심역량	수익모형	재무특성
초기단계	기업의 핵심역량이 발생되는 시기	불안정시기 (저수익/중위험)	1. 수익모형 : 사업리스크(자본비용) 높음+유형자산투자 매우 높음 2. 손익사항 : 매출성장률 상승전환+수익성 낮음+미래이익전망 상승전환 3. 현금흐름 : 재원의 외부조달시기
성장단계	기업의 핵심역량이 강화되는 시기	안정시기 (고수익/저위험)	1. 수익모형 안정시기 : 사업리스크(자본비용) 낮음+유형자산투자 높음 2. 손익사항 : 매출성장률 높음+수익성 높음+미래이익전망 높음 3. 현금흐름 : 재원의 회복시기
성숙단계	기업의 핵심역량이 완성되는 시기	정체시기 (고수익/저위험)	1. 수익모형 : 사업리스크(자본비용) 낮음+유형자산투자 낮음 2. 손익사항 : 매출성장률 높음+수익성 매우 높음+미래이익전망 하락전환 3. 현금흐름 : 재원의 확충시기
쇠퇴단계	기업의 핵심역량이 분산되는 시기	진부화시기 (저수익/저위험)	1. 수익모형 : 사업리스크(자본비용) 상승전환+유형자산투자 낮음 2. 손익사항 : 매출증가율 하락전환+수익성 하락전환+미래이익전망 낮음 3. 현금흐름 : 재원의 사용시기
말기단계	기업의 핵심역량이 약화되는 시기	한계시기 (저수익/중위험)	1. 수익모형 : 사업리스크(자본비용) 상승전환+유형자산투자 낮음 2. 손익사항 : 매출성장률 낮음+수익성 낮음+미래이익전망 매우 낮음 3. 현금흐름 : 재원의 하락시기
재기단계	새로운 핵심역량을 재구축하는 시기	재구축시기 (저수익/고위험)	1. 수익모형 : 사업리스크(자본비용) 매우 높음+유형자산투자 높음 2. 손익사항 : 매출증가율 매우 낮음+수익성 매우 낮음+미래이익전망 낮음 3. 현금흐름 : 재원의 외부조달시기

핵심 요약

- 기업성장단계 분류기준에 관한 선행연구자들은 대부분 매출액성장률, 종업원증가율과 같은 성장성비율을 활용하여 표본기업을 상, 중, 하로 분류하는 군집분석(Cluster Analysis)을 하거나 성장단계의 기업특성을 개념적으로 구분하여 열거해 놓고 기업에 성장단계를 정하게 하는 설문조사 방법을 주로 사용하였다. 따라서 한 개 기업의 성장단계를 별도로 파악할 수 없고, 연구자 간 분류기준의 차이로 인해 분석결과의 비교가 안 되는 어려움이 있다. 저자가 만든 기업성장 6단계법은 개별기업의 미래EPS, 정상EPS, 현재EPS의 부등호 관계를 활용하여 성장단계를 계량적으로 구분하는 것으로서, 하나의 기업 성장단계를 별도로 구분할 수 있으며, 연구자 간의 데이터 비교도 가능하다.

- 주식투자에 있어서 PER과 PBR 정보는 매우 광범위하게 활용되고 있다. 따라서 저PER과 고PER, 저PBR과, 고PBR은 주식평가시 가장 많이 언급되는 용어이다. 이 개념은 미국의 펜만 교수가 PER–PBR 매트릭스에서 체계를 잡은 개념으로서 이 매트릭스 9개 영역을 11개 영역으로 확장하고, 이중에서 6개의 영역을 추출하여 기업성장 6단계를 만들었다. 먼저 초기단계의 경우 미래ROE > 정상ROE > 현재ROE의 부등호를 형성하고, 기업의 이익 성장에 따라 미래ROE > 현재ROE > 정상ROE를 성장단계, 현재ROE > 미래ROE > 정상ROE을 성숙단계, 현재ROE > 정상ROE > 미래ROE를 쇠퇴단계, 정상ROE > 현재ROE > 미래ROE를 말기단계, 정상ROE > 미래ROE > 현재ROE를 재기단계로 설정하였다.

기업단계	특징	ROE 부등호	EPS 부등호
초기단계	PBR>1이므로 초과EPS>0	미래ROE>정상ROE>현재ROE	미래EPS>정상EPS>현재EPS
성장단계	PBR>1이고, 높은 초과EPS를 보인다.	미래ROE>현재ROE>정상ROE	미래EPS>현재EPS>정상EPS
성숙단계	PBR>1이고, 낮은 초과EPS를 보인다.	현재ROE>미래ROE>정상ROE	현재EPS>미래EPS>정상EPS
쇠퇴단계	PBR<0이고, 초과EPS<0	현재ROE>정상ROE>미래ROE	현재EPS>정상EPS>미래EPS
말기단계	PBR<0이고, 초과EPS<0	정상ROE>현재ROE>미래ROE	정상EPS>현재EPS>미래EPS
재기단계	PBR<0이고, 초과EPS<0	정상ROE>미래ROE>현재ROE	정상EPS>미래EPS>현재EPS

8장

주식투자와
기업성장단계

기업성장단계와 주주수익과의 관계

이 장에서는 기업성장단계가 주주수익률에 어떤 영향을 주었는지에 대해 소개한다. IBM은 '매출액증가율'과 '총주주수익률'을 기준으로 평균보다 더 높은가 아니면 낮은가에 따라 비성공적기업, 성공적인 성장기업, 신중한 기업, 긴축경영기업의 4개 기업군으로 분류하였다. 맥킨지는 2005년 The McKinsey Quarterly No 3에서 기업을 매출성장률 6%와 총주주수익률 15%를 기준으로 4개 기업군으로 분류하였다. 매출성장률은 높으나 총주주수익률이 낮은 것은 'Unrewarded', 매출성장률이 높고 총주주수익률도 높은 것은 'Growth Giants', 매출성장률도 낮고 총주주수익률도 낮은 것은 'Challenged', 매출성장률은 낮으나 총주주수익률이 높은 것은 'TRS Performers'로 분류하였다. 2008년에는 급성장기업, 완만한 성장기업, 저성장기업의 3개 기업군으로 분류하여 기업분석을 하였다. 급성장기업은 연 매출성장률이 연 8.5% 이상인 기업이며, 완만한 성장기업은 3% 이상과 8.5% 사이의 성장률을 기록한 기업이며, 저성장기업은 3% 미만의 성장률을 기록한 기업이다. 비록 기업성장단계를 구체적으로 구분하지는 않았지만, 이 분류한 기업들이 수년 후 어떻게 변화하였는지를 추적 관찰하여 그 속에서 성장단계의 패턴과 주주수익율과의 상관관계를 찾기 위해 노력하였다.

IBM과 McKinsey의 분류방법은 일종의 군집분석 방법이다. 군집분석 방법은 군집의 평균을 이용하여 기업의 성장단계를 파악하는 것이다. 이 방법에는 두 가지 단점이 있다. 첫 번째는 개별기업 단독으로 성장단계를 분석할 수는 없다는 점이고, 두 번째는 군집분석 방법을 통한 개별기업의 성장단계 분석데이터는 비교가능성이 낮다는 것이다. 즉, IBM의 분류그룹과 McKinsey의 분류그룹은 그 성격이 동일하다고 비교할 수 없는 것이다. 그러나 기업성장 6단계는 개별기업을 3개의 EPS개념(미래EPS, 현재EPS, 정상EPS)을 활용하여 초기단계, 성장단계, 성숙단계, 쇠퇴단계, 말기단계, 재기단계로 구분하므로 개별기업의 성장단계를 파악할 수 있고, 연구자 간 동일한 성장단계 분석결과를 나타내므로 비교가 가능하다.

IBM의 기업성장단계별 총주주수익률

IBM비즈니스가치연구소[*]는 성공적인 기업들이 성장을 달성하고 장기간 지속하기 위해 무엇을 하는지 알아보기 위해 다음 3가지 질문에 초점을 맞춰 1994년부터 2003년까지 10년에 걸쳐 1,238개 회사의 성장과 가치창출 기록을 분석하였다.

- 어떤 회사가 성공적인 성장기업들이며 그들에게는 어떤 패턴이 있는가?
- 성공적인 성장기업들이 타사와 다르게 하는 것은 무엇인가?
- 이런 회사들이 하는 것을 다른 회사들은 어떻게 적용할 수 있을까?

---

[*]   IBM BCS 전략컨설팅그룹 편저, 2005, 지속적 성장을 위한 비즈니스모델 혁신전략(원제 : Business Model Revolution) pp. 14~18

성공적인 성장회사를 매출성장률과 총주주수익률(Total Return to Shareholders : TRS)이 동종업계의 중간값(매출성장률의 중간값은 8.5%, TRS의 중간값은 8.8%를 산출)보다 높은 회사로 정의했다. 이에 해당하는 기업은 413개로서 Cisco Systems, Vodafone, Procter & Gamble, Countrywide Financial, Starbucks, China Mobile 등이 포함되어 있었다. IBM의 결론은 비즈니스 성장을 달성하는 것은 3종 경기를 하는 것과 비슷하다는 것이었다. 3종 경기 선수가 우승을 차지하고자 수영, 사이클링, 달리기의 3종목을 열심히 훈련하듯, 기업도 성공적인 비즈니스를 위해서 진로, 역량, 의지의 세 분야에서 열심히 훈련해야 한다고 하였다.

〈IBM연구소의 성장기업 분류〉

분류	매출 및 TRS성장률	기업개수	성장단계	비고
긴축경영기업	매출성장률 8.5%이하, TRS중간값 8.8%이하	413개	쇠퇴단계	TRS 1% 이하도 있음
비성공적기업	매출성장률 8.5%이상, TRS중간값 8.8%이하	206개	초기단계	
신중한 기업	매출성장률 8.5%이하, TRS중간값 8.8%이상	206개	성숙단계	
성공적인 성장기업	매출성장률 8.5%이상, TRS중간값 8.8%이상	413개	성장단계	TRS 16% 이상도 있음

IBM은 매출액증가율과 총주주수익률을 기준으로 다음과 같이 비성공적기업, 성공적인 성장기업, 신중한 기업, 긴축경영기업으로 분류하였다. 성장이 가장 작은 부류의 TRS성장률은 10년간 연 1% 이하라는 것을 발견했고, 성장이 가장 큰 부류는 TRS성장률이 연 16% 이상이었다. IBM연구소는 성공적인 성장기업들은 비용절감보다는 성장이 장기적으로 위험부담이 더 적다는 현실을 경험적으로 잘 이해하고 있다고 한다. 그리고 가장 큰 위험은 성장에 충분한 모험을 걸지 않는 데에 있다고 주장한다.

다음 표에서는 매출이 고성장으로 지속되는 것이 어렵다는 것을 보여주고 있
다. 성공적인 성장기업이 매출성장률의 중간값을 달성하지 못하는 횟수를 보여준
다. 10년 동안 1회 이상 중간값을 달성하지 못한 기업은 93.8%, 2회 이상인 기업
은 83.7%, 3회 이상 기업은 72%이다. 이것은 매출 성장의 지속이 매우 어려운 일
이며, 매년 평균 이상으로 성장하는 기업은 거의 없다는 것이다.

〈산업 중간값 이하의 성장을 보였던 횟수(10년의 연구기간 동안)〉[*]

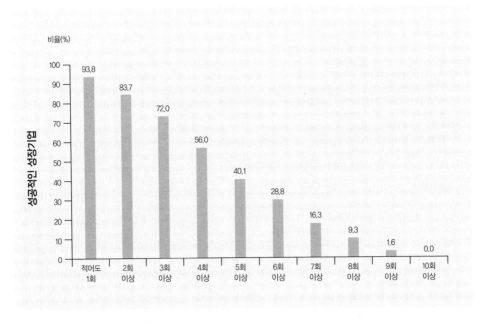

*   IBM BCS 전략컨설팅그룹 편저, 2005, 지속적 성장을 위한 비즈니스모델 혁신전략(원제 : Business Model Revolution), p24

McKinsey의 기업성장단계별 총주주수익률(1)

　맥킨지의 2005년 The McKinsey Quarterly No 3에서 스벤 스미트(Sven Smit), C. M. 톰슨(C. M. Thompson)과 S. P. 비게리(S. P. Viguerie)는 1984년 매출과 시장가치 기준으로 미국의 상위 100대 기업을 대상으로 이후 10년(1984~1993) 동안의 매출과 TRS의 연평균 성장률을 살펴보았다.

〈McKinsey의 성장기업 분류〉*

분류	매출 및 TRS성장률	매출성장	TRS성장	성장단계	10년후
Challenged	매출성장률 6%이하, TRS중간값 15%이하	1%	10%	쇠퇴단계	32%파산
Unrewarded	매출성장률 6%이상, TRS중간값 15%이하	8%	11%	초기단계	8%파산
TRS Preformers	매출성장률 6%이하, TRS중간값 15%이상	2%	18%	성숙단계	32%파산
Growth Giants	매출성장률 6%이상, TRS중간값 15%이상	9%	20%	성장단계	5%파산

　당장의 수익보다 성장에만 과도하게 몰두한 기업들(Unrewarded)은 매출이 8% 증가했으나 주주수익은 11% 증가에 그쳤고, 주주수익 제고에만 집중한 기업들(TRS Performers)은 매출이 제자리걸음을 한 반면, 주주들에게는 연평균 최대 18%에 이르는 수익 증가를 안겨 주었다. 그리고 성장과 주주수익을 모두 중시한 기업들(Growth Giants)의 경우, 매출은 9%로 증가하였고 주주수익은 20%까지 증가하였다. 이것은 외형확대만 치중하는 경영자나 수익확대만 중시하는 경영자 모두에

---

* 　Sven Smit, C. M. Thompson, and S. P. Viguerie, 2005, The do-or-die struggle for growth", The McKinsey Quarterly No. 3 / 박용삼, 2008, 기업성장의 숨겨진 공식. 생능출판사 pp. 48~49

게 경종을 울린다. 성장과 주주수익 모두를 중시해야 한다는 것을 의미한다. 저수익 고성장을 보인 Unrewarded 기업은 초기단계라고 할 수 있으며, 고수익 저성장을 보인 TRS Performers는 성숙단계라고 할 수 있고, 고성장 고수익을 달성한 Growth Giants 기업은 성장단계, 저수익 저성장을 보인 Challenged 기업은 쇠퇴단계의 특징을 보이는 기업이다.

⟨미국 100대 기업의 10년간 성과 분석(1984~1993년)⟩ [*]

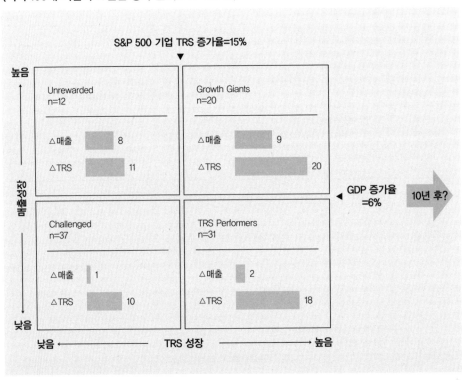

＊   Sven Smit, C. M. Thompson, and S. P. Viguerie, 2005, The do-or-die struggle for growth", The McKinsey Quarterly No. 3 / 박용삼, 2008, 기업성장의 숨겨진 공식, 생능출판사, p46

미국 100대 기업의 1984~1993년의 실적은 위와 같고, 그 기업의 10년 후 실적을 살펴보면 매출성장에 실패한 기업(Challenged)과 매출성장에 집중하지 않은 기업(TRS Performers)은 파산율이 32%에 달했고, 반면 성장에 집중하면서 총주주수익률까지 높았던 기업(Growth Giants)은 파산율이 5%에 그쳤고, 총주주수익률이 낮았지만 매출성장률이 높은 기업(Unrewarded)은 파산율이 8%에 불과하였다. 또한 이 기업들의 과반수 이상이 S&P 500대 기업의 평균 실적을 상회하는 높은 성과를 보였다. 이러한 결과는 기업의 생존을 위해서는 외형 성장이 중요하다는 것을 확인해 주는 것이다. 경영자는 주주를 위하는 주가상승보다 기업성장에 중점을 두어야 한다는 것을 의미한다.

위의 결과는 기업이 장기생존하기 위해서는 성장단계의 경로관리가 매우 중요함을 알 수 있다. 성장, 성숙, 쇠퇴단계로 변하는 동안 기업이 신규사업이나 경영개선을 도모함으로써 성장단계 진화를 지연시키거나, 변경시키는 노력이 필요하다. 성장을 도외시한 기업 32%가 파산한 것을 보면 알 수 있다. 그리고 투자자 측면에서의 시사점은 보유한 주식이 어떤 성장단계에 있는가에 따라 받는 총주주수익률의 차이가 매우 크다는 것을 명확히 알 수 있다.

McKinsey의 기업성장단계별 총주주수익률(2)

매출증가율은 모든 기업에 정답인가? 어느 정도의 성장이 적정한 것인가? 이 점에 대하여 McKinsey 컨설팅은 'Granularity of Growth'에서 통계적 분석을 시도하였다. 1984~2004년까지 생존한 미국 상위 100대 기업(3개 파산)을 대상으로 가치창출 유형에 따라 급성장기업, 완만한 성장기업, 저성장기업으로 분류했다.

급성장은 연 매출성장률이 연 8.5% 이상을 달성한 기업, 완만한 성장은 연평균

인플레이션인 3% 이상과 8.5% 사이의 성장률을 기록한 기업, 저성장은 3% 미만의 성장률을 기록한 기업으로 보았다. 컨설턴트들이 추천하는 두 가지 성장의 길은 (1) 급성장과 안정적 이익률을 추구하는 것과 (2) 완만한 성장과 이익률 향상이다.

〈매출성장속도별 운영성과〉

분류	매출성장률	성장단계	비고
저성장기업	3% 미만	쇠퇴단계	
완만한 성장기업	3~8.5%	성숙단계	매출평균 5.9% 성장, 매년 1.5% 이익개선
급성장기업	8.5% 이상	성장단계	높은 매출성장, 안정적인 이익발생

〈McKinsey의 성장기업 총주주수익률 변화〉

분류	TRS12.5%인 기업들의 비율	기업수	성장단계
1. 급성장과 안정적인 이익률	92%	14	성장단계
2. 완만한 성장과 이익률 향상	70%	21	성숙단계
3. 급성장과 이익률 하락	0	3	재기단계
4. 완만한 성장 및 이익률의 안정이나 하락	0	14	말기단계
5. 저성장과 낮은 자본회수	15%	15	쇠퇴단계
6. 저성장과 높은 현금흐름 배분	73%	11	쇠퇴단계
7. 인수됨	67%	19	–
계		97	

컨설턴트들은 성장의 두 가지 길로 다음 도표의 1번과 2번을 들고 있다. 급성장의 경우 높은 매출증가율을 보이면서도 안정적인 이익률을 유지했다. 핵심사업의 영업 탁월성은 유지하면서 인수와 사업다각화를 실시하였다고 기술하고 있다. 그리고 완만한 성장의 경우는 기업들이 매년 평균 5.9%의 성장률(GDP와 비슷)을 보였으며, 매년 1.5% 이상의 이익률을 향상시켰다는 점이다. 성장률이 인플레이션을 초과하기만 하면 평균 이상의 주주가치 창출을 달성할 수 있다고 주장한다.

한편 퇴장의 두 가지 길은 5번과 6번에 해당한다. 6번의 경우 지난 20년 동안 실질적인 매출증가율은 없었지만, 시장보다 높은 가치를 창출한 기업들로 구성되어 있다. 주주들에게 현금을 아주 많이 배당해 주는 것이다. 여기에 속한 기업들은 자사주를 많이 매입하여 주주들에게 자본을 돌려주었다. 7번에 해당하는 기업은 다른 회사에 인수되어서 독립적으로 존재하지 않는 회사들이다. 이것은 매각이 주 주가치 창출을 위한 현실적인 대안이 될 수도 있다는 것을 상기시켜 준다.

McKinsey 컨설턴트들이 분류한 그룹을 기업성장단계 6단계와 비교해 보면 1 번은 대표적인 성장단계의 특징이고, 2번도 또한 대표적인 성숙단계의 특징이다. 3번에서 매출이 증가했다는 것은 기존사업의 정체를 극복하기 위해 기업인수 또는 다각화를 통해 매출을 증가시켰으나 이익은 아직 실현되지 않았고, TRS 12.5% 인 기업이 없으므로 재기단계로 분류할 수 있다. 4번의 경우는 완만한 성장률을 보이나 이익률이 안정이나 하락하기 시작하고, TRS가 평균 이하이므로 말기단계라 할 수 있다. 5번의 경우 저성장이나 낮은 자본회수, 즉 이익이 거의 없거나 적자를 보임에도 불구하고 TRS의 평균이상이 15% 존재한다는 것은 주가가 상승하고 있는 기업이 15% 존재한다는 것을 의미하므로 쇠퇴단계 기업이 다수 있다고 볼 수 있다. 6번의 경우 저성장과 높은 현금흐름 배분을 하며, TRS 평균이상이 많으므로 현금이 풍부한 쇠퇴단계기업이라 할 수 있다. 7번의 인수되는 기업은 성장단계의 각 부분에서 언제나 M&A가 일어날 수 있기 때문에 특정 성장단계로 분류할 수 없다. McKinsey의 분류기준과 기업성장 6단계의 분류기준이 서로 다르지만, 각 그룹의 특성에 기초하여 비교 적용해 본 것이다.

- IBM은 매출액증가율과 총주주수익률을 기준으로 비성공적기업, 성공적인 성장기업, 신중한 기업, 긴축경영기업으로 분류하였다. 또한 성장이 가장 작은 부류의 TRS 성장률은 10년간 연 1% 이하라는 것과 성장이 가장 큰 부류는 TRS 성장률이 연 16% 이상이라는 것을 발견했다. IBM연구소는 성공적인 성장기업들은 비용절감보다 성장이 장기적으로 위험부담이 더 적다는 현실을 경험적으로 잘 이해하고 있다고 한다.

분류	매출 및 TRS성장률	성장단계	기업개수	비고
긴축경영기업	매출성장률 8.5%이하, TRS중간값 8.8%이하	쇠퇴단계	413개	TRS 1% 이하도 있음
비성공적기업	매출성장률 8.5%이상, TRS중간값 8.8%이하	초기단계	206개	
신중한 기업	매출성장률 8.5%이하, TRS중간값 8.8%이상	성숙단계	206개	
성공적인 성장기업	매출성장률 8.5%이상, TRS중간값 8.8%이상	성장단계	413개	TRS 16% 이상도 있음

- McKinsey는 기업들의 10년 후 실적을 살펴보면, 매출성장에 실패한 기업(Challenged)과 매출성장에 집중하지 않은 기업(TRS Performers)은 파산율이 32%에 달했고, 반면 성장에 집중하면서 총주주수익률까지 높았던 기업(Growth Giants)은 파산율이 5%에 그쳤으며, 총주주수익률이 낮았지만 매출성장률이 높은 기업(Unrewarded)은 파산율이 8%에 불과하였다. 이러한 결과는 기업의 생존을 위해서는 외형 성장이 중요하다는 것을 확인해 주는 것이다.

분류	매출 및 TRS성장률	매출성장	TRS성장	성장단계	10년후
Challenged	매출성장률 6%이하, TRS중간값 15%이하	1%	10%	쇠퇴단계	32%파산
Unrewarded	매출성장률 6%이상, TRS중간값 15%이하	8%	11%	초기단계	8%파산
TRS Preformers	매출성장률 6%이하, TRS중간값 15%이상	2%	18%	성숙단계	32%파산
Growth Giants	매출성장률 6%이상, TRS중간값 15%이상	9%	20%	성장단계	5%파산

- 매출증가율은 모든 기업에 정답인가? 어느 정도의 성장이 적정한 것인가? 이 점에 대하여 McKinsey 컨설팅은 1984~2004년까지 생존한 미국 상위 100대 기업(3개 파산)을 대상으로 조사한 결과, 급성장은 연 매출성장률이 연 8.5% 이상을 달성한 기업, 완만한 성장은 연평균 인플레이션인 3% 이상과 8.5% 사이의 성장률을 기록한 기업, 저성장은 3% 미만의 성장률을 기록한 기업으로 보았다. 컨설턴트들이 추천하는 두 가지 성장의 길은 (1) 급성장과 안정적 이익률을 추구하는 것과 (2) 완만한 성장과 이익률 향상이다.

분류	매출성장률	성장단계	비고
저성장기업	3% 미만	쇠퇴단계	
완만한 성장기업	3~8.5%	성숙단계	매출평균 5.9% 성장, 매년 1.5% 이익개선
급성장기업	8.5% 이상	성장단계	높은 매출성장, 안정적인 이익발생

- 기업의 장기생존을 위해서는 성장단계의 경로관리가 매우 중요하다. 성장, 성숙, 쇠퇴단계로 변하는 동안 기업이 신규사업이나 경영개선을 도모함으로써 성장단계 진화를 지연시키거나, 변경시키는 노력이 필요하다. 성장을 도

외시한 기업 32%가 파산한 것을 보면 알 수 있다. 그리고 투자자 측면에서의 시사점은 보유한 주식이 어떤 성장단계에 있는가에 따라 받는 총주주수익률의 차이가 매우 크다는 것을 분명히 알 수 있다.

한국상장주식시장에 적용한
기업성장 6단계법

상장주식의 기업성장 6단계 분포

주식시장 내에서의 기업성장단계 분포는 매우 큰 의미가 있다. 기업이 최초로 상장되는 시점의 단계는 일반적으로 성장단계 또는 성숙단계이다. 성장단계나 성숙단계에 수익성이 있어야 현행 주식상장요건을 맞출 수 있기 때문이다. 상장된 후 시간이 지나면서 이 기업은 성숙단계나 쇠퇴단계, 또는 말기단계, 재기단계로 진화한다. 기업성장단계 분포 비율을 살펴보면 한 국가의 주식시장이 젊은지 아니면 늙었는지를 알 수 있다.

기업성장 6단계(초기단계, 성장단계, 성숙단계, 쇠퇴단계, 말기단계, 재기단계) 모형을 주식시장에 실제 적용하여 기업성장단계 분포와 관련지표를 비교하면, 기업성장 6단계 모형의 타당성을 알 수 있다. 기업성장단계 분포를 계산하기 위하여, 제7장에서 살펴본 바와 같이 먼저 주식시장 개별 기업의 성장단계 분류기준(미래EPS, 현재EPS, 정상EPS)을 산출한 후, 이것을 상호 부등호로 비교하여 성장단계를 구분한다. 그리고 그 기업의 PBR, PER 매출액성장률, ROE, 유형자산증가율 등 각종 지표를 조사하고, 성장단계별 평균을 산출한다. 그 성장단계별 지표 평균을 초기, 성장, 성숙, 쇠퇴, 말기, 재기단계로 분류하고 우리가 개념적으로 예측할 수 있는 지표의 크기와 순서가 나오는지 비교 분석하였다.

기업성장 6단계 모형 검증을 위하여 2009년 6월 30일 현재 코스피시장과 코스닥시장에 상장된 약 1,644개(코스피 689개, 코스닥 955개) 기업의 과거 2000년부터 2008년까지의 재무자료를 사용하여 기업성장단계 분포를 분석하였다. 코스피시장은 총 5,525개의 데이터가 사용되었고, 코스닥시장은 총 6,628개의 데이터가 사용되었다. 표본의 극단치 제거를 위해 PER의 경우는 0<PER<50, PBR의 경우는 0<PBR<10, ROE의 경우는 -100%<ROE<100%의 표본만을 선정하여 통계를 산출하였다. 나머지 지표는 전체표본을 사용하되, 완전 자본잠식으로 인해 PBR이 계산되지 않는 표본은 제외하였다. 자본잠식을 제외한 표본 수는 코스피가 5,375개, 코스닥이 6,316개이다.[*]

　2000~2008년 재무자료의 코스피시장과 코스닥시장 기업단계별 기업분포를 살펴보면 코스피시장 기업분포는 ① 재기단계 30.6% ② 말기단계 19.1% ③ 쇠퇴단계 17.8% ④ 초기단계 14.3% ⑤ 성장단계 9.3% ⑥ 성숙단계 9.0%의 순서를 보였고, 코스닥시장은 ① 초기단계 33.2% ② 재기단계 27.7% ③ 성장단계 11.7% ④ 쇠퇴단계 10.4% ⑤ 성숙단계 9.7% ⑥ 말기단계 7.4%의 순서를 보였다. 두 시장이 전혀 다른 순서를 보인 이유는 두 시장에 소속된 기업 성격이 매우 다르기 때문이다. 코스피시장에 재기단계와 말기단계가 많은 이유는 기업 역사가 긴 기업이 많고 철강, 중공업, 은행 등 자본 중심적인 산업이 많은 것이 원인이라 할 수 있다. 반면 코스닥시장에 초기단계, 재기단계, 성장단계의 기업이 많은 이유는 기업 역사가 짧은 기술집약적 벤처기업이 많으며, 제품 Life Cycle이 짧아서 수익이 떨어졌다가 다시 신규사업을 통해 재기하는 기업이 많기 때문이다.

---

[*]　　김상정, 2010. 8, 기업의 성장단계에 따른 본질가치 평가모형의 적합성에 관한 연구, 서울시립대 대학원 박사논문, pp. 32~44

〈기업성장단계별 기업분포(2000~2008년 재무자료)〉

단계	기업수			
	코스피		코스닥	
	총개수	%	총개수	%
초기단계	767	14.3%	2,098	33.2%
성장단계	500	9.3%	739	11.7%
성숙단계	482	9.0%	613	9.7%
쇠퇴단계	956	17.8%	654	10.4%
말기단계	1,027	19.1%	465	7.4%
재기단계	1,643	30.6%	1,747	27.7%
합계	5,375	100.0%	6,316	100.0%

〈기업성장단계별 기업분포(2016~2019년 재무자료)〉

단계	기업수			
	코스피		코스닥	
	총개수	%	총개수	%
초기단계	790	26.7%	2,283	47.4%
성장단계	305	10.3%	687	14.3%
성숙단계	273	9.2%	493	10.2%
쇠퇴단계	375	12.7%	296	6.1%
말기단계	299	10.1%	176	3.7%
재기단계	916	31.0%	883	18.3%
합계	2,958	100.0%	4,818	100.0%

최근 기업성장단계 분포를 보기 위하여 2019년 12월말 기준 코스피시장과 코스닥시장에 상장된 약 2,237개(코스피 780개, 코스닥 1,457개) 기업의 과거 2016년부터 2019년까지의 재무자료를 사용하여 기업성장단계 분포를 분석하였다. 코스피시장은 총 2,958개의 데이터가 사용되었고, 코스닥시장은 총 4,818개의 데이터가

사용되었다. 2000~2008년 자료분포와 비교하면, 코스피의 경우 초기단계 기업이 14.3%에서 26.7%로 늘어났고, 쇠퇴단계가 17.8%에서 12.7%로 감소하였으며, 말기단계가 19.1%에서 10.1%로 감소하였다. 코스닥의 경우 초기단계 기업이 33.2%에서 47.4%로 늘어났고, 쇠퇴단계가 10.4%에서 6.1%로 감소하였으며, 재기단계가 27.7%에서 18.3%로 감소하였다.

상장주식의 기업성장 6단계 지표분석

위에 분류된 상장기업들의 각 기업단계별로 기업성장과 관련된 각종 지표를 산출한 후 그 지표의 기업단계별 평균값이 성장단계별 특징 및 기업의 Life Cycle 곡선과 일치하는지 분석해 보았다.

가. PER 분포

PER은 기업의 미래 이익성장 지표 중 하나로서, 코스피시장의 경우 초기단계에는 이익이 작아 높은 PER을 보이다가 성장단계, 성숙단계, 쇠퇴단계로 가면서 PER이 낮아진다. 이는 안정되지 않은 상태에서 출발한 초기단계 사업모델이 점차 시장에서 인정 받으면서 매출성장률과 이익률이 높아지고, 주가 상승 탄력성도 높아진 결과이다. 성숙단계의 경우 이익률은 매우 높으나, 매출증가율이 낮아지면서 미래의 EPS 전망이 낮아지고 주가의 상승이 제한되어 PER이 급속히 낮아지게 된다. 쇠퇴단계로 가면 매출증가율이 더욱 낮아지고, 미래 기대이익이 낮아지면서 PER은 더욱 낮아지는 현상을 보인다.

2000~2008년 재무자료의 코스피시장 기업성장단계별 기업분포 비율을 보면 초기단계 767개 기업 14.3%가 PER분포 0<PER<50(net 개수)으로 추출했을 때,

〈PER 분포(2000~2008년 재무자료)〉

단계	PER					
	코스피			코스닥		
	net개수	%	평균	net개수	%	평균
초기단계	349	8.4%	23.43	633	16.5%	24.72
성장단계	497	12.0%	14.99	728	19.0%	15.92
성숙단계	492	11.8%	6.50	614	16.0%	7.04
쇠퇴단계	966	23.3%	4.00	672	17.5%	4.96
말기단계	1,027	24.7%	5.74	465	12.1%	6.36
재기단계	823	19.8%	18.00	728	19.0%	18.76
합계	4,154	100%	10.45	3,840	100%	13.41

〈PER 분포(2016~2019년 재무자료)〉

단계	PER					
	코스피			코스닥		
	net개수	%	평균	net개수	%	평균
초기단계	222	11.5%	30.85	428	17.5%	30.83
성장단계	294	15.3%	22.60	661	27.1%	22.55
성숙단계	273	14.2%	9.50	493	20.2%	9.68
쇠퇴단계	375	19.5%	6.66	296	12.1%	6.88
말기단계	299	15.5%	9.96	176	7.2%	10.32
재기단계	463	24.0%	24.02	389	15.9%	23.75
합계	1,926	100%	16.97	2,443	100%	18.82

349개 기업 8.4%로 크게 감소하였다. 이것은 초기단계에 적자기업이 많이 있음을 알 수 있다. 이러한 현상은 재기단계에도 나타나며 전체 표본이 1,643개 기업 30.6%에서 823개 기업 19.8%로 감소함을 볼 수 있으며, 성숙단계에 이르면 적자기업이 없어진다.

코스닥시장의 경우에도 초기단계의 높은 PER에서 쇠퇴단계에 가장 낮은 PER을 보였으며, 기업성장단계별 기업분포 비율을 보면, 초기단계 2,098개 기업 33.2%가 0<PER<50으로 추출했을 때, 633개 기업 16.5%로 크게 감소하였다. 재기단계에도 전체 표본이 1,747개 기업 27.7%에서 728개 기업 19.0%로 감소함을 볼 수 있다.

이러한 현상은 2016~2019년 자료에서도 동일하게 나타난다. 코스피시장 전체 표본의 기업성장단계별 기업분포 비율을 보면 초기단계 790개 기업 26.7%가 PER분포 0<PER<50으로 추출했을 때, 222개 기업 11.5%로 크게 감소하였다. 코스닥시장의 경우에도 초기단계의 기업성장단계별 기업분포 비율을 보면 초기단계 2,283개 기업 47.4%가 0<PER<50으로 추출했을 때, 428개 기업 17.5%로 크게 감소하였다.

2000~2008년 자료와 2016~2019년 자료의 PER을 비교해 보면 전체 시장의 PER평균이 코스피의 경우 종전에는 10.45였으나 최근 자료에서는 16.97을 보여주고 있으며, 코스닥의 경우 종전에는 13.41이었으나 최근에는 18.82를 보여주고 있어 최근 기간이 과거 기간보다 주가가 많이 상승했음을 알 수 있다.

나. PBR 분포

PBR은 기업의 미래 이익수준을 나타내는 지표 중 하나로서 초기단계의 경우 성장기대치는 높고 이익수준이 낮아, 높은 PBR을 보이다가 성장단계로 가면서 이익기대치가 최고로 높아지며 PBR은 가장 높아진다. 이는 기업초기에 사업모델이 안정되지 않은 상태에서 출발하여 점차 시장에서 제품이 인정을 받고 매출성장률과 이익률이 높아지면서 주가 상승 탄력성이 높아진 결과이다. 성숙단계로 가면서 PBR이 낮아지는 것은 이익률은 높으나 매출증가율이 낮아지면서 미래의 EPS전망

단계	PBR					
	코스피			코스닥		
	net개수	%	평균	net개수	%	평균
초기단계	767	14.3%	2.06	2,098	33.2%	2.40
성장단계	500	9.3%	2.61	739	11.7%	2.98
성숙단계	482	9.0%	1.60	613	9.7%	1.61
쇠퇴단계	956	17.8%	0.61	654	10.4%	0.69
말기단계	1,027	19.1%	0.41	465	7.4%	0.48
재기단계	1,643	30.6%	0.52	1,747	27.7%	0.63
합계	5,375	100%	1.03	6,316	100%	1.59

〈PBR 분포(2016~2019년 재무자료)〉

단계	PBR					
	코스피			코스닥		
	net개수	%	평균	net개수	%	평균
초기단계	790	26.7%	2.25	2,283	47.4%	2.78
성장단계	305	10.3%	3.31	687	14.3%	3.23
성숙단계	273	9.2%	1.65	493	10.2%	1.77
쇠퇴단계	375	12.7%	0.71	296	6.1%	0.76
말기단계	299	10.1%	0.52	176	3.7%	0.54
재기단계	916	31.0%	0.62	883	18.3%	0.68
합계	2,958	100%	1.43	4,818	100%	2.15

이 낮아지고 주가의 상승이 제한되기 때문이다. 쇠퇴단계, 말기단계로 가면서 매출 증가율이 더욱 낮아지고 이익률도 낮아지면서 PBR은 더욱 낮아지게 된다. 재기단계에 가서 PBR이 다시 높아지는 현상은 PER이 높아지는 이유와 같으며, 시장에서 퇴출되기 직전의 기업들이 회생을 위해 자구노력을 하거나 신규사업에 진출하는

것이 주식시장에 알려져 주가에 반영된 결과라고 해석할 수 있다.

전체 표본과 0<PBR<10 표본(net 개수)을 비교해 보면 기업단계별로 차이가 나지 않는다. 이것은 PBR이 현재의 기업이익과 상관없이 미래이익과 BPS와의 관계를 통해 나타나기 때문이다. 즉, 적자기업이라도 0<PBR<10에 있는 경우가 많기 때문이다. 이것이 PER지표와의 큰 차이이다.

2000~2008년 자료와 2016~2019년 자료의 PBR을 비교해 보면 전체 시장의 PBR평균이 코스피의 경우 종전에는 1.03이었으나 최근 자료에서는 1.43을 보여주고 있으며, 코스닥의 경우 종전에는 1.59였으나 최근에는 2.15를 보여주고 있어 최근 기간이 과거 기간보다 주가가 많이 상승했음을 알 수 있다.

다. 기업성장단계별 시장평균PER과 시장평균PBR

미래 이익성장의 지표를 나타내는 PER의 경우, 위에서 살펴본 바와 같이 초기단계에는 높다가 성장단계, 성숙단계, 쇠퇴단계로 가면서 PER이 낮아졌다가 말기단계, 재기단계로 가면서 다시 증가하는 모습을 보인다. 한편 미래이익의 수준을 나타내는 PBR의 경우, 초기단계에서 성장단계로 가면서 높아지다가 성숙단계부터 낮아져서 말기단계에 가장 낮은 수준을 보인다. 재기단계에서 다시 높아지는 이유는 기존 수익모형을 대체할 신규사업이 가시화되면서 미래ROE가 말기단계보다 한 칸 앞으로 이동했기 때문이다. 신규사업이 성공하여 매출이 시작되면, 초기단계로 진입하면서 새로운 기업성장 Cycle이 시작된다.

코스닥시장의 경우도 코스피시장과 동일한 순서와 패턴을 보인다. 다만 시장지표와 기업단계지표가 코스피시장보다 크게 나타나고 있는데, 이것은 성장성을 중시하는 기술적 벤처기업이 많은 코스닥시장의 특징을 반영한 것이라 할 수 있다.

〈기업성장단계별 시장평균PER과 시장평균PBR(2000~2008년 재무자료)〉

| 기업단계 | ROE 부등호 | PER | | PBR | | PBR>1여부 |
| | | 단계평균:시장평균 | | 단계평균:시장평균 | | |
		코스피	코스닥	코스피	코스닥	
초기단계	미래ROE>정상 ROE>현재ROE	26.43>10.45 (높은PER)	24.72>13.41 (높은PER)	2.06>1.03 (높은PBR)	2.40>1.59 (높은PBR)	초과이익 발생
성장단계	미래ROE>현재 ROE>정상ROE	14.99>10.45 (높은PER)	15.92>13.41 (높은PER)	2.61>1.03 (높은PBR)	2.98>1.59 (높은PBR)	초과이익 발생
성숙단계	현재ROE>미래 ROE>정상ROE	6.50<10.45 (낮은PER)	7.04<13.41 (낮은PER)	1.60>1.03 (높은PBR)	1.61>1.59 (높은PBR)	초과이익 발생
쇠퇴단계	현재ROE>정상 ROE>미래ROE	4.00<10.45 (낮은PER)	4.96<13.41 (낮은PER)	0.61<1.03 (낮은PBR)	0.69<1.59 (낮은PBR)	초과손실 발생
말기단계	정상ROE>현재 ROE>미래ROE	5.74<10.45 (낮은PER)	6.36<13.41 (낮은PER)	0.41<1.03 (낮은PBR)	0.48<1.59 (낮은PBR)	초과손실 발생
재기단계	정상ROE>미래 ROE>현재ROE	18.00>10.45 (높은PER)	18.76>13.41 (높은PER)	0.52<1.03 (낮은PBR)	0.63<1.59 (낮은PBR)	초과손실 발생

〈기업성장단계별 시장평균PER과 시장평균PBR(2016~2019년 재무자료)〉

| 기업단계 | ROE 부등호 | PER | | PBR | | PBR>1여부 |
| | | 단계평균:시장평균 | | 단계평균:시장평균 | | |
		코스피	코스닥	코스피	코스닥	
초기단계	미래ROE>정상 ROE>현재ROE	30.85>16.97 (높은PER)	30.83>18.82 (높은PER)	2.25>1.43 (높은PBR)	2.78>2.15 (높은PBR)	초과이익 발생
성장단계	미래ROE>현재 ROE>정상ROE	22.60>16.97 (높은PER)	22.55>18.82 (높은PER)	3.31>1.43 (높은PBR)	3.23>2.15 (높은PBR)	초과이익 발생
성숙단계	현재ROE>미래 ROE>정상ROE	9.50<16.97 (낮은PER)	9.68<18.82 (낮은PER)	1.65>1.43 (높은PBR)	1.77<2.15 (낮은PBR)	초과이익 발생
쇠퇴단계	현재ROE>정상 ROE>미래ROE	6.66<16.97 (낮은PER)	6.88<18.82 (낮은PER)	0.71<1.43 (낮은PBR)	0.76<2.15 (낮은PBR)	초과손실 발생
말기단계	정상ROE>현재 ROE>미래ROE	9.96<16.97 (낮은PER)	10.32<18.82 (낮은PER)	0.52<1.43 (낮은PBR)	0.54<2.15 (낮은PBR)	초과손실 발생
재기단계	정상ROE>미래 ROE>현재ROE	24.02>16.97 (높은PER)	23.75>18.82 (높은PER)	0.62<1.43 (낮은PBR)	0.68<2.15 (낮은PBR)	초과손실 발생

라. ROE 분포

ROE는 기업의 수익성을 대표하는 지표 중 하나로서 2000~2008년 재무자료 코스피시장의 경우 초기단계에는 이익이 거의 없어 −3.3%를 보이다가 성장단계에서 17.4%, 성숙단계에서 가장 높은 23.3%를 보인다. 쇠퇴단계부터 이익률이 분

〈ROE분포(2000~2008년 재무자료)〉

단계	ROE					
	코스피			코스닥		
	net개수	%	평균	net개수	%	평균
초기단계	712	13.5%	−3.3%	1,801	30.2%	−11.6%
성장단계	504	9.6%	17.4%	739	12.4%	18.6%
성숙단계	466	8.9%	23.3%	608	10.2%	23.7%
쇠퇴단계	938	17.8%	19.3%	670	11.2%	17.7%
말기단계	1,030	19.6%	7.3%	475	8.0%	7.7%
재기단계	1,610	30.6%	−5.8%	1,670	28.0%	−9.7%
합계	5,260	100%	6.4%	5,963	100%	1.1%

〈ROE분포(2016~2019년 재무자료)〉

단계	ROE					
	코스피			코스닥		
	net개수	%	평균	net개수	%	평균
초기단계	756	26.0%	−5.6%	2,159	46.1%	−11.8%
성장단계	305	10.5%	14.0%	687	14.7%	13.9%
성숙단계	268	9.2%	18.1%	489	10.4%	19.4%
쇠퇴단계	371	12.7%	12.5%	293	6.3%	13.5%
말기단계	299	10.3%	5.3%	176	3.8%	5.3%
재기단계	912	31.3%	−2.3%	880	18.8%	−3.9%
합계	2,911	100%	3.1%	4,684	100%	−1.1%

기점을 넘어 하향곡선을 그리게 되어 말기단계까지 계속된다. 재기단계에 가서는 ROE가 −5.8%로 마이너스를 보이게 된다. 초기단계와 재기단계에 적자기업이 많이 분포되어 있음을 알 수 있다.

코스닥시장의 경우도 코스피시장과 동일한 패턴으로 움직이며, 다만 ROE 최고와 최저의 증감이 더 크다. 코스피시장의 전체 가중평균은 6.4%이고 코스닥시장의 전체 가중평균은 1.1%로서 코스피시장이 평균적으로 수익성이 높게 나타났으며, 이것은 주식시장에 소속된 기업의 특성을 나타내는 것으로 해석할 수 있다.

2000~2008년 자료와 2016~2019년 자료의 ROE을 비교해 보면 전체 시장의 ROE평균이 코스피의 경우 종전에는 6.4%였으나 최근 자료에서는 3.1%를 보여주고 있으며, 코스닥의 경우 종전에는 1.1%였으나 최근에는 −1.1%를 보여주고 있어 최근 기간이 과거 기간보다 수익성이 나빠졌음을 알 수 있다.

마. 매출액증가율, 종업원증가율, 유형자산증가율, 배당성향증가율, 부채비율 분포

매출액증가율, 종업원증가율, 유형자산증가율, 배당성향증가율, 부채비율 분포는 자본잠식기업을 포함한 전체 표본기업의 매년 수치를 평균한 결과이다. 이 네 가지 지표는 선행연구에서 기업성장단계를 구분하는 지표로 가장 많이 활용되는 것이다.

2000~2008년 자료를 기준으로 보면 기업의 성장성을 대표하는 지표 중의 하나인 매출액증가율의 경우, 초기단계에는 높지 않은 모습을 보이다가 성장단계, 성숙단계로 가면서 매우 높아졌고, 쇠퇴단계부터 성장률이 낮아지면서 일반적인 기업의 Life Cycle과 동일한 곡선을 나타내고 있다. 코스피시장의 전체 가중평균은 10.16%이고, 코스닥시장의 전체 가중평균은 21.17%로서 코스닥시장이 상대적으로 높게 나타났다. 이것은 두 시장의 성격을 대표적으로 나타내는 것이라 할 수 있다. 코스피시장은 ROE가 상대적으로 높고, 코스닥시장은 매출액증가율이 상대적으로 높다.

종업원증가율 지표의 경우 코스피기업은 초기단계에 약간 증가하다가 성장단계에서 가장 높게 증가하는 것을 볼 수 있으며, 성숙단계로 가면서 증가율이 약간 감소하는 현상을 보인다. 종업원도 유형자산 투자와 마찬가지로 생산요소 투자이지만, 유형자산을 먼저 투자 완료하고 생산 및 영업 관련 종업원을 대규모 채용하기 때문에 일반적으로 매출액증가율과 같이 가는 현상을 보인다. 쇠퇴단계에서 증가율이 정체되고 말기단계부터 감소하여 재기단계에 가장 크게 감소한다. 코스닥기업도 초기단계부터 종업원투자를 시작하여 성장단계에서도 높은 증가율을 기록하고, 성숙단계부터 증가율이 감소하기 시작한다. 이것을 보면 코스피기업보다 코스닥기업이 한 단계 먼저 빠르게 움직이기 시작하는 것을 알 수 있다.

유형자산증가율 지표의 경우 코스피기업은 재기단계와 초기단계에서 가장 크게 증가하였다. 이것은 기존사업이 진부화되어 새로운 수익모형 도입과 관련이 있다. 또한 앞선 연구들에서는 유형자산증가율이 높으면 성장단계로 구분을 하였는데, 그러한 구분이 알맞지 않다는 것을 보여주는 것이다. 성장단계에 들어서면서 증가율이 감소하였고, 성숙단계에서 가장 적은 유형자산투자를 하는 것으로 나타났다. 쇠퇴단계를 보면 기업들이 기존 수익모형을 보완하거나 대체하기 위해 유형자산 투자를 시작한다. 코스닥의 경우에도 재기단계부터 본격적인 유형자산투자를 시작하여 초기단계에 가장 높은 유형자산증가율을 보였으며, 성장단계부터 증가율이 감소하기 시작하여 말기단계에 가장 낮은 유형자산증가율을 보였다.

배당성향 지표의 경우 코스피기업은 재기단계에 가장 높고, 그다음 말기단계, 초기단계, 성장단계의 순서이다. 일반적으로 배당은 주가가 상승하지 못하는 시기에 하는 경우가 많다. 이것은 성장단계보다는 말기단계나 재기단계에 배당을 많이 하는 것으로 나타난다. 이를 통해 배당성향은 기업의 Life Cycle과 동일한 패턴으로 변화하지 않는다는 것을 알 수 있다. 따라서 배당성향이 높은 기업을 성장기업

〈매출액증가율, 종업원증가율, 유형자산증가율, 배당성향, 부채비율(2000~2008년 재무자료)〉

단계	매출액증가율		종업원증가율		유형자산증가율		배당성향		부채비율	
	코스피	코스닥	코스피	코스닥	코스피	코스닥	코스피	코스닥	코스피	코스닥
	%	%	%	%	%	%	%	%	%	%
초기단계	10.60	27.37	1.13	12.53	19.23	150.56	23.69	9.39	292.24	127.03
성장단계	22.96	31.41	7.82	11.43	10.84	47.40	21.53	16.69	186.60	74.89
성숙단계	22.25	39.35	3.03	11.83	8.35	53.08	16.18	16.36	264.07	79.74
쇠퇴단계	12.25	18.28	0.64	6.85	12.39	27.17	14.56	16.42	186.78	92.50
말기단계	7.40	8.40	−1.34	1.53	18.77	17.49	23.70	21.21	124.70	82.73
재기단계	3.02	7.49	−3.28	0.39	18.28	55.22	33.85	21.63	170.21	95.18
합계	10.16	21.17	0.02	7.57	15.88	80.09	24.30	15.90	191.8	100.7

〈매출액증가율, 종업원증가율, 유형자산증가율, 배당성향, 부채비율(2016~2019년 재무자료)〉

단계	매출액증가율		종업원증가율		유형자산증가율		배당성향		부채비율	
	코스피	코스닥	코스피	코스닥	코스피	코스닥	코스피	코스닥	코스피	코스닥
	%	%	%	%	%	%	%	%	%	%
초기단계	6.47	7.62	5.82	8.42	19.95	62.61	46.75	14.18	137.29	86.70
성장단계	15.58	19.40	11.91	10.08	51.64	96.54	27.63	16.81	88.05	60.78
성숙단계	9.78	24.74	4.36	9.74	7.06	66.45	18.53	13.88	135.40	61.51
쇠퇴단계	9.44	5.69	1.20	1.92	7.95	38.34	15.99	12.46	172.11	68.53
말기단계	8.08	5.90	0.87	0.95	69.95	20.00	24.12	17.96	195.03	60.40
재기단계	1.67	−0.19	−1.11	−0.43	17.82	117.86	117.07	49.26	107.21	62.84
합계	6.77	9.44	3.08	6.50	30.72	74.92	57.76	20.98	133.0	74.0

으로 분류하는 것은 무리가 있다고 판단된다.

　지표별 패턴을 상호 비교하면 매출액증가율과 ROE증가율은 동일한 패턴을 보이는 것을 알 수 있다. 종업원증가율도 약간의 차이는 있으나 매출액증가율과 비슷한 패턴을 보인다. 즉, 매출액증가율, ROE, 종업원증가율은 상호 동행적 지표임을 알 수 있다. 그러나 유형자산증가율은 매출액증가율보다 한 단계 앞서서 증가하는 것을 볼 수 있다. 따라서 유형자산증가율은 매출액증가율의 선행지표이므로 기업성장패턴의 선행지표라고 할 수 있다. 마지막으로 배당성향은 기업의 수익모형이 진부화되어 주가가 올라가지 않는 쇠퇴단계부터 증가하므로 기업의 성장패턴에 따라 정비례하기보다는 주주가치를 고려한 기업정책에 의해 증가하는 것으로 판단된다.

한편 부채비율의 경우 유형자산투자가 시작되는 재기단계부터 늘어나기 시작해서 초기단계에 가장 많이 늘어난다. 성장단계와 성숙단계에는 자금이 많이 유입되므로 부채비율이 감소한다. 쇠퇴단계나 말기단계에는 이익이 일부 발생하고 수익모형에 대한 신규투자가 없어 부채비율이 감소하거나 정체한다.

시장전체 평균을 비교하여 보면 매출액증가율, 종업원증가율, 유형자산증가율 모두 코스피기업보다 코스닥기업의 평균이 더 높게 나타났는데, 그 이유는 코스닥기업의 수익모형 Life Cycle이 짧아 빠른 투자와 매출이 일어나기 때문으로 판단된다. 이것 또한 단순히 기업연령의 비교를 분류변수로 사용하기 어렵다는 증거가 된다.

바. 기업성장단계별 3대 ROE와 초과ROE 분포

기업성장단계별로 미래ROE, 현재ROE, 정상ROE의 변화를 보면, 분석시 극단치 제거를 위해 -100%<ROE<100%로 제한하였다. 미래ROE는 그 기업의 사업모형에 대한 이익기대치가 주가에 반영되어 나타난 수치이며 기업이익의 선행적 지표이다. 현재ROE는 그 기업의 재무제표에 나타난 실제 ROE를 표시하는 것으로서 기업이익의 동행적 지표이다. 정상ROE는 해당 주식이 획득해야 할 요구수익률을 나타내는 ROE로서 CAPM(Capital Asset Pricing Model)으로 산출된 기대수익률이다. 이 분석모델에서는 주식시장 전체 기대수익률을 일괄적으로 적용한다. 각 연도 무위험채권 (한국은행 5년 국고채) 이자율에 주식시장 위험프리미엄을 가산하여 적용한 수익률이다.

이 기대수익률 산정방법은 분석하는 사람마다 약간씩 다르게 적용할 수 있다.

코스피시장 미래ROE의 경우 사업모델이 시작된 초기단계에는 미래ROE가 22.2%로 나타났으며, 성장단계 27.4%를 고점으로 점점 낮아지는 결과가 나타났다. 성장단계는 사업모델이 안정되면서 시장참여자들이 그 기업의 미래전망을 가장 좋게 평가하는 시기로서 주가도 상대적으로 높게 나타난다. 그러나 성숙단계를 지나 쇠퇴단계로 갈수록 그 전망의 강도는 약화되고 말기단계로 갈수록 점점 낮아지는 것을 볼 수 있다. 그리고 미래ROE는 현재ROE보다 항상 한 단계 앞서서 나타난다. 이것은 미래ROE는 주식시장의 PBR을 이용하여 계산한 것인데, PBR이 기업의 예상이익을 미리 반영하고 있기 때문이다. 이것으로 기업단계의 이익이 Life Cycle에 따라 체계적으로 변화한다는 것을 알 수 있다.

현재ROE의 경우 위에서 기술한 ROE분포와 동일하다. 현재ROE는 성숙단계에 가장 높은 ROE를 나타낸다. 현재ROE는 기업실적을 나타낸 것이므로 기업이익의 동행적 지표라 할 수 있다. 정상ROE는 기업의 자본비용을 나타낸 것이므로 기업단계별로 일정하게 나타난다. 다만, 단계별로 약간 다른 것은 단계별로 들어간 자료의 연도가 단계마다 각기 다르기 때문이다.

코스닥시장의 미래ROE의 경우 사업모델이 착수된 초기단계에는 ROE가 25.7%로 나타났으며, 코스피시장과 마찬가지로 성장단계를 기점으로 점점 낮아지는 결과를 나타내었고, 현재ROE는 성숙단계에서 가장 높게 나타났다.

코스피시장의 경우 미래ROE의 가중평균이 11.0%인데 비해 코스닥시장은 17.0%를 보임으로써 시장참여자들은 코스닥시장 기업에 기대하는 미래ROE가 코스피시장보다 더 높다는 것을 알 수 있다. 현재ROE의 경우에는 코스피시장이 6.4%이나 코스닥시장은 1.1%로 코스피시장의 시장평균수익이 높은 것으로 나타났다.

〈기업성장단계별 3대 ROE(2000~2008년 재무자료)〉

〈코스피〉

단계	미래ROE		현재ROE		정상ROE		초과ROE
	net개수	평균	net개수	평균	net개수	평균	평균
초기단계	765	22.2%	712	−3.3%	765	10.9%	11.3%
성장단계	497	27.4%	504	17.4%	497	10.7%	16.7%
성숙단계	481	16.9%	466	23.3%	481	10.7%	6.2%
쇠퇴단계	956	6.6%	938	19.3%	956	11.0%	−4.4%
말기단계	1,027	4.5%	1,030	7.3%	1,027	11.2%	−6.7%
재기단계	1,643	5.8%	1,610	−5.8%	1,643	11.2%	−5.4%
합계	5,369	11.0%	5,260	6.4%	5,369	11.0%	0.0%

〈코스닥〉

단계	미래ROE		현재ROE		정상ROE		초과ROE
	net개수	평균	net개수	평균	net개수	평균	평균
초기단계	2,087	25.7%	1,801	−11.6%	2,087	11.0%	14.7%
성장단계	738	32.5%	739	18.6%	738	10.9%	21.6%
성숙단계	613	17.1%	608	23.7%	613	10.7%	6.5%
쇠퇴단계	654	7.4%	670	17.7%	654	10.8%	−3.4%
말기단계	465	5.3%	475	7.7%	465	10.9%	−5.6%
재기단계	1,747	6.9%	1,670	−9.7%	1,747	10.9%	−4.0%
합계	6,304	17.0%	5,963	1.1%	6,304	10.9%	6.1%

초과ROE는 미래ROE에서 정상ROE를 차감한 것으로서, 코스닥시장이 6.1%로 코스피시장 0.0%보다 높게 나왔다. 초과ROE는 잔여이익모형의 초과이익을 나타내는 것이며, 코스닥시장 기업들의 기술지향적 사업 특성과 고수익 기대 특성을 나타낸다고 할 수 있다.

〈기업성장단계별 3대 ROE(2016~2019년 재무자료)〉

〈코스피〉

단계	미래ROE		현재ROE		정상ROE		초과ROE
	net개수	평균	net개수	평균	net개수	평균	평균
초기단계	789	16.4%	756	−5.6%	789	7.4%	9.1%
성장단계	304	24.1%	305	14.0%	304	7.4%	16.7%
성숙단계	273	12.0%	268	18.1%	273	7.3%	4.7%
쇠퇴단계	375	5.2%	371	12.5%	375	7.4%	−2.1%
말기단계	298	3.9%	298	5.3%	298	7.4%	−3.5%
재기단계	916	4.6%	912	−2.3%	916	7.4%	−2.8%
합계	2,955	10.4%	2,910	3.1%	2,955	7.4%	3.1%

〈코스닥〉

단계	미래ROE		현재ROE		정상ROE		초과ROE
	net개수	평균	net개수	평균	net개수	평균	평균
초기단계	2,273	20.0%	2,158	−11.8%	2,273	7.4%	12.7%
성장단계	686	23.5%	687	13.9%	686	7.3%	16.2%
성숙단계	493	13.0%	489	19.4%	493	7.3%	5.7%
쇠퇴단계	296	5.6%	293	13.5%	296	7.4%	−1.7%
말기단계	176	4.0%	176	5.3%	176	7.4%	−3.4%
재기단계	883	5.0%	880	−3.9%	883	7.4%	−2.4%
합계	4,807	15.6%	4,683	−1.1%	4,807	7.4%	8.2%

- 기업성장 6단계 모형 검증을 위하여 2009년 6월 30일 기준 코스피시장과 코스닥시장에 상장된 총 1,644개(코스피 689개, 코스닥 955개) 기업의 과거 2000년부터 2008년까지의 재무자료를 사용하여 기업성장단계 분포를 분석하였다. 코스피시장은 총 5,525개의 데이터가 사용되었고, 코스닥시장은 총 6,628개의 데이터가 사용되었다. 표본의 극단치 제거를 위해 PER의 경우는 0<PER<50, PBR의 경우는 0<PBR<10, ROE의 경우는 −100%<ROE<100%의 표본만을 선정하여 통계를 산출하였다. 나머지 지표는 전체표본을 사용하되, 자본잠식으로 인해 PBR이 계산되지 않는 표본은 제외하였다. 자본잠식을 제외한 표본 수는 코스피가 5,375개, 코스닥이 6,316개이다.

- 2000~2008년 재무자료의 코스피시장과 코스닥시장 기업단계별 기업분포를 살펴보면 코스피시장 기업분포는 ① 재기단계 30.6% ② 말기단계 19.1% ③ 쇠퇴단계 17.8% ④ 초기단계 14.3% ⑤ 성장단계 9.3% ⑥ 성숙단계 9.0%의 순서를 보였고, 코스닥시장은 ① 초기단계 33.2% ② 재기단계 27.7% ③ 성장단계 11.7% ④ 쇠퇴단계 10.4% ⑤ 성숙단계 9.7% ⑥ 말기단계 7.4%의 순서를 보였다. 두 시장이 전혀 다른 순서를 보인 이유는 두 시장에 소속된 기업 성격이 매우 다르기 때문이다.

- 코스피시장에 재기단계, 말기단계가 많은 이유는 기업 역사가 긴 기업이 많고 철강, 중공업, 은행 등 자본중심적인 산업이 많은 것이 원인이라고 할

수 있다. 반면 코스닥시장에 초기단계, 재기단계, 성장단계의 기업이 많은 이유는 기업 역사가 짧은 기술집약적 벤처기업이 많고, 제품 Life Cycle이 짧아서 수익이 떨어졌다가 다시 신규사업을 통해 재기하는 기업이 많기 때문이다.

- 성장단계별 PBR 분포, PER 분포, ROE 분포, 매출액증가율 분포, 종업원증가율 분포, 유형자산증가율 분포를 보면 초기, 성장, 성숙, 쇠퇴, 말기, 재기라는 기업성장단계의 특징에 따라 수치가 산출되는 것을 확인할 수 있다. 이것은 미래EPS, 현재EPS, 정상EPS의 상호 크기 비교를 통해 만든 기업성장 6단계 분류법이 유효한 것임을 보여준다.

- 한 국가의 상장주식 기업성장단계 분포를 보면 그 나라의 성장단계를 유추해 볼 수 있다. 왜냐하면 상장기업들은 그 나라의 대표적인 기업들이므로 그 대표기업들이 어떤 성장단계에 포함되어 있느냐가 그 나라의 성장단계라고 볼 수 있기 때문이다. 기업분포 중 성장단계와 성숙단계 기업들이 많으면 그 국가는 젊음을 유지하고 있다고 볼 수 있고, 쇠퇴단계와 말기단계, 재기단계 기업들이 많으면 그 국가는 노년기 상태라고 할 수 있다.

기업성장 6단계법을 활용한
주식분석과 저평가기업 선별방법

1. 보유주식의 성장단계 분류 및 저평가/고평가 분석사례
2. 기업성장단계를 활용한 주식투자의 초과수익률 검증
3. HTS에 기업성장단계 및 저평가/고평가 괴리율 표시하기

▣ 핵심 요약

보유주식의 성장단계 분류 및 저평가/고평가 분석사례

기업성장단계 모델은 기본적으로 기업의 경영전략에 도움을 주는 개념이지만 주식투자에도 매우 유용하게 활용될 수 있다. 상장기업의 기업성장단계를 구분하는 방법과 기업성장단계를 활용하여 저평가/고평가기업을 선별하는 방법은 필자에 의해 2012년 특허 등록되었다.[*]

상장주식 중 성장단계별로 각 한 개의 상장기업을 선정하여 성장단계를 실제 구분하는 방법을 설명하였고, 저평가, 고평가 여부를 PER, PBR, ROE 관점에서 분석하였으며, 그 의미를 해석하였다. 그러나 이것은 양적인 분석방법이므로 상장회사의 질적인 분석방법은 별도로 실시해야 한다. 이 방법만을 절대적으로 신뢰하여 투자하기보다는 다른 주식분석방법과 병행하면 더 큰 시너지 효과를 얻을 것으로 생각한다. 모든 주식투자 분석방법은 확률적 요소와 상대적 요소가 있음을 감안하여 투자에 참고해야 한다. 다음은 2019년 재무자료에 기업성장 6단계법을 활용하여 분석한 사례이다.

---

[*] 특허제목 : 기업의 성장단계를 표시하고 이를 이용하여 주식의 고평가/저평가를 산출하는 주식정보 제공방법 및 시스템 / 특허출원번호 : 10-2011-0128374 / 특허등록결정 : 2012. 4. 6

가. 초기단계기업 주식분석 : 엘지화학

1. 분석조건 : 정상이익률(CAPM-주식시장 자기자본비용*) 7.09%, 현재주가 317,500(2019.12말), 주당순자산 186,837, 현재EPS 4,771, PER 66.5, PBR 1.7, ROE 2.55%

2. 정상EPS와 미래EPS의 계산

   ① 정상EPS : 186,837(주당순자산) × 7.09%(정상이익률) = 13,247

   ② 미래EPS : 13,247(정상EPS) × 1.7(PBR) = 22,519

3. 성장단계 평가 : 미래EPS(22,519)＞정상EPS(13,247)＞현재EPS(4,771)이므로 초기단계임을 알 수 있다. 초기단계는 현재의 기업실적이 저조하나 미래전망이 있는 사업을 시작한 단계이다. 초기단계의 경영과제를 기업이 해결하면 성장단계로 진입할 수 있다. 그러나 경영과제 해결에 실패하면 초기단계에 계속 머물거나 재기단계로 악화될 수 있다.

4. 초기단계의 평균 PER/PBR/ROE : 초기단계 코스피시장 평균PER = 30.85

   초기단계 코스피시장 평균PBR = 2.25

   초기단계 코스피시장 평균ROE = -5.60%

5. 엘지화학의 저평가/고평가 : 코스피 시장평균 30.85 대비 엘지화학의 PER은 66.5로서 116% {(66.5-30.85)/30.85)} 고평가 상태이며, PBR은 -24.4%{(1.7-2.25)/2.25)} 저평가되었다. ROE측면에서 보면 시장평균 ROE -5.6%보다 높은 2.55%를 실현하였다. 종합적인 관점에서 고평가와 저평가가 혼재된 중립이다.

---

* 자기자본비용 = 무위험이자율(한국은행 5년 국고채 이자율 1.59%) + 리스크 프리미엄(5.5%) = 7.09%
뉴욕대 Damodaran 교수 리스크 프리미엄 2011~2020년 평균 5.53%로 계산 발표

6. 성장단계 분석시 유의사항

(1) 다른 지표 종합고려 : 한국 주식시장 성장단계 분포에서 표시한 바와 같이 PBR, PER, ROE 지표 분석 이외에도 성장단계별 매출액증가율, 종업원증가율, 유형자산증가율, 배당성향증가율, 부채비율과 비교하면서 분석하는 것이 좋다.

(2) 다른 분석방법 종합고려 : 성장단계 분석방법과 타 주식 분석기법을 종합하여 고려하는 것이 좀 더 정확한 분석이 된다.

(3) 분석조건의 변경 : 위 저평가/고평가 분석사례는 시장별 평균치를 기준으로 사용하였으며, 산업별 PER, PBR 평균치가 다르다는 것을 고려하지 않았다. 정상이익률에 대한 기준도 다른 시각이 있을 수 있다.

나. 성장단계기업 주식분석 : 셀트리온

1. 분석조건 : 정상이익률 7.09%, 현재주가 181,000(2019.12말), 주당순자산 14,654, 현재EPS 2,253, PER 80.34, PBR 12.35, ROE 15.37%

2. 정상EPS와 미래EPS의 계산

① 정상EPS : 14,654(주당순자산) × 7.09%(정상이익률) = 1,039

② 미래EPS : 1,039(정상EPS) × 12.35(PBR) = 12,832

3. 성장단계 평가 : 미래EPS(12,832)＞현재EPS(2,253)＞정상EPS(1,039)이므로 성장단계임을 알 수 있다. 성장단계는 기업의 가장 바람직한 단계이다. 성장단계는 성장 6단계 중 가장 조직이 역동적인 상태이다. 기업은 매출액 성장을 위한 국내외 시장확대에 노력해야 하고, 투자자는 경쟁자의 진입에 따른 기업의 독점성이 훼손되는지 살펴보아야 한다.

4. 성장단계의 평균 PER/PBR/ROE : 성장단계 코스피시장 평균PER = 22.60

성장단계 코스피시장 평균PBR = 3.31

성장단계 코스피시장 평균ROE = 14.00%

5. 셀트리온의 저평가/고평가 : 코스피 시장평균 22.60 대비 셀트리온의 PER 은 80.34로서 255% {(80.34-22.60)/22.60)} 고평가 상태이며, PBR은 273%{(12.35-3.31)/3.31)} 고평가되었다. ROE측면에서 보면 시장평균 ROE 14.00%보다 높은 15.37%를 실현하였다. 종합적인 관점에서 고평가 상태이다.

6. 성장단계 분석시 유의사항

(1) 다른 지표 종합고려 : 한국 주식시장 성장단계 분포에서 표시한 바와 같이 PBR, PER, ROE 지표 분석 이외에도 성장단계별 매출액증가율, 종업원증가율, 유형자산증가율, 배당성향증가율, 부채비율과 비교하면 서 분석하는 것이 좋다.

(2) 다른 분석방법 종합고려 : 성장단계 분석방법과 타 주식 분석기법을 종 합하여 고려하는 것이 좀 더 정확한 분석이 된다.

(3) 분석조건의 변경 : 위 저평가/고평가 분석사례는 시장별 평균치를 기준 으로 사용하였으며, 산업별 PER, PBR 평균치가 다르다는 것을 고려하 지 않았다. 정상이익률에 대한 기준도 다른 시각이 있을 수 있다.

다. 성숙단계기업 주식분석 : 엘지유플러스

1. 분석조건 : 정상이익률 7.09%, 현재주가 14,200(2019.12말), 주당순자산 12,817, 현재EPS 1,020, PER 13.92, PBR 1.11, ROE 7.96%

2. 정상EPS와 미래EPS의 계산

① 정상EPS : 12,817(주당순자산) × 7.09%(정상이익률) = 909

② 미래EPS : 909(정상EPS) × 1.11(PBR) = 1,009

3. 성장단계 평가 : 현재EPS(1,020)＞미래EPS(1,009)＞정상EPS(909)이므로 성숙단계임을 알 수 있다. 성숙단계는 기업에서 매우 선호하는 단계이다. 성장 6단계 중 가장 수익이 높고 시장 안정성이 높은 단계이다. 투자자는 기업이 사업포트폴리오 전략을 통하여 성숙단계를 유지할 수 있도록 노력하는지를 분석하여 투자의사결정을 해야 한다.

4. 성숙단계의 평균 PER/PBR/ROE : 성숙단계 코스피시장 평균PER = 9.50
   성숙단계 코스피시장 평균PBR = 1.65
   성숙단계 코스피시장 평균ROE = 18.10%

5. 엘지유플러스의 저평가/고평가 : 코스피 시장평균 대비 엘지유플러스의 PER은 47% {(13.92-9.50)/9.50)} 고평가되었고, PBR은 −32.7%{(1.11-1.65)/1.65)} 저평가되었다. 한편 ROE측면에서 보면 시장평균ROE 18.10%보다 낮은 7.96%를 실현하였다. 종합적인 관점에서 중립 상태이다.

6. 성장단계 분석시 유의사항

   (1) 다른 지표 종합고려 : 한국 주식시장 성장단계 분포에서 표시한 바와 같이 PBR, PER, ROE 지표 분석 이외에도 성장단계별 매출액증가율, 종업원증가율, 유형자산증가율, 배당성향증가율, 부채비율과 비교하면서 분석하는 것이 좋다.

   (2) 다른 분석방법 종합고려 : 성장단계 분석방법과 타 주식 분석기법을 종합하여 고려하는 것이 좀 더 정확한 분석이 된다.

   (3) 분석조건의 변경 : 위 저평가/고평가 분석사례는 시장별 평균치를 기준으로 사용하였으며, 산업별 PER, PBR 평균치가 다르다는 것을 고려하지 않았다. 정상이익률에 대한 기준도 다른 시각이 있을 수 있다.

라. 쇠퇴단계기업 주식분석 : 삼성증권

1. 분석조건 : 정상이익률 7.09%, 현재주가 38,600(2019.12말), 주당순자산 51,927, 현재EPS 4,146, PER 9.31, PBR 0.74, ROE 7.98%

2. 정상EPS와 미래EPS의 계산

   ① 정상EPS : 51,927(주당순자산) × 7.09%(정상이익률) = 3,682

   ② 미래EPS : 3,682(정상EPS) × 0.74(PBR) = 2,725

3. 성장단계 평가 : 현재EPS(4,146)＞정상EPS(3,682)＞미래EPS(2,725)이므로 쇠퇴단계임을 알 수 있다. 쇠퇴단계는 기업의 수익성이 하락하고 있음을 의미한다. 투자자는 기업이 경영개선을 하고 있는지 그리고 신규사업을 통한 변신을 추구하는지 확인하고 투자해야 한다.

4. 쇠퇴단계의 평균 PER/PBR/ROE : 쇠퇴단계 코스피시장 평균PER = 6.66

   쇠퇴단계 코스피시장 평균PBR = 0.71

   쇠퇴단계 코스피시장 평균ROE = 12.50%

5. 삼성증권의 저평가/고평가 : 코스닥 시장평균 대비 삼성증권의 PER은 40% {(9.31-6.66)/6.66)} 고평가되었고, PBR은 4.2%(0.74-0.71)/0.71)} 고평가되었다. ROE측면에서 보면, 시장평균ROE 12.50%보다 낮은 7.98%를 실현하였으므로 종합적인 관점에서 고평가 상태이다.

6. 성장단계 분석시 유의사항

   (1) 다른 지표 종합고려 : 한국 주식시장 성장단계 분포에서 표시한 바와 같이 PBR, PER, ROE 지표 분석 이외에도 성장단계별 매출액증가율, 종업원증가율, 유형자산증가율, 배당성향증가율, 부채비율과 비교하면서 분석하는 것이 좋다.

   (2) 다른 분석방법 종합고려 : 성장단계 분석방법과 타 주식 분석기법을 종

합하여 고려하는 것이 좀 더 정확한 분석이 된다.

(3) 분석조건의 변경 : 위 저평가/고평가 분석사례는 시장별 평균치를 기준으로 사용하였으며, 산업별 PER, PBR 평균치가 다르다는 것을 고려하지 않았다. 정상이익률에 대한 기준도 다른 시각이 있을 수 있다.

마. 말기단계기업 주식분석 : 삼성카드

1. 분석조건 : 정상이익률 7.09%, 현재주가 38,600(2019.12말), 주당순자산 57,171, 현재EPS 3,210, PER 12.02, PBR 0.68, ROE 5.61%

2. 정상EPS와 미래EPS의 계산

   ① 정상EPS : 57,171(주당순자산) × 7.09%(정상이익률) = 4,053

   ② 미래EPS : 4,053(정상EPS) × 0.68(PBR) = 2,756

3. 성장단계 평가 : 정상EPS(4,053)＞현재EPS(3,210)＞미래EPS(2,756)이므로 말기단계임을 알 수 있다. 말기단계는 성장 6단계 중 가장 안 좋은 단계이다. 기업은 신규사업과 경영개선을 하여야 하며, 투자자는 기업이 경영개선과 좋은 신규사업을 모색하는지 확인하고 투자해야 한다.

4. 말기단계의 평균 PER/PBR/ROE : 말기단계 코스피시장 평균PER = 9.96

   말기단계 코스피시장 평균PBR = 0.52

   말기단계 코스피시장 평균ROE = 5.30%

5. 삼성카드의 저평가/고평가 : 코스피 시장평균 대비 삼성카드의 PER은 21% {(12.02-9.96)/9.96)} 고평가되었고, PBR은 30.7%{(0.68-0.52)/0.52)} 고평가되었다. ROE측면에서 보면, 시장평균ROE 5.3%보다 높은 5.61%를 실현하였다. 종합적인 관점에서 고평가 상태이다.

6. 성장단계 분석시 유의사항

(1) 다른 지표 종합고려 : 한국 주식시장 성장단계 분포에서 표시한 바와 같이 PBR, PER, ROE 지표 분석 이외에도 성장단계별 매출액증가율, 종업원증가율, 유형자산증가율, 배당성향증가율, 부채비율과 비교하면서 분석하는 것이 좋다.

(2) 다른 분석방법 종합고려 : 성장단계 분석방법과 타 주식 분석기법을 종합하여 고려하는 것이 좀 더 정확한 분석이 된다.

(3) 분석조건의 변경 : 위 저평가/고평가 분석사례는 시장별 평균치를 기준으로 사용하였으며, 산업별 PER, PBR 평균치가 다르다는 것을 고려하지 않았다. 정상이익률에 대한 기준도 다른 시각이 있을 수 있다.

바. 재기단계기업 주식분석 : 현대제철

1. 분석조건 : 정상이익률 7.09%, 현재주가 31,450(2019.12말), 주당순자산 115,840, 현재EPS 247, PER 127.33, PBR 0.27, ROE 0.21%

2. 정상EPS와 미래EPS의 계산

   ① 정상EPS : 115,840(주당순자산) × 7.09%(정상이익률) = 8,213

   ② 미래EPS : 8,213(정상EPS) × 0.27(PBR) = 2,218

3. 성장단계 평가 : 정상EPS(8,213)＞미래EPS(2,218)＞현재EPS(247)이므로 재기단계임을 알 수 있다. 재기단계는 성장 6단계 중 새로운 변화의 조짐이 포착되는 단계이다. 기업은 신규사업을 실시해야 하며, 투자자는 기업이 신규사업을 모색하는지 확인하고 투자해야 한다.

4. 재기단계의 평균 PER/PBR/ROE : 재기단계 코스피시장 평균PER = 24.02

   재기단계 코스피시장 평균PBR = 0.62

   재기단계 코스피시장 평균ROE = -2.30%

5. 현대제철의 저평가/고평가 : 코스피 시장평균 대비 현대제철의 PER은 430% {(127.33-24.02)/24.02)} 고평가되었고, PBR은 -56.4%{(0.27-0.62)/0.62)} 저평가되었다. ROE측면에서 보면, 시장평균ROE -2.30% 보다 높은 0.21%를 실현하였다. 종합적인 관점에서 고평가와 저평가가 혼재된 중립이다.

6. 성장단계 분석시 유의사항 :

   (1) 다른 지표 종합고려 : 한국 주식시장 성장단계 분포에서 표시한 바와 같이 PBR, PER, ROE 지표 분석 이외에도 성장단계별 매출액증가율, 종업원증가율, 유형자산증가율, 배당성향증가율, 부채비율과 비교하면서 분석하는 것이 좋다.

   (2) 다른 분석방법 종합고려 : 성장단계 분석방법과 타 주식 분석기법을 종합하여 고려하는 것이 좀 더 정확한 분석이 된다.

   (3) 분석조건의 변경 : 위 저평가/고평가 분석사례는 시장별 평균치를 기준으로 사용하였으며, 산업별 PER, PBR 평균치가 다르다는 것을 고려하지 않았다. 정상이익률에 대한 기준도 다른 시각이 있을 수 있다.

위의 분석결과를 요약하면 다음과 같다.

종목	성장단계	평균 PER	평균 PBR	평균 ROE	종목 PER	종목 PBR	종목 ROE	PER 비교	PBR 비교	종합 평가
엘지화학	초기	30.85	2.25	-5.60%	66.50	1.70	2.55%	116%	-24.4%	중립
셀트리온	성장	22.60	3.31	14.0%	80.34	12.35	15.37%	255%	273%	고평가
엘지유플러스	성숙	9.50	1.65	18.10%	13.92	1.11	7.96%	47%	-32.7%	중립
삼성증권	쇠퇴	6.66	0.71	12.50%	9.31	0.74	7.98%	40%	4.2%	고평가
삼성카드	말기	9.96	0.52	5.30%	12.02	0.68	5.61%	21%	30.7%	고평가
현대제철	재기	24.02	0.62	-2.30%	127.33	0.27	0.21%	430%	-56.4%	중립

기업성장단계를 활용한 주식투자의 초과수익율 검증

상장기업의 기업성장단계 지표평균과 개별기업의 지표평균을 비교하면 특정 기업의 저평가/고평가 여부를 비율(%)로 표시할 수 있다. 각 성장단계별 평균PBR과 평균PER을 구하고, 개별 기업의 PBR 및 PER이 단계평균PBR, 단계평균PER과 얼마나 괴리되어 있는지를 %로 표시하면 그것이 저평가/고평가의 기준이 된다. 만일 단계평균보다 50% 이상 낮은 기업을 모두 찾아 투자한다면, 높은 수익을 기대할 수 있다. 일반적으로 주식은 일시적으로 저평가되거나 고평가되는 경우가 많이 있다. 저평가되는 경우를 언더슈팅(Under Shooting), 고평가되는 경우를 오버슈팅(Over Shooting)이라고 표현한다. 금융학계에서는 일반적으로 언더슈팅과 오버슈팅은 장기균형가격으로 수렴한다고 인식하고 있다. 기업성장단계를 이용한 저평가/고평가 주식의 탐색은 이러한 이론을 활용한다. 즉, 일시적으로 성장단계별 평균치에 비해 50% 이상 폭등하거나 폭락한 주식을 선별하여 장기투자 포트폴리오에 편입하고 몇 년을 지켜보면, 이 주식이 평균치를 몇 번 지나가거나 추월하는 경우를 자주 볼 수 있다. 구체적으로 설명하면 성장단계별 PBR이나 PER 평균치로부터 50% 이상 저평가된 주식을 선별하고 1년을 지켜보면, 주식이 평균치로 수렴하는 경우가 많이 있음을 알 수 있다. 주식이 평균치에 근접하게 되었을 때 매도하면 50%의 수익을 얻게 된다. 이론과 실제가 다른 경우도 있겠지만, 경험적으로 보면 평균치에 근접하는 경우가 상당히 많다.

성장단계를 활용하여 저평가/고평가 종목 선별방법의 정당성을 증명하기 위해, 2008년부터 2011년까지 코스피 종목 중 개별종목의 PBR 및 PER이 성장단계별 평균PBR 및 평균PER보다 50% 이상 저평가된 종목을 모두 선별하여 해당연도의 12월 31일 주가로 모의 투자하였다고 가정하고, 1년 후의 주가와 비교하여 주가상승률을 구하였다. 매년 주가상승률을 같은 기간의 코스피 지수평균상승률과 비교하여 초과수익 여부를 계산하였다.

분석 결과, 코스피 상승률은 4년 평균 4.96%로 산출되었고, 기업성장단계를 활용하여 추출된 저평가 종목의 4년 평균 상승률은 18.23%로서 13.27%의 초과수익이 발생되었다. 연간 단위로 살펴보면 2007년 12월 28일 투자한 것이 1년 후에 9.8% 초과수익이 나왔고, 2008년말 투자한 것은 11.6%, 2009년말 투자한 것은 16.4%, 2010년말 투자한 것은 15.3%의 초과수익이 실현되었다. 1% 수익을 더 높이기 위해 노력하는 펀드매니저들에게는 성장단계를 활용한 저평가 주식 선별방법이 매우 매력적인 투자방안이라 생각한다.

〈초과수익 증명을 위한 저평가 종목 추출통계〉

성장단계	2007년 추출	2008년 추출	2009년 추출	2010년 추출
초기단계	7	10	6	7
성장단계	13	11	7	4
성숙단계	34	24	36	47
쇠퇴단계	5	39	38	17
말기단계	–	23	6	6
재기단계	13	70	20	19
계	72개	177개	113개	100개

〈초과수익 증명을 위한 모의투자 결과〉

년월일	KOSPI 지수	종목 추출	(1) 1년 후 KOSPI지수 상승률	(2) 1년 후 추출종목 상승률	초과수익률 (2)–(1)
2007.12.28	1,897	72	−40.7%	−30.9%	9.8%
2008.12.30	1,124	177	49.7%	61.2%	11.6%
2009.12.30	1,682	113	21.9%	38.3%	16.4%
2010.12.30	2,051	100	−11.0%	4.3%	15.3%
2011.12.29	1,826				
평균			4.96%	18.23%	13.27%

HTS에 기업성장단계 및 저평가/고평가 괴리율 표시하기

기업성장 6단계 분류법의 개발로 투자자는 자신이 보유한 주식의 성장단계를 확인할 수 있으며, 회사의 성장통과 장애물을 파악하고, 필요한 경영전략을 선정하여 회사와 소통하고 투자전략에 참고할 수 있게 되었다. 또한, 수익률에 대한 예측과 매매전략에 대한 판단에도 성장단계 정보를 활용하면 유용하다. 증권사의 경우도 HTS(Home Trading System)에 성장단계 정보와 성장단계별 각종 지표에 대한 정보를 실시간으로 제공함으로써, 투자자가 보유한 종목의 합리적인 매매의사결정을 도울 수 있다.

기업성장단계를 주식시장에 활용하는 방법에는 세 가지가 있다. 첫째, 앞에서 제시한 분류방법을 활용하여 내가 보유한 주식의 기업성장단계(초기, 성장, 성숙, 쇠퇴, 말기, 재기)를 산출하는 것이다. 둘째, 성장단계 평균PER과 평균PBR을 활용하여 내가 보유한 주식의 저평가/고평가 비율을 산출해 보는 것이다. 셋째, 성장단계별 평균매출액성장률, 평균종업원성장률, 평균배당성향, 평균부채비율 등 다른 보조지표를 활용하여 내가 보유한 주식의 성장성을 평가해 보는 것이다.

가. HTS에 기업성장단계 표시하기

주식의 성장단계를 표시한다는 것은 많은 의미를 내포한다. 내 주식이 현재 쇠퇴단계라고 한다면 이 주식은 회사의 특별한 노력이 없는 한 쇠퇴단계에서 말기단계로 갈 수밖에 없다. 이것은 투자자에게 하나의 경계 시그널이 될 수 있다. 특히 사업 또는 제품을 한 개 보유한 기업은 신기술개발, 신규사업과 M&A 이외에 대안이 별로 없다. 다수의 사업포트폴리오를 가지고 있는 기업의 경우에는 사업구조조정을 통하여 사업부문의 연령을 더 젊게 하거나, 성장단계에 진입하지 못한 초기단계 사업부문에 자원을 더 배치하여 좀 더 초기사업이 궤도에 오를 수 있도록 노력해야 한다. 만일 내가 보유한 주식이 초기단계이거나, 재기단계인 경우에는 해당 기업을 예의 주시해야 한다. 작은 실패로 사업이 궤도에 오르지 못하고 무너질 수 있기 때문이다. 쇠퇴단계와 말기단계기업인 경우에는 장기투자를 피하고 단기매매 전략을 구사해야 한다. 성장단계의 경우 그 단계가 끝나는 시점에서는 주식이 하락하는 경우가 있으므로 조심해야 한다. 이와 같이 내가 보유한 주식의 성장단계에 따라 투자전략이 달라지기 때문에, 성장단계 정보는 매매전략 수립에 매우 유용하게 활용될 수 있다.

기업성장 6단계 분류법을 증권사 컴퓨터에 프로그램화하여 연결하면, HTS 화면에 성장단계 정보와 성장단계 분포를 제공할 수 있다. HTS 화면에 내가 투자한 주식이 쇠퇴단계로 나온다면 어떤 의미가 있을까? 쇠퇴단계 기업의 총주주수익률은 매년 시간이 갈수록 낮아진다는 것이 IBM과 맥킨지의 연구결과이다. 그러므로 쇠퇴단계 주식을 장기투자하는 것은 확률적으로 옳지 않다고 할 수 있다. 확률을 아는 투자자라면 쇠퇴단계 기업은 단기 투자대상으로 해야 함을 알 수 있다. 물론 예외는 있다. 쇠퇴단계의 기업이지만 ① 신규사업을 시도하여 성공한 경우 ② 기존 쇠퇴사업의 기술개선을 통하여 경쟁력을 강화시킨 경우 ③ 쇠퇴단계 평균 대비 저평가된 기업인 경우에는 상대적으로 수익을 창출할 확률이 높다.

나. HTS에 저평가/고평가 괴리율 표시하기

주식투자에 있어서 PER과 PBR 정보는 매우 유용한 지표이다. HTS에 성장단계별 평균PBR지표와 평균PER지표를 표시하고, 내가 투자했거나 관심 있는 기업의 PBR지표와 PER지표를 비교하여 그 괴리율을 표시해 준다면, 내가 투자한 기업의 고평가/저평가 여부를 파악할 수 있다. 앞에서 50% 이상 괴리율을 보인 저평가 기업에 투자해 초과수익이 실현된 것을 검증한 바 있다. 증권사 HTS에 이러한 괴리율을 표시해 준다면, 투자하는 데 큰 도움이 되리라 생각한다.

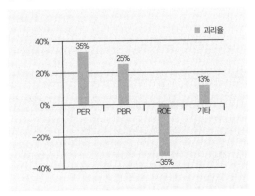

〈00종목 저평가/고평가 괴리율〉

다. HTS에 성장단계 관련
보조 재무지표 표시하기

성장단계 분석에 각종 보조 재무지표를 활용하는 것이 좋다. 위에서 설명한 PER, PBR, ROE 이외에 성장단계별 평균매출액성장률, 평균종업원성장률, 평균유형자산성장률, 평균배당성향, 평균부채비율을 표시하고 개별 기업의 수치와 비교할 수 있도록 정보를 제시하면, 내가 투자한 기업이 성장단계 평균대비 높은지, 낮은지를 살펴볼 수 있다. 이러한 보조지표의 비교는 기업의 고평가/저평가 여부를 판단하는 데 도움을 줄 수 있다.

핵심 요약

- 투자대상 기업의 성장단계 정보는 주식투자자에게 유용한 정보가 된다. 내가 보유한 주식이 초기단계이거나, 재기단계인 경우에는 해당 기업을 예의 주시해야 한다. 작은 실패로 사업이 궤도에 오르지 못하고 무너질 수도 있기 때문이다. 쇠퇴단계와 말기단계기업인 경우에는 장기투자를 피하고 단기매매 전략을 구사해야 한다. 성장단계의 경우 그 단계가 끝나는 시점에서는 주식이 하락할 수도 있으므로 조심해야 한다. 이와 같이 내가 보유한 주식의 성장단계에 따라 투자전략이 달라지기 때문에 성장단계 정보는 매매전략 수립에 유용하게 활용될 수 있다.

- 증권사의 HTS(Home Trading System)에 상장주식의 기업성장단계를 실시간으로 표시하고, 저평가된 종목을 실시간으로 제공하는 것은 투자자에게 유익한 정보가 될 수 있다. 투자자는 내가 투자한 주식의 성장단계 정보를 바탕으로 해당 기업이 당면한 성장통과 문제점을 파악하여 회사와 소통할 필요가 있다.

- 이 장에서는 기업성장단계 모델을 활용한 주식투자 방법이 초과수익을 실현한다는 사실을 모의투자 방식을 통해 증명하였다. 4년간 코스피 상장주식 전체를 대상으로 분석한 결과, 기업성장단계를 활용하여 추출된 저평가 종목들은 코스피 시장평균 수익률보다 13.27% 정도 초과수익을 내는 것으로 나타났다.

- 성장단계 분석사례에서는 6개의 성장단계별 상장기업 한 개씩을 선정하여, 실제로 성장단계를 구분하는 방법을 설명하였다. 또 저평가, 고평가 여부를 PER, PBR, ROE 관점에서 분석하고, 그 의미를 해석하였다. 그러나 이것은 양적인 분석방법이므로 상장회사의 질적인 분석방법은 별도로 실시해야 한다. 이 방법만을 절대적으로 신뢰하여 투자하기보다 다른 주식분석방법과 병행하면 보다 큰 시너지 효과를 거둘 것으로 생각한다. 모든 주식투자 분석방법은 확률적 요소와 상대적 요소가 있음을 감안하여 투자에 참고해야 한다.

한국상장법인의
성장단계 일람표

1. 〈부록 읽기 가이드〉

가. 용어 설명

(1) 회사명 : 영문 ABC, 한글 가나다 순으로 검색

(2) 회계년도 : 회계결산기준 연도와 월말을 의미

(3) 성장단계 : 2018~2019년도 각 회계연도말 성장단계를 표시

(4) Price : 당해연도말 주가

(5) PER(Price Earning Ratio) : 주가/주당순이익으로 계산된 배수

(6) PBR(Price Book Value Ratio) : 주가/주당순자산으로 계산된 배수

(7) ROE(Return on Equity) : 순이익/자기자본으로 계산된 자기자본이익률

(8) 매출액증가율 : 대표적인 기업의 외형 성장지표

(9) 유형자산증가율 : 대표적인 기업의 생산설비 투자지표

나. 기업성장단계 활용 참고사항

(1) 초기단계 특징 : 미래ROE(주가를 이용한 산출)가 상대적으로 높고, 현재ROE(회사 순이익/자기자본)는 정상ROE(자기자본비용)보다 높지 않아 미래ROE > 정상ROE > 현재ROE 부등호 관계가 형성되어 초기단계로 분류되었다. 사업을 재구축하는 기업이 많으며, 사업의 매출과 이익이 성장하면 주가수준이 상승하고 성장단계로 이동하게 된다. 적자기업이 50% 내외이며, 자금조달이 필요한 시기이다.

(2) 성장단계 특징 : 미래ROE가 상대적으로 높고, 현재ROE가 정상 ROE보다 높아 미래ROE > 현재ROE > 정상ROE 부등호 관계가 형성되어 성장단계로 분류되었다. 성장성이 둔화되어 주식시장에서 주가수준이 낮아지면 성숙단계로 이동하게 된다.

(3) 성숙단계 특징 : 미래ROE가 상대적으로 낮아지고, 현재ROE가 가장 높게 나와 현재ROE > 미래ROE > 정상ROE 부등호 관계가 형성되어 성숙단계로 분류되었다. 성장성이 더욱 둔화되고 주식시장에서 주가수준이 더 낮아지면 쇠퇴단계로 이동하게 된다.

(4) 쇠퇴단계 특징 : 미래ROE가 상대적으로 가장 낮고, 현재ROE가 정상ROE보다 높아 현

재ROE>정상ROE>미래ROE 부등호 관계가 형성되어 쇠퇴단계로 분류되었다. 신규사업 및 경영개선을 통하여 주가수준이 높아지면 상위 단계로 이동하게 된다.

(5) 말기단계 특징 : 미래ROE가 상대적으로 가장 낮고, 현재ROE도 정상ROE 이하로 나와 정상ROE>현재ROE>미래ROE 부등호 관계가 형성되어 말기단계로 분류되었다. 말기단계는 PBR수준과 수익성이 낮아 성장단계 분류로직에 따라 다섯 번째 단계에 있는 것이다. 적자기업은 거의 없으며 수익모형을 통해 순이익을 내는 마지막 단계로 판단한다. 수익모형이 더욱 악화되고 적자가 발생하는 경우가 늘어나면 재기단계로 분류된다. 신규사업 및 경영개선을 통하여 주가수준이 높아지면 상위 단계로 이동하게 된다.

(6) 재기단계 특징 : 미래ROE가 회복되고, 현재ROE가 정상ROE 이하로 나와 정상ROE>미래ROE>현재ROE 부등호 관계가 형성되어 재기단계로 분류된 것이다. 말기단계보다 평균PBR이 높다. 주식시장에서 기업의 신규사업 및 경영개선 등의 기대가 반영되어 주가수준이 높아진 경우가 있고, 적자로 인해 자기자본이 줄면서 PBR이 올라간 경우도 있는 것으로 판단한다. 기존 수익모형의 한계로 적자기업이 50%내외가 되며 외부 자금조달이 필요한 시기이다. 신규사업과 경영개선에 성공하면 초기단계나 다른 상위 단계로 이동하게 된다.

다. 기업성장단계 구분 색상

초기	성장	성숙	쇠퇴	말기	재기
초기단계	성장단계	성숙단계	쇠퇴단계	말기단계	재기단계

2. 〈한국상장법인의 성장단계와 재무지표〉

가. 코스피 상장법인

나. 코스닥 상장법인

코스피 상장법인

회사명	회계 년도	성장 단계	Price	PER	PBR	ROE	매출액 증가율	유형자산 증가율
AJ네트웍스	2018/12	재기	4,505	–	0.82	-8.7%	21.2	-91.3
AJ네트웍스	2019/12	쇠퇴	4,970	4.6	0.80	17.4%	15.3	15.6
BNK금융지주	2018/12	재기	7,330	–	0.51	0.2%	-45.0	22.3
BNK금융지주	2019/12	재기	7,660	37.7	0.51	1.4%	57.1	5.8
CS홀딩스	2018/12	재기	63,900	43.3	0.45	1.0%	16.7	-26.3
CS홀딩스	2019/12	재기	58,500	37.3	0.41	1.1%	9.4	-32.5
DB Inc.	2018/12	초기	831	24.4	1.29	5.3%	3.7	-15.0
DB Inc.	2019/12	말기	880	11.7	0.82	7.0%	-6.7	-60.2
DB금융투자	2018/12	쇠퇴	4,445	3.9	0.31	8.0%	-10.1	-1.4
DB금융투자	2019/12	쇠퇴	4,235	3.3	0.28	8.3%	20.2	-4.0
DB손해보험	2018/12	성숙	70,400	8.7	1.05	12.1%	-0.5	6.8
DB손해보험	2019/12	쇠퇴	52,300	8.9	0.66	7.5%	7.1	4.3
DB하이텍	2018/12	쇠퇴	10,850	4.9	0.96	19.4%	-1.5	7.6
DB하이텍	2019/12	성숙	27,600	9.9	2.02	20.5%	20.6	3.2
HJ 매그놀리아 용평 호텔 앤 리조트	2018/12	재기	6,090	28.9	0.73	2.5%	-13.5	-2.6
HJ 매그놀리아 용평 호텔 앤 리조트	2019/12	재기	6,000	–	0.75	-3.6%	-28.7	4.8
JB금융지주	2018/12	재기	5,700	19.0	0.48	2.5%	9.7	-6.8
JB금융지주	2019/12	재기	5,490	18.6	0.56	3.0%	14.8	368.5
KB금융지주	2018/12	초기	46,500	19.9	1.06	5.3%	53.4	213.5
KB금융지주	2019/12	초기	47,650	25.2	1.09	4.3%	-14.6	90.9
KG동부제철	2019/12	재기	7,800	–	0.24	-2.6%	-3.6	-4.4
KISCO홀딩스	2018/12	재기	13,750	17.7	0.09	0.5%	-1.9	-53.0
KISCO홀딩스	2019/12	재기	12,800	15.1	0.42	2.8%	6.7	-50.0
LG이노텍	2018/12	성장	86,400	16.0	1.27	8.0%	6.4	-1.1
LG이노텍	2019/12	초기	140,000	41.1	1.95	4.8%	5.7	-10.2
LS일렉트릭	2018/12	성숙	49,000	12.0	1.36	11.3%	5.4	-4.6
LS일렉트릭	2019/12	성장	54,600	14.6	1.42	9.7%	-5.0	-3.0
MH에탄올	2018/12	쇠퇴	5,890	6.2	0.71	11.5%	-2.8	3.0
MH에탄올	2019/12	재기	6,140	–	0.86	-10.5%	0.1	1.3
OCI	2018/12	재기	107,000	36.1	0.77	2%	-8.7	-6.9
OCI	2019/12	재기	62,600	–	0.58	-27.8%	-22.4	-49.8
S&TC	2018/12	재기	11,050	43.0	0.35	0.8%	-24.2	-0.9
S&TC	2019/12	말기	19,800	9.8	0.62	6%	45.4	0.5
S&T모티브	2018/12	쇠퇴	27,050	7.2	0.63	8.8%	-3.5	1.2

회사명	회계년도	성장단계	Price	PER	PBR	ROE	매출액증가율	유형자산증가율
S&T모티브	2019/12	쇠퇴	42,750	9.3	0.90	9.7%	8.3	3.8
S&T중공업	2018/12	말기	7,200	11.9	0.39	3.3%	−10.5	−2.4
S&T중공업	2019/12	말기	6,610	9.1	0.36	4.0%	−10.8	−2.1
S&T홀딩스	2018/12	재기	13,000	33.7	0.51	1.5%	−1.7	−85.5
S&T홀딩스	2019/12	재기	15,450	25.7	0.62	2.4%	51.1	1965.9
SGC에너지	2018/12	재기	28,900	−	0.73	−15%	7.9	−5.1
SGC에너지	2019/12	재기	30,500	−	0.84	−4.7%	−18.5	−21.1
SH에너지화학	2018/12	초기	1,100	44.0	1.22	2.8%	−2.1	−3.4
SH에너지화학	2019/12	초기	1,020	−	1.18	−3.3%	−23.6	10.7
SIMPAC	2018/12	쇠퇴	2,440	1.6	0.18	10.9%	32.4	122.0
SIMPAC	2019/12	재기	2,945	15.5	0.47	3.0%	45.8	−2.1
SK이노베이션	2018/12	성숙	179,500	9.7	1.47	15.2%	18.6	10.1
SK이노베이션	2019/12	초기	150,000	16.7	1.11	6.7%	−18.3	−20.8
STX	2018/12	성장	11,750	45.2	3.74	8.3%	−16.7	−3.9
STX	2019/12	초기	8,010	−	3.24	−76.3%	−6.9	51.9
STX엔진	2018/12	쇠퇴	6,750	6.3	0.87	13.9%	24.0	−1.8
STX엔진	2019/12	쇠퇴	6,780	11.8	0.85	7.2%	1.9	−2.6
STX중공업	2018/12	재기	5,670	−	0.94	−299.1%	−12.9	−40.6
STX중공업	2019/12	재기	3,055	−	0.65	−26.3%	18.2	−7.0
TCC스틸	2018/12	쇠퇴	2,000	5.6	0.48	8.6%	5.3	−5.1
TCC스틸	2019/12	재기	2,720	28.9	0.65	2.2%	−3.4	9.1
가온전선	2018/12	재기	17,000	−	0.28	0.2%	−0.2	−0.4
가온전선	2019/12	재기	23,300	15.6	0.39	2.5%	0.6	2.9
강남제비스코	2018/12	재기	25,000	49.1	0.48	1.0%	−4.9	27.7
강남제비스코	2019/12	재기	20,350	−	0.39	0%	−1.6	4.2
강원랜드	2018/12	성장	32,000	21.8	2.01	9%	−10.4	3.6
강원랜드	2019/12	성장	29,600	17.9	1.79	10.0%	5.7	4.2
갤럭시아에스엠	2018/12	초기	1,660	−	1.80	−61.7%	−40.3	−27.8
갤럭시아에스엠	2019/12	초기	1,485	−	2.00	−6.7%	30.4	103.5
경농	2018/12	초기	10,800	20.1	1.31	6.5%	2.1	11.0
경농	2019/12	초기	11,350	28.7	1.35	4.7%	3.5	−5.4
경동나비엔	2018/12	성장	41,550	23.0	2.32	10.1%	8.5	9.6
경동나비엔	2019/12	성장	46,600	28.7	2.45	8.5%	6.0	5.2
경동도시가스	2018/12	쇠퇴	33,200	4.6	0.52	11.2%	0.0	0.0

회사명	회계년도	성장단계	Price	PER	PBR	ROE	매출액증가율	유형자산증가율
경동도시가스	2019/12	말기	21,250	5.1	0.31	6.0%	−11.5	1.7
경동인베스트	2018/12	재기	37,250	−	0.29	0.5%	1118.2	25.5
경동인베스트	2019/12	재기	36,650	−	0.28	−0.3%	15.8	−76.9
경방	2018/12	말기	10,800	10.1	0.41	4.0%	−3.1	−6.6
경방	2019/12	말기	9,280	11.2	0.35	3.1%	−9.2	−69.7
경보제약	2018/12	성장	10,250	18.7	1.73	9.3%	5.1	−2.6
경보제약	2019/12	초기	8,260	37.4	1.38	3.7%	−4.8	15.2
경인양행	2018/12	초기	5,800	31.2	1.22	3.9%	14.8	4.8
경인양행	2019/12	초기	7,740	−	1.60	2.4%	10.1	31.8
경인전자	2018/12	재기	21,750	−	0.65	0.4%	−10.4	−5.0
경인전자	2019/12	재기	20,600	−	0.62	1.1%	−33.4	−1.6
계룡건설산업	2018/12	쇠퇴	21,750	3.0	0.59	19.5%	3.5	−2.3
계룡건설산업	2019/12	쇠퇴	20,250	2.2	0.45	20.8%	7.6	−2.1
계양전기	2018/12	말기	3,350	12.4	0.64	5.2%	9.3	−2.0
계양전기	2019/12	재기	2,865	−	0.55	0.1%	3.4	−12.1
고려산업	2018/12	재기	2,170	17.6	0.66	3.7%	−10.0	25.8
고려산업	2019/12	재기	3,360	20.2	0.98	4.8%	23.3	−0.9
고려아연	2018/12	성장	432,500	16.6	1.42	8.5%	1.4	−1.3
고려아연	2019/12	성숙	425,000	13.2	1.32	10.0%	−5.6	−1.9
고려제강	2018/12	재기	23,250	24.2	0.44	1.8%	1.7	−5.8
고려제강	2019/12	재기	20,550	20.3	0.38	1.9%	6.1	−6.5
광동제약	2018/12	말기	6,850	12.1	0.92	7.6%	1.2	−3.6
광동제약	2019/12	쇠퇴	6,650	11.5	0.84	7.3%	7.4	−21.5
광명전기	2018/12	초기	2,620	35.9	1.34	3.7%	−7.7	37.9
광명전기	2019/12	성장	2,280	15.3	1.10	7.2%	28.9	−2.3
광전자	2018/12	말기	2,025	10.3	0.53	5.2%	−2.0	10.9
광전자	2019/12	재기	2,155	−	0.57	0.9%	−7.6	−3.1
광주신세계	2018/12	말기	180,000	6.4	0.47	7.3%	−35.5	−1.0
광주신세계	2019/12	쇠퇴	164,000	5.5	0.40	7.3%	14.5	136.7
교보증권	2018/12	쇠퇴	9,120	4.2	0.38	9.1%	15.4	2.1
교보증권	2019/12	쇠퇴	9,220	3.8	0.35	9.3%	15.9	4.1
국도화학	2018/12	쇠퇴	45,650	7.9	0.62	7.8%	19.0	6.8
국도화학	2019/12	쇠퇴	47,050	8.4	0.64	7.5%	2.4	0.3
국동	2018/12	재기	2,690	26.6	0.89	3.3%	5.2	6.4

회사명	회계년도	성장단계	Price	PER	PBR	ROE	매출액 증가율	유형자산 증가율
국동	2019/12	재기	1,235	–	0.48	−12.6%	−15.1	−2.6
국보	2018/12	초기	11,350	–	3.49	−73.8%	−10.4	−58.0
국보	2019/12	재기	2,435	–	0.19	−4.3%	−12.9	−56.8
국제약품	2018/12	초기	4,270	43.1	1.19	2.8%	−13.1	1.1
국제약품	2019/12	초기	4,630	–	1.47	−9.0%	2.3	5.0
그랜드코리아레저	2018/12	성장	24,900	19.8	2.98	15.0%	−4.2	−8.1
그랜드코리아레저	2019/12	성장	19,450	16.7	2.21	13.3%	2.2	−5.8
그린케미칼	2018/12	재기	3,600	28.1	0.72	2.6%	0.2	−7.5
그린케미칼	2019/12	재기	3,455	14.6	0.69	4.7%	−8.8	−7.4
극동유화	2018/12	쇠퇴	3,295	7.6	0.94	12.5%	129.4	18.1
극동유화	2019/12	쇠퇴	3,445	8.8	0.93	10.7%	−4.5	9.6
금강공업	2018/12	말기	20,600	8.5	0.40	5%	−10.1	−8.1
금강공업	2019/12	재기	3,815	–	0.08	−0.6%	−18.1	−12.3
금비	2018/09	재기	66,800	13.0	0.83	6.4%	13.0	0.4
금비	2019/09	재기	65,000	19.2	0.79	4.1%	0.8	−1.0
금비	2020/09	재기	57,200	–	0.72	−3%	−13.3	2.8
금양	2018/12	성숙	2,335	5.5	2.19	39.7%	0.6	0.6
금양	2019/12	초기	2,400	–	3.02	−41.1%	−10.4	20.7
금호산업	2018/12	성숙	11,800	6.2	1.32	21.2%	6.1	4.7
금호산업	2019/12	성숙	11,500	8.8	1.21	13.7%	16.1	311.3
금호석유화학	2018/12	성장	87,300	13.4	1.99	14.9%	−0.7	−6.3
금호석유화학	2019/12	성숙	77,500	8.2	1.51	18.4%	−5.1	−4.4
금호에이치티	2018/12	말기	7,030	12.2	0.59	4.8%	14.4	−6.3
금호에이치티	2019/12	재기	5,880	–	0.70	1.0%	17.2	3.0
금호전기	2018/12	초기	6,610	–	1.23	−305.7%	−11.7	−81.4
금호전기	2019/12	초기	4,290	–	4.76	−587.7%	−16.9	−12.7
금호타이어	2018/12	재기	5,310	–	0.98	−50.7%	−13.6	−5.8
금호타이어	2019/12	초기	4,195	–	1.03	−1.2%	−3.2	−5.4
기신정기	2018/03	재기	4,590	16.7	0.60	3.6%	−1.9	−3.8
기신정기	2019/03	말기	3,805	7.8	0.47	6.1%	7.9	−5.4
기신정기	2020/03	말기	2,895	11.3	0.36	3.2%	3.2	−5.3
기아자동차	2018/12	재기	33,700	33.7	0.68	2.0%	−0.6	3.1
기아자동차	2019/12	쇠퇴	44,300	11.2	0.84	7.5%	6.1	3.5
까뮤이앤씨	2018/12	재기	1,330	34.1	0.10	0%	−32.5	0.2

회사명	회계년도	성장단계	Price	PER	PBR	ROE	매출액 증가율	유형자산 증가율
까뮤이앤씨	2019/12	쇠퇴	1,270	4.2	0.83	20.0%	143.7	−0.1
깨끗한나라	2018/12	재기	3,045	−	0.70	−24.7%	−5.6	5.5
나이스홀딩스	2018/12	초기	17,950	−	2.07	−5.1%	7.7	5.7
나이스홀딩스	2019/12	초기	20,900	−	2.45	1.6%	10.8	2.6
남광토건	2018/12	성장	11,900	20.4	2.46	12.0%	36.0	−0.6
남광토건	2019/12	성장	11,300	28.7	2.16	7.5%	50.3	−7.0
남선알미늄	2018/12	성숙	2,830	12.3	1.85	15.1%	−13.2	22.4
남선알미늄	2019/12	초기	3,230	43.1	2.02	4.7%	−6.6	−3.2
남성	2018/12	재기	1,910	−	0.84	−5.7%	−18.8	−1.5
남성	2019/12	초기	3,150	−	1.34	−3.1%	−9.1	7.2
남양유업	2018/12	재기	624,000	−	0.63	1.1%	−7.5	2.2
남양유업	2019/12	재기	439,500	20.5	0.44	2.2%	−4.9	−4.6
남해화학	2018/12	초기	11,500	−	1.36	2.1%	10.7	−0.9
남해화학	2019/12	재기	8,160	24.4	0.94	3.9%	−4.5	0.6
네이버	2018/12	재기	122,000	19.8	0.90	4.5%	18.0	5.4
네이버	2019/12	성장	186,500	24.8	5.65	22.7%	12.8	6.1
넥센	2018/12	말기	5,500	10.0	0.57	5.7%	61.2	−5.5
넥센	2019/12	재기	6,050	30.4	0.61	2.0%	3.1	2.7
넥센타이어	2018/12	쇠퇴	9,170	6.7	0.69	10.3%	2.9	−0.4
넥센타이어	2019/12	쇠퇴	9,130	6.7	0.63	9.3%	2.4	0.0
넥스트사이언스	2018/12	초기	6,100	−	1.64	−10.2%	−34.0	25.2
넥스트사이언스	2019/12	초기	8,090	−	3.09	−45.7%	6.2	−11.3
넷마블	2018/12	초기	111,500	−	2.32	1.1%	−30.5	279.3
넷마블	2019/12	초기	92,400	−	1.97	0.7%	7.9	2.7
노루페인트	2018/12	말기	8,230	11.7	0.63	5.4%	12.0	1.6
노루페인트	2019/12	말기	8,150	10.7	0.60	5.6%	5.1	1.1
노루홀딩스	2018/12	재기	12,250	25.2	0.56	2.2%	−23.1	15.3
노루홀딩스	2019/12	재기	12,500	37.2	0.57	1.5%	−8.4	70.2
녹십자	2018/12	초기	136,000	32.4	1.66	5.1%	3.9	−0.5
녹십자	2019/12	초기	132,500	−	1.63	1.3%	0.4	12.2
녹십자홀딩스	2018/12	초기	25,100	−	2.18	3.7%	21.4	−9.6
녹십자홀딩스	2019/12	초기	22,250	36.0	1.91	5.3%	−54.6	−31.4
농심	2018/12	재기	254,500	19.4	0.84	4.3%	0.1	0.8
농심	2019/12	재기	240,500	24.7	0.78	3.2%	2.6	4.5

회사명	회계년도	성장단계	Price	PER	PBR	ROE	매출액 증가율	유형자산 증가율
농심홀딩스	2018/12	재기	69,900	23.5	0.60	2.6%	−5.1	14.4
농심홀딩스	2019/12	재기	78,500	35.9	0.67	1.9%	0.0	1121.2
다스코	2018/12	성숙	8,190	7.0	1.07	15.3%	7.6	−2.6
다스코	2019/12	재기	6,960	42.4	0.91	2.1%	−10.6	−1.9
다우기술	2018/12	초기	18,850	24.4	1.76	7.2%	5.7	20.6
다우기술	2019/12	성장	19,000	22.1	1.67	7.6%	15.1	1.4
대교	2018/12	초기	6,700	31.5	1.17	3.7%	−6.8	−1.2
대교	2019/12	초기	6,100	28.4	1.07	4%	−0.7	−5.6
대구백화점	2018/12	재기	8,800	–	0.30	−8.5%	0.0	0.0
대구백화점	2019/12	재기	5,990	–	0.22	−8.7%	−10.0	−1.4
대덕	2018/12	쇠퇴	9,100	1.5	0.47	30.6%	15.3	150.5
대덕	2019/12	쇠퇴	10,450	10.2	0.84	8.3%	79.5	−7.4
대동공업	2018/12	재기	5,180	–	0.74	−2.5%	4.9	0.4
대동공업	2019/12	재기	5,680	–	0.84	−5.9%	30.4	−1.0
대동전자	2018/03	재기	4,055	–	0.38	−1.3%	−11.8	−4.4
대동전자	2019/03	재기	3,460	40.7	0.32	1%	−5.5	−0.8
대동전자	2020/03	말기	3,070	11.0	0.29	3%	10.0	0.2
대림건설	2018/12	쇠퇴	14,400	3.4	0.60	17.8%	12.5	−37.1
대림건설	2019/12	쇠퇴	19,850	3.2	0.67	21.2%	32.6	3.4
대림비앤코	2018/12	재기	4,565	16.2	0.49	3.0%	8.9	9.2
대림비앤코	2019/12	재기	4,175	21.9	0.45	2.1%	−1.5	−0.5
대림산업	2018/12	쇠퇴	102,500	5.5	0.79	14.2%	−17.6	4.0
대림산업	2019/12	쇠퇴	90,500	8.8	0.65	7.4%	−20.6	−6.5
대림통상	2018/12	재기	4,180	–	0.55	0.0%	0.5	−1.9
대림통상	2019/12	재기	4,120	–	0.62	−12.4%	−12.1	−2.5
대상	2018/12	성숙	25,050	11.7	1.08	9.3%	2.1	0.6
대상	2019/12	쇠퇴	23,200	7.3	0.94	12.9%	9.9	7.5
대상홀딩스	2018/12	재기	7,860	24.0	0.77	3.2%	13.4	−54.3
대상홀딩스	2019/12	재기	6,740	–	0.67	0.4%	45.7	593.3
대성산업	2018/12	재기	4,150	24.3	0.45	1.9%	131.3	13.0
대성산업	2019/12	재기	3,505	–	0.44	−23.1%	−9.5	−1.0
대성에너지	2018/12	말기	5,400	11.3	0.51	4.5%	0.6	2.0
대성에너지	2019/12	말기	5,240	10.6	0.48	4.5%	0.4	5.4
대성홀딩스	2018/12	재기	6,360	16.0	0.43	2.7%	−7.9	3.0

회사명	회계년도	성장단계	Price	PER	PBR	ROE	매출액 증가율	유형자산 증가율
대성홀딩스	2019/12	재기	8,330	35.6	0.56	1.6%	−28.6	4.4
대신증권	2018/12	쇠퇴	11,350	7.1	0.57	8.0%	−31.6	−6.5
대신증권	2019/12	말기	11,950	9.8	0.61	6.2%	2.3	9.1
대양금속	2018/12	성숙	3,620	9.0	3.00	33.3%	−4.5	−6.1
대양금속	2019/12	성장	15,050	−	5.93	9.1%	−8.2	−6.5
대영포장	2018/12	쇠퇴	1,110	10.7	0.86	8.1%	−3.9	14.2
대영포장	2019/12	재기	1,110	−	0.80	0.0%	−10.0	−4.8
대우건설	2018/12	성숙	5,390	8.9	1.04	11.6%	−10.0	−18.0
대우건설	2019/12	재기	4,740	−	0.92	0.4%	−20.7	−18.9
대우전자부품	2018/12	초기	2,095	−	2.66	3.0%	11.3	−1.5
대우전자부품	2019/12	초기	2,100	−	2.98	−7.4%	−14.7	8.2
대우조선해양	2018/12	쇠퇴	34,150	4.0	0.98	24.8%	−9.7	−0.9
대우조선해양	2019/12	재기	27,850	−	0.82	−2.2%	−13.4	−3.2
대웅	2018/12	초기	17,800	−	3.23	5.2%	−12.5	71.3
대웅	2019/12	초기	12,950	−	2.38	2.7%	2.8	−48.8
대웅제약	2018/12	초기	188,500	−	4.74	0.4%	8.9	2.4
대웅제약	2019/12	초기	137,500	−	3.50	5.0%	6.5	−2.8
대원강업	2018/12	재기	3,875	15.4	0.62	4.0%	−7.9	−2.9
대원강업	2019/12	재기	3,395	20.5	0.53	2.6%	−3.7	−6.6
대원전선	2018/12	초기	1,575	−	1.38	1.6%	−14.4	−0.9
대원전선	2019/12	초기	1,165	−	1.02	−1%	−6.6	−1.7
대원제약	2018/12	성장	16,150	13.0	1.96	15.0%	7.7	24.7
대원제약	2019/12	성숙	17,300	12.4	1.92	15.5%	11.2	16.3
대원화성	2018/12	초기	1,815	32.4	1.02	3.2%	−2.7	−0.1
대원화성	2019/12	말기	1,420	13.5	0.75	5.5%	15.7	−2.7
대유에이텍	2018/12	초기	1,310	−	1.70	−37.9%	3.1	−18.2
대유에이텍	2019/12	성숙	898	8.1	1.01	12.5%	−2.9	9.7
대유플러스	2018/12	재기	854	−	0.99	−9.1%	63.1	75.3
대유플러스	2019/12	재기	775	17.2	0.83	4.8%	62.1	−42.9
대창	2018/12	쇠퇴	925	5.1	0.49	10%	2.4	17.2
대창	2019/12	재기	1,425	30.3	0.75	2.5%	−9.5	−1.2
대창단조	2018/12	말기	42,700	9.8	0.57	5.7%	25.3	−0.1
대창단조	2019/12	말기	28,850	7.2	0.37	5.2%	−20.4	−1.8
대한방직	2018/12	재기	14,600	22.0	0.45	2.0%	1.3	−1.4

회사명	회계 년도	성장 단계	Price	PER	PBR	ROE	매출액 증가율	유형자산 증가율
대한방직	2019/12	재기	20,150	–	0.86	−16.1%	−26.7	−0.3
대한유화	2018/12	쇠퇴	153,500	3.8	0.62	16.3%	43.6	−1.1
대한유화	2019/12	말기	117,500	7.2	0.45	6.2%	−18.9	−2.9
대한전선	2018/12	초기	1,015	–	2.51	1.7%	4.3	−4.7
대한전선	2019/12	초기	616	–	1.66	−9.1%	−8.8	−3.7
대한제강	2018/12	재기	5,590	–	0.33	−6.4%	−10.1	−5.0
대한제강	2019/12	말기	6,030	5.6	0.34	6.1%	−13.9	4.6
대한제당	2018/12	재기	19,000	25.4	0.41	1.6%	−4.2	−1.4
대한제당	2019/12	말기	19,950	11.3	0.42	3.8%	0.6	−7.6
대한제분	2018/12	말기	176,000	8.5	0.47	5.5%	6.6	−3.8
대한제분	2019/12	재기	147,500	–	0.39	0.4%	4.5	−2.5
대한항공	2018/12	초기	33,050	–	1.23	−4.7%	7.2	4.1
대한항공	2019/12	초기	28,500	–	1.07	−22.3%	−2.9	9.1
대한해운	2018/12	재기	21,750	16.3	0.87	5.3%	8.4	−31.3
대한해운	2019/12	말기	23,000	12.0	0.83	7.0%	−27.7	−17.5
대한화섬	2018/12	쇠퇴	105,500	2.7	0.29	10.8%	−2.9	−6.5
대한화섬	2019/12	말기	89,500	4.5	0.23	5.1%	6.1	−55.8
대현	2018/12	쇠퇴	2,305	6.8	0.58	8.5%	0.9	−0.8
대현	2019/12	쇠퇴	2,495	6.6	0.57	8.6%	4.6	−1.2
대호에이엘	2018/12	초기	5,420	–	5.04	2.6%	4.8	−2.7
대호에이엘	2019/12	초기	2,820	–	2.91	−13.4%	−11.2	−3.3
더블유게임즈	2019/12	성숙	49,850	7.6	1.42	18.6%	3.7	11.9
더존비즈온	2018/12	성장	51,900	35.3	10.93	31.0%	10.6	−19.5
더존비즈온	2019/12	성장	81,000	49.2	7.54	15.3%	16.2	319.6
덕성	2018/12	재기	3,500	–	0.97	−3.6%	−16.9	−0.2
덕성	2019/12	재기	2,920	–	0.83	−3.6%	4.2	−2.8
덕양산업	2018/12	재기	1,250	–	0.85	0.5%	28.2	−1.9
덕양산업	2019/12	초기	1,245	–	1.02	−33%	7.3	9.5
덴티움	2018/12	성장	57,500	13.8	3.17	23.0%	18.9	68.0
덴티움	2019/12	초기	53,800	–	2.92	3%	42.4	5.1
도화엔지니어링	2018/12	초기	8,650	19.8	1.22	6.2%	0.8	−1.2
도화엔지니어링	2019/12	성장	8,930	17.5	1.25	7.1%	28.3	1.0
동국제강	2018/12	재기	7,230	–	0.29	−19.1%	−1.1	−8.2
동국제강	2019/12	재기	5,950	–	0.26	−5.9%	−5.8	−5.8

회사명	회계 년도	성장 단계	Price	PER	PBR	ROE	매출액 증가율	유형자산 증가율
동남합성	2018/12	성장	60,800	13.5	1.40	10.3%	1.3	3.1
동남합성	2019/12	성숙	24,850	5.0	1.21	24.1%	−9.5	−3.5
동방	2018/12	말기	1,370	12.8	0.46	3.6%	14.6	2.0
동방	2019/12	재기	1,555	−	0.60	−10.0%	21.6	0.9
동방아그로	2018/12	말기	6,600	12.6	0.70	5.6%	0.7	0.7
동방아그로	2019/12	말기	6,870	12.5	0.71	5.7%	2.8	−2.5
동부건설	2018/12	쇠퇴	7,230	2.1	0.43	20.9%	31.6	−2.5
동부건설	2019/12	쇠퇴	8,540	2.9	0.44	15.4%	30.4	36.6
동서	2018/12	성장	17,900	15.2	1.50	9.8%	−1.6	−4.5
동서	2019/12	성숙	17,400	12.5	1.37	10.9%	−10.8	33.6
동성제약	2018/12	초기	14,950	−	6.54	−11.3%	11.6	0.3
동성제약	2019/12	초기	16,050	−	6.03	−13.7%	−5.9	−1.2
동성코퍼레이션	2018/12	재기	5,130	−	0.96	−0.3%	6.1	−1.7
동성코퍼레이션	2019/12	초기	5,220	−	1.02	−1.3%	−14.5	−0.8
동성화학	2018/12	말기	13,750	12.4	0.70	5.6%	4.6	−2.5
동성화학	2019/12	쇠퇴	18,200	8.4	0.86	10.2%	−0.2	−0.8
동아쏘시오홀딩스	2018/12	초기	109,000	−	1.25	−14.7%	−14.0	−4.4
동아쏘시오홀딩스	2019/12	초기	107,500	47.2	1.21	2.6%	−4.8	0.9
동아에스티	2018/12	초기	104,500	−	1.55	3.1%	2.3	−2.9
동아에스티	2019/12	성장	119,000	15.5	1.61	10.4%	7.9	−2.1
동아지질	2018/12	성숙	17,150	9.1	1.15	12.7%	6.2	−14.3
동아지질	2019/12	성숙	19,150	11.8	1.16	9.8%	5.6	53.0
동아타이어공업	2018/12	말기	12,700	10.8	0.52	4.8%	0.0	0.0
동아타이어공업	2019/12	말기	12,350	6.9	0.49	7.1%	−3.3	−19.4
동양	2018/12	재기	2,070	24.6	0.59	2.4%	−15.0	−5.8
동양	2019/12	재기	1,435	−	0.43	−2.5%	6.9	7.3
동양고속	2018/12	재기	28,800	−	0.91	1.7%	−6.8	−8.9
동양고속	2019/12	쇠퇴	27,250	2.5	0.69	27.8%	6.2	6.2
동양물산기업	2018/12	초기	1,825	−	1.14	−5.1%	12.7	14.0
동양물산기업	2019/12	재기	1,290	30.7	0.57	1.9%	−3.2	1.7
동양생명보험	2018/12	재기	4,770	14.5	0.35	2.4%	−18.8	1.0
동양생명보험	2019/12	말기	4,000	4.1	0.25	6.1%	8.3	3.4
동양철관	2018/12	초기	1,520	−	1.65	−9.0%	11.6	−7.6
동양철관	2019/12	초기	1,040	−	1.50	1.2%	−1.1	−1.6

회사명	회계년도	성장단계	Price	PER	PBR	ROE	매출액 증가율	유형자산 증가율
동양피스톤	2018/12	쇠퇴	4,885	8.1	0.70	8.7%	13.3	5.0
동양피스톤	2019/12	말기	4,815	12.2	0.69	5.7%	5.2	5.7
동원금속	2018/03	재기	1,445	–	0.91	−16.4%	−14.9	1.6
동원금속	2019/03	초기	728	–	2.20	−209.0%	5.5	−12.7
동원금속	2020/03	쇠퇴	471	3.5	0.74	20.8%	4.4	−15.1
동원산업	2018/12	성장	203,000	12.9	1.03	7.9%	0.5	−1.3
동원산업	2019/12	초기	211,500	–	1.13	0.2%	−23.7	15.1
동원수산	2018/12	재기	9,000	20.8	0.93	4.5%	−10.1	−15.9
동원수산	2019/12	쇠퇴	10,150	7.7	0.93	12.0%	10.6	−20.6
동원시스템즈	2018/12	성장	27,350	18.1	2.07	11.4%	22.4	33.7
동원시스템즈	2019/12	성장	29,400	26.6	2.13	8.0%	−0.8	37.9
동원에프앤비	2018/12	성장	287,500	27.1	2.12	7.8%	4.0	10.0
동원에프앤비	2019/12	성장	226,000	19.8	1.58	8.0%	4.7	27.8
동일고무벨트	2018/12	말기	6,330	8.4	0.45	5.3%	1.4	−0.5
동일고무벨트	2019/12	말기	5,510	8.9	0.39	4.3%	−0.2	−0.5
동일산업	2018/12	말기	58,100	8.1	0.40	5.0%	3.2	−2.6
동일산업	2019/12	재기	57,900	–	0.40	0.5%	−18.1	−4.9
동일제강	2018/12	재기	3,195	–	0.37	0.1%	15.3	−3.9
동일제강	2019/12	재기	2,485	33.6	0.29	0.9%	2.7	−24.3
동화약품	2018/12	재기	9,100	24.9	0.88	3.5%	18.4	−6.7
동화약품	2019/12	재기	8,310	24.1	0.79	3.3%	0.2	−4.6
두산	2018/12	성장	111,500	13.8	1.31	9.5%	11.2	66.8
두산	2019/12	쇠퇴	70,300	2.1	0.85	39.9%	−29.4	−13.8
두산밥캣	2018/12	초기	31,500	–	1.06	0.1%	13.6	959.4
두산밥캣	2019/12	초기	34,350	31.1	1.16	4%	752.0	24.6
두산인프라코어	2018/12	초기	7,590	22.0	1.27	5.8%	15.4	−2.8
두산인프라코어	2019/12	재기	5,550	21.8	0.89	4.1%	1.4	−1.8
두산중공업	2018/12	재기	9,730	–	0.40	−27.3%	−5.4	−0.3
두산중공업	2019/12	재기	5,720	–	0.43	−23.9%	−9.6	−5.3
두올	2018/12	말기	2,860	10.4	0.69	6.6%	13.4	−3.9
두올	2019/12	쇠퇴	3,140	9.0	0.72	8.0%	−2.3	6.4
드림텍	2019/12	초기	6,770	40.5	2.45	6.0%	−5.6	8.1
디씨엠	2018/12	재기	10,900	16.4	0.88	5.3%	−9.6	−8.1
디씨엠	2019/12	쇠퇴	12,150	5.1	0.84	16.4%	26.2	−8.4

회사명	회계년도	성장단계	Price	PER	PBR	ROE	매출액증가율	유형자산증가율
디아이	2018/12	초기	3,495	–	1.05	2.1%	−1.1	7.7
디아이	2019/12	초기	3,490	23.6	1.03	4.4%	−14.6	19.1
디아이동일	2018/12	말기	59,500	8.5	0.32	3.8%	7.9	−2.3
디아이동일	2019/12	재기	74,100	17.9	0.40	2.2%	0.1	−4.7
디아이씨	2018/12	초기	6,570	–	1.02	1.9%	−0.4	−6.0
디아이씨	2019/12	재기	2,070	–	0.53	−72.0%	5.1	4.2
디알비동일	2018/12	재기	6,560	17.7	0.60	3.4%	−9.0	3.5
디알비동일	2019/12	재기	5,260	29.1	0.48	1.7%	2.6	6.2
디에스알	2018/12	말기	3,990	7.3	0.44	6.1%	−4.2	−4.9
디에스알	2019/12	말기	4,590	8.4	0.48	5.8%	−1.5	−2.7
디에스알제강	2018/12	말기	4,300	8.4	0.46	5.4%	4.3	−5.5
디에스알제강	2019/12	말기	4,550	9.7	0.46	4.8%	3.4	−3.6
디와이	2018/12	재기	5,470	–	0.69	−3.3%	−5.4	−5.2
디와이	2019/12	재기	5,630	–	0.72	1.3%	−11.7	−5.3
디와이파워	2018/12	성숙	14,200	12.4	1.08	8.7%	1.8	10.7
디와이파워	2019/12	쇠퇴	10,100	9.6	0.72	7.5%	−12.4	3.4
디지비금융지주	2018/12	재기	8,310	15.0	0.53	3.5%	14.5	37.9
디지비금융지주	2019/12	재기	7,120	16.4	0.45	2.7%	−6.4	95.7
디티알오토모티브	2018/12	쇠퇴	32,000	4.1	0.99	23.9%	9.4	2.2
디티알오토모티브	2019/12	재기	29,350	20.0	0.91	4.5%	9.4	−7.0
디피씨	2018/12	초기	5,710	–	2.78	5.5%	−6.1	−3.5
디피씨	2019/12	초기	5,170	–	2.55	2.4%	−3.4	−0.1
락앤락	2018/12	초기	20,700	–	2.01	0.0%	−13.7	11.4
락앤락	2019/12	초기	14,300	48.3	1.35	2.8%	43.8	−6.2
롯데관광개발	2018/12	초기	14,550	–	2.31	−32.7%	6.5	8.7
롯데관광개발	2019/12	초기	14,300	–	3.17	−2.1%	15.1	105.4
롯데손해보험	2018/12	쇠퇴	2,640	4.0	0.65	16.4%	6.2	40.6
롯데손해보험	2019/12	재기	2,075	–	0.30	−4.8%	4.2	−7.7
롯데쇼핑	2018/12	재기	211,000	–	0.54	−4.7%	−3.4	−5.8
롯데쇼핑	2019/12	재기	135,500	–	0.37	−7.3%	−5.1	−10.2
롯데정밀화학	2018/12	쇠퇴	41,050	6.0	0.88	14.5%	18.4	−0.9
롯데정밀화학	2019/12	쇠퇴	45,150	5.9	0.86	14.6%	−4.3	−4.4
롯데정보통신	2018/12	초기	35,400	13.4	1.02	7.6%	0.0	0.0
롯데정보통신	2019/12	성장	41,250	16.4	1.68	10.3%	11.7	92.9

회사명	회계년도	성장단계	Price	PER	PBR	ROE	매출액증가율	유형자산증가율
롯데제과	2018/12	재기	151,000	38.4	0.55	1.4%	0.0	0.0
롯데제과	2019/12	재기	149,500	–	0.83	1.0%	−3.5	−5.1
롯데지주	2018/12	초기	52,700	–	1.09	−19.0%	717.5	−19.0
롯데지주	2019/12	말기	38,950	13.2	0.78	5.9%	48.2	77.7
롯데칠성음료	2018/12	초기	1,400,000	–	1.12	−5.3%	1.9	−5.7
롯데칠성음료	2019/12	재기	140,000	–	0.11	−1.1%	0.9	−7.3
롯데케미칼	2018/12	쇠퇴	277,000	6.7	0.86	12.9%	−0.2	12.1
롯데케미칼	2019/12	재기	224,000	19.5	0.69	3.5%	−9.4	7.6
롯데푸드	2018/12	성장	709,000	15.2	1.29	8.5%	−0.4	0.7
롯데푸드	2019/12	쇠퇴	413,000	10.0	0.72	7.2%	−1.3	7.8
롯데하이마트	2018/12	성장	46,650	12.9	2.99	23.2%	0.3	2.5
롯데하이마트	2019/12	초기	30,900	–	1.81	−24.8%	−2.1	5.8
마니커	2018/12	재기	769	–	0.95	−11.6%	13.5	−0.6
마니커	2019/12	초기	811	–	1.48	−20.3%	−10.3	−3.0
만도	2018/12	재기	28,950	23.4	0.39	1.7%	0.4	−4.6
만도	2019/12	성장	35,200	19.2	2.12	11.0%	6.9	−2.7
만호제강	2018/06	재기	19,650	23.7	0.36	1.5%	0.9	−7.8
만호제강	2019/06	재기	19,400	–	0.36	0.6%	−2.7	−12.6
만호제강	2020/06	재기	13,500	25.2	0.25	1.0%	−5.9	−5.6
메리츠금융지주	2018/12	성숙	11,550	12.3	1.49	12.2%	8.4	−4.9
메리츠금융지주	2019/12	성숙	11,800	13.0	1.48	11.4%	−5.0	15886.0
메리츠증권	2018/12	쇠퇴	4,280	7.5	0.95	12.6%	65.2	−3.2
메리츠증권	2019/12	쇠퇴	3,790	3.8	0.70	18.5%	38.8	−56.5
메리츠화재해상보험	2018/12	성숙	21,850	9.3	1.12	12.1%	6.8	0.0
메리츠화재해상보험	2019/12	쇠퇴	17,850	7.3	0.88	12.0%	19.9	1.3
메타랩스	2018/12	초기	1,905	–	1.16	−16.1%	−31.9	−91.9
메타랩스	2019/12	초기	1,310	–	1.39	−55.1%	19.4	8.7
명문제약	2018/12	초기	5,190	–	1.45	1%	6.8	−2.5
명문제약	2019/12	초기	4,875	–	1.58	−27.2%	0.7	5.5
모나리자	2018/12	초기	3,500	–	2.05	−2.9%	−3.7	−3.6
모나리자	2019/12	초기	3,630	–	2.11	3.8%	4.4	−3.7
모나미	2018/12	재기	2,620	–	0.97	−1.4%	−2.3	−19.9
모나미	2019/12	초기	3,670	–	1.34	−1.4%	−3.5	4.7
모토닉	2018/12	재기	9,990	22.3	0.85	3.8%	−6.7	−4.4

회사명	회계년도	성장단계	Price	PER	PBR	ROE	매출액증가율	유형자산증가율
모토닉	2019/12	재기	8,850	20.3	0.73	3.6%	7.6	−6.4
무림페이퍼	2018/12	재기	2,820	−	0.38	−2.4%	6.8	−4.9
무림페이퍼	2019/12	재기	2,485	−	0.34	−0.6%	2.7	−8.9
무림피앤피	2018/12	쇠퇴	6,060	5.5	0.63	11.5%	7.2	−0.9
무림피앤피	2019/12	재기	4,225	−	0.45	0.8%	−8.9	−4.3
무학	2018/12	재기	13,600	−	0.78	−3.9%	−23.3	1.6
무학	2019/12	말기	8,490	9.7	0.47	4.8%	−14.5	−1.5
문배철강	2018/12	말기	2,890	11.0	0.55	5.0%	2.2	107.0
문배철강	2019/12	재기	2,560	21.2	0.48	2.3%	2.0	−0.5
미래산업	2018/12	초기	178	−	2.43	−31.4%	−3.3	−3.7
미래산업	2019/12	초기	133	−	1.32	−10.9%	−14.2	−3.9
미래아이앤지	2018/12	재기	410	−	0.81	−20.7%	−19.7	−1.5
미래에셋대우	2018/12	말기	6,530	10.4	0.70	6.7%	19.1	19.0
미래에셋대우	2019/12	말기	7,550	11.6	0.78	6.7%	13.2	0.6
미래에셋생명보험	2018/12	말기	4,610	8.6	0.47	5.4%	−8.4	92.3
미래에셋생명보험	2019/12	말기	4,135	6.7	0.38	5.6%	−5.6	38.3
미원상사	2018/12	성숙	257,000	9.7	1.15	11.9%	20.6	24.9
미원상사	2019/12	성숙	57,000	8.8	1.38	15.6%	12.8	41.2
미원스페셜티케미칼	2018/12	성숙	64,600	9.3	1.58	17.0%	0.0	0.0
미원스페셜티케미칼	2019/12	성숙	72,200	9.5	1.57	16.5%	4.8	4.3
미원홀딩스	2018/12	쇠퇴	34,550	8.8	0.69	7.8%	310.5	−2.1
미원홀딩스	2019/12	쇠퇴	41,100	8.6	0.76	8.8%	−45.4	−2.0
미원화학	2018/12	성숙	43,200	11.8	1.08	9.2%	−3.0	15.5
미원화학	2019/12	쇠퇴	44,600	6.6	0.98	14.8%	5.6	35.4
미창석유공업	2018/12	말기	76,500	11.6	0.54	4.6%	1.0	18.5
미창석유공업	2019/12	쇠퇴	79,400	7.8	0.56	7.3%	2.4	6.2
방림	2018/09	재기	26,200	34.2	0.61	1.8%	−6.5	−2.9
방림	2019/09	말기	2,025	14.1	0.05	0.3%	−13.0	−4.6
방림	2020/09	재기	1,925	15.0	0.43	2.9%	−8.7	−3.2
백광산업	2018/12	쇠퇴	2,490	4.8	0.74	15.5%	21.0	2.6
백광산업	2019/12	쇠퇴	2,460	6.5	0.67	10.3%	−4.0	8.8
백산	2018/12	성숙	6,340	12.3	1.17	9.5%	7.3	−3.1
백산	2019/12	성숙	8,990	10.8	1.47	13.7%	26.0	57.2
범양건영	2018/12	쇠퇴	1,540	6.8	0.91	13.4%	15.0	35.6

회사명	회계년도	성장단계	Price	PER	PBR	ROE	매출액증가율	유형자산증가율
범양건영	2019/12	성숙	3,270	4.1	1.31	31.8%	80.8	62.9
벽산	2018/12	재기	2,450	13.6	0.73	5.3%	6.7	34.0
벽산	2019/12	재기	1,925	–	0.60	-4.7%	-2.3	9.6
보락	2018/12	초기	2,050		2.83	2.5%	0.9	5.2
보락	2019/12	초기	2,040	–	2.81	1.5%	7.0	2.2
보령제약	2018/12	재기	9,980	18.3	0.37	2.0%	8.9	35.8
보령제약	2019/12	성장	16,600	20.3	2.75	13.6%	13.9	26.7
보해양조	2018/12	초기	1,890	–	2.66	-40.8%	-17.6	-17.3
보해양조	2019/12	초기	1,130	–	1.63	-19.0%	-6.7	-12.6
부광약품	2018/12	성숙	24,800	7.9	3.00	37.9%	28.4	101.8
부광약품	2019/12	초기	14,350	–	2.83	-1.1%	-13.8	0.3
부국증권	2018/12	쇠퇴	22,450	7.6	0.71	9.3%	10.6	-1.1
부국증권	2019/12	쇠퇴	20,850	7.9	0.63	7.9%	-2.8	0.3
부국철강	2018/12	재기	2,975	28.6	0.54	1.9%	-2.6	-5.0
부국철강	2019/12	재기	5,230	–	0.94	1.7%	-7.1	-3.5
부산도시가스	2018/12	쇠퇴	37,300	7.6	0.67	8.8%	1.8	11.4
부산도시가스	2019/12	쇠퇴	35,700	7.3	0.60	8.2%	2.2	3.5
부산산업	2018/12	초기	163,000	–	4.60	6.0%	-0.6	-5.5
부산산업	2019/12	초기	145,500	–	4.17	-1.0%	-30.8	-0.4
부산주공	2018/12	재기	488	–	0.31	-38.9%	6.9	0.1
부산주공	2019/12	재기	469	–	0.66	-72.3%	0.4	-38.2
비비안	2018/12	재기	6,160	–	0.44	-7%	-1.1	-1.8
비비안	2019/12	초기	20,500	44.9	1.42	3%	-3.5	-1.3
비상교육	2018/12	말기	6,210	10.0	0.49	4.9%	6.1	5.6
비상교육	2019/12	쇠퇴	7,770	6.0	0.54	9.0%	28.6	20.0
비와이씨	2018/12	재기	246,000	28.4	0.51	1.8%	0.9	0.3
비와이씨	2019/12	말기	236,500	9.3	0.47	5.0%	-14.0	3.1
비지에프	2018/12	말기	8,070	10.2	0.46	4.5%	1446.9	-37.0
비지에프	2019/12	재기	5,600	–	0.37	0.2%	-58.9	-7.4
비지에프리테일	2018/12	성장	204,000	22.9	8.84	38.7%	0.0	0.0
비지에프리테일	2019/12	성장	169,500	19.6	5.86	30.0%	2.9	8.2
비케이탑스	2018/12	초기	2,225	–	2.38	-10.8%	-17.0	-71.9
비케이탑스	2019/12	초기	526	–	1.37	-68.4%	-16.3	-3.1
비티원	2018/12	초기	4,900	–	4.96	7.4%	6.9	-56.6

회사명	회계년도	성장단계	Price	PER	PBR	ROE	매출액증가율	유형자산증가율
비티원	2019/12	성숙	2,985	7.3	1.50	20.5%	29.5	946.6
빙그레	2018/12	초기	72,500	20.0	1.37	6.9%	−0.4	−3.3
빙그레	2019/12	성숙	56,000	12.5	1.01	8.1%	2.3	0.6
사조대림	2018/12	재기	24,200	20.1	0.74	3.7%	−8.7	2.4
사조대림	2019/12	쇠퇴	16,000	1.4	0.44	31.1%	81.1	191.0
사조동아원	2018/12	성숙	1,185	8.7	1.10	12.6%	9.1	−12.9
사조동아원	2019/12	재기	1,005	−	0.85	−2.8%	1.1	−4.1
사조산업	2018/12	말기	49,850	11.6	0.89	7.7%	−13.7	−1.5
사조산업	2019/12	재기	37,300	27.2	0.65	2.4%	−0.6	−2.6
사조씨푸드	2018/12	말기	6,340	8.6	0.50	5.8%	5.0	−3.8
사조씨푸드	2019/12	재기	5,290	−	0.45	−2.8%	−12.2	−3.0
사조오양	2018/12	말기	9,730	11.5	0.65	5.6%	−4.5	−1.7
사조오양	2019/12	쇠퇴	7,570	5.4	0.46	8.6%	5.9	−6.1
삼부토건	2018/12	재기	4,325	−	0.39	0.1%	−34.8	−10.5
삼부토건	2019/12	말기	717	9.7	0.40	4.1%	27.5	22.4
삼성SDI	2018/12	초기	219,000	27.9	1.54	5.5%	51.0	54.2
삼성SDI	2019/12	초기	236,000	−	1.63	2.1%	0.8	−1.3
삼성공조	2018/12	재기	9,100	13.4	0.36	2.7%	−13.7	−7.6
삼성공조	2019/12	재기	7,990	14.5	0.31	2.2%	−8.3	−8.3
삼성물산	2018/12	초기	105,500	14.7	1.11	7.5%	1.9	−4.7
삼성물산	2019/12	재기	108,500	33.1	0.95	2.9%	−4.1	−3.1
삼성바이오로직스	2018/12	초기	386,500	−	6.18	5.4%	15.3	13.5
삼성바이오로직스	2019/12	초기	433,000	−	6.61	4.7%	30.9	−0.9
삼성생명보험	2018/12	쇠퇴	81,600	8.2	0.64	7.8%	2.9	−22.8
삼성생명보험	2019/12	재기	74,500	16.0	0.46	2.9%	−2.7	9.7
삼성에스디에스	2018/12	성장	204,000	29.5	3.64	12.3%	11.8	2.0
삼성에스디에스	2019/12	성장	194,500	28.9	3.21	11.1%	0.2	2.7
삼성엔지니어링	2018/12	초기	17,600	−	4.46	4.5%	−5.0	−4.9
삼성엔지니어링	2019/12	성장	19,200	30.3	4.18	13.8%	11.5	−0.5
삼성전기	2018/12	성장	103,500	24.6	2.14	8.7%	13.6	15.5
삼성전기	2019/12	성장	125,000	21.4	2.36	11.0%	−5.5	−10.0
삼성전자	2018/12	말기	38,700	8.0	0.03	0.4%	5.2	12.4
삼성전자	2019/12	성장	55,800	24.7	2.26	9.2%	−9.2	4.9
삼성제약	2018/12	초기	2,530	−	1.00	−1.0%	9.9	−2.1

회사명	회계년도	성장단계	Price	PER	PBR	ROE	매출액증가율	유형자산증가율
삼성제약	2019/12	초기	4,195	35.6	1.73	4.9%	3.9	12.9
삼성중공업	2018/12	재기	7,410	–	0.63	-7.0%	-34.9	-4.7
삼성중공업	2019/12	재기	7,270	–	0.90	-27.6%	47.3	-2.7
삼성증권	2018/12	말기	31,500	8.8	0.64	7.3%	8.6	-9.0
삼성증권	2019/12	쇠퇴	38,600	9.3	0.74	8.0%	35.9	82.6
삼성출판사	2018/12	초기	11,100	–	1.64	-1.2%	0.9	20.9
삼성출판사	2019/12	초기	25,350	–	3.77	1.8%	11.2	-17.0
삼성카드	2018/12	말기	34,550	10.9	0.62	5.7%	-10.0	-27.8
삼성카드	2019/12	말기	38,600	12.0	0.68	5.6%	-1.1	36.1
삼성화재해상보험	2018/12	성숙	269,000	10.8	1.20	11.1%	1.5	1.8
삼성화재해상보험	2019/12	재기	243,500	17.0	0.92	5.4%	3.3	10.3
삼아알미늄	2018/12	재기	4,205	16.7	0.44	2.7%	9.8	0.3
삼아알미늄	2019/12	말기	4,430	9.8	0.45	4.6%	-3.4	5.9
삼양사	2018/12	재기	55,000	17.1	0.57	3.3%	2.6	5.6
삼양사	2019/12	재기	50,600	29.7	0.52	1.8%	-6.9	9.8
삼양식품	2018/12	성숙	52,000	11.5	1.80	15.7%	2.2	-3.4
삼양식품	2019/12	성숙	89,900	13.2	2.62	19.8%	15.3	1.6
삼양통상	2018/12	쇠퇴	42,700	4.9	0.45	9.2%	8.9	3.2
삼양통상	2019/12	쇠퇴	59,900	4.1	0.56	13.8%	5.1	-3.6
삼양패키징	2018/12	성숙	16,800	11.1	3.02	27.1%	9.9	36.4
삼양패키징	2019/12	성숙	15,750	7.9	2.27	28.8%	2.5	-0.2
삼양홀딩스	2018/12	말기	78,500	12.6	0.51	4.1%	-9.3	-3.6
삼양홀딩스	2019/12	재기	67,000	25.2	0.44	1.7%	-30.0	0.6
삼영무역	2018/12	쇠퇴	14,050	4.4	0.82	18.6%	3.7	-0.1
삼영무역	2019/12	쇠퇴	15,900	8.7	0.92	10.6%	-7.6	-0.3
삼영전자공업	2018/12	재기	11,850	17.9	0.54	3.0%	7.7	2.2
삼영전자공업	2019/12	재기	9,020	21.0	0.41	2.0%	-18.4	-0.7
삼영화학공업	2018/12	재기	829	–	0.62	-15.1%	2.1	-11.6
삼영화학공업	2019/12	재기	998	–	0.78	-4.6%	2.0	-13.5
삼원강재	2018/12	말기	2,840	9.5	0.57	6.0%	3.8	-1.2
삼원강재	2019/12	말기	3,020	11.6	0.59	5.1%	-6.1	-9.6
삼익악기	2018/12	재기	1,795	–	0.96	0.6%	-29.0	2.7
삼익악기	2019/12	재기	1,855	21.6	0.97	4.5%	30.9	29.6
삼익티에이치케이	2018/12	성숙	9,770	11.2	1.14	10.2%	-23.7	23.3

회사명	회계년도	성장단계	Price	PER	PBR	ROE	매출액증가율	유형자산증가율
삼익티에이치케이	2019/12	초기	11,600	–	1.32	2%	−18.0	20.4
삼일씨엔에스	2018/12	재기	10,350	–	0.48	−2.7%	−6.9	−16.9
삼일씨엔에스	2019/12	재기	7,620	36.1	0.35	1.0%	−4.9	13.0
삼일제약	2018/12	초기	20,600	–	2.10	−16.5%	2.9	−13.3
삼일제약	2019/12	초기	21,050	–	2.29	1.5%	28.2	10.3
삼정펄프	2018/12	재기	33,450	–	0.46	−0.1%	−5.4	−12.4
삼정펄프	2019/12	재기	32,850	17.6	0.45	2.5%	8.4	−10.0
삼진제약	2018/12	성장	40,150	19.3	2.92	15.1%	6.0	2.3
삼진제약	2019/12	성장	24,950	25.8	1.93	7.5%	−7.0	−3.6
삼천리	2018/12	재기	91,000	13.3	0.30	2.2%	0.6	1.9
삼천리	2019/12	말기	84,500	8.9	0.27	3.0%	0.1	0.3
삼호개발	2018/12	쇠퇴	5,040	5.8	0.70	12.1%	12.7	5.4
삼호개발	2019/12	쇠퇴	4,450	4.7	0.58	12.3%	21.8	2.5
삼화왕관	2018/12	쇠퇴	46,850	8.8	0.76	8.7%	3.0	4.1
삼화왕관	2019/12	쇠퇴	45,550	9.1	0.70	7.7%	2.1	2.2
삼화전기	2018/12	성장	21,700	34.4	3.49	10.1%	−6.0	−1.5
삼화전기	2019/12	초기	15,400	36.8	2.42	6.6%	1.8	−28.6
삼화전자공업	2018/12	초기	2,245	–	1.48	−21.9%	3.0	8.8
삼화전자공업	2019/12	초기	2,585	–	2.12	−21.1%	−1.1	−9.2
삼화콘덴서공업	2018/12	성숙	53,200	9.0	4.85	54.1%	47.7	58.9
삼화콘덴서공업	2019/12	성장	52,300	19.0	3.94	20.7%	−17.1	57.9
삼화페인트공업	2018/12	재기	6,920	–	0.74	1.3%	6.1	0.0
삼화페인트공업	2019/12	재기	5,140	45.1	0.55	1.2%	−0.6	0.0
상상인증권	2018/12	초기	1,820	–	1.18	−13.7%	−26.2	−41.3
상상인증권	2019/12	재기	1,330	–	0.74	−3.7%	3.8	4503.2
상신브레이크	2018/12	쇠퇴	4,220	4.8	0.51	10.7%	−1.6	−3.1
상신브레이크	2019/12	쇠퇴	3,510	5.7	0.41	7.2%	3.0	3.3
새론오토모티브	2018/12	말기	5,890	11.6	0.64	5.5%	−5.0	−3.7
새론오토모티브	2019/12	말기	5,050	9.1	0.52	5.7%	2.0	−8.9
샘표	2018/12	쇠퇴	33,450	5.8	0.64	11.1%	54.5	−0.1
샘표	2019/12	쇠퇴	40,750	8.0	0.73	9.1%	57.4	−0.1
샘표식품	2018/12	쇠퇴	27,850	7.1	0.98	13.9%	0.5	9.0
샘표식품	2019/12	성숙	34,000	6.6	1.02	15.4%	1.1	9.3
서연	2018/12	재기	3,630	–	0.26	0.4%	20.3	−11.7

회사명	회계년도	성장단계	Price	PER	PBR	ROE	매출액 증가율	유형자산 증가율
서연	2019/12	재기	2,920	–	0.23	−15.1%	9.1	−11.8
서연이화	2018/12	재기	4,450	–	0.18	−1.2%	0.9	−4.1
서연이화	2019/12	재기	4,935	–	0.22	−10.8%	3.0	9.7
서울도시가스	2018/12	말기	85,400	10.8	0.47	4.3%	2.8	−2.4
서울도시가스	2019/12	재기	70,600	19.5	0.39	2.0%	−2.1	0.2
서울식품공업	2018/12	초기	177	–	2.22	2.5%	25.3	1.1
서울식품공업	2019/12	초기	176	–	2.43	−8.2%	−12.2	−0.6
서원	2018/12	재기	1,080	30.9	0.66	2.1%	0.9	1.9
서원	2019/12	초기	2,830	–	1.70	2.0%	2.1	1.5
서흥	2018/12	성숙	23,400	12.2	1.23	10.1%	10.4	−1.7
서흥	2019/12	성숙	35,500	13.1	1.72	13.2%	12.0	1.6
선도전기	2018/12	초기	4,415	–	1.17	0.0%	−22.8	−2.1
선도전기	2019/12	재기	3,035	–	0.77	−1.4%	7.2	20.7
선진	2018/12	재기	11,350	13.9	0.79	5.7%	7.5	7.2
선진	2019/12	쇠퇴	9,390	8.3	0.61	7.3%	4.4	7.5
선창산업	2018/12	재기	5,290	–	0.26	−0.8%	−6.4	10.1
선창산업	2019/12	재기	4,340	–	0.25	−18.2%	−29.0	−10.0
성문전자	2018/12	초기	2,645	–	1.70	3.0%	−13.6	38.8
성문전자	2019/12	초기	2,150	–	1.51	−9.0%	−27.3	25.7
성보화학	2018/12	재기	5,720	18.5	0.77	4.1%	−15.2	−8.2
성보화학	2019/12	재기	4,460	–	0.62	−2.0%	−15.5	0.8
성신양회	2018/12	재기	11,900	17.8	0.82	4.6%	0.3	−18.0
성신양회	2019/12	말기	6,980	10.0	0.46	4.6%	−14.3	−1.6
성안	2018/12	재기	634	–	0.40	−5.8%	42.4	−8.4
성안	2019/12	재기	660	–	0.58	−40.2%	13.9	−1.6
성창기업지주	2018/12	재기	1,935	–	0.49	0.9%	−3.8	0.0
성창기업지주	2019/12	재기	1,605	–	0.36	0.7%	−27.8	19.4
세기상사	2018/12	초기	65,500	–	1.14	−1.5%	−8.0	−1.7
세기상사	2019/12	초기	57,800	–	1.05	−4.2%	−0.7	−1.1
세방	2018/12	재기	12,000	21.9	0.49	2.2%	−1.4	13.0
세방	2019/12	재기	11,500	–	0.49	−3.7%	1.4	5.1
세방전지	2018/12	쇠퇴	35,950	5.2	0.52	10.0%	5.2	−0.5
세방전지	2019/12	쇠퇴	37,300	6.8	0.50	7.4%	−3.1	−21.9
세아베스틸	2018/12	재기	17,700	36.6	0.39	1.1%	6.0	0.2

회사명	회계년도	성장단계	Price	PER	PBR	ROE	매출액 증가율	유형자산 증가율
세아베스틸	2019/12	재기	15,250	40.9	0.33	0.8%	−13.7	−11.3
세아제강	2019/12	말기	60,900	6.9	0.31	4.5%	0.0	0.0
세아제강지주	2018/12	쇠퇴	49,300	1.8	0.45	25.2%	−99.4	−100.0
세아제강지주	2019/12	재기	47,400	−	0.30	0.5%	−8.8	435.0
세아특수강	2018/12	말기	14,900	10.4	0.42	4.0%	−3.9	−6.5
세아특수강	2019/12	말기	13,450	9.5	0.37	3.9%	−1.2	−6.7
세아홀딩스	2018/12	말기	97,300	12.0	0.43	3.6%	23.9	340.5
세아홀딩스	2019/12	말기	78,600	6.4	0.33	5.2%	−5.6	−75.2
세우글로벌	2018/12	초기	1,725	−	1.16	−3.8%	−15.1	−3.6
세우글로벌	2019/12	초기	1,990	−	1.34	2.1%	−10.8	−3.8
세원셀론텍	2018/12	초기	3,600	−	1.25	−9.0%	−15.3	−14.9
세원셀론텍	2019/12	초기	2,880	−	1.02	−11.1%	36.1	−0.5
세원정공	2018/06	재기	10,850	37.8	0.46	1.2%	2.3	−19.2
세원정공	2019/06	재기	8,520	19.1	0.36	1.9%	−11.0	5.9
세원정공	2020/06	말기	8,090	11.4	0.33	2.9%	3.3	11.1
세이브존아이앤씨	2018/12	말기	3,435	5.1	0.33	6.4%	−2.5	6.5
세이브존아이앤씨	2019/12	말기	3,260	5.5	0.30	5.5%	−8.4	0.7
세종공업	2018/12	재기	7,790	−	0.51	0.1%	−0.9	−3.7
세종공업	2019/12	재기	4,635	33.6	0.32	1.0%	−1.1	5.6
세진중공업	2018/12	재기	3,885	−	0.98	0.5%	−16.1	0.7
세진중공업	2019/12	초기	4,585	−	1.18	0.4%	34.5	−8.4
세하	2018/12	성숙	1,380	7.7	1.54	20.0%	7.8	4.2
세하	2019/12	성숙	2,490	6.6	1.96	29.9%	0.2	6.9
센트랄모텍	2019/12	초기	15,750	37.2	1.13	3.0%	−8.3	−15.4
센트럴인사이트	2018/12	성장	2,770	12.9	1.01	7.8%	−3.8	−4.4
센트럴인사이트	2019/12	초기	2,600	−	1.80	−112.8%	27.7	0.1
셀트리온	2019/12	성장	181,000	−	12.35	15.4%	13.9	3.5
송원산업	2018/12	초기	19,050	−	1.14	2%	6.2	−0.6
송원산업	2019/12	쇠퇴	15,550	10.7	0.88	8.2%	5.6	−1.9
수산중공업	2018/12	재기	1,650	−	0.96	−0.6%	−17.4	−2.3
수산중공업	2019/12	초기	2,530	−	1.46	−0.3%	−10.5	−9.9
시디즈	2018/12	성장	36,100	15.1	3.26	21.6%	1025.8	1005.5
시디즈	2019/12	성숙	44,250	9.5	3.06	32.2%	36.8	7.0
신대양제지	2018/12	쇠퇴	59,300	4.0	0.74	18.5%	1.6	−4.1

회사명	회계년도	성장단계	Price	PER	PBR	ROE	매출액 증가율	유형자산 증가율
신대양제지	2019/12	쇠퇴	59,500	7.4	0.69	9.3%	−19.9	−26.3
신도리코	2018/12	재기	45,900	14.3	0.54	3.8%	−1.4	−5.8
신도리코	2019/12	재기	36,900	39.0	0.44	1.1%	−24.1	−11.0
신라교역	2018/12	쇠퇴	12,900	5.2	0.42	8.0%	−14.2	93.2
신라교역	2019/12	재기	11,900	18.1	0.38	2.1%	−1.6	−0.6
신성이엔지	2018/12	초기	1,005	−	1.85	−8.8%	−63.9	−35.3
신성이엔지	2019/12	성장	950	15.8	1.52	9.6%	−0.8	−0.1
신성통상	2018/06	재기	1,040	20.0	0.65	3.3%	−5.8	−3.3
신성통상	2019/06	재기	1,080	20.0	0.67	3.3%	15.1	−0.1
신성통상	2020/06	초기	1,735	26.7	1.04	3.9%	8.6	11.8
신세계	2018/12	재기	256,000	14.1	0.81	5.8%	4.4	−4.3
신세계	2019/12	쇠퇴	289,000	4.1	0.76	18.7%	−10.5	−15.3
신세계건설	2018/12	쇠퇴	23,950	2.2	0.51	23.1%	1.9	−2.0
신세계건설	2019/12	쇠퇴	26,300	6.0	0.55	9.2%	−6.3	−1.3
신세계아이앤씨	2018/12	성숙	113,000	6.3	1.05	16.6%	16.7	22.3
신세계아이앤씨	2019/12	재기	107,500	16.5	0.98	5.9%	22.1	40.1
신세계인터내셔날	2018/12	성장	194,500	36.5	3.09	8.4%	16.7	−0.9
신세계인터내셔날	2019/12	성장	219,500	25.6	3.21	12.5%	14.4	0.1
신세계푸드	2018/12	초기	85,400	45.3	1.23	2.7%	6.6	19.9
신세계푸드	2019/12	초기	70,300	−	1.02	1.3%	3.3	−1.1
신송홀딩스	2018/12	재기	4,460	−	0.44	−11.1%	−18.4	−30.9
신송홀딩스	2019/12	재기	3,980	−	0.42	−4.3%	17.0	−44.7
신영와코루	2018/12	재기	131,000	36.5	0.40	1.1%	−6.0	1.1
신영와코루	2019/12	재기	100,000	21.4	0.30	1.4%	3.1	−23.7
신영증권	2018/03	쇠퇴	57,200	7.7	0.91	11.8%	−16.3	109.7
신영증권	2019/03	쇠퇴	57,500	7.1	0.89	12.5%	1.4	0.6
신영증권	2020/03	재기	45,350	17.3	0.71	4.1%	54.9	−5.2
신원	2018/12	재기	1,870	−	0.77	−3.6%	−2.7	−37.5
신원	2019/12	재기	1,845	−	0.74	0.3%	8.7	324.7
신일전자	2018/12	성숙	1,305	7.9	1.44	18.3%	16.7	36.8
신일전자	2019/12	초기	1,855	30.4	1.98	6.5%	−13.5	6.7
신풍제약	2018/12	초기	6,410	−	1.78	0.7%	0.8	−6.2
신풍제약	2019/12	초기	7,240	−	2.00	2.4%	1.7	−0.4
신풍제지	2018/12	쇠퇴	1,305	4.4	0.91	20.8%	6.9	−10.4

회사명	회계년도	성장단계	Price	PER	PBR	ROE	매출액증가율	유형자산증가율
신풍제지	2019/12	쇠퇴	1,495	2.0	0.77	37.8%	1.2	−57.9
신한금융지주회사	2018/12	재기	39,600	15.7	0.90	5.7%	50.0	48.8
신한금융지주회사	2019/12	재기	43,350	19.4	0.98	5.0%	−4.4	120.9
신화실업	2018/12	말기	20,350	11.1	0.74	6.7%	16.9	−3.0
신화실업	2019/12	재기	21,450	27.0	0.77	2.9%	3.4	−3.6
신흥	2018/12	초기	10,300	37.1	1.10	3.0%	0.4	10.9
신흥	2019/12	초기	9,510	−	1.04	0.9%	1.2	30.8
쌍방울	2018/12	재기	1,015	−	0.61	−41.7%	−1.9	0.0
쌍방울	2019/12	재기	1,095	−	0.81	−21.6%	−7.6	−7.2
쌍용양회공업	2018/12	재기	6,290	21.1	0.35	1.7%	−3.6	1.0
쌍용양회공업	2019/12	성장	5,670	20.8	1.69	8.1%	4.9	−0.9
쌍용자동차	2018/12	초기	3,960	−	1.60	−18.3%	6.2	−1.0
쌍용자동차	2019/12	초기	2,075	−	3.34	−367.6%	−2.2	−7.0
써니전자	2018/12	초기	2,320	−	1.65	1.6%	−3.1	−5.5
써니전자	2019/12	초기	3,850	−	2.20	1.1%	41.5	4.6
쎌마테라퓨틱스	2018/12	초기	6,970	−	10.61	−312.8%	−30.5	34.6
쎌마테라퓨틱스	2019/12	초기	5,260	−	10.07	−749.9%	−35.0	−52.9
씨아이테크	2018/12	초기	506	−	1.23	−25.8%	40.1	−1.7
씨아이테크	2019/12	재기	458	−	0.94	−10.9%	28.8	−83.7
씨에스윈드	2018/12	초기	27,600	−	1.87	−5.0%	99.7	212.1
씨에스윈드	2019/12	초기	38,000	−	2.45	4.7%	63.1	2.2
씨제이	2018/12	초기	121,500	−	1.49	1.6%	7.4	138.8
씨제이	2019/12	초기	96,600	49.6	1.28	2.6%	6.9	−22.9
씨제이대한통운	2018/12	초기	167,000	−	1.69	2.0%	20.0	38.3
씨제이대한통운	2019/12	초기	155,000	−	1.37	−1.0%	5.9	5.0
씨제이씨지브이	2018/12	초기	41,000	−	2.72	−101.7%	4.6	−30.1
씨제이씨지브이	2019/12	초기	34,550	−	3.30	−29.8%	7.4	−13.7
씨제이씨푸드	2018/12	초기	2,320	38.7	1.37	3.5%	−8.5	−1.4
씨제이씨푸드	2019/12	초기	2,695	−	1.52	2.9%	−1.0	3.7
씨제이제일제당	2018/12	성숙	330,500	5.6	1.21	21.5%	14.8	18.5
씨제이제일제당	2019/12	재기	252,500	−	0.98	−1.8%	−2.7	−13.3
아남전자	2018/12	초기	2,590	−	3.71	−25.4%	9.1	2.4
아남전자	2019/12	초기	2,050	−	2.75	3.1%	26.5	−1.9
아모레퍼시픽	2018/12	초기	209,500	−	3.65	6.9%	1.2	2.7

회사명	회계 년도	성장 단계	Price	PER	PBR	ROE	매출액 증가율	유형자산 증가율
아모레퍼시픽	2019/12	성장	200,000	41.7	3.35	8.0%	6.6	−1.0
아모레퍼시픽그룹	2018/12	초기	72,700	−	3.83	3.1%	−26.8	−28.2
아모레퍼시픽그룹	2019/12	초기	82,700	−	3.76	5.8%	109.6	23.2
아세아	2018/12	재기	113,000	24.0	0.65	2.7%	3.5	18.9
아세아	2019/12	재기	103,500	18.6	0.58	3.1%	12.6	−2.9
아세아시멘트	2018/12	재기	103,500	−	0.59	1.1%	−11.1	1.4
아세아시멘트	2019/12	재기	76,000	20.8	0.43	2.1%	−2.0	−2.0
아세아제지	2018/12	쇠퇴	31,400	4.3	0.54	12.7%	4.1	−0.4
아세아제지	2019/12	쇠퇴	30,000	5.9	0.49	8.2%	−13.6	7.3
아시아나아이디티	2018/12	쇠퇴	11,650	8.5	0.89	10.5%	−6.3	−48.8
아시아나아이디티	2019/12	초기	21,300	−	1.96	3.2%	0.9	1964.4
아시아나항공	2018/12	초기	4,135	−	1.17	−13.3%	7.1	5.2
아시아나항공	2019/12	초기	5,400	−	2.00	−130.8%	−4.5	83.0
아이마켓코리아	2018/12	재기	6,920	13.2	0.70	5.3%	−2.6	202.5
아이마켓코리아	2019/12	초기	10,400	19.8	1.10	5.5%	−1.0	181.7
아이에스동서	2018/12	쇠퇴	30,650	3.9	0.94	23.9%	−7.6	4.6
아이에스동서	2019/12	재기	32,950	16.0	0.97	6.1%	−48.2	3.6
아이에이치큐	2018/12	초기	1,860	−	2.33	−8.9%	−14.7	−2.5
아이에이치큐	2019/12	초기	1,745	−	2.61	−74.9%	−7.2	199.9
아주캐피탈	2018/12	쇠퇴	8,530	6.4	0.71	11.0%	7.6	25.3
아주캐피탈	2019/12	쇠퇴	12,450	7.8	0.98	12.6%	20.3	49.2
알루코	2018/12	재기	2,795	14.7	0.95	6.4%	0.6	−3.8
알루코	2019/12	재기	2,745	−	0.99	−9.6%	−3.0	−2.4
애경산업	2018/12	성장	47,600	20.2	4.13	20.4%	10.8	40.0
애경산업	2019/12	성장	28,400	18.3	2.35	12.8%	0.1	13.3
애경유화	2018/12	쇠퇴	7,900	6.2	0.81	13.1%	10.1	22.2
애경유화	2019/12	쇠퇴	8,200	5.2	0.75	14.7%	−6.5	−0.1
에넥스	2018/12	초기	1,375	−	1.47	1.6%	3.3	10.4
에넥스	2019/12	초기	1,125	−	1.30	−8.4%	−18.2	−6.5
에스비에스	2018/12	재기	20,000	−	0.66	0.3%	18.3	−2.5
에스비에스	2019/12	재기	20,800	−	0.69	0.6%	−14.0	−5.5
에스비에스미디어홀딩스	2018/12	재기	2,040	−	0.53	0.2%	−67.6	−9.3
에스비에스미디어홀딩스	2019/12	재기	2,045	−	0.57	−4.4%	20.5	1.5
에스엘	2018/12	재기	19,950	24.9	0.92	3.7%	2.0	−3.4

회사명	회계년도	성장단계	Price	PER	PBR	ROE	매출액증가율	유형자산증가율
에스엘	2019/12	쇠퇴	18,150	9.6	0.74	7.7%	91.4	104.5
에스원	2018/12	성장	100,500	33.6	5.24	15.6%	3.5	-0.6
에스원	2019/12	성장	93,700	22.5	4.48	19.9%	6.1	2.5
에스제이엠	2018/12	재기	3,020	19.7	0.35	1.8%	-14.7	-0.3
에스제이엠	2019/12	재기	3,840	31.7	0.45	1.4%	-3.0	-3.6
에스제이엠홀딩스	2018/12	재기	3,425	13.4	0.35	2.6%	-17.8	-33.5
에스제이엠홀딩스	2019/12	말기	3,235	8.8	0.33	3.7%	13.6	30.8
에스지세계물산	2018/12	재기	736	26.3	0.77	2.9%	23.4	8.4
에스지세계물산	2019/12	쇠퇴	904	11.6	0.87	7.5%	-2.5	-2.3
에스지충방	2018/12	초기	2,895	–	1.14	2.1%	-9.9	51.2
에스지충방	2019/12	말기	1,725	12.9	0.64	4.9%	-12.9	16.6
에스케이	2018/12	성숙	260,000	10.0	1.70	17.0%	7.9	-26.3
에스케이	2019/12	성숙	262,000	10.2	1.68	16.4%	21.5	5.1
에스케이가스	2018/12	말기	70,700	7.1	0.44	6.3%	15.8	35.5
에스케이가스	2019/12	말기	84,600	9.9	0.53	5.4%	-17.4	-1.0
에스케이네트웍스	2018/12	재기	5,200	–	0.60	0.2%	-8.8	-6.5
에스케이네트웍스	2019/12	재기	5,940	–	0.73	-4.4%	-14.8	-48.7
에스케이디스커버리	2018/12	재기	26,100	14.1	0.49	3.5%	-7.8	-50.1
에스케이디스커버리	2019/12	재기	26,150	–	0.56	-0.3%	63.6	50.2
에스케이디앤디	2018/12	성숙	26,750	7.8	1.30	16.7%	68.4	111.0
에스케이디앤디	2019/12	성장	29,100	18.0	1.61	8.9%	-35.8	28.1
에스케이렌터카	2018/12	초기	12,300	–	1.15	-0.1%	2.1	0.0
에스케이렌터카	2019/12	재기	11,800	16.7	0.79	4.7%	6.1	17.7
에스케이씨	2018/12	재기	35,800	26.2	0.91	3.5%	0.8	-1.4
에스케이씨	2019/12	초기	51,000	–	1.33	1.0%	-13.1	3.6
에스케이증권	2018/12	재기	660	20.6	0.42	2.0%	14.2	3.5
에스케이증권	2019/12	말기	607	8.5	0.54	6.3%	6.6	-17.7
에스케이케미칼	2018/12	초기	70,000	–	1.22	2.2%	0.0	0.0
에스케이케미칼	2019/12	초기	64,000	31.1	1.27	4.1%	-1.8	40.6
에스케이텔레콤	2018/12	성장	269,500	20.7	1.99	9.6%	-6.1	0.3
에스케이텔레콤	2019/12	성장	238,000	17.8	1.61	9.0%	-2.5	19.0
에스케이하이닉스	2018/12	성숙	60,500	2.7	1.04	37.9%	35.7	40.0
에스케이하이닉스	2019/12	초기	94,100	43.4	1.59	3.7%	-37.2	6.2
에스피씨삼립	2018/12	성장	127,500	36.4	4.00	11.0%	0.6	95.9

회사명	회계년도	성장단계	Price	PER	PBR	ROE	매출액증가율	유형자산증가율
에스피씨삼립	2019/12	성장	87,200	21.7	2.52	11.6%	16.8	110.8
에쓰씨엔지니어링	2018/12	재기	1,495	15.4	0.93	6.1%	22.2	278.5
에쓰씨엔지니어링	2019/12	초기	1,435	–	1.18	−32.1%	−50.5	36.2
에쓰−오일	2018/12	초기	97,700	44.8	1.78	4.0%	21.9	21.6
에쓰−오일	2019/12	초기	95,300	–	1.73	1.0%	−4.2	4.2
에어부산	2018/12	재기	6,090	14.2	0.43	3.0%	16.4	0.0
에어부산	2019/12	초기	5,890	–	3.01	−71.8%	−3.1	113.7
에이블씨엔씨	2018/12	재기	10,900	–	0.90	−3.5%	−7.2	−2.9
에이블씨엔씨	2019/12	초기	10,250	–	1.04	−10.9%	3.8	−12.7
에이엔피	2018/12	재기	390	–	0.46	−12.9%	3.5	24.9
에이엔피	2019/12	재기	350	–	0.50	−8.8%	0.3	−18.0
에이치디씨	2018/12	쇠퇴	17,250	1.2	0.43	36.5%	−98.8	−99.2
에이치디씨	2019/12	말기	11,050	6.5	0.34	5.2%	1.0	−26.5
에이치디씨아이콘트롤스	2018/12	쇠퇴	9,520	3.9	0.82	20.8%	3.0	11.5
에이치디씨아이콘트롤스	2019/12	초기	10,900	–	1.11	1.8%	−7.2	−0.3
에이치디씨현대산업개발	2019/12	쇠퇴	25,650	2.6	0.51	19.3%	0.0	0.0
에이치디씨현대이피	2018/12	재기	4,295	14.9	0.61	4.1%	−0.3	−1.5
에이치디씨현대이피	2019/12	쇠퇴	5,010	6.4	0.68	10.6%	−9.8	−5.4
에이치에스디엔진	2018/12	초기	5,280	–	1.09	−8.7%	−33.2	−11.0
에이치에스디엔진	2019/12	재기	4,470	–	0.81	−30.5%	32.2	−3.2
에이치엠엠	2018/12	초기	3,695	–	1.10	−125.6%	2.6	5.3
에이치엠엠	2019/12	초기	3,550	–	1.08	−114.1%	5.6	−6.0
에이케이홀딩스	2018/12	초기	54,000	32.4	1.47	4.6%	19.8	1660.0
에이케이홀딩스	2019/12	재기	34,600	24.1	0.93	3.9%	0.8	−2.7
에이프로젠제약	2018/12	초기	2,385	–	1.62	−7.2%	0.3	−4.9
에이프로젠제약	2019/12	재기	1,355	–	0.60	−1.6%	8.6	7.9
에이프로젠케이아이씨	2018/12	초기	7,800	–	1.93	−12.8%	11.2	−23.1
에이프로젠케이아이씨	2019/12	초기	2,725	–	1.43	−3.4%	0.8	−35.9
에프앤에프	2018/12	성숙	40,050	5.8	1.64	28.3%	15.2	62.0
에프앤에프	2019/12	성장	112,000	14.6	3.66	25.2%	37.0	16.2
엔씨소프트	2018/12	성장	466,500	22.4	4.50	20.1%	−1.1	1.7
엔씨소프트	2019/12	성장	541,000	36.2	5.01	13.8%	−0.3	20.2
엔아이스틸	2018/12	쇠퇴	2,270	6.3	0.62	9.8%	0.1	2.9
엔아이스틸	2019/12	말기	2,210	9.9	0.58	5.9%	−1.7	0.4

회사명	회계년도	성장단계	Price	PER	PBR	ROE	매출액증가율	유형자산증가율
엔에스쇼핑	2018/12	쇠퇴	12,800	9.3	0.95	10.2%	−1.1	−4.2
엔에스쇼핑	2019/12	말기	9,450	11.6	0.67	5.8%	3.7	−13.7
엔에이치엔	2018/12	재기	57,300	−	0.74	0.7%	−6.7	7.9
엔에이치엔	2019/12	재기	66,800	−	0.89	−0.1%	8.6	119.4
엔에이치투자증권	2018/12	말기	13,050	12.1	0.81	6.7%	−4.4	−1.6
엔에이치투자증권	2019/12	쇠퇴	12,700	8.9	0.74	8.4%	24.3	−59.1
엔케이	2018/12	초기	1,685	−	1.27	−25.5%	−9.3	−15.5
엔케이	2019/12	초기	1,130	−	1.07	−38.2%	16.8	−19.2
엔케이물산	2018/12	초기	638	−	1.09	−31.2%	−76.8	1580.0
엔케이물산	2019/12	초기	796	−	1.39	−5.8%	34.4	−24.9
엔피씨	2018/12	재기	3,765	15.3	0.63	4.1%	6.9	1.5
엔피씨	2019/12	말기	3,745	13.0	0.59	4.5%	0.2	−1.3
엘아이지넥스원	2018/12	초기	36,950	−	1.44	0.8%	−16.1	11.1
엘아이지넥스원	2019/12	초기	31,600	−	1.33	0.6%	−1.7	0.5
엘에스	2018/12	쇠퇴	49,100	7.5	0.78	10.4%	110.0	2.9
엘에스	2019/12	재기	47,800	25.7	0.49	1.9%	−64.0	−0.8
엘에스네트웍스	2018/12	재기	2,480	−	0.42	−3.3%	−12.8	8.3
엘에스네트웍스	2019/12	재기	2,310	−	0.43	−10.6%	5.9	0.4
엘에스전선아시아	2018/12	재기	5,630	30.6	0.64	2.1%	0.7	−19.6
엘에스전선아시아	2019/12	재기	8,020	40.3	0.91	2%	14.8	−25.9
엘에프	2018/12	말기	24,850	8.5	0.66	7.7%	1.8	2.2
엘에프	2019/12	말기	18,500	7.3	0.46	6.3%	−0.7	20.4
엘지	2018/12	초기	69,900	22.2	1.41	6.3%	5.9	−2.2
엘지	2019/12	초기	73,800	22.3	1.45	6.5%	15.5	27.8
엘지디스플레이	2018/12	재기	18,050	−	0.52	−3.6%	−12.6	20.0
엘지디스플레이	2019/12	재기	16,250	−	0.58	−26.5%	−3.2	−14.8
엘지상사	2018/12	재기	15,350	−	0.54	−6.3%	3.4	−7.0
엘지상사	2019/12	말기	15,050	9.9	0.50	5.0%	6.1	−31.8
엘지생활건강	2018/12	성장	1,101,000	30.5	7.81	25.6%	7.3	9.7
엘지생활건강	2019/12	성장	1,261,000	33.9	7.63	22.5%	11.7	13.2
엘지유플러스	2018/12	성장	17,650	16.2	1.53	9%	−1.4	−1.0
엘지유플러스	2019/12	성숙	14,200	13.9	1.11	8.0%	2.0	26.2
엘지전자	2018/12	초기	62,300	−	1.49	−0.1%	−6.2	1.9
엘지전자	2019/12	초기	72,100	−	1.78	−2.7%	−4.4	0.7

회사명	회계년도	성장단계	Price	PER	PBR	ROE	매출액증가율	유형자산증가율
엘지하우시스	2018/12	재기	56,600	–	0.63	−4.8%	0.2	3.4
엘지하우시스	2019/12	재기	54,700	–	0.63	−1.8%	−3.8	1.7
엘지헬로비전	2018/12	성장	9,160	17.8	2.57	14.4%	4.6	0.6
엘지헬로비전	2019/12	초기	6,050	–	1.33	−26.9%	−5.4	−4.6
엘지화학	2018/12	성장	347,000	16.8	1.86	11.1%	11.7	11.7
엘지화학	2019/12	초기	317,500	–	1.70	2.6%	−4.3	13.9
영보화학	2018/12	재기	3,730	14.2	0.56	3.9%	−5.5	−4.3
영보화학	2019/12	말기	3,485	8.1	0.50	6.2%	−3.3	−1.2
영원무역	2018/12	초기	38,350	40.2	1.55	3.8%	−6.1	4.5
영원무역	2019/12	초기	34,250	22.5	1.20	5.3%	16.8	−39.7
영원무역홀딩스	2018/12	초기	62,500	–	1.70	3%	34.2	−44.8
영원무역홀딩스	2019/12	초기	48,200	37.5	1.20	3.2%	38.2	−13.6
영진약품	2018/12	초기	5,940	–	9.94	−5.5%	−4.4	−2.2
영진약품	2019/12	초기	6,630	–	10.68	4.5%	18.3	5.9
영풍	2018/12	재기	745,000	35.1	0.79	2.2%	−5.3	−4.5
영풍	2019/12	재기	645,000	14.6	0.66	4.5%	−2.5	−7.8
영풍제지	2018/12	쇠퇴	3,400	4.3	0.69	16.1%	5.9	−9.8
영풍제지	2019/12	쇠퇴	3,115	6.0	0.59	9.8%	−10.4	76.9
영화금속	2018/12	재기	1,325	–	0.87	1.6%	25.7	14.2
영화금속	2019/12	초기	1,625	–	1.05	0.4%	2.6	−1.8
영흥	2018/12	재기	1,070	–	0.58	−12.3%	3.9	−2.7
영흥	2019/12	재기	1,145	22.5	0.62	2.8%	0.8	−13.1
예스코홀딩스	2018/12	재기	39,950	–	0.43	−4.4%	−56.2	−99.9
예스코홀딩스	2019/12	재기	37,400	20.0	0.43	2.1%	−96.8	8.1
오뚜기	2018/12	성장	724,000	17.5	2.36	13.5%	2.3	7.8
오뚜기	2019/12	성장	554,000	19.6	1.78	9.1%	0.6	29.4
오리엔트바이오	2018/03	초기	1,085	–	3.10	−18.0%	33.8	−7.0
오리엔트바이오	2019/03	초기	472	–	1.23	−31.7%	4.1	12.3
오리엔트바이오	2020/03	초기	547	–	2.45	−83.8%	14.1	−16.2
오리온	2018/12	성장	120,000	–	7.41	11.1%	0.0	0.0
오리온	2019/12	성장	105,500	–	6.06	11.1%	2.9	0.0
오리온홀딩스	2018/12	재기	17,100	44.9	0.57	1.3%	93.5	5.2
오리온홀딩스	2019/12	재기	17,800	–	0.60	0.4%	10.1	−14.6
와이지플러스	2018/12	초기	2,015	–	1.21	0.4%	107.9	−31.4

회사명	회계년도	성장단계	Price	PER	PBR	ROE	매출액증가율	유형자산증가율
와이지플러스	2019/12	초기	1,370	–	1.01	-24.5%	57.8	59.8
우리들제약	2018/12	성장	7,400	19.1	1.52	8.0%	11.6	-2.5
우리들제약	2019/12	초기	6,370	–	1.30	1.4%	6.8	81.0
우리들휴브레인	2018/12	초기	2,145	–	2.80	-67.7%	44.1	-48.7
우리들휴브레인	2019/12	초기	3,565	–	2.59	-14.9%	-33.0	-64.2
우리종합금융	2018/12	성장	756	15.8	1.64	10.4%	10.1	0.7
우리종합금융	2019/12	성숙	639	7.8	1.18	15.2%	-0.2	59.0
우성사료	2018/12	재기	2,405	–	0.50	-3.9%	4.0	8.0
우성사료	2019/12	쇠퇴	2,940	6.7	0.57	8.4%	17.8	-7.1
우신시스템	2018/12	초기	6,660	39.6	1.12	2.8%	38.4	-2.6
우신시스템	2019/12	재기	4,990	–	0.93	-9.8%	-11.3	-3.9
우진	2018/12	재기	4,780	–	0.80	-4%	-7.8	0.1
우진	2019/12	재기	4,200	–	0.75	-11.4%	-19.4	-2.2
우진아이엔에스	2018/12	말기	9,950	4.6	0.06	1.3%	-5.3	24.4
우진아이엔에스	2019/12	재기	8,400	30.1	0.62	2.1%	-19.3	6.9
우진플라임	2018/12	재기	5,220	–	0.77	-20.7%	-24.9	-4.1
우진플라임	2019/12	재기	3,460	–	0.66	-29.3%	3.7	-5.0
웅진	2018/12	재기	2,115	–	0.62	-45.9%	22.4	304.6
웅진	2019/12	재기	1,550	–	0.61	-55.2%	1.8	-94.1
웅진씽크빅	2018/12	쇠퇴	2,695	4.1	0.35	8.5%	2.9	-14.7
웅진씽크빅	2019/12	재기	3,035	–	0.94	-37.6%	1.1	-15.3
원림	2018/12	재기	18,650	–	0.59	-1%	-0.6	0.1
원림	2019/12	재기	18,150	–	0.58	0.0%	-3.3	-0.6
웰바이오텍	2018/12	초기	5,020	–	1.05	-14.8%	-10.0	-93.3
웰바이오텍	2019/12	초기	2,185	–	1.32	-24.4%	1.0	-11.3
위스컴	2018/12	재기	2,750	45.8	0.36	0.8%	-4.1	2.6
위스컴	2019/12	재기	2,660	29.6	0.35	1.2%	5.2	-4.5
윌비스	2018/12	재기	1,315	–	0.51	0.1%	-11.4	-2.2
윌비스	2019/12	재기	1,430	–	0.69	-33.0%	-12.7	-1.5
유니드	2018/12	재기	42,000	29.0	0.68	2.3%	2.9	5.8
유니드	2019/12	말기	46,750	11.0	0.72	6.6%	4.2	-0.9
유니온	2018/12	재기	3,815	–	0.57	-49.9%	5.1	2.9
유니온	2019/12	재기	4,005	–	0.71	-22.7%	7.0	-1.2
유니온머티리얼	2018/12	재기	1,815	–	0.99	-10.4%	2.3	-11.6

회사명	회계년도	성장단계	Price	PER	PBR	ROE	매출액증가율	유형자산증가율
유니온머티리얼	2019/12	초기	2,360	27.8	1.16	4.2%	−2.3	−0.6
유니켐	2018/12	성숙	1,495	8.7	1.56	17.9%	19.7	16.4
유니켐	2019/12	성숙	1,810	8.7	1.54	17.6%	22.6	57.4
유니퀘스트	2018/12	초기	6,380	41.2	1.17	2.9%	13.5	9.2
유니퀘스트	2019/12	초기	6,670	40.4	1.22	3.0%	28.3	4.5
유성기업	2018/12	재기	2,910	−	0.37	0.7%	−2.1	−6.5
유성기업	2019/12	말기	2,660	5.1	0.33	6.5%	5.3	−16.7
유수홀딩스	2018/12	초기	6,450	−	1.07	−16.6%	0.9	9.0
유수홀딩스	2019/12	쇠퇴	6,660	9.0	0.99	10.9%	−4.9	−96.3
유안타증권	2018/12	쇠퇴	3,140	6.3	0.59	9.5%	5.9	−2.3
유안타증권	2019/12	말기	2,865	7.6	0.51	6.7%	4.5	107.1
유양디앤유	2018/12	초기	7,270	−	3.84	−28.4%	−18.8	3.0
유양디앤유	2019/12	초기	4,880	−	2.50	−8.4%	18.9	−2.4
유엔젤	2018/12	초기	4,375	34.2	1.54	4.5%	8.4	−1.7
유엔젤	2019/12	초기	5,170	−	2.03	−12.4%	−18.8	9.5
유유제약	2018/12	초기	10,500	19.3	1.01	5.2%	0.0	0.0
유유제약	2019/12	초기	11,350	21.1	1.07	5.1%	6.6	2.7
유진투자증권	2018/12	말기	2,375	5.0	0.32	6.3%	10.6	−0.2
유진투자증권	2019/12	말기	2,290	6.6	0.29	4.5%	21.2	60.9
유한양행	2018/12	초기	204,500	28.5	1.69	5.9%	3.8	−2.7
유한양행	2019/12	초기	236,500	−	2.02	3.9%	−2.9	−7.7
유화증권	2018/12	재기	13,400	28.6	0.45	1.6%	11.3	8.7
유화증권	2019/12	재기	12,350	25.0	0.41	1.6%	−1.4	−1.3
율촌화학	2018/12	초기	12,900	23.2	1.02	4.4%	−1.8	8.5
율촌화학	2019/12	초기	14,000	18.5	1.12	6.1%	0.1	−3.4
이건산업	2018/12	초기	10,250	−	1.06	−3.8%	5.7	−4.7
이건산업	2019/12	말기	7,430	12.8	0.86	6.7%	−22.1	−1.7
이구산업	2018/12	재기	1,905	−	0.61	−2.5%	−0.9	−0.4
이구산업	2019/12	재기	1,780	−	0.60	0.0%	−7.4	−1.6
이노션	2018/12	성장	63,300	27.5	2.16	7.8%	−0.8	−50.7
이노션	2019/12	초기	70,900	37.0	2.39	6.5%	−10.5	6.5
이마트	2018/12	재기	182,500	14.6	0.63	4.3%	5.6	−0.8
이마트	2019/12	말기	127,500	13.2	0.42	3.2%	0.1	−7.9
이수페타시스	2018/12	초기	6,510	−	1.54	−4.4%	10.4	8.2

회사명	회계년도	성장단계	Price	PER	PBR	ROE	매출액증가율	유형자산증가율
이수페타시스	2019/12	초기	4,085	–	1.78	−76.7%	−4.3	3.5
이수화학	2018/12	말기	10,000	5.1	0.26	5.1%	15.9	0.7
이수화학	2019/12	재기	10,600	–	0.28	−0.8%	−0.3	10.8
이스타코	2018/12	재기	625	–	0.76	−22.7%	−84.0	−0.6
이스타코	2019/12	쇠퇴	708	2.3	0.64	27.7%	296.3	−95.4
이아이디	2018/12	재기	194	–	0.40	−11.2%	43.7	17.4
이아이디	2019/12	재기	224	–	0.64	−0.9%	−43.0	−1.8
이엔플러스	2018/12	초기	5,660	–	3.07	−2.8%	−35.1	49.7
이엔플러스	2019/12	초기	7,790	–	5.48	−87.5%	18.1	27.5
이연제약	2018/12	초기	13,900	–	1.08	1.8%	−2.6	171.2
이연제약	2019/12	초기	16,000	42.0	1.26	3.0%	7.0	90.6
이원	2018/12	말기	55,800	5.0	0.29	5.8%	6.1	1.8
이원	2019/12	재기	48,300	17.2	0.25	1.5%	0.5	−0.5
이월드	2018/12	초기	2,490	24.2	1.37	5.7%	−4.1	14.7
이월드	2019/12	초기	5,340	–	3.13	1.6%	445.7	1.5
이화산업	2018/12	재기	18,950	–	0.81	−0.2%	4.9	−1.9
이화산업	2019/12	재기	15,500	–	0.70	−6.3%	−15.6	−23.0
인디에프	2018/12	초기	2,270	–	2.04	0.3%	−1.7	−0.1
인디에프	2019/12	초기	2,370	–	2.27	−5.3%	2.3	16.5
인지컨트롤스	2018/12	재기	6,730	–	0.73	−0.4%	−3.3	0.3
인지컨트롤스	2019/12	재기	4,950	29.3	0.53	1.8%	−3.5	3.2
인천도시가스	2018/12	쇠퇴	29,500	7.5	0.75	10.1%	8.6	0.7
인천도시가스	2019/12	말기	28,700	10.5	0.71	6.7%	−1.9	1.8
인터지스	2018/12	재기	2,310	–	0.37	−8.4%	−5.7	−0.7
인터지스	2019/12	재기	2,215	–	0.40	−25.8%	−4.0	−18.2
인팩	2018/12	재기	3,115	17.4	0.39	2.2%	−11.3	3.3
인팩	2019/12	재기	3,720	–	0.47	−0.9%	−3.3	14.5
일동제약	2018/12	초기	20,450	36.5	2.47	6.8%	9.3	−0.3
일동제약	2019/12	초기	16,750	–	2.08	−7.4%	2.7	14.1
일동홀딩스	2018/12	재기	13,150	40.8	0.81	2.0%	18.3	0.9
일동홀딩스	2019/12	재기	11,100	–	0.79	−9.1%	12.7	42.4
일성건설	2018/12	재기	1,410	23.9	0.86	3.6%	−13.3	51.6
일성건설	2019/12	재기	1,270	34.3	0.77	2.3%	3.4	−25.5
일성신약	2018/12	재기	95,600	43.6	0.79	1.8%	−8.0	−5.2

회사명	회계 년도	성장 단계	Price	PER	PBR	ROE	매출액 증가율	유형자산 증가율
일성신약	2019/12	재기	82,100	16.9	0.63	3.8%	−21.5	−6.6
일신방직	2018/12	재기	96,000	19.3	0.47	2.4%	1.7	−6.9
일신방직	2019/12	재기	71,600	−	0.36	−1%	−6.3	−2.0
일신석재	2018/12	초기	2,285	−	3.56	0.8%	2.7	−3.3
일신석재	2019/12	초기	2,420	−	3.69	1.8%	23.1	2.5
일양약품	2018/12	초기	27,500	−	4.00	−7.6%	4.2	−3.3
일양약품	2019/12	초기	22,550	−	3.25	3.2%	7.3	−4.5
일정실업	2018/12	재기	19,250	−	0.54	−12.4%	−2.4	−5.3
일정실업	2019/12	재기	18,200	−	0.65	−27.6%	1.6	−4.2
일진다이아몬드	2018/12	성장	28,150	30.7	3.20	10.4%	1.2	−19.4
일진다이아몬드	2019/12	초기	27,950	−	1.87	0.9%	−33.1	3.1
일진디스플레이	2018/12	초기	3,240	−	1.16	2.1%	−17.9	−6.5
일진디스플레이	2019/12	초기	3,535	−	1.97	−57.7%	−53.6	1.4
일진머티리얼즈	2018/12	성장	41,000	45.7	3.70	8.1%	8.1	1.3
일진머티리얼즈	2019/12	성장	42,750	49.2	3.59	7.3%	−7.6	−2.0
일진전기	2018/12	재기	3,000	−	0.38	−5.0%	−3.7	1.3
일진전기	2019/12	재기	3,025	37.3	0.38	1.0%	−10.3	−1.7
일진홀딩스	2018/12	쇠퇴	3,030	6.8	0.61	9.0%	50.5	0.0
일진홀딩스	2019/12	초기	5,070	37.6	1.02	2.7%	−14.0	0.0
잇츠한불	2018/12	초기	26,850	−	1.36	2.5%	−8.8	−10.9
잇츠한불	2019/12	재기	19,300	−	0.99	−0.9%	−27.9	−8.0
자이에스앤디	2019/12	말기	5,710	8.4	0.09	1.1%	30.7	50.6
자화전자	2018/12	재기	11,800	−	0.82	0.4%	−26.8	18.4
자화전자	2019/12	재기	10,600	15.0	0.70	4.7%	7.3	2.5
전방	2018/12	재기	17,150	−	0.23	−25.6%	−14.1	−14.8
전방	2019/12	재기	15,350	−	0.30	−71.4%	−8.0	−5.2
제이더블유생명과학	2018/12	성장	21,950	22.9	1.93	8.4%	6.6	−2.8
제이더블유생명과학	2019/12	성장	19,800	14.2	3.02	21.2%	10.6	−1.0
제이더블유중외제약	2018/12	초기	40,750	−	3.73	3.3%	6.8	−3.4
제이더블유중외제약	2019/12	초기	29,600	−	3.14	−12.6%	−5.0	20.7
제이더블유홀딩스	2018/12	초기	7,140	36.4	2.50	6.9%	35.7	−1.6
제이더블유홀딩스	2019/12	초기	6,350	−	2.38	−0.2%	−28.9	−5.4
제이에스코퍼레이션	2018/12	재기	11,000	20.9	0.94	4.5%	−13.3	−26.5
제이에스코퍼레이션	2019/12	성숙	12,550	13.7	1.04	7.6%	24.5	5.1

회사명	회계 년도	성장 단계	Price	PER	PBR	ROE	매출액 증가율	유형자산 증가율
제이준코스메틱	2018/12	초기	10,900	–	2.42	−0.6%	1.6	9.5
제이준코스메틱	2019/12	초기	4,280	–	1.91	−132.5%	−69.0	−66.0
제이콘텐트리	2019/12	초기	38,550	–	14.04	2.4%	5.0	−9.0
제일기획	2018/12	성장	22,500	28.7	4.56	15.9%	12.7	−8.0
제일기획	2019/12	성장	24,050	22.9	4.73	20.7%	−4.0	1.9
제일약품	2018/12	초기	46,600	–	3.81	1.2%	0.0	0.0
제일약품	2019/12	초기	36,200	–	3.23	−6.4%	7.1	0.9
제일연마공업	2018/12	쇠퇴	6,210	9.6	0.89	9.3%	−0.6	3.7
제일연마공업	2019/12	성숙	7,780	13.7	1.05	7.7%	−2.2	11.0
제일파마홀딩스	2018/12	재기	25,800	25.4	0.23	0.9%	236.8	296.6
제일파마홀딩스	2019/12	재기	17,000	–	0.68	−22.5%	17.1	11.3
제주은행	2018/12	말기	4,655	4.3	0.22	5.2%	7.6	0.9
제주은행	2019/12	말기	4,055	5.1	0.27	5.3%	7.1	18.0
제주항공	2018/12	성숙	33,550	12.5	2.58	20.7%	26.1	87.4
제주항공	2019/12	초기	26,800	–	2.39	−12.3%	9.5	−14.4
조광페인트	2018/12	재기	6,530	–	0.50	−0.2%	4.2	31.0
조광페인트	2019/12	재기	5,500	–	0.43	−4.0%	−3.1	−3.4
조광피혁	2018/12	쇠퇴	34,450	9.1	0.97	10.6%	−26.8	−3.3
조광피혁	2019/12	쇠퇴	39,000	9.6	0.94	9.9%	−15.2	−11.6
조비	2018/12	초기	23,200	–	2.51	0.7%	0.9	−0.7
조비	2019/12	초기	15,300	–	1.66	−0.3%	17.2	−0.7
조선내화	2018/12	쇠퇴	83,500	7.3	0.69	9.6%	15.0	−2.3
조선내화	2019/12	재기	88,800	18.0	0.75	4.2%	−7.3	−2.2
조선선재	2018/12	쇠퇴	79,000	7.6	0.99	13.0%	−5.0	−2.5
조선선재	2019/12	쇠퇴	82,600	7.0	0.96	13.7%	2.1	1.7
조일알미늄	2018/12	재기	891	–	0.33	−5.6%	6.2	8.6
조일알미늄	2019/12	재기	730	–	0.45	−67.8%	−1.9	−43.8
조흥	2018/12	재기	182,500	13.6	0.90	6.6%	3.7	28.0
조흥	2019/12	말기	149,500	11.4	0.72	6.3%	16.1	11.6
종근당	2018/12	성장	102,000	23.6	2.49	10.6%	8.1	−0.5
종근당	2019/12	성장	97,000	18.6	2.24	12.1%	12.9	−0.4
종근당바이오	2018/12	재기	20,750	13.4	0.75	5.6%	5.4	11.3
종근당바이오	2019/12	쇠퇴	29,500	12.0	0.99	8.3%	10.2	43.1
종근당홀딩스	2018/12	재기	62,500	19.6	0.93	4.8%	56.0	−76.5

회사명	회계년도	성장단계	Price	PER	PBR	ROE	매출액증가율	유형자산증가율
종근당홀딩스	2019/12	초기	101,000	–	1.50	3.0%	−15.5	28.2
주연테크	2018/12	재기	401	–	0.94	−10.5%	−25.9	1043.7
주연테크	2019/12	초기	796	–	2.17	−12.2%	22.8	−1.2
중소기업은행	2018/12	말기	14,050	6.5	0.47	7.3%	−12.0	3.7
중소기업은행	2019/12	말기	11,800	6.1	0.38	6.2%	9.5	9.1
지누스	2019/12	성장	92,800	27.1	4.33	16.0%	30.8	−0.4
지에스	2018/12	쇠퇴	51,600	11.6	0.95	8.2%	2.6	−1.7
지에스	2019/12	재기	51,600	17.6	0.93	5.3%	−27.8	−0.7
지에스건설	2018/12	쇠퇴	43,750	5.5	0.92	16.9%	9.0	−6.9
지에스건설	2019/12	쇠퇴	31,050	5.6	0.61	11.0%	−19.5	8.1
지에스글로벌	2018/12	재기	2,465	15.0	0.55	3.7%	22.1	4.3
지에스글로벌	2019/12	재기	2,220	–	0.54	−7.7%	−7.2	14.2
지에스리테일	2018/12	초기	40,500	27.5	1.64	6.0%	5.1	−0.1
지에스리테일	2019/12	초기	39,250	26.4	1.52	5.8%	3.2	−14.8
지엠비코리아	2018/12	재기	8,280	–	0.74	0.9%	−1.1	−0.1
지엠비코리아	2019/12	재기	4,915	–	0.43	0.6%	2.5	−7.9
지코	2018/12	성숙	680	12.4	1.44	11.6%	10.4	20.4
지코	2019/12	초기	839	–	2.30	−51.0%	0.3	12.6
지투알	2018/12	초기	7,530	–	1.45	0.7%	−40.5	1.3
지투알	2019/12	초기	6,550	–	1.40	−4.2%	55.5	18.2
진도	2018/12	말기	4,875	10.8	0.59	5.5%	−6.3	−6.1
진도	2019/12	재기	3,705	–	0.47	−2.8%	−35.1	3.2
진양산업	2018/12	초기	5,240	32.1	2.21	6.9%	44.2	21.6
진양산업	2019/12	성숙	3,990	12.9	1.59	12.3%	3.6	−2.3
진양폴리우레탄	2018/12	초기	2,245	23.4	1.18	5.0%	27.3	−3.1
진양폴리우레탄	2019/12	성숙	3,900	5.1	1.52	30.0%	6.0	25.6
진양홀딩스	2018/12	쇠퇴	2,695	4.7	0.74	15.8%	109.8	−42.9
진양홀딩스	2019/12	말기	2,610	13.5	0.71	5.3%	−66.1	−75.0
진양화학	2018/12	초기	6,300	–	2.71	−1.2%	0.3	−1.0
진양화학	2019/12	초기	4,650	–	2.14	−8.0%	−10.5	0.0
진에어	2018/12	성장	19,250	13.0	2.30	17.7%	13.8	−43.3
진에어	2019/12	초기	15,300	–	2.47	−30.6%	−10.0	−91.9
진원생명과학	2018/12	초기	4,340	–	3.06	−47.2%	30.6	360.9
진원생명과학	2019/12	초기	2,410	–	2.33	−45.0%	20.0	294.2

회사명	회계년도	성장단계	Price	PER	PBR	ROE	매출액 증가율	유형자산 증가율
진흥기업	2018/12	초기	2,065	–	3.86	7.7%	17.1	-1.6
진흥기업	2019/12	성장	2,310	16.5	3.49	21.1%	-18.6	-1.0
참엔지니어링	2018/12	성숙	1,615	10.0	1.58	15.7%	-32.0	-5.9
참엔지니어링	2019/12	초기	1,405	–	2.02	-57.2%	-65.6	-5.4
천일고속	2018/12	초기	79,400	–	2.05	-0.4%	0.6	6.4
천일고속	2019/12	초기	70,000	–	2.01	1.5%	7.3	14.5
체시스	2018/06	초기	1,170	–	1.09	-19.1%	-17.7	0.0
체시스	2019/06	초기	2,375	–	2.50	-16.4%	-14.2	4.0
체시스	2020/06	초기	2,050	–	2.52	-22.1%	-0.2	-3.1
카카오	2018/12	초기	103,000	–	4.18	4.8%	20.0	13.4
카카오	2019/12	초기	153,500	–	5.37	-11.4%	28.9	5.2
카프로	2018/12	재기	4,335	17.3	0.65	3.8%	7.0	-10.8
카프로	2019/12	재기	3,110	–	0.68	-45.0%	-24.0	-10.6
케이비아이동국실업	2018/12	재기	836	–	0.32	-0.2%	17.4	-0.5
케이비아이동국실업	2019/12	재기	721	48.1	0.33	0.7%	1.7	1.5
케이씨	2018/12	쇠퇴	11,750	0.8	0.53	70.3%	17.0	16.3
케이씨	2019/12	쇠퇴	18,650	5.1	0.67	13.0%	-7.6	14.6
케이씨그린홀딩스	2018/12	재기	3,725	27.2	0.67	2.5%	-22.4	166.9
케이씨그린홀딩스	2019/12	재기	4,820	–	0.86	1.1%	6.1	588.4
케이씨씨	2018/12	재기	309,000	–	0.59	-0.4%	-2.3	-1.3
케이씨씨	2019/12	재기	233,500	–	0.56	-2.9%	-28.4	-18.2
케이씨코트렐	2018/12	재기	4,260	20.6	0.81	3.9%	1.5	-2.2
케이씨코트렐	2019/12	초기	6,850	–	1.29	1.7%	84.0	16.8
케이씨텍	2018/12	쇠퇴	9,490	3.5	0.76	22.1%	0.0	0.0
케이씨텍	2019/12	성숙	23,350	12.6	1.66	13.2%	-25.7	7.7
케이씨티시	2018/12	말기	2,875	9.5	0.56	5.9%	14.6	-0.7
케이씨티시	2019/12	말기	2,750	10.2	0.49	4.8%	6.0	0.4
케이알모터스	2018/12	재기	500	–	0.93	-25%	27.6	-1.9
케이알모터스	2019/12	초기	279	–	1.14	-61.6%	35.4	29.9
케이에스에스해운	2018/12	쇠퇴	6,480	7.1	0.62	8.7%	14.2	2.5
케이에스에스해운	2019/12	쇠퇴	7,730	7.6	0.66	9%	14.1	2.6
케이이씨	2018/12	재기	1,035	–	0.53	0.7%	-9.3	-4.2
케이이씨	2019/12	재기	1,035	–	0.58	-9.4%	-7.1	-54.8
케이지케미칼	2018/12	초기	17,400	–	1.21	-2%	-0.1	-4.3

회사명	회계년도	성장단계	Price	PER	PBR	ROE	매출액증가율	유형자산증가율
케이지케미칼	2019/12	재기	12,000	–	0.87	−5.7%	−8.3	−0.8
케이티	2018/12	재기	29,800	13.0	0.80	6.2%	0.1	−4.5
케이티	2019/12	재기	27,000	15.3	0.68	4.4%	4.9	5.4
케이티비투자증권	2018/12	재기	2,960	15.7	0.44	2.8%	3.1	0.7
케이티비투자증권	2019/12	쇠퇴	2,345	3.2	0.33	10.5%	14.8	156.1
케이티스카이라이프	2018/12	쇠퇴	11,500	10.7	0.91	8.5%	1.7	−6.6
케이티스카이라이프	2019/12	쇠퇴	8,720	8.2	0.65	7.9%	0.1	−11.8
케이티씨에스	2018/12	쇠퇴	2,485	9.3	0.74	7.9%	12.9	14.5
케이티씨에스	2019/12	말기	2,260	12.8	0.66	5.2%	1.0	320.1
케이티아이에스	2018/12	말기	2,445	10.4	0.57	5.4%	2.9	−0.8
케이티아이에스	2019/12	말기	2,300	8.5	0.50	5.9%	0.0	−17.8
케이티앤지	2018/12	성장	101,500	15.2	2.04	13.4%	−12.5	−5.3
케이티앤지	2019/12	성숙	93,800	13.3	1.80	13.5%	12.1	−7.0
케이피엑스케미칼	2018/12	재기	52,400	25.6	0.64	2.5%	8.2	12.7
케이피엑스케미칼	2019/12	쇠퇴	55,600	6.9	0.63	9.2%	5.1	−1.4
케이피엑스홀딩스	2018/12	재기	61,200	19.1	0.67	3.5%	−15.1	−37.2
케이피엑스홀딩스	2019/12	재기	54,400	15.3	0.59	3.8%	−9.9	372.0
코리아써키트	2018/12	재기	5,110	–	0.43	−10.7%	−9.6	−13.4
코리아써키트	2019/12	재기	11,950	19.0	0.95	5.0%	−1.1	−12.0
코리아오토글라스	2018/12	쇠퇴	12,600	5.8	0.82	14.1%	−7.1	−2.5
코리아오토글라스	2019/12	쇠퇴	16,150	9.8	0.95	9.7%	4.0	−4.5
코리안리재보험	2018/12	말기	8,660	10.7	0.47	4.4%	8.8	−2.7
코리안리재보험	2019/12	쇠퇴	9,110	5.8	0.46	7.9%	7.8	22.6
코스맥스	2018/12	성장	130,000	–	6.31	10.3%	28.6	−0.2
코스맥스	2019/12	성숙	79,900	8.7	2.79	32.2%	8.8	38.8
코스맥스비티아이	2018/12	재기	19,550	–	0.74	1.2%	83.7	0.4
코스맥스비티아이	2019/12	재기	13,450	22.8	0.50	2.2%	19.4	−52.0
코스모신소재	2018/12	초기	17,350	32.0	1.74	5.4%	69.7	11.2
코스모신소재	2019/12	초기	8,900	–	1.20	−3.5%	−54.3	−0.6
코스모화학	2018/12	초기	12,100	–	1.94	−5.8%	1.7	0.1
코스모화학	2019/12	재기	6,120	–	0.85	−13.1%	9.2	−2.8
코아스	2018/12	초기	1,350	–	1.89	−1.4%	−5.8	−3.2
코아스	2019/12	성장	1,290	18.2	1.67	9.2%	5.8	5.2
코오롱	2018/12	재기	30,900	–	0.85	−5.4%	−3.6	46.4

회사명	회계년도	성장단계	Price	PER	PBR	ROE	매출액 증가율	유형자산 증가율
코오롱	2019/12	재기	17,550	26.4	0.50	1.9%	3.9	−11.5
코오롱글로벌	2018/12	재기	7,130	14.5	0.51	3.5%	−8.4	−6.2
코오롱글로벌	2019/12	쇠퇴	9,690	4.1	0.63	15.3%	5.4	−1.8
코오롱머티리얼	2018/12	초기	3,000	−	3.11	−167.8%	9.5	−27.4
코오롱머티리얼	2019/12	초기	1,640	−	1.61	−70.8%	−74.4	−52.4
코오롱인더스트리	2018/12	쇠퇴	57,300	7.3	0.95	13.1%	4.1	4.1
코오롱인더스트리	2019/12	재기	49,750	−	0.88	0.8%	−3.6	−2.4
코오롱플라스틱	2018/12	성숙	5,610	12.0	1.12	9.3%	22.5	−1.8
코오롱플라스틱	2019/12	재기	4,480	29.5	0.88	3.0%	3.1	−6.6
코웨이	2018/12	성장	74,100	16.1	6.16	38.3%	3.2	5.3
코웨이	2019/12	성장	93,100	23.5	7.39	31.5%	5.7	54.2
콤텍시스템	2018/12	쇠퇴	1,445	9.6	0.85	8.8%	−12.2	−15.7
콤텍시스템	2019/12	재기	1,505	−	0.79	1.0%	90.8	23.1
쿠쿠홀딩스	2018/12	초기	118,500	21.8	1.42	6.5%	−97.0	4.2
쿠쿠홀딩스	2019/12	초기	105,000	36.2	1.35	3.7%	162.2	−97.0
쿠쿠홈시스	2018/12	성장	177,500	22.3	2.05	9.2%	0.0	0.0
쿠쿠홈시스	2019/12	성장	43,200	23.1	2.28	9.9%	30.7	−6.5
큐로	2018/12	재기	513	−	0.91	−23.4%	−42.2	−3.6
큐로	2019/12	초기	1,085	45.2	1.48	3.3%	63.1	−30.2
크라운제과	2018/12	쇠퇴	9,300	9.0	1.00	11.0%	0.0	0.0
크라운제과	2019/12	쇠퇴	8,690	6.1	0.84	13.7%	−0.5	1.3
크라운해태홀딩스	2018/12	재기	11,300	28.2	0.59	2.1%	40.3	−3.7
크라운해태홀딩스	2019/12	재기	10,400	−	0.59	−8.3%	−5.8	−16.4
키다리스튜디오	2018/12	초기	2,245	−	2.82	1.3%	64.9	4.5
키다리스튜디오	2019/12	초기	4,035	−	3.78	2.0%	28.4	34.0
키움증권	2018/12	성숙	78,200	11.0	1.05	9.6%	85.5	−3.3
키움증권	2019/12	성숙	79,500	7.2	1.03	14.3%	42.0	−1.6
키위미디어그룹	2018/12	초기	410	−	1.24	0.0%	−75.7	1.2
키위미디어그룹	2019/12	초기	150	−	1.22	−148.1%	177.4	159.9
태경비케이	2018/12	재기	2,600	19.8	0.65	3.3%	1.1	7.9
태경비케이	2019/12	초기	4,345	−	1.10	1.4%	−12.5	0.2
태경산업	2018/12	초기	5,580	17.9	1.10	6.2%	−4.7	9.8
태경산업	2019/12	성숙	5,710	5.2	1.00	19.3%	−13.1	−5.4
태경케미컬	2018/12	재기	4,640	13.7	0.50	3.7%	−3.0	28.3

회사명	회계년도	성장단계	Price	PER	PBR	ROE	매출액 증가율	유형자산 증가율
태경케미컬	2019/12	재기	5,250	17.2	0.55	3.2%	−12.1	−7.1
태광산업	2018/12	쇠퇴	1,320,000	6.3	0.59	9.3%	11.8	−14.4
태광산업	2019/12	재기	1,060,000	16.6	0.47	2.8%	−6.6	−2.7
태림포장	2018/12	재기	3,975	23.2	0.94	4.0%	8.3	−1.8
태림포장	2019/12	초기	4,250	20.3	1.03	5.1%	−4.4	−2.9
태양금속공업	2018/12	재기	1,350	19.9	0.44	2.2%	−3.7	−1.2
태양금속공업	2019/12	재기	1,425	−	0.54	−16.3%	0.1	−2.0
태영건설	2018/12	성숙	11,350	5.8	1.01	17.4%	33.9	10.6
태영건설	2019/12	쇠퇴	11,950	7.1	0.94	13.3%	9.0	16.3
태원물산	2018/12	초기	5,210	−	1.25	1.2%	−12.1	−3.9
태원물산	2019/12	재기	4,030	−	0.97	1.8%	0.0	−3.8
태평양물산	2018/12	쇠퇴	2,565	8.9	0.70	7.8%	0.3	−25.0
태평양물산	2019/12	재기	2,645	40.7	0.71	1.7%	−4.4	−10.9
테이팩스	2018/12	성장	21,050	16.0	3.15	19.6%	2.3	−3.3
테이팩스	2019/12	성숙	22,000	10.8	2.45	22.7%	3.9	−47.3
텔코웨어	2018/12	성숙	12,750	11.3	1.21	10.7%	1.8	−1.7
텔코웨어	2019/12	성장	13,300	17.7	1.25	7.1%	−0.8	−2.3
토니모리	2018/12	초기	11,250	32.5	1.49	4.6%	−16.6	35.7
토니모리	2019/12	초기	10,450	−	1.37	0.8%	−4.8	21.1
티비에이치글로벌	2018/12	재기	2,990	−	0.34	−29.1%	16.0	−1.9
티비에이치글로벌	2019/12	재기	2,750	−	0.54	−72.2%	0.9	−43.7
티에이치엔	2018/12	말기	2,385	8.3	0.52	6.3%	25.7	−4.4
티에이치엔	2019/12	쇠퇴	3,660	9.1	0.70	7.7%	7.8	37.1
티웨이항공	2018/12	성숙	7,480	8.5	1.15	13.5%	25.3	61.7
티웨이항공	2019/12	초기	5,650	−	1.46	−24.4%	10.8	12.4
티웨이홀딩스	2018/12	초기	2,380	−	3.63	−11.3%	−80.2	7.6
티웨이홀딩스	2019/12	초기	1,735	−	2.99	−9.3%	24.2	−2.2
파미셀	2019/12	성장	8,490	−	11.45	9.8%	14.6	−1.8
팜스코	2018/12	재기	7,780	26.4	0.81	3.1%	−5.5	15.6
팜스코	2019/12	재기	4,600	−	0.54	−9.6%	2.8	3.4
팬오션	2018/12	재기	4,445	16.5	0.91	5.5%	16.1	4.4
팬오션	2019/12	재기	4,545	15.8	0.85	5.4%	−7.8	11.1
퍼스텍	2018/12	초기	2,770	−	3.63	−94.9%	−6.1	−8.5
퍼스텍	2019/12	초기	2,085	−	3.78	−40.8%	−4.0	−12.7

회사명	회계년도	성장단계	Price	PER	PBR	ROE	매출액증가율	유형자산증가율
퍼시스	2018/12	쇠퇴	30,700	6.4	0.87	13.6%	9.1	−9.9
퍼시스	2019/12	쇠퇴	29,500	8.2	0.79	9.6%	−3.5	−1.3
페이퍼코리아	2018/12	초기	935	−	1.54	−174.5%	−20.3	10.0
페이퍼코리아	2019/12	초기	628	−	2.30	−100.9%	18.2	0.3
평화산업	2018/12	초기	2,465	−	3.81	−176.9%	3.8	−26.2
평화산업	2019/12	초기	1,230	−	1.44	−28.3%	5.1	7.0
평화홀딩스	2018/12	쇠퇴	6,200	6.5	0.67	10.3%	0.2	−13.1
평화홀딩스	2019/12	재기	3,600	−	0.40	−2.8%	−12.1	2.6
포스코	2018/12	재기	243,000	18.4	0.48	2.6%	7.4	−6.5
포스코	2019/12	재기	236,500	16.2	0.46	2.9%	−0.9	−0.1
포스코강판	2018/12	말기	20,700	12.0	0.58	4.8%	3.7	16.3
포스코강판	2019/12	재기	17,100	35.2	0.48	1.4%	−3.1	−4.9
포스코인터내셔널	2018/12	초기	18,200	23.0	1.64	7.1%	11.6	1.4
포스코인터내셔널	2019/12	성숙	18,650	12.0	1.37	11.4%	−2.4	−2.5
포스코케미칼	2019/12	성장	49,250	33.2	3.35	10.1%	7.0	186.9
폴루스바이오팜	2018/12	초기	6,010	−	5.02	−61.7%	−72.0	6.2
폴루스바이오팜	2019/12	재기	1,225	−	0.81	−22.8%	14.3	1.9
풀무원	2018/12	재기	79,600	20.5	0.88	4.3%	5.5	61.1
풀무원	2019/12	재기	11,250	47.7	0.11	0.2%	2.4	223.9
풍산	2018/12	말기	27,350	12.4	0.57	4.6%	−4.2	−0.7
풍산	2019/12	재기	23,800	44.2	0.49	1.1%	−13.0	−1.9
풍산홀딩스	2018/12	재기	36,750	16.5	0.67	4.1%	−0.3	0.3
풍산홀딩스	2019/12	재기	33,950	32.0	0.63	2.0%	−13.3	1.0
필룩스	2018/12	초기	12,200	−	4.23	−2.5%	4.9	1.5
필룩스	2019/12	초기	7,590	−	1.91	−3.0%	27.7	180.2
하나금융지주	2018/12	말기	36,250	11.2	0.70	6.3%	70.5	48.2
하나금융지주	2019/12	말기	36,900	9.8	0.70	7.1%	15.4	131.5
하나제약	2018/12	성숙	22,500	11.4	1.39	12.2%	9.7	−0.7
하나제약	2019/12	성숙	22,550	12.7	1.76	13.9%	8.8	63.5
하나투어	2018/12	성장	68,800	−	4.94	8.7%	21.9	98.5
하나투어	2019/12	초기	51,100	−	6.05	−37.1%	−14.6	295.6
하이스틸	2018/12	재기	26,900	−	0.42	−5.0%	−18.8	−1.9
하이스틸	2019/12	재기	19,150	−	0.30	−0.4%	24.2	−2.5
하이트론씨스템즈	2018/12	재기	3,620	23.4	0.58	2.5%	10.8	−1.5

회사명	회계년도	성장단계	Price	PER	PBR	ROE	매출액증가율	유형자산증가율
하이트론씨스템즈	2019/12	초기	3,165	–	1.03	−118.1%	−10.1	−0.6
하이트진로	2018/12	초기	16,600	46.6	1.19	2.5%	−0.4	−1.3
하이트진로	2019/12	초기	29,000	–	2.35	−4.7%	10.4	−0.7
하이트진로홀딩스	2018/12	재기	7,010	20.3	0.17	0.8%	−11.9	−28.7
하이트진로홀딩스	2019/12	재기	13,200	31.9	0.31	1.0%	1.7	−40.2
한국가스공사	2018/12	재기	48,200	14.0	0.67	4.8%	18.7	−0.5
한국가스공사	2019/12	재기	37,850	42.8	0.55	1.3%	−4.3	−1.0
한국공항	2018/12	말기	42,700	7.0	0.43	6.2%	9.1	−2.6
한국공항	2019/12	말기	45,200	8.4	0.46	5.5%	1.2	−3.2
한국내화	2018/12	재기	5,520	16.4	0.99	6.0%	−11.4	−2.6
한국내화	2019/12	재기	4,045	21.0	0.67	3.2%	−6.6	0.7
한국단자공업	2018/12	말기	40,600	12.6	0.68	5.4%	0.7	−7.4
한국단자공업	2019/12	재기	42,750	18.8	0.70	3.7%	3.6	2.3
한국석유공업	2018/12	재기	134,500	19.4	0.61	3.1%	19.2	0.4
한국석유공업	2019/12	재기	103,500	–	0.49	−4.1%	5.8	−30.6
한국수출포장공업	2018/12	말기	19,450	4.6	0.34	7.5%	14.6	−4.7
한국수출포장공업	2019/12	쇠퇴	19,800	4.5	0.33	7.4%	−3.2	−0.8
한국쉘석유	2018/12	성장	336,500	17.5	5.74	32.8%	4.4	39.3
한국쉘석유	2019/12	성장	323,000	20.0	5.53	27.7%	−3.6	24.0
한국유나이티드제약	2018/12	성숙	22,950	10.7	1.71	15.9%	7.6	11.2
한국유나이티드제약	2019/12	성숙	18,350	8.8	1.22	13.9%	4.4	11.5
한국자산신탁	2018/12	쇠퇴	4,400	4.8	0.87	18.2%	1.5	−25.2
한국자산신탁	2019/12	쇠퇴	3,370	4.7	0.66	14.0%	0.7	710.8
한국전력공사	2018/12	재기	33,100	–	0.39	−2.0%	0.5	3.0
한국전력공사	2019/12	재기	27,800	–	0.35	−5.1%	−2.2	4.3
한국전력기술	2018/12	초기	20,900	–	2.03	3.3%	−11.5	−4.4
한국전력기술	2019/12	초기	20,050	28.9	1.77	6.1%	3.4	−3.4
한국전자홀딩스	2018/12	재기	810	–	0.30	−0.5%	−38.9	−33.7
한국전자홀딩스	2019/12	재기	733	–	0.28	−4.1%	10.4	−50.9
한국조선해양	2018/12	재기	128,500	–	0.75	−3.3%	−20.2	−8.5
한국조선해양	2019/12	재기	126,500	–	0.83	−0.8%	−58.4	−91.2
한국종합기술	2018/12	재기	5,500	–	0.62	−7%	−4.3	−10.2
한국종합기술	2019/12	재기	3,925	–	0.47	−3.9%	14.7	−4.0
한국주강	2018/12	재기	1,595	–	0.40	−22.7%	30.8	−7.9

회사명	회계년도	성장단계	Price	PER	PBR	ROE	매출액증가율	유형자산증가율
한국주강	2019/12	재기	1,880	–	0.66	−42.7%	−7.3	−29.4
한국주철관공업	2018/03	초기	10,100	–	1.11	1.4%	2.7	−7.7
한국주철관공업	2019/03	초기	9,830	42.0	1.05	2.5%	−2.3	3.2
한국주철관공업	2020/03	재기	6,680	33.1	0.71	2.2%	−5.0	−1.9
한국지역난방공사	2018/12	재기	57,000	–	0.45	−15.3%	35.6	−2.6
한국지역난방공사	2019/12	재기	47,300	–	0.38	−1.8%	−4.8	3.7
한국철강	2018/12	재기	5,520	20.9	0.07	0.3%	5.2	−0.9
한국철강	2019/12	말기	4,730	11.4	0.30	2.7%	−7.5	2.0
한국카본	2018/12	초기	7,040	–	1.00	−1.0%	−4.9	16.1
한국카본	2019/12	성장	7,830	14.8	1.07	7.3%	20.9	20.4
한국콜마	2018/12	성장	70,500	29.3	3.49	11.9%	30.8	1.7
한국콜마	2019/12	성장	47,250	26.7	2.31	8.6%	−4.2	−2.1
한국콜마홀딩스	2018/12	초기	29,550	38.5	2.57	6.7%	23.3	2374.3
한국콜마홀딩스	2019/12	초기	22,550	–	1.79	1.2%	7.6	13.3
한국타이어앤테크놀로지	2018/12	초기	40,150	20.4	1.13	5.5%	−2.3	−1.7
한국타이어앤테크놀로지	2019/12	재기	33,550	17.2	0.91	5.3%	−0.6	−1.0
한국테크놀로지그룹	2018/12	재기	16,600	31.0	0.71	2%	−14.4	−18.2
한국테크놀로지그룹	2019/12	재기	14,400	24.8	0.61	2.4%	10.4	−2.4
한국토지신탁	2018/12	쇠퇴	2,700	5.0	0.95	19%	10.9	1.8
한국토지신탁	2019/12	쇠퇴	2,100	5.6	0.69	12.4%	−5.8	321.3
한국투자금융지주	2018/12	쇠퇴	59,500	10.3	0.82	7.9%	23.8	35.4
한국투자금융지주	2019/12	쇠퇴	72,400	12.1	0.96	7.9%	−7.3	247.2
한국특수형강	2018/12	재기	2,500	–	0.48	−5.9%	5.4	0.6
한국특수형강	2019/12	재기	1,630	–	0.79	−33.5%	7.1	−6.8
한국프랜지공업	2018/12	재기	1,360	–	0.05	0.1%	−29.4	−6.4
한국프랜지공업	2019/12	말기	2,200	5.4	0.37	6.9%	13.0	0.8
한국항공우주산업	2018/12	성장	31,900	41.2	5.33	12.9%	34.5	−2.1
한국항공우주산업	2019/12	성장	34,050	18.9	4.44	23.5%	11.6	25.5
한국화장품	2018/12	초기	10,750	–	3.29	−12.7%	56.0	−5.1
한국화장품	2019/12	초기	10,850	–	5.10	−53.6%	−18.1	−58.9
한국화장품제조	2018/12	성장	35,700	39.0	3.28	8.4%	31.4	2.6
한국화장품제조	2019/12	초기	31,050	–	2.99	−4.0%	−13.3	37.6
한농화성	2018/12	말기	4,005	10.4	0.57	5.5%	−5.5	5.7
한농화성	2019/12	쇠퇴	4,255	6.5	0.57	8.7%	−8.3	0.1

회사명	회계 년도	성장 단계	Price	PER	PBR	ROE	매출액 증가율	유형자산 증가율
한독	2018/12	초기	30,700	21.2	1.47	6.9%	6.5	1.6
한독	2019/12	초기	22,650	27.5	1.05	3.8%	6.0	2.3
한라	2018/12	재기	4,310	–	0.68	−2.6%	−19.9	−11.4
한라	2019/12	재기	3,000	–	0.51	−3.1%	2.9	805.9
한라홀딩스	2018/12	재기	43,750	–	0.60	1%	2.9	−1.6
한라홀딩스	2019/12	말기	45,900	14.0	0.62	4%	−8.3	−0.7
한미글로벌건축사무소	2018/12	초기	9,520	25.4	1.06	4.2%	14.5	−2.8
한미글로벌건축사무소	2019/12	초기	9,600	21.6	1.07	4.9%	−19.4	12.3
한미반도체	2018/12	성숙	7,780	8.1	2.54	31.2%	9.8	32.8
한미반도체	2019/12	성장	8,100	19.1	2.22	11.7%	−44.8	18.1
한미사이언스	2018/12	초기	79,000	–	9.38	1.2%	0.2	−6.1
한미사이언스	2019/12	초기	38,350	–	4.84	1.1%	16.3	−4.3
한미약품	2018/12	초기	464,000	–	10.28	2.5%	13.2	15.5
한미약품	2019/12	초기	296,500	–	6.91	4.9%	8.6	8.1
한샘	2018/12	성장	67,400	17.4	2.99	17.2%	−6.4	−20.9
한샘	2019/12	성장	62,200	26.5	2.64	10.0%	−13.1	69.4
한섬	2018/12	쇠퇴	36,250	11.4	0.92	8.0%	0.1	−11.4
한섬	2019/12	쇠퇴	31,550	9.2	0.82	9.0%	29.7	48.1
한성기업	2018/12	재기	5,810	–	0.59	−5.2%	−11.1	−0.4
한성기업	2019/12	재기	5,310	–	0.66	−38.0%	−5.9	22.3
한세실업	2018/12	초기	19,850	–	2.03	−17.4%	−2.8	−1.2
한세실업	2019/12	초기	17,300	–	1.80	3.1%	16.5	−4.6
한세엠케이	2018/12	재기	7,700	–	0.74	0.1%	−6.0	2.5
한세엠케이	2019/12	재기	4,515	–	0.60	−41.9%	−7.5	−22.3
한세예스24홀딩스	2018/12	초기	8,010	–	3.35	1.0%	34.8	−29.3
한세예스24홀딩스	2019/12	초기	7,380	–	3.31	4.0%	15.9	−11.4
한솔로지스틱스	2018/12	재기	1,325	–	0.54	−5.7%	−1.6	5.7
한솔로지스틱스	2019/12	성숙	1,535	9.6	1.41	14.7%	−2.7	2.7
한솔제지	2018/12	말기	16,600	10.1	0.70	7.0%	13.0	2.5
한솔제지	2019/12	말기	14,450	12.0	0.60	5.0%	−5.7	−6.4
한솔케미칼	2018/12	성장	77,500	13.0	2.60	20.0%	19.7	38.7
한솔케미칼	2019/12	성장	106,000	16.1	3.08	19.1%	−1.8	8.3
한솔테크닉스	2018/12	재기	6,220	–	0.86	−13.6%	−11.4	−4.7
한솔테크닉스	2019/12	재기	8,940	–	0.93	0.8%	14.2	−9.7

회사명	회계년도	성장단계	Price	PER	PBR	ROE	매출액증가율	유형자산증가율
한솔피엔에스	2018/12	쇠퇴	1,355	7.7	0.76	9.8%	11.0	4.1
한솔피엔에스	2019/12	쇠퇴	1,735	11.3	0.95	8.4%	−5.8	−3.7
한솔홀딩스	2018/12	재기	5,000	−	0.61	−11.3%	−7.8	0.7
한솔홀딩스	2019/12	재기	3,925	23.1	0.48	2.1%	4.2	−8.3
한솔홈데코	2018/12	재기	1,370	40.3	0.71	1.8%	14.6	−4.6
한솔홈데코	2019/12	재기	1,095	−	0.58	−2.3%	−11.8	−10.0
한신공영	2018/12	쇠퇴	16,800	1.4	0.47	33.6%	4.8	1.8
한신공영	2019/12	쇠퇴	14,800	2.6	0.36	13.6%	−25.3	8.3
한신기계공업	2018/12	재기	2,135	17.9	0.86	4.8%	−4.5	−4.4
한신기계공업	2019/12	재기	1,670	28.8	0.66	2.3%	−1.8	29.0
한양증권	2018/12	재기	6,830	19.2	0.34	1.8%	20.2	7.6
한양증권	2019/12	쇠퇴	7,850	4.5	0.36	7.9%	51.4	25.8
한온시스템	2018/12	초기	10,800	−	4.78	1.5%	6.4	2.3
한온시스템	2019/12	초기	11,150	−	5.62	6.3%	2.5	−8.3
한올바이오파마	2019/12	성장	36,300	−	14.65	15.0%	18.1	4.4
한익스프레스	2018/12	말기	4,345	8.7	0.08	0.9%	6.8	9.2
한익스프레스	2019/12	재기	4,410	17.9	0.81	4.5%	1.0	73.4
한일시멘트	2019/12	말기	93,400	9.6	0.45	4.7%	0.0	0.0
한일철강	2018/12	재기	19,200	−	0.26	−3.6%	10.6	0.2
한일철강	2019/12	재기	2,030	−	0.03	−0.8%	3.4	−2.5
한일현대시멘트	2018/12	초기	42,150	−	4.40	−18.3%	−2.6	0.2
한일현대시멘트	2019/12	성숙	30,450	12.4	2.75	22.2%	13.1	4.1
한일홀딩스	2018/12	쇠퇴	52,100	0.7	0.39	54.2%	−97.4	−99.9
한일홀딩스	2019/12	재기	43,900	−	0.37	−8.7%	−35.8	170.4
한전산업개발	2018/12	성숙	3,555	10.2	1.69	16.6%	−1.8	−10.9
한전산업개발	2019/12	성숙	3,500	6.8	1.49	21.8%	−6.2	−5.7
한전케이피에스	2018/12	성숙	33,200	9.3	1.68	18.1%	0.6	2.4
한전케이피에스	2019/12	성숙	39,150	11.2	1.82	16.3%	0.4	0.3
한진	2018/12	말기	53,800	11.9	0.63	5.3%	6.5	26.6
한진	2019/12	재기	30,000	48.6	0.36	0.7%	5.6	5.8
한진중공업	2019/12	초기	4,985	−	1.82	−45.6%	−8.1	−3.7
한진중공업홀딩스	2018/12	재기	2,930	−	0.26	−25.2%	−61.8	0.0
한진중공업홀딩스	2019/12	재기	2,590	−	0.27	−19.0%	103.6	0.0
한진칼	2018/12	초기	29,800	47.0	1.18	2.5%	5.2	−65.3

회사명	회계년도	성장단계	Price	PER	PBR	ROE	매출액 증가율	유형자산 증가율
한진칼	2019/12	초기	40,000	–	1.57	2.1%	5.3	−0.5
한창	2018/12	초기	1,815	–	2.44	−33.6%	7.1	0.5
한창	2019/12	초기	2,710	–	4.91	−39.5%	−35.5	−39.4
한창제지	2018/12	성장	2,970	18.1	2.36	13.1%	−0.5	−0.4
한창제지	2019/12	성장	3,060	24.5	2.17	8.9%	−9.3	0.7
한화	2018/12	쇠퇴	31,350	8.0	0.94	12%	12.6	−5.4
한화	2019/12	재기	25,000	20.9	0.74	4%	−15.1	7.1
한화생명보험	2018/12	말기	4,220	10.6	0.38	4%	−10.7	−1.8
한화생명보험	2019/12	재기	2,310	–	0.17	0%	5.4	1.0
한화손해보험	2018/12	말기	5,910	9.1	0.51	6%	7.2	2.5
한화손해보험	2019/12	재기	2,825	–	0.24	−5%	8.1	22.7
한화솔루션	2018/12	쇠퇴	20,200	6.3	0.66	10%	0.8	−1.3
한화솔루션	2019/12	재기	18,850	–	0.63	−1%	−13.7	−4.2
한화시스템	2019/12	성장	10,350	14.7	1.31	9%	35.5	−1.2
한화에어로스페이스	2018/12	초기	32,500	–	1.07	−2%	−44.3	9.4
한화에어로스페이스	2019/12	초기	35,050	–	1.21	2%	11.7	1.3
한화투자증권	2018/12	쇠퇴	2,035	4.9	0.40	8%	10.7	35.6
한화투자증권	2019/12	쇠퇴	2,065	3.9	0.33	8%	−17.5	351.7
해성디에스	2018/12	성숙	12,950	10.1	1.15	11%	11.8	12.1
해성디에스	2019/12	성장	15,800	17.0	1.34	8%	5.0	3.5
해태제과식품	2018/12	초기	9,300	–	2.79	5%	−9.9	5.5
해태제과식품	2019/12	초기	7,180	–	2.60	−50%	−5.1	1.9
핸즈코퍼레이션	2018/12	재기	6,220	–	0.57	0%	−4.7	−5.7
핸즈코퍼레이션	2019/12	재기	6,840	14.3	0.61	4%	9.8	−7.8
현대건설	2018/12	초기	54,600	26.1	1.16	4%	−1.5	−12.3
현대건설	2019/12	재기	42,300	17.4	0.86	5%	0.0	0.0
현대건설기계	2018/12	재기	42,700	15.4	0.41	3%	0.0	0.0
현대건설기계	2019/12	재기	29,900	–	0.61	−1%	−21.7	−0.8
현대그린푸드	2018/12	초기	14,300	15.4	1.16	8%	2.5	15.1
현대그린푸드	2019/12	재기	11,850	16.8	0.94	6%	1.9	24.4
현대글로비스	2018/12	성장	129,000	14.8	1.38	9%	3.6	−5.4
현대글로비스	2019/12	성장	143,000	14.2	1.41	10%	7.6	12.3
현대로템	2018/12	초기	27,850	–	2.55	−29%	−8.3	−0.6
현대로템	2019/12	초기	15,600	–	2.00	−64%	3.8	−1.6

회사명	회계년도	성장단계	Price	PER	PBR	ROE	매출액 증가율	유형자산 증가율
현대리바트	2018/12	성숙	20,050	10.9	1.01	9%	49.6	7.7
현대리바트	2019/12	말기	13,350	13.7	0.65	5%	−7.9	63.2
현대모비스	2018/12	말기	190,000	11.5	0.87	8%	5.7	−1.0
현대모비스	2019/12	성숙	256,000	12.7	1.11	9%	10.3	15.0
현대미포조선	2018/12	재기	60,000	27.2	0.53	2%	−1.5	45.6
현대미포조선	2019/12	재기	46,050	42.6	0.80	2%	24.7	0.2
현대백화점	2018/12	쇠퇴	90,400	5.5	0.58	10%	0.0	5.0
현대백화점	2019/12	말기	83,100	9.5	0.52	5%	0.7	3.4
현대비앤지스틸	2018/12	말기	8,900	7.0	0.37	5%	−1.8	1.8
현대비앤지스틸	2019/12	말기	9,010	6.3	0.35	6%	2.9	−0.4
현대약품	2018/11	초기	5,080	−	1.61	1%	2.7	−3.0
현대약품	2019/11	초기	5,150	−	2.05	2%	0.7	−4.4
현대에너지솔루션	2019/12	쇠퇴	17,250	6.1	0.44	7%	28.5	12.3
현대엘리베이터	2018/12	초기	107,000		3.07	0%	−5.4	−1.8
현대엘리베이터	2019/12	초기	68,300	−	1.88	0%	−3.5	8.3
현대오토에버	2019/12	성장	50,400	20.2	2.47	12%	7.5	6.8
현대위아	2018/12	재기	36,250	−	0.35	0%	3.5	−2.4
현대위아	2019/12	재기	50,200	23.7	0.48	2%	−10.3	0.1
현대일렉트릭앤에너지시스템	2018/12	재기	22,200	−	0.27	−11%	0.0	0.0
현대일렉트릭앤에너지시스템	2019/12	재기	11,550	−	0.36	−39%	−10.3	−11.1
현대자동차	2018/12	재기	118,500	−	0.71	1%	3.7	3.1
현대자동차	2019/12	말기	120,500	11.2	0.68	6%	13.9	6.6
현대제철	2018/12	재기	45,250	15.9	0.40	2%	10.2	−2.7
현대제철	2019/12	재기	31,450	−	0.27	0%	−2.9	−1.6
현대종합상사	2018/12	초기	28,100	−	1.28	−3%	7.9	−35.7
현대종합상사	2019/12	재기	17,900	14.6	0.73	5%	−7.6	15.0
현대중공업지주	2018/12	초기	346,000	38.7	1.08	3%	0.0	0.0
현대중공업지주	2019/12	쇠퇴	338,000	8.4	1.00	12%	−15.0	20.5
현대차증권	2018/12	말기	8,630	4.9	0.32	6%	18.0	36.3
현대차증권	2019/12	말기	10,050	5.3	0.31	6%	14.6	69.5
현대코퍼레이션홀딩스	2018/12	초기	16,000	31.2	1.02	3%	12.5	−18.4
현대코퍼레이션홀딩스	2019/12	말기	11,950	10.1	0.71	7%	8.8	1442.5
현대퓨처넷	2018/12	말기	4,060	12.7	0.92	7%	−0.2	−10.4
현대퓨처넷	2019/12	쇠퇴	3,410	10.1	0.77	8%	−0.6	3.2

회사명	회계년도	성장단계	Price	PER	PBR	ROE	매출액증가율	유형자산증가율
현대해상화재보험	2018/12	쇠퇴	41,050	9.3	0.93	10%	−1.1	1.9
현대해상화재보험	2019/12	말기	26,950	9.2	0.56	6%	7.1	13.6
현대홈쇼핑	2018/12	재기	99,000	14.5	0.85	6%	−4.7	−0.8
현대홈쇼핑	2019/12	재기	80,500	16.0	0.68	4%	5.9	−1.5
형지엘리트	2018/06	재기	3,880	−	0.89	0%	−6.2	1.5
형지엘리트	2019/06	재기	1,770	−	0.53	−23%	−3.1	−65.4
형지엘리트	2020/06	재기	999	−	0.49	−4%	−3.4	−49.3
혜인	2018/12	재기	5,310	−	0.73	−1%	−8.2	−7.7
혜인	2019/12	말기	4,315	9.6	0.56	6%	20.7	−4.1
호전실업	2018/12	재기	9,250	−	0.70	−7%	−5.4	8.4
호전실업	2019/12	초기	14,500	−	1.10	2%	−4.6	−2.6
호텔신라	2018/12	성장	76,500	31.3	3.78	12%	8.4	−0.9
호텔신라	2019/12	성장	90,800	25.5	3.94	15%	25.4	−1.8
화성산업	2018/12	쇠퇴	14,500	3.6	0.50	14%	−16.3	−2.8
화성산업	2019/12	재기	11,650	18.4	0.40	2%	−5.0	−0.9
화승알앤에이	2018/12	재기	2,060	−	0.65	−17%	1.6	−5.7
화승알앤에이	2019/12	쇠퇴	2,115	6.3	0.56	9%	2.5	−3.0
화승엔터프라이즈	2018/12	초기	10,650	−	3.27	2%	−89.2	−23.3
화승엔터프라이즈	2019/12	초기	16,950	−	5.02	3%	71.9	108.5
화승인더스트리	2018/12	성장	6,840	16.2	2.81	17%	−16.8	−93.0
화승인더스트리	2019/12	성장	11,900	35.2	4.29	12%	29.2	−77.5
화신	2018/12	재기	2,360	−	0.24	−10%	20.9	16.3
화신	2019/12	말기	3,270	9.1	0.33	4%	13.6	0.5
화인베스틸	2018/12	재기	2,655	39.6	0.83	2%	13.8	−11.5
화인베스틸	2019/12	재기	2,525	−	0.82	−8%	−7.1	−2.6
화천기계	2018/12	재기	18,200	−	0.33	−1%	−13.3	0.1
화천기계	2019/12	재기	2,760	−	0.05	−1%	−11.6	−0.6
화천기공	2018/12	말기	41,100	7.3	0.34	5%	0.2	5.3
화천기공	2019/12	말기	40,000	11.0	0.32	3%	−12.7	−0.9
환인제약	2018/12	성장	19,150	13.6	1.41	10%	4.5	−1.4
환인제약	2019/12	성숙	15,450	12.6	1.08	9%	2.9	−3.0
황금에스티	2018/12	재기	7,840	20.2	0.59	3%	0.1	−1.5
황금에스티	2019/12	말기	6,990	10.2	0.50	5%	4.2	−1.7
효성	2018/12	쇠퇴	50,000	0.4	0.66	184%	−95.9	−84.1

회사명	회계년도	성장단계	Price	PER	PBR	ROE	매출액증가율	유형자산증가율
효성	2019/12	재기	79,100	36.7	1.00	3%	−2.7	0.9
효성아이티엑스	2018/12	성장	10,400	15.5	3.91	25%	2.9	−2.0
효성아이티엑스	2019/12	성장	16,700	15.9	5.35	34%	−3.3	4.9
효성중공업	2019/12	재기	26,650	20.8	0.26	1%	0.0	0.0
효성첨단소재	2019/12	초기	111,000	−	1.41	−22%	0.0	0.0
효성티앤씨	2019/12	초기	154,500	−	1.90	1%	0.0	0.0
효성화학	2019/12	성숙	144,500	5.0	1.11	22%	0.0	0.0
후성	2018/12	성장	7,420	19.9	3.21	16%	11.5	34.3
후성	2019/12	초기	8,170	−	3.40	6%	−10.3	0.3
휠라홀딩스	2018/12	초기	53,500	−	1.60	3%	46.0	−40.1
휠라홀딩스	2019/12	성장	53,000	29.8	7.08	24%	22.5	18.6
휴니드테크놀러지스	2018/12	성숙	8,000	4.1	1.07	26%	44.5	−2.4
휴니드테크놀러지스	2019/12	쇠퇴	7,270	12.3	0.91	7%	−25.5	−1.9
휴비스	2018/12	재기	7,510	−	0.76	1%	4.8	−0.3
휴비스	2019/12	재기	6,090	23.8	0.61	3%	−18.8	5.8
휴스틸	2018/12	말기	11,550	9.6	0.22	2%	−18.0	−1.4
휴스틸	2019/12	재기	9,980	−	0.19	−1%	−15.4	0.1
휴켐스	2018/12	성숙	24,100	10.0	1.67	17%	9.9	−5.4
휴켐스	2019/12	성숙	21,150	11.7	1.43	12%	−13.5	−0.8
흥국화재해상보험	2018/12	말기	4,705	6.8	0.47	7%	−2.5	−1.7
흥국화재해상보험	2019/12	말기	3,065	6.0	0.29	5%	2.7	10.9
흥아해운	2018/12	초기	402	−	1.22	−174%	−9.7	−12.1
흥아해운	2019/12	초기	481	−	3.61	−301%	−86.2	−51.5

코스닥 상장법인

회사명	회계년도	성장단계	Price	PER	PBR	ROE	매출액증가율	유형자산증가율
CMG제약	2018/12	초기	4,235	–	4.81	6.4%	20.05	6.7
CMG제약	2019/12	초기	4,250	–	2.74	1.6%	17.56	39.7
KB오토시스	2018/12	쇠퇴	5,410	5.08	0.63	12.3%	-6.12	-12.5
KB오토시스	2019/12	말기	6,180	13.61	0.70	5.1%	-4.51	-1.8
KD	2018/12	초기	108	–	1.57	-238.8%	8.30	-26.0
KD	2019/12	성장	495	19.80	6.85	34.6%	299.89	-2.7
가비아	2018/12	초기	6,360	30.00	1.83	6.1%	5.41	9.2
가비아	2019/12	성장	8,280	23.19	2.12	9.1%	5.54	62.6
가온미디어	2018/12	재기	7,990	42.05	0.84	2.0%	13.55	2.4
가온미디어	2019/12	쇠퇴	8,250	6.88	0.79	11.5%	0.30	-1.8
감마누	2018/12	재기	408	–	0.27	-15.4%	-12.54	-19.3
감마누	2019/12	재기	408	45.33	0.26	0.6%	-14.84	-21.2
강스템바이오텍	2018/12	초기	21,800	–	7.97	-26.9%	-81.44	13.9
강스템바이오텍	2019/12	초기	8,140	–	2.43	-35.8%	-71.82	59.9
강원	2018/12	재기	2,740	21.08	0.86	4.1%	3.36	-4.2
강원	2019/12	초기	3,810	–	2.69	-149.4%	-50.47	2.7
갤럭시아머니트리	2018/12	성장	2,765	20.79	1.78	8.6%	17.74	80.7
갤럭시아머니트리	2019/12	성장	3,365	14.44	2.02	14.0%	5.13	120.5
게임빌	2018/12	초기	54,400	–	3.65	-33.1%	-8.72	2.2
게임빌	2019/12	초기	30,250	–	2.10	-8.4%	18.51	-83.7
경남바이오파마	2018/12	초기	8,380	–	3.03	-24.8%	8.20	-36.8
경남바이오파마	2019/12	초기	5,920	–	1.63	-0.8%	-10.53	1.1
경남스틸	2018/12	말기	1,995	9.28	0.12	1.3%	-4.19	16.0
경남스틸	2019/12	말기	1,785	9.60	0.53	5.6%	15.74	-3.4
경남제약	2018/12	성장	17,200	–	6.77	13.4%	3.23	-9.4
경남제약	2019/12	초기	9,950	–	2.54	-7.2%	8.41	-0.3
경남제약헬스케어	2018/12	초기	864	–	2.84	-89.2%	-17.50	-78.2
경남제약헬스케어	2019/12	재기	174	–	0.64	-14.4%	-25.22	-60.4
경동제약	2018/12	재기	11,400	–	0.76	1.0%	-0.19	-4.0
경동제약	2019/12	쇠퇴	7,920	9.41	0.98	10.5%	0.43	-5.1
경창산업	2019/12	재기	1,280	–	0.92	-124.9%	-10	-17.0
고려시멘트	2018/12	재기	2,595	17.42	0.98	5.6%	-2.15	1.8
고려시멘트	2019/12	초기	3,075	29.01	1.13	3.9%	-17.32	4.8
고려신용정보	2018/12	성숙	3,790	11.28	4.05	35.9%	17.91	2.9

회사명	회계년도	성장단계	Price	PER	PBR	ROE	매출액 증가율	유형자산 증가율
고려신용정보	2019/12	성숙	4,940	9.94	4.27	43.0%	12.32	347.7
고려제약	2018/12	성숙	7,220	12.01	1.28	10.7%	−6.09	−15.1
고려제약	2019/12	초기	7,190	20.14	1.25	6.2%	6.73	16.9
고영테크놀러지	2018/12	성장	82,500	26.35	5.23	19.8%	16.35	34.0
고영테크놀러지	2019/12	성장	105,500	40.99	6.14	15.0%	−4.70	9.4
골드퍼시픽	2018/12	재기	1,415	−	0.75	−25.3%	10.92	−93.6
골드퍼시픽	2019/12	초기	1,620	−	2.77	−187.6%	102.89	989.7
골프존	2018/12	성숙	33,450	9.68	1.19	12.3%	11.47	22.4
골프존	2019/12	성장	68,900	21.94	2.50	11.4%	24.78	34.9
골프존뉴딘홀딩스	2018/12	재기	3,685	−	0.33	−1.6%	−31.49	−10.0
골프존뉴딘홀딩스	2019/12	재기	3,545	−	0.34	−6.9%	67.06	−16.3
광림	2018/12	초기	2,495	−	1.01	−48.4%	−24.07	−8.1
광림	2019/12	초기	2,225	−	1.83	−111.9%	23.51	−2.1
광진실업	2018/12	재기	3,590	−	0.80	0.9%	2.71	−6.0
광진실업	2019/12	재기	3,740	−	0.86	−3.5%	−1.52	−2.1
광진윈텍	2018/12	재기	2,295	−	0.75	−6.3%	0.16	−2.9
광진윈텍	2019/12	쇠퇴	3,375	12.69	0.91	7.2%	−0.23	57.4
교보8호기업인수목적	2019/12	초기	2,060	−	1.13	0.5%	0	0.0
구영테크	2018/12	말기	1,540	7.90	0.54	6.8%	10.27	26.9
구영테크	2019/12	재기	1,820	28.89	0.84	2.9%	13.68	−0.1
국보디자인	2018/12	성숙	13,400	6.93	1.00	14.5%	−11.97	−2.4
국보디자인	2019/12	성숙	17,050	12.71	1.18	9.3%	2.58	18.3
국순당	2018/12	쇠퇴	4,060	4.72	0.37	7.9%	−12.33	17.7
국순당	2019/12	재기	3,250	−	0.30	0.3%	−8.80	−21.9
국영지앤엠	2018/12	초기	1,580	−	1.08	−0.7%	−10.44	−4.0
국영지앤엠	2019/12	초기	1,960	−	1.32	2.2%	29.68	1.8
국일신동	2018/12	초기	4,440	−	1.21	0.0%	−12.15	0.1
국일신동	2019/12	초기	5,920	−	1.40	−0.2%	−2.20	2.4
국일제지	2018/12	초기	1,185	−	2.73	−4.4%	10.72	37.3
국전약품	2019/12	초기	2,020	−	1.06	−0.4%	0	0.0
그리티	2018/12	쇠퇴	7,190	10.72	0.88	8.2%	−5.83	−34.5
그리티	2019/12	재기	2,790	21.46	0.39	1.8%	3.36	288.9
그린플러스	2019/12	초기	11,200	17.20	1.17	6.8%	−6.28	0.3
글로벌스탠다드테크놀로지	2018/12	쇠퇴	4,440	5.11	0.59	11.6%	−25.29	10.4

회사명	회계년도	성장단계	Price	PER	PBR	ROE	매출액증가율	유형자산증가율
글로벌스탠다드테크놀로지	2019/12	성숙	10,200	5.33	1.10	20.6%	30.41	−5.0
글로벌텍스프리	2018/12	초기	6,640	35.32	1.69	4.8%	18.70	−22.0
글로벌텍스프리	2019/12	성장	3,730	22.88	1.88	8.2%	44.96	233.4
글로본	2018/12	초기	3,830	−	3.99	6.5%	319.34	−38.2
글로본	2019/12	초기	3,145	−	4.65	−47.7%	−65.43	367.3
글로스퍼랩스	2018/12	초기	629	−	2.65	−73.7%	−27.05	−27.7
글로스퍼랩스	2019/12	초기	362	−	1.14	−4.4%	−4.32	336.0
금강철강	2018/12	재기	3,810	14.27	0.69	4.8%	−1.27	12.0
금강철강	2019/12	말기	3,555	13.22	0.63	4.8%	−12.20	−1.9
금빛	2018/12	재기	1,710	−	0.89	−14.6%	−23.42	38.4
금빛	2019/12	초기	2,790	−	2.60	−114.4%	9.61	−0.6
금화피에스시	2018/12	쇠퇴	29,650	4.66	0.88	18.9%	15.49	−1.3
금화피에스시	2019/12	쇠퇴	29,500	7.00	0.81	11.6%	−11.34	1
기가레인	2018/12	초기	1,810	−	1.86	−47.5%	27.59	−14.8
기가레인	2019/12	초기	1,485	−	3.61	−209.0%	−44.74	−23.3
기산텔레콤	2018/12	초기	2,755	−	1.37	−20.1%	−15.91	−40.0
기산텔레콤	2019/12	쇠퇴	2,090	13.66	0.97	7.1%	22.85	2,612.4
까스텔바작	2019/12	쇠퇴	9,400	8.42	0.89	10.6%	−11.97	3.5
나노	2018/12	재기	1,915	−	0.72	−10.8%	14.34	−10.1
나노	2019/12	초기	2,030	−	1.15	1.1%	12.22	−6.5
나노브릭	2019/12	초기	10,800	−	3.14	−5.4%	8.20	−6.2
나노스	2019/12	초기	4,150	−	9.01	−39.3%	−17.28	−29.0
나노신소재	2018/12	성장	15,300	21.61	1.94	9.0%	14.66	5.0
나노신소재	2019/12	초기	16,700	30.64	2.02	6.6%	−6.42	−3.0
나노엔텍	2018/12	성장	4,235	29.62	3.24	11.0%	12.37	−5.0
나노엔텍	2019/12	성장	5,620	23.91	3.63	15.2%	0.92	−4.7
나노캠텍	2018/12	초기	5,680	−	1.74	1.7%	−16.49	−3.8
나노캠텍	2019/12	재기	2,170	−	0.85	−29.8%	−46.13	−6.0
나라엠앤디	2018/12	초기	5,200	19.77	1.06	5.4%	−9.91	14.4
나라엠앤디	2019/12	재기	4,420	−	0.90	0.4%	1.34	8.6
나무가	2018/12	성숙	19,050	5.59	1.71	30.6%	17.89	16.4
나무가	2019/12	초기	47,800	−	3.38	3.4%	37.93	−24.6
나무기술	2018/12	초기	1,390	−	2.76	−50.5%	0	0.0
나무기술	2019/12	성장	2,845	32.33	4.78	14.8%	24.68	68.8

회사명	회계년도	성장단계	Price	PER	PBR	ROE	매출액증가율	유형자산증가율
나스미디어	2018/12	성장	28,400	16.08	2.09	13.0%	−14.72	−0.3
나스미디어	2019/12	성장	33,350	15.61	2.33	14.9%	9.04	−5.1
나우아이비캐피탈	2018/12	재기	4,170	14.95	0.47	3.1%	−47.41	−52.2
나우아이비캐피탈	2019/12	재기	4,575	14.66	0.63	4.3%	25.15	0.0
나이벡	2019/12	초기	11,100	−	4.50	−12.6%	78.34	13.2
나이스디앤비	2018/12	성장	7,110	13.97	2.96	21.2%	30.44	7.7
나이스디앤비	2019/12	성숙	8,260	13.98	3.11	22.2%	19.24	290.9
나이스정보통신	2018/12	성숙	19,650	6.07	1.03	16.9%	−1.29	−27.3
나이스정보통신	2019/12	성숙	28,650	11.22	1.35	12.0%	−9.37	−44.7
나이스평가정보	2018/12	성장	10,950	17.95	3.96	22.0%	7.44	16.3
나이스평가정보	2019/12	성장	13,950	21.40	4.48	21.0%	6.74	52.4
나인테크	2018/12	초기	2,055	−	1.05	0.3%	0	0.0
나인테크	2019/12	초기	2,040	−	1.05	−0.3%	0	0.0
남화산업	2018/12	재기	9,390	39.79	0.02	0.1%	−5.39	−1.3
남화산업	2019/12	초기	14,350	−	2.21	2.3%	11.59	2.2
남화토건	2018/12	초기	10,950	−	1.22	2.1%	−23.27	−3.8
남화토건	2019/12	초기	16,100	46.00	1.74	3.8%	12.02	−3.6
내츄럴엔도텍	2018/12	초기	13,600	−	8.43	−50.5%	−3.75	−3.5
내츄럴엔도텍	2019/12	초기	3,595	−	4.03	−83.8%	−25.61	−2.1
네스엠	2018/12	초기	2,270	−	1.58	−3.1%	−31.47	33.0
네스엠	2019/12	초기	6,600	−	5.32	−18.5%	−24.29	−17.2
네오셈	2018/12	재기	1,770	−	0.73	0.5%	0	0.0
네오셈	2019/12	초기	1,360	−	1.40	−5.1%	0	0.0
네오오토	2018/12	말기	4,235	5.75	0.43	7.5%	−10.14	6.0
네오오토	2019/12	재기	4,535	14.31	0.46	3.2%	2.77	−4.5
네오위즈	2018/12	재기	12,250	−	0.83	−1.5%	45.60	2,993.1
네오위즈	2019/12	초기	16,950	−	1.15	2.1%	30.24	92.5
네오위즈홀딩스	2018/12	재기	11,350	−	0.33	−1.7%	25.78	−99.8
네오위즈홀딩스	2019/12	재기	14,100	20.06	0.41	2.1%	168.15	24,886.3
네오크레마	2019/12	재기	9,840	48.71	0.07	0.1%	−15.16	28.1
네오티스	2018/12	초기	4,250	14.81	1.15	7.8%	3.96	−4.3
네오티스	2019/12	초기	3,800	29.01	1.03	3.6%	−5.82	6.1
네오팜	2018/12	성장	45,000	20.14	6.10	30.3%	23.87	17.1
네오팜	2019/12	성장	48,350	19.95	3.90	19.5%	26	−1.9

회사명	회계년도	성장단계	Price	PER	PBR	ROE	매출액증가율	유형자산증가율
네오펙트	2018/12	재기	7,440	–	0.02	-0.3%	0	0.0
네오펙트	2019/12	초기	5,270	–	4.03	-109.9%	15	160.2
네온테크	2019/12	초기	2,025	–	1.11	0.2%	0	0.0
네이블커뮤니케이션즈	2018/12	초기	4,160	–	1.13	-9.9%	17.52	-6.4
네이블커뮤니케이션즈	2019/12	초기	4,245	–	1.17	-1.6%	-21.93	-4.7
네이처셀	2019/12	초기	6,590	–	4.46	1.1%	-13.64	-7.6
네패스	2018/12	성숙	9,810	10.00	1.41	14.1%	1.18	-2.5
네패스	2019/12	성장	24,050	25.92	3.11	12.0%	28.62	11.5
넥스턴	2018/12	초기	11,100	21.39	1.40	6.5%	-39.03	-0.7
넥스턴	2019/12	초기	10,400	19.29	1.25	6.5%	21.75	80.9
넥스트비티	2018/12	초기	1,545	–	1.44	2.1%	7.96	-3.2
넥스트비티	2019/12	초기	1,420	–	1.70	-18.0%	-18.75	-60.9
넥스트아이	2018/12	초기	2,250	–	2.56	-24.1%	-0.01	-3.7
넥스트아이	2019/12	초기	1,595	–	2.40	-17.9%	-6.86	-3.5
넥스트엔터테인먼트월드	2018/12	초기	4,385	–	1.04	-9.0%	53.72	10.5
넥스트엔터테인먼트월드	2019/12	초기	3,970	–	1.01	-4.8%	-25.29	5.1
넥슨지티	2018/12	초기	6,540	–	1.96	-4.6%	-35.02	-33.2
넥슨지티	2019/12	초기	6,950	–	2.29	-10.7%	2.74	1,179.3
넵튠	2018/12	초기	10,100	–	2.38	-37.6%	-7.48	-19.5
넵튠	2019/12	초기	6,720	–	1.97	-29.5%	19.42	-34.3
넷게임즈	2019/12	초기	7,520	–	4.85	-45.8%	20.84	731.1
노랑풍선	2019/12	초기	15,450	–	1.49	-3.4%	-18.01	3.2
노바렉스	2018/12	성숙	15,850	11.92	1.56	13.1%	32.71	34.9
노바렉스	2019/12	성숙	20,100	10.70	2.00	18.7%	48.26	88.4
노바텍	2018/12	성장	26,150	15.26	1.88	12.3%	0	0.0
노바텍	2019/12	성장	19,350	16.94	2.29	13.5%	-3.99	15.2
노터스	2019/12	성장	20,550	35.43	3.49	9.9%	25	24.2
녹십자랩셀	2018/12	초기	45,900	–	10.88	2.3%	10.53	124.0
녹십자랩셀	2019/12	초기	37,900	–	8.85	3.7%	9.17	20.1
녹십자셀	2018/12	성장	50,500	43.24	10.28	23.8%	43.14	45.2
녹십자셀	2019/12	성장	46,950	–	7.50	14.4%	27.66	54.6
녹십자엠에스	2018/12	초기	12,400	–	7.78	-69.8%	-12.01	61.3
녹십자엠에스	2019/12	초기	5,250	–	1.02	-29.3%	8.99	102.1
녹십자웰빙	2019/12	초기	10,550	26.38	1.87	7.1%	24.23	20.4

회사명	회계년도	성장단계	Price	PER	PBR	ROE	매출액증가율	유형자산증가율
녹원씨엔아이	2018/12	성장	9,050	32.67	3.28	10.0%	629.04	24,305.8
녹원씨엔아이	2019/12	초기	5,500	–	2.42	−25.0%	−4.99	7.9
농업회사법인농우바이오	2018/12	쇠퇴	11,100	6.40	0.79	12.4%	−8.71	9.5
농업회사법인농우바이오	2019/12	재기	11,850	36.80	0.87	2.4%	14.05	17.9
농업회사법인아시아종묘	2018/09	초기	5,480	–	2.80	−13.8%	−16.17	−1.0
농업회사법인아시아종묘	2019/09	초기	7,090	–	5.02	−32.2%	0.12	74.2
누리텔레콤	2018/12	성숙	5,620	6.31	1.15	18.3%	52.04	−15.1
누리텔레콤	2019/12	성숙	5,490	7.29	1.00	13.7%	−31.53	10.2
누리플랜	2018/12	초기	6,480	–	1.48	1.8%	−8.02	1.0
누리플랜	2019/12	초기	4,790	–	1.17	−16.2%	3.52	−4.5
뉴로스	2018/12	초기	6,550	–	2.35	−16.1%	6.25	32.4
뉴로스	2019/12	초기	4,060	–	1.58	−47.1%	13.99	−5.5
뉴보텍	2018/12	초기	1,435	–	2.05	−10.6%	−2.55	4.4
뉴보텍	2019/12	성장	1,220	18.48	1.60	8.6%	4.49	77.4
뉴인텍	2018/12	초기	815	–	2.94	−28.5%	2.53	−2.3
뉴인텍	2019/12	초기	1,660	–	3.47	−11.9%	6.05	−2.7
뉴지랩	2018/12	초기	4,545	–	2.14	−27.1%	−39.34	−45.5
뉴지랩	2019/12	초기	11,250	–	3.90	0.3%	416.18	−3.3
뉴트리	2018/12	재기	12,200	37.08	0.53	1.4%	0	0.0
뉴트리	2019/12	성숙	13,950	12.03	2.29	19.0%	38.75	63.1
뉴파워프라즈마	2018/12	쇠퇴	11,950	7.16	0.77	10.8%	−29.71	3.3
뉴파워프라즈마	2019/12	재기	4,235	28.05	0.26	0.9%	−18.01	16.6
뉴프라이드코퍼레이션	2018/12	초기	2,025	–	2.23	−17.0%	−30.13	0.0
뉴프라이드코퍼레이션	2019/12	초기	1,060	–	1.70	−67.3%	−16.32	0.0
뉴프렉스	2018/12	성숙	2,870	8.86	1.04	11.7%	29.23	4.3
뉴프렉스	2019/12	재기	2,125	–	0.87	−11.2%	−29.76	−7.7
다나와	2018/12	성숙	15,300	11.38	2.33	20.5%	24.89	−40.1
다나와	2019/12	성숙	23,850	13.91	3.00	21.6%	10.91	108.7
다날	2018/12	초기	3,525	16.32	1.16	7.1%	−5.76	75.7
다날	2019/12	쇠퇴	3,165	6.09	0.97	15.9%	10.92	−22.7
다믈멀티미디어	2018/12	초기	4,285	–	3.87	−46.4%	−39.30	−39.7
다믈멀티미디어	2019/12	초기	3,620	–	1.71	2.5%	18.07	397.4
다산네트웍스	2018/12	초기	6,890	–	1.36	−21.4%	24.02	−1.5
다산네트웍스	2019/12	초기	8,160	–	1.53	2.7%	89.44	−1.2

회사명	회계년도	성장단계	Price	PER	PBR	ROE	매출액증가율	유형자산증가율
다우데이타	2018/12	초기	9,450	34.36	2.44	7.1%	11.24	−70
다우데이타	2019/12	성장	8,300	27.39	2.07	7.6%	14.92	−39.5
다원시스	2018/12	성장	15,900	31.99	2.99	9.4%	10.26	12.0
다원시스	2019/12	성장	15,850	36.69	2.69	7.3%	33.08	12.7
대동금속	2018/12	재기	49,100	27.38	0.72	2.6%	8.24	26.9
대동금속	2019/12	재기	10,200	−	0.14	0.0%	9.48	26.5
대동기어	2018/12	재기	27,750	−	0.42	0.4%	16.30	3.5
대동기어	2019/12	재기	2,950	−	0.05	−0.1%	8.40	4.5
대동스틸	2018/12	초기	10,100	−	1.66	0.1%	12.19	−0.7
대동스틸	2019/12	재기	5,330	−	0.88	0.5%	11.57	−4.0
대륙제관	2018/12	재기	4,925	21.60	0.78	3.6%	−0.39	−0.2
대륙제관	2019/12	말기	4,210	12.49	0.65	5.2%	0.48	0.4
대림제지	2018/12	말기	1,445	7.37	0.45	6.1%	−1.06	12.7
대림제지	2019/12	재기	1,255	22.41	0.37	1.6%	18.23	−1.8
대명소노시즌	2018/12	초기	1,890	−	2.40	−5.5%	−2.20	−1.2
대명소노시즌	2019/12	쇠퇴	1,500	1.85	0.94	50.7%	1.98	−1.8
대모엔지니어링	2019/12	재기	6,470	27.42	0.05	0.2%	−14.56	83.2
대보마그네틱	2018/12	재기	71,000	−	0.15	0.3%	0	0.0
대보마그네틱	2019/12	성장	22,450	37.86	4.31	11.4%	15.76	99.8
대봉엘에스	2018/12	초기	6,320	23.15	1.18	5.1%	8.22	11.5
대봉엘에스	2019/12	초기	6,870	42.15	1.26	3.0%	−7.68	30.3
대성미생물연구소	2018/12	재기	17,600	21.10	0.21	1.0%	4.38	−3.0
대성미생물연구소	2019/12	성장	15,900	21.20	1.80	8.5%	0.15	78.2
대성엘텍	2018/12	초기	847	−	2.49	−9.7%	−1.79	−2.0
대성엘텍	2019/12	초기	995	−	3.16	−37.8%	7.63	9.9
대성창업투자	2018/12	초기	1,685	42.13	1.35	3.2%	23.20	−39.6
대성창업투자	2019/12	초기	2,000	−	1.60	−0.3%	−28.47	28.6
대성파인텍	2018/12	재기	1,635	17.77	0.99	5.6%	−9.29	11.8
대성파인텍	2019/12	재기	1,335	−	0.81	0.4%	−2.82	−7.1
대신정보통신	2018/03	초기	1,245	−	2.08	3.7%	6.02	100.2
대신정보통신	2019/03	초기	1,345	32.80	2.16	6.6%	22	−3.0
대신정보통신	2020/03	초기	898	23.03	1.36	5.9%	−15.25	−4.0
대아티아이	2018/12	성장	8,210	−	7.15	8.3%	20.39	15.1
대아티아이	2019/12	초기	5,240	−	4.16	3.1%	10.79	19.2

회사명	회계년도	성장단계	Price	PER	PBR	ROE	매출액 증가율	유형자산 증가율
대양전기공업	2018/12	말기	12,050	10.21	0.67	6.6%	−14.33	3.1
대양전기공업	2019/12	말기	13,900	12.12	0.73	6.0%	49.99	0.6
대양제지공업	2018/12	쇠퇴	3,125	2.09	0.76	36.2%	−1.04	−4.3
대양제지공업	2019/12	쇠퇴	3,250	3.71	0.68	18.2%	−14.54	4.3
대원	2018/12	쇠퇴	11,500	3.89	0.48	12.4%	22.56	−4.4
대원	2019/12	재기	11,200	14.41	0.46	3.2%	−51.97	2.5
대원미디어	2018/12	성숙	9,990	9.28	2.17	23.4%	72.12	43.9
대원미디어	2019/12	초기	6,750	−	1.69	−2.0%	26.87	58.6
대원산업	2018/12	쇠퇴	5,370	3.73	0.40	10.9%	−11.30	−3.7
대원산업	2019/12	쇠퇴	5,920	4.42	0.41	9.3%	−6.68	18.3
대유	2018/12	재기	18,050	21.54	0.09	0.4%	0.88	−0.7
대유	2019/12	성장	11,500	21.18	1.71	8.1%	3.24	19.9
대유에이피	2019/12	성숙	7,130	11.11	2.41	21.7%	0	0.0
대정화금	2018/12	쇠퇴	12,850	8.56	0.75	8.8%	11.03	6.6
대정화금	2019/12	재기	14,950	17.49	0.90	5.1%	7.82	50.6
대주산업	2018/12	초기	1,450	30.21	1.03	3.4%	−1.71	14.7
대주산업	2019/12	재기	1,410	27.65	0.97	3.5%	0.28	−2.6
대주전자재료	2018/12	초기	17,500	−	3.11	0.9%	11.89	33.1
대주전자재료	2019/12	초기	17,800	−	3.48	−2.6%	8.25	9.5
대창솔루션	2018/12	재기	800	−	0.38	−5.4%	4.07	−3.0
대창솔루션	2019/12	재기	400	−	0.73	−4.9%	50.29	−3.9
대창스틸	2018/12	재기	2,755	−	0.59	−1.4%	−6.71	−4.7
대창스틸	2019/12	재기	2,450	−	0.55	−2.0%	−13.44	−16.7
대한과학	2018/12	초기	4,660	27.41	1.39	5.1%	7.33	4.0
대한과학	2019/12	초기	5,090	−	1.42	1.7%	13.81	15.4
대한광통신	2018/12	성장	5,100	16.35	1.80	11.0%	6.08	60.7
대한광통신	2019/12	초기	3,320	−	1.36	−6.6%	−13.35	13.7
대한그린파워	2018/12	초기	961	−	6.42	−218.6%	−12.63	−1.3
대한그린파워	2019/12	초기	1,040	−	4.78	−92.0%	−50.87	232.5
대한뉴팜	2018/12	초기	10,100	−	3.43	5.9%	−8.63	−3.5
대한뉴팜	2019/12	성숙	10,400	9.59	2.46	25.6%	12.19	33.2
대한약품공업	2018/12	성숙	38,350	8.07	1.66	20.6%	9.89	28.2
대한약품공업	2019/12	성숙	31,650	6.74	1.16	17.1%	6.33	4.6
대호피앤씨	2018/12	초기	980	33.79	1.31	3.9%	2.22	7.5

회사명	회계년도	성장단계	Price	PER	PBR	ROE	매출액증가율	유형자산증가율
대호피앤씨	2019/12	초기	994	–	1.29	1.3%	-2.71	-3.5
대화제약	2018/12	성장	19,800	–	5.55	10.1%	-6.78	-6.2
대화제약	2019/12	성장	12,800	20.13	3.47	17.3%	9.17	-10.6
더 미동	2018/12	초기	3,320	–	1.27	-42.0%	-30.47	3.3
더 미동	2019/12	재기	2,295	–	0.93	-4.7%	25.55	-39.5
더블유아이	2018/12	초기	6,680	–	1.93	-42.3%	-59.45	-8.5
더블유아이	2019/12	초기	9,550	–	3.70	0.0%	489.31	5.4
더블유에스아이	2019/12	초기	2,045	–	1.06	0.5%	0	0.0
더블유에프엠	2018/12	초기	3,170	–	5.28	-30.3%	-32.19	3,222.1
더블유홀딩컴퍼니	2018/12	재기	553	–	0.84	-2.1%	158.61	8.5
더블유홀딩컴퍼니	2019/12	재기	384	–	0.73	-18.0%	-65.02	-2.9
더이앤엠	2019/12	초기	915	–	2.19	-7.4%	14.32	323.0
덕산네오룩스	2018/12	성장	14,200	18.11	3.09	17.1%	-9.67	7.5
덕산네오룩스	2019/12	성장	26,300	32.96	4.90	14.9%	7.92	18.3
덕산테코피아	2019/12	성장	19,150	27.51	2.02	7.3%	-12.82	35.7
덕산하이메탈	2018/12	재기	4,515	13.89	0.59	4.2%	5.95	4.2
덕산하이메탈	2019/12	재기	7,650	30.24	0.97	3.2%	8.38	22.9
덕신하우징	2018/12	쇠퇴	1,515	7.65	0.92	12.0%	6.69	-1.5
덕신하우징	2019/12	재기	1,295	40.47	0.77	1.9%	11.10	22.4
덕우전자	2018/12	재기	8,080	–	0.83	-2.0%	-29.33	-14.2
덕우전자	2019/12	재기	8,600	14.45	0.94	6.5%	34.60	8.5
데브시스터즈	2018/12	재기	8,200	–	0.79	-21.9%	114.29	-18.1
데브시스터즈	2019/12	재기	7,290	–	0.80	-14.4%	4.58	-24.1
데이타솔루션	2018/12	초기	2,875	–	1.95	-17.3%	8.97	-22.4
데이타솔루션	2019/12	초기	4,490	–	3.13	-3.0%	3.11	79.0
데일리블록체인	2018/12	초기	1,485	–	1.40	-24.1%	-27.54	137.0
데일리블록체인	2019/12	초기	882	–	1.02	-50.4%	-13.15	3.8
덱스터스튜디오	2018/12	초기	4,745	40.56	1.80	4.4%	43.05	-18.0
덱스터스튜디오	2019/12	초기	7,700	–	3.48	-14.6%	7.15	-18.3
덴티스	2018/12	초기	2,035	–	1.05	0.9%	0	0.0
덴티스	2019/12	초기	2,105	–	1.08	0.8%	0	0.0
도이치모터스	2018/12	성숙	5,140	11.74	1.60	13.7%	-3.14	3.4
도이치모터스	2019/12	성숙	7,680	13.59	1.84	13.5%	-0.79	7.5
동구바이오제약	2018/12	초기	19,300	39.47	2.58	6.5%	3.67	12.6

회사명	회계 년도	성장 단계	Price	PER	PBR	ROE	매출액 증가율	유형자산 증가율
동구바이오제약	2019/12	성숙	16,800	10.60	1.95	18.4%	19.46	18.2
동국산업	2018/12	재기	2,445	15.00	0.35	2.4%	−6.49	−5.1
동국산업	2019/12	말기	2,595	10.55	0.37	3.5%	−6.95	−7.4
동국알앤에스	2018/12	재기	2,325	16.97	0.67	3.9%	11.09	−29.0
동국알앤에스	2019/12	재기	2,435	39.27	0.70	1.8%	−5.97	4.2
동국에스엔씨	2018/12	재기	2,935	−	0.66	−2.3%	−4.09	−1.6
동국에스엔씨	2019/12	말기	2,575	13.48	0.56	4.2%	5.27	−2.0
동국제약	2018/12	성숙	57,900	12.31	1.67	13.6%	9.45	32.1
동국제약	2019/12	성장	89,100	15.26	2.30	15.1%	21.13	12.5
동방선기	2018/12	재기	2,005	−	0.94	−8.4%	−11.62	−2.4
동방선기	2019/12	초기	2,750	−	1.31	−3.5%	38.52	0.6
동성화인텍	2018/12	초기	7,720	−	2.73	−4.9%	−12.84	−4.0
동성화인텍	2019/12	성장	10,550	16.03	3.09	19.3%	28.64	−2.7
동신건설	2018/12	재기	5,760	49.23	0.56	1.1%	−48.50	−17.3
동신건설	2019/12	재기	6,220	−	0.60	0.0%	−11.32	1.1
동아엘텍	2018/12	쇠퇴	8,380	6.50	0.78	12.1%	5.43	−8.3
동아엘텍	2019/12	쇠퇴	8,120	8.22	0.70	8.5%	−14.73	−3.2
동아화성	2018/12	재기	4,025	13.07	0.74	5.7%	−0.32	−3.4
동아화성	2019/12	말기	4,815	12.10	0.84	7.0%	6.06	−5.7
동양에스텍	2018/12	재기	2,980	−	0.60	−0.5%	0.28	8.5
동양에스텍	2019/12	재기	2,950	14.82	0.60	4.0%	−0.35	5.1
동양이엔피	2018/12	말기	9,250	11.95	0.40	3.3%	−7.07	−1.8
동양이엔피	2019/12	쇠퇴	16,250	4.51	0.62	13.8%	38.76	17.8
동양파일	2018/12	재기	5,030	−	0.82	−5.2%	−23.31	−0.6
동양파일	2019/12	재기	3,120	−	0.51	−12.5%	−21.73	−4.6
동우팜투테이블	2018/12	쇠퇴	3,745	5.31	0.52	9.7%	8.37	8.7
동우팜투테이블	2019/12	재기	3,570	35.35	0.49	1.4%	8.16	13.8
동운아나텍	2018/12	초기	5,670	−	4.89	−58.2%	−15.08	−19.3
동운아나텍	2019/12	성숙	7,500	13.69	4.96	36.3%	17.27	78.9
동원개발	2018/12	쇠퇴	4,000	2.98	0.53	17.8%	7.97	73.6
동원개발	2019/12	쇠퇴	4,085	4.38	0.49	11.2%	5.71	16.0
동일금속	2018/12	쇠퇴	10,500	6.58	0.66	10.0%	34.74	−6.7
동일금속	2019/12	쇠퇴	12,500	7.11	0.72	10.2%	−9.75	4.4
동일기연	2018/12	초기	12,900	−	1.42	−1.2%	−22.79	−7.5

회사명	회계년도	성장단계	Price	PER	PBR	ROE	매출액증가율	유형자산증가율
동일기연	2019/12	성장	12,400	20.10	1.51	7.5%	9.27	−0.3
동일철강	2018/12	재기	3,845	−	0.56	−31.2%	−19.75	37.0
동일철강	2019/12	쇠퇴	3,200	5.24	0.44	8.4%	−40.10	−59.9
동진쎄미켐	2018/12	성숙	7,310	9.49	1.36	14.3%	0.14	6.6
동진쎄미켐	2019/12	성장	16,750	19.25	2.74	14.2%	3.24	3.3
동화기업	2018/12	쇠퇴	20,450	6.80	0.60	8.9%	0.35	0.4
동화기업	2019/12	말기	16,950	10.68	0.66	6.2%	−15.41	−3.5
듀오백	2018/12	재기	2,215	−	0.91	−11.2%	−25.63	43.6
듀오백	2019/12	초기	2,475	−	1.13	−12.4%	0.39	4.0
드래곤플라이	2018/12	초기	3,485	−	3.34	−52.9%	−15.76	−97.3
드래곤플라이	2019/12	초기	2,930	−	3.85	−45.7%	−4.59	50.4
드림시큐리티	2018/12	성장	3,310	42.44	5.27	12.4%	21.28	−2.8
드림시큐리티	2019/12	초기	2,735	−	1.59	2.7%	−9.36	−67.6
드림어스컴퍼니	2018/12	초기	6,760		2.16	−13.9%	76.45	36.0
드림어스컴퍼니	2019/12	초기	5,970	−	3.49	−50.7%	61.90	204.0
디딤	2018/12	성장	2,775	29.21	2.97	10.2%	41.77	8.9
디딤	2019/12	초기	1,960	31.61	2.14	6.8%	26.63	20.4
디바이스이엔지	2018/12	쇠퇴	8,000	3.83	0.94	24.5%	−19.19	2.6
디바이스이엔지	2019/12	성장	12,300	17.04	1.37	8.0%	−53.60	−3.6
디스플레이테크	2018/12	재기	3,890	22.88	0.51	2.2%	−30.74	−13.6
디스플레이테크	2019/12	말기	3,740	11.84	0.48	4.0%	−23.94	79.4
디아이티	2018/12	재기	6,320	13.00	0.60	4.6%	−10.64	19.2
디아이티	2019/12	쇠퇴	8,460	11.62	0.95	8.2%	54.19	−2.1
디알젬	2018/12	성장	6,850	13.78	2.42	17.5%	14.77	1.3
디알젬	2019/12	성장	8,340	16.39	3.02	18.5%	6.39	13.4
디알텍	2018/12	초기	1,290	33.95	1.87	5.5%	14.37	31.8
디알텍	2019/12	초기	1,790	−	2.34	4.6%	8.35	32.1
디앤씨미디어	2018/12	성장	14,150	30.50	4.60	15.1%	20.90	−0.7
디앤씨미디어	2019/12	성장	19,450	−	5.61	10.9%	31.35	10.0
디에스씨인베스트먼트	2018/12	성장	4,055	13.43	2.40	17.9%	123.90	377.2
디에스씨인베스트먼트	2019/12	성숙	3,310	9.51	1.66	17.5%	6.68	155.8
디에스케이	2018/12	성숙	6,570	6.55	1.34	20.5%	14.55	93.9
디에스케이	2019/12	성장	9,100	18.20	1.69	9.3%	−35.27	62.5
디에스티	2018/12	재기	991	−	0.71	−9.4%	22.24	−6.1

회사명	회계년도	성장단계	Price	PER	PBR	ROE	매출액증가율	유형자산증가율
디에이치피코리아	2018/12	성장	8,660	14.13	1.54	10.9%	−0.37	−9.7
디에이치피코리아	2019/12	성숙	7,730	8.65	1.21	14.0%	21.80	5.4
디에이테크놀로지	2018/12	초기	3,500	−	2.39	−29.4%	−9.24	4.3
디에이테크놀로지	2019/12	초기	1,515	−	1.28	−33.0%	18.04	−5.1
디에이피	2018/12	쇠퇴	2,655	6.59	0.59	8.9%	2.08	−7.8
디에이피	2019/12	재기	3,580		0.81	1.2%	−11.06	−4.2
디엔에이링크	2018/12	초기	4,060	−	2.67	−23.0%	−14.71	33.0
디엔에이링크	2019/12	초기	3,690	−	6.01	−196.5%	11.39	12.4
디엔에프	2018/12	쇠퇴	7,580	5.56	0.93	16.8%	−0.19	13.1
디엔에프	2019/12	초기	9,450	42.95	1.13	2.6%	−20.78	−3.2
디엠에스	2018/12	쇠퇴	4,590	5.80	0.72	12.4%	10.42	−24.1
디엠에스	2019/12	쇠퇴	5,480	9.82	0.82	8.4%	−34.20	−9.3
디엠티	2018/12	초기	2,890	30.10	1.13	3.8%	−5.41	−98.5
디엠티	2019/12	초기	2,330	−	1.07	−18.3%	−27.13	−59.6
디오	2018/12	초기	28,750	−	3.75	2.3%	−8.59	13.6
디오	2019/12	성장	42,000	−	4.90	9.2%	22.90	9.2
디오스텍	2018/12	초기	1,005	−	2.25	−23.8%	−26.26	−1.0
디오스텍	2019/12	초기	778	−	1.32	−1.7%	724.47	132.1
디와이피엔에프	2018/12	성숙	4,925	4.30	1.07	24.9%	19.76	198.6
디와이피엔에프	2019/12	성숙	11,800	5.31	1.91	36.0%	52.76	2.6
디이엔티	2018/12	초기	1,960	−	1.08	−69.5%	−57.64	8.4
디이엔티	2019/12	초기	3,350	−	1.77	−39.6%	−60.66	−17.9
디자인	2018/12	초기	9,850	−	1.26	2.1%	0	0.0
디자인	2019/12	초기	8,200	−	1.81	−27.4%	−30.25	188.1
디젠스	2018/12	재기	529	−	0.55	−44.9%	−31.69	−26.1
디젠스	2019/12	쇠퇴	585	8.73	0.66	7.5%	6.59	2.0
디지아이	2018/12	재기	2,560	−	0.49	−1.3%	−14.88	0.3
디지아이	2019/12	재기	2,785	−	0.56	−7.6%	−27.04	−2.8
디지캡	2018/12	재기	3,785	18.83	0.52	2.7%	10.50	−0.9
디지캡	2019/12	초기	3,880	23.37	1.09	4.7%	6.99	−0.2
디지탈옵틱	2018/12	초기	802	−	1.39	−169.6%	5.88	−24.3
디지탈옵틱	2019/12	초기	765	−	1.61	−37.8%	9.96	−21.1
디지털대성	2018/12	초기	4,465	−	2.88	4.1%	3.22	13.1
디지털대성	2019/12	성숙	7,800	13.71	4.02	29.4%	52.77	316.3

회사명	회계년도	성장단계	Price	PER	PBR	ROE	매출액증가율	유형자산증가율
디지틀조선일보	2018/12	초기	1,925	13.95	1.03	7.4%	−1.20	−20.6
디지틀조선일보	2019/12	초기	2,175	26.52	1.10	4.2%	−15.86	−23.1
디케이락	2018/12	재기	9,390	13.71	0.94	6.9%	24.18	14.8
디케이락	2019/12	쇠퇴	9,600	9.33	0.88	9.5%	11.82	4.4
디케이앤디	2018/12	말기	4,315	10.30	0.74	7.2%	9.97	1.3
디케이앤디	2019/12	초기	5,800	16.67	1.13	6.8%	−6.39	4.2
디케이티	2018/12	초기	14,100	−	4.14	−33.6%	−31.08	204.4
디케이티	2019/12	성장	13,800	35.66	2.72	7.6%	39.92	−2.1
디티앤씨	2018/12	초기	8,210	17.47	1.03	5.9%	15.04	21.5
디티앤씨	2019/12	재기	7,220	−	0.97	−9.2%	−5.10	−11.8
딜리	2018/12	초기	1,945	29.03	1.03	3.5%	−13.80	−0.7
딜리	2019/12	재기	1,795	23.31	0.93	4.0%	−6.78	20.9
라닉스	2019/12	재기	7,000	−	0.02	0.0%	0	0.0
라온시큐어	2018/12	성장	2,095	17.91	3.83	21.4%	16.44	48.2
라온시큐어	2019/12	성장	2,800	45.16	4.76	10.5%	15.41	226.9
라온피플	2019/12	재기	18,600	18.81	0.62	3.3%	0	0.0
라이브파이낸셜	2018/12	재기	2,550	−	0.87	−3.4%	−8.86	−3.7
라이브파이낸셜	2019/12	재기	2,140	−	0.80	−17.8%	−4.94	−4.9
라이브플렉스	2018/12	재기	668	−	0.84	−5.8%	−15.62	45.0
라이브플렉스	2019/12	초기	852	−	1.35	−25.0%	−8.88	−2.8
라이온켐텍	2018/12	초기	9,700	−	1.52	1.6%	5	16.6
라이온켐텍	2019/12	성숙	7,750	12.92	1.35	10.5%	13.14	4.5
라이트론	2018/12	초기	8,900	−	3.84	−162.0%	−56.60	18.2
라이트론	2019/12	성장	5,420	22.21	2.29	10.3%	224.85	26.2
라파스	2019/12	초기	18,600	−	2.64	0.3%	84.35	21.4
램테크놀러지	2018/12	초기	3,100	27.68	1.60	5.8%	30.60	−5.5
램테크놀러지	2019/12	성장	7,670	31.18	2.30	7.4%	33.31	−3.2
랩지노믹스	2018/12	초기	6,240	−	2.18	−15.6%	11.02	−1.7
랩지노믹스	2019/12	초기	5,160	−	1.96	3.5%	20.47	14.1
러셀	2018/12	초기	1,555	−	1.54	0.2%	0	0.0
러셀	2019/12	성숙	1,965	13.37	1.59	11.9%	31.24	151.1
럭슬	2018/12	초기	1,770	−	1.47	−64.4%	−21.80	−5.8
레고켐바이오사이언스	2018/12	초기	56,700	−	6.28	−26.2%	9.62	22.9
레고켐바이오사이언스	2019/12	성장	52,800	34.99	5.71	16.3%	138.25	63.0

회사명	회계년도	성장단계	Price	PER	PBR	ROE	매출액증가율	유형자산증가율
레드로버	2018/12	재기	1,790	–	0.75	−45.3%	−65.57	−51.3
레드로버	2019/12	초기	610	–	3.59	−1184.0%	−24.73	77.8
레드캡투어	2018/12	쇠퇴	15,150	8.82	0.97	11.0%	−2.24	−14.8
레드캡투어	2019/12	쇠퇴	15,650	5.99	0.94	15.8%	−1.37	5.8
레이	2019/12	성장	42,900	22.56	4.15	18.4%	35.70	329.5
레이언스	2018/12	성장	16,350	13.38	1.59	11.9%	9.59	−8.8
레이언스	2019/12	성숙	13,250	11.99	1.22	10.2%	1.81	10.0
레이크머티리얼즈	2018/12	초기	2,045	–	1.12	1.0%	0	0.0
레이크머티리얼즈	2019/12	초기	2,020	–	1.10	0.5%	0	0.0
로보로보	2018/12	성장	1,920	12.97	1.39	10.7%	17.63	−12.3
로보로보	2019/12	초기	4,555	–	3.34	4.6%	−23.29	5.3
로보스타	2018/12	초기	24,000	–	1.89	−2.4%	−7.40	−1.2
로보스타	2019/12	초기	17,400	–	1.82	−5.0%	−10.05	2.8
로보티즈	2018/12	재기	17,200	–	0.05	0.1%	34.52	54.5
로보티즈	2019/12	초기	12,400	–	2.29	3.7%	−5.78	−3.9
로지시스	2018/12	초기	2,815	35.63	1.68	4.7%	−2.04	19.5
로지시스	2019/12	초기	3,450	–	2.16	−6.6%	−16.43	−9.2
로체시스템즈	2018/12	재기	3,120	–	0.75	−2.1%	−78.04	46.1
로체시스템즈	2019/12	초기	5,390	–	1.27	1.7%	7.95	65.9
루멘스	2018/12	재기	2,870	–	0.84	−16.2%	−47.03	−8.6
루멘스	2019/12	초기	3,080	–	1.37	−53.6%	−9.47	−17.2
루트로닉	2018/12	초기	8,140	–	1.37	0.5%	7.30	1.4
루트로닉	2019/12	초기	9,130	–	1.61	−0.1%	14.71	0.0
룽투코리아	2018/12	성숙	3,570	8.69	1.50	17.3%	−11.66	4.6
룽투코리아	2019/12	성숙	5,050	12.11	1.67	13.8%	−15.81	−19.5
리노공업	2018/12	성장	47,050	14.62	2.93	20.1%	6.25	12.6
리노공업	2019/12	성장	64,300	18.45	3.50	19.0%	13.27	9.6
리노스	2018/12	초기	2,030	32.22	1.06	3.3%	−20.14	−20.6
리노스	2019/12	재기	1,370	–	0.75	−0.1%	13.45	24.4
리더스기술투자	2018/03	초기	687	–	1.91	−7.5%	−18.98	−64.3
리더스기술투자	2019/03	초기	710	–	1.41	−12.9%	17.26	−27.9
리더스기술투자	2020/03	초기	472	–	1.36	−57.5%	103.26	201.9
리더스코스메틱	2018/12	초기	11,000	–	2.70	−15.1%	20.30	−0.2
리더스코스메틱	2019/12	초기	5,650	–	3.71	−201.5%	−49.71	−35.2

회사명	회계년도	성장단계	Price	PER	PBR	ROE	매출액 증가율	유형자산 증가율
리드코프	2018/12	쇠퇴	5,280	5.96	0.48	8.0%	5.40	−17.5
리드코프	2019/12	쇠퇴	7,100	6.16	0.59	9.6%	10.16	9.6
리메드	2019/12	성장	13,200	15.87	2.78	17.5%	131.76	22.0
릭스솔루션	2018/12	초기	469	−	1.60	−51.2%	−3.87	2.0
릭스솔루션	2019/12	초기	1,000	−	1.79	−27.7%	21.91	−74.6
린드먼아시아인베스트먼트	2018/12	성장	4,970	17.69	1.56	8.8%	17.95	26.0
린드먼아시아인베스트먼트	2019/12	성숙	4,295	13.72	1.33	9.7%	11.88	12.1
링네트	2018/12	재기	3,410	13.32	0.99	7.5%	−6.06	−11.7
링네트	2019/12	성숙	4,180	7.06	1.09	15.5%	−4.82	95.0
링크제니시스	2018/12	성장	7,190	29.96	2.34	7.8%	−2.24	−3.5
링크제니시스	2019/12	초기	7,730	−	2.56	2.6%	−4.50	1.3
마니커에프앤지	2019/12	초기	8,200	24.33	1.72	7.1%	0.42	4.9
마이더스AI	2018/12	초기	5,550	−	4.50	−63.7%	−10.76	−1.2
마이더스AI	2019/12	초기	1,110	−	8.12	−1279.5%	−17.04	−97.8
마이크로디지탈	2019/12	초기	14,550	−	2.82	−36.7%	−16.88	215.4
마이크로컨텍솔루션	2018/12	재기	2,400	−	0.63	−13.9%	−2.74	35.8
마이크로컨텍솔루션	2019/12	초기	4,855	45.80	1.25	2.7%	39.29	−6.2
마이크로프랜드	2018/12	초기	4,170	−	1.01	−4.2%	−19.18	87.4
마이크로프랜드	2019/12	초기	5,140	−	1.37	−11.4%	−9.59	7.4
마크로젠	2018/12	초기	29,300	−	2.44	3.9%	18.57	−3.2
마크로젠	2019/12	성장	24,800	25.57	1.96	7.7%	7.37	10.9
매일유업	2018/12	성숙	78,800	9.96	1.84	18.5%	0	0.0
매일유업	2019/12	성숙	86,100	9.86	1.70	17.3%	7.05	1.0
매일홀딩스	2018/12	재기	10,450	39.14	0.43	1.1%	56.55	177.0
매일홀딩스	2019/12	재기	10,600	20.66	0.43	2.1%	18.89	−28.6
매직마이크로	2018/12	초기	3,440	−	2.18	−12.5%	3.26	−7.4
매직마이크로	2019/12	초기	800	−	1.01	−58.6%	−17.63	−95.8
매커스	2018/12	성숙	4,110	5.89	1.29	22.0%	3.20	0.5
매커스	2019/12	성숙	3,760	9.49	1.15	12.2%	−36.45	4.0
맥스로텍	2018/12	초기	1,245	16.82	1.00	5.9%	54.14	6.3
맥스로텍	2019/12	초기	1,355	−	1.47	−43.8%	−37.36	−7.9
머큐리	2018/12	성숙	10,350	9.31	3.70	39.7%	−3.21	−1.9
머큐리	2019/12	초기	8,710	−	1.83	3.3%	−17.06	−2.6
멀티캠퍼스	2018/12	성장	44,100	15.82	4.20	26.5%	19.80	−17.8

회사명	회계년도	성장단계	Price	PER	PBR	ROE	매출액증가율	유형자산증가율
멀티캠퍼스	2019/12	성숙	34,650	11.79	3.26	27.6%	20.31	35.6
메가스터디	2018/12	말기	9,860	8.04	0.54	6.8%	11.08	−62.8
메가스터디	2019/12	재기	11,850	25.37	0.65	2.6%	−3.21	−20.0
메가스터디교육	2018/12	말기	25,950	7.55	0.38	5.0%	41.63	27.9
메가스터디교육	2019/12	성숙	41,500	11.16	2.57	23.0%	23.43	11.5
메가엠디	2018/12	쇠퇴	2,370	10.49	0.95	9.0%	8.43	−8.8
메가엠디	2019/12	초기	3,245	36.88	1.34	3.6%	5.14	−60.0
메드팩토	2019/12	초기	44,250	−	4.41	−16.3%	0	0.0
메디아나	2018/12	성장	6,110	12.84	1.07	8.4%	−10.30	32.7
메디아나	2019/12	성숙	8,180	10.46	1.29	12.3%	4.24	−33.8
메디앙스	2018/12	초기	9,400	−	3.16	4.1%	−9.77	26.8
메디앙스	2019/12	성숙	8,650	2.57	1.37	53.2%	−11.38	76.7
메디콕스	2018/06	초기	4,775	−	5.76	−9.7%	−12.82	−1.7
메디콕스	2019/06	초기	2,780	−	3.54	−12.1%	80.10	−1.2
메디톡스	2019/12	성장	300,900	−	8.03	10.1%	−2.91	3.5
메디포스트	2018/12	초기	73,200	−	4.87	−1.7%	5.05	64.7
메디포스트	2019/12	초기	35,000	−	5.19	−13.3%	3.20	3.2
메디프론디비티	2018/12	초기	4,755	−	7.44	−29.6%	−4.88	165.7
메디프론디비티	2019/12	초기	4,700	−	8.06	−10.3%	−12.45	221.9
메이슨캐피탈	2018/03	초기	523	−	1.17	1.3%	122.42	19.4
메이슨캐피탈	2019/03	초기	448	−	1.17	−12.5%	−82.79	−36.2
메이슨캐피탈	2020/03	재기	269	−	0.88	−23.0%	129.92	293.4
메지온	2018/12	초기	92,000	−	13.71	−30.0%	241.71	6.0
메카로	2018/12	성숙	14,100	4.88	1.07	21.9%	−5.23	68.8
메카로	2019/12	초기	15,400	18.47	1.12	6.1%	−27.90	79.6
메타바이오메드	2018/12	초기	2,935	−	1.60	1.8%	6.08	23.7
메타바이오메드	2019/12	성숙	2,785	13.20	1.38	10.5%	12.10	12.4
메탈라이프	2019/12	초기	28,050	−	2.67	4.3%	0	0.0
멕아이씨에스	2018/12	초기	3,285	−	2.89	−46.2%	−9.44	−1.8
멕아이씨에스	2019/12	초기	3,885	−	3.77	−18.1%	25.60	−1.4
멜파스	2018/12	초기	1,995	−	1.14	−86.8%	−9.05	−17.1
멜파스	2019/12	초기	1,640	−	1.23	−41.7%	49.63	−17.7
명성티엔에스	2018/12	초기	17,600	−	2.39	4.0%	−38.96	18.2
명성티엔에스	2019/12	초기	17,000	−	2.90	1.5%	−10.79	−1.2

회사명	회계년도	성장단계	Price	PER	PBR	ROE	매출액 증가율	유형자산 증가율
모다이노칩	2018/12	말기	8,190	12.35	0.96	7.8%	−16.16	−5.5
모다이노칩	2019/12	재기	3,110	49.37	0.72	1.5%	3.03	38.1
모두투어네트워크	2018/12	성장	24,100	25.24	3.33	13.2%	24.66	−89.6
모두투어네트워크	2019/12	초기	18,200	−	2.57	3.3%	−22.05	206.7
모바일리더	2018/12	초기	9,810	37.88	1.05	2.8%	−11.15	−16.4
모바일리더	2019/12	초기	20,700	−	2.70	−28.8%	−2.16	−41.4
모바일어플라이언스	2018/12	성장	5,250	25.12	2.89	11.5%	12.28	−4.0
모바일어플라이언스	2019/12	초기	4,595	−	2.76	−5.2%	−22.56	−9.9
모베이스	2018/12	쇠퇴	3,455	7.14	0.71	9.9%	−47.40	−1.4
모베이스	2019/12	쇠퇴	4,240	5.35	0.75	14.0%	−4.63	−4.1
모베이스전자	2018/12	재기	1,490	−	0.45	−2.7%	3.67	1.2
모베이스전자	2019/12	재기	1,280	−	0.27	−6.7%	1.61	−1.5
모비스	2018/12	초기	4,405	−	5.60	−1.1%	4.48	1,260.3
모비스	2019/12	초기	2,275	−	3.07	−1.4%	−18.68	−4.1
모아텍	2018/03	재기	4,525	29.19	0.84	2.9%	0	0.0
모아텍	2019/03	재기	4,725	−	0.88	1.5%	−15.16	1.1
모아텍	2020/03	재기	4,620	−	0.95	−17.8%	−29.39	−1.6
모트렉스	2018/12	재기	3,985	21.31	0.22	1.0%	−22.82	69.8
모트렉스	2019/12	재기	2,425	−	0.98	−56.5%	−5.22	45.4
모헨즈	2018/12	성장	5,520	30.67	4.53	14.8%	2.50	4.8
모헨즈	2019/12	초기	5,150	−	4.03	4.7%	−6.07	−26.7
무림에스피	2018/12	재기	2,700	−	0.35	−0.1%	3.90	−2.2
무림에스피	2019/12	재기	2,265	17.83	0.29	1.6%	−0.94	−3.9
미디어젠	2019/12	초기	7,420	−	1.53	−2.9%	6.81	164.0
미래SCI	2018/12	초기	1,345	−	1.70	−101.7%	213.38	616.5
미래SCI	2019/12	재기	486	−	1.00	−116.2%	−74.39	−2.8
미래나노텍	2018/12	말기	3,220	7.61	0.49	6.5%	9.21	−3.9
미래나노텍	2019/12	재기	3,950	−	0.57	−0.8%	4.67	55.4
미래생명자원	2018/12	초기	3,015	29.27	1.98	6.8%	−15.49	98.2
미래생명자원	2019/12	초기	2,890	48.98	1.82	3.7%	34.45	2.0
미래에셋벤처투자	2019/12	말기	3,235	10.86	0.65	6.0%	0.67	120.6
미래컴퍼니	2018/12	성장	49,500	18.05	4.00	22.1%	18.08	1.0
미래컴퍼니	2019/12	성장	35,500	22.10	2.71	12.3%	−55.32	4.8
미래테크놀로지	2018/12	재기	8,380	−	0.95	0.4%	4	592.2

회사명	회계 년도	성장 단계	Price	PER	PBR	ROE	매출액 증가율	유형자산 증가율
미래테크놀로지	2019/12	말기	8,200	13.40	0.89	6.7%	9.01	4.7
미스터블루	2018/12	성장	2,370	23.01	2.56	11.1%	−4.53	−1.8
미스터블루	2019/12	성장	7,300	−	7.47	13.1%	−0.84	−1.0
미코	2018/12	성장	4,680	25.43	2.49	9.8%	12.88	12.1
미코	2019/12	성장	5,770	40.92	2.92	7.1%	1.32	5.7
미투온	2018/12	초기	5,600	−	3.20	−1.9%	1.15	−29.0
미투온	2019/12	초기	5,750	−	3.48	−5.7%	10.03	96.7
민앤지	2018/12	성장	17,500	19.44	2.59	13.3%	21.19	37.8
민앤지	2019/12	성장	14,950	17.46	2.06	11.8%	15.60	3.0
바디텍메드	2018/12	초기	10,700	−	4.01	−2.8%	24.04	6.6
바디텍메드	2019/12	성장	9,650	18.28	3.20	17.5%	8.88	4.4
바른손	2018/03	초기	3,710	−	1.54	−16.9%	149.50	608.5
바른손	2019/03	초기	2,125	−	1.02	−21.7%	−59.85	−14.6
바른손	2020/03	초기	2,360	−	1.51	−54.8%	−1.59	18.7
바른손이앤에이	2018/12	쇠퇴	1,225	1.25	0.89	71.1%	−33.54	44.1
바른손이앤에이	2019/12	초기	1,650	−	1.41	−22.1%	−1.99	4,568.5
바른전자	2018/12	초기	418	−	1.92	−200.8%	−44.82	−0.5
바이넥스	2018/12	초기	9,160	45.12	2.00	4.4%	33.31	−2.7
바이넥스	2019/12	초기	7,900	27.53	1.56	5.7%	20.39	4.2
바이오니아	2018/12	초기	7,430	−	5.28	−34.0%	−2.80	51.7
바이오니아	2019/12	초기	6,790	−	6.40	−54.3%	0.44	4.4
바이오로그디바이스	2018/12	초기	1,835	−	2.06	2.0%	12.06	107.2
바이오로그디바이스	2019/12	초기	1,860	−	2.01	−1.5%	4.47	16.8
바이오리더스	2018/12	초기	12,350	−	5.57	−25.8%	144.08	−10.2
바이오리더스	2019/12	초기	7,030	−	3.47	−80.4%	−22.33	8.1
바이오솔루션	2018/12	초기	32,600	−	4.15	2.6%	110.06	−6.4
바이오솔루션	2019/12	초기	43,200	−	7.33	−1.5%	−15.61	125.9
바이오스마트	2018/12	재기	3,755	17.88	0.94	5.2%	10.09	−10.4
바이오스마트	2019/12	쇠퇴	4,340	3.54	0.87	24.7%	7.13	12.8
바이오톡스텍	2018/12	성장	8,310	33.51	3.77	11.3%	7.84	4.1
바이오톡스텍	2019/12	초기	6,280	−	2.93	−4.5%	0.93	−3.3
바이온	2018/12	초기	1,650	−	1.50	−25.2%	33.19	−37.4
바이온	2019/12	초기	1,285	−	1.62	−47.0%	−36.96	9.3
바텍	2018/12	성숙	21,600	12.46	1.44	11.6%	10.17	−6.9

회사명	회계년도	성장단계	Price	PER	PBR	ROE	매출액증가율	유형자산증가율
바텍	2019/12	성숙	29,200	13.28	1.71	12.9%	11.99	-1.6
배럴	2018/12	성장	9,980	15.17	1.97	13.0%	41.98	290.2
배럴	2019/12	성숙	12,100	11.63	2.00	17.2%	18.64	290.4
백금티앤에이	2018/12	성숙	2,780	8.10	1.13	13.9%	-8.66	97.5
백금티앤에이	2019/12	초기	2,985	–	1.33	-8.7%	-12.35	-26.9
버추얼텍	2018/12	초기	620	–	1.78	-64.3%	-38.48	700.2
버추얼텍	2019/12	초기	840	–	2.61	0.0%	-18.01	-6.8
버킷스튜디오	2018/12	초기	540	–	3.11	-454.0%	14.59	-4.8
버킷스튜디오	2019/12	초기	1,960	–	1.09	-7.3%	-4.67	30.7
베노홀딩스	2018/12	초기	1,005	–	6.45	-243.1%	-20.35	-27.0
베노홀딩스	2019/12	초기	713	29.71	1.54	5.2%	7.08	130.0
베뉴지	2018/12	재기	17,700	–	0.37	0.2%	-27.71	26.9
베뉴지	2019/12	재기	1,685	15.32	0.03	0.2%	-4.59	1.0
베셀	2018/12	초기	4,135	44.46	1.73	3.9%	-6.56	-3.9
베셀	2019/12	초기	4,290	–	2.57	-63.2%	-46.34	-3.5
베스파	2019/12	초기	13,950	–	1.18	1.6%	0	0.0
보광산업	2018/12	성장	3,970	30.08	2.45	8.2%	-11.18	1.5
보광산업	2019/12	성장	5,100	29.14	2.83	9.7%	33.29	5.6
보라티알	2018/12	쇠퇴	6,390	9.42	0.88	9.3%	-6.43	-1.8
보라티알	2019/12	초기	10,550	23.14	1.37	5.9%	7.34	106.6
보성파워텍	2018/12	초기	2,505	–	1.49	-6.9%	40.14	-0.5
보성파워텍	2019/12	초기	2,035	–	1.19	0.8%	5.69	-4.1
본느	2018/12	초기	2,005	–	2.43	3.1%	0	0.0
본느	2019/12	성장	3,810	18.14	3.38	18.6%	32.65	2.6
부방	2018/12	재기	2,035	–	0.55	-0.2%	-61.58	0.2
부방	2019/12	재기	2,580	–	0.59	-5.4%	-44.52	-19.7
부-스타	2018/12	재기	5,540	15.61	0.66	4.3%	3.79	4.0
부-스타	2019/12	말기	5,450	13.10	0.63	4.8%	17.82	-4.5
뷰웍스	2018/12	성장	33,000	15.66	2.38	15.2%	-4.93	21.3
뷰웍스	2019/12	성숙	31,500	13.06	2.01	15.4%	7.62	15.2
브레인콘텐츠	2018/12	초기	838	–	1.31	-12.7%	-17.43	-98.0
브레인콘텐츠	2019/12	초기	690	25.56	1.07	4.2%	-14.48	1,120.7
브리지텍	2018/12	초기	2,965	17.14	1.10	6.4%	53.92	131.4
브리지텍	2019/12	초기	3,045	–	1.36	-11.9%	-23.47	272.6

회사명	회계년도	성장단계	Price	PER	PBR	ROE	매출액증가율	유형자산증가율
브릿지바이오테라퓨틱스	2019/12	초기	57,400	–	1.58	1.3%	0	479.5
브이원텍	2018/12	성숙	18,950	9.22	1.82	19.8%	41.60	107.4
브이원텍	2019/12	성장	9,230	21.03	1.74	8.3%	−51.46	300.6
브이티지엠피	2018/12	성장	8,300	41.71	4.15	10.0%	29.84	−1.3
브이티지엠피	2019/12	성장	9,000	–	4.56	7.1%	23.58	7.1
블러썸엠앤씨	2018/12	초기	15,300		5.45	0.6%	−13.76	15.1
블러썸엠앤씨	2019/12	초기	8,080	–	1.23	−9.6%	−9.04	1.5
블루콤	2018/12	재기	4,160	23.11	0.43	1.9%	−45.51	−1.3
블루콤	2019/12	재기	3,400	15.74	0.35	2.2%	−58.66	−44.4
비덴트	2018/12	쇠퇴	8,000	2.77	0.73	26.4%	25.47	10.8
비덴트	2019/12	재기	7,730	–	0.87	−2.8%	−9.62	−13.1
비디아이	2018/12	초기	8,040		1.26	2.3%	−9.75	11.1
비디아이	2019/12	초기	7,620	–	1.97	0.5%	50.14	−1.6
비보존헬스케어	2018/12	재기	1,440		0.91	−9.5%	−24.61	−11.3
비보존헬스케어	2019/12	초기	2,095		1.43	−17.5%	−4.57	−73.7
비씨월드제약	2018/12	성장	22,400	19.86	2.06	10.4%	9.77	18.9
비씨월드제약	2019/12	초기	14,450	18.31	1.22	6.6%	−4.79	10.6
비아트론	2018/12	쇠퇴	10,000	4.92	0.95	19.3%	27.82	−2.5
비아트론	2019/12	재기	10,850	27.82	1.00	3.6%	−61.97	−2.9
비에이치	2018/12	초기	16,800	–	3.07	0.0%	−7.73	−7.8
비에이치	2019/12	초기	21,950	–	2.97	0.0%	−25.69	−11.3
비에이치아이	2018/12	초기	3,370	–	1.20	−39.8%	−36.61	−3.6
비에이치아이	2019/12	재기	2,120		0.92	−23.8%	6.20	−3.4
비엠티	2018/12	쇠퇴	7,360	8.67	0.94	10.8%	20.80	3.3
비엠티	2019/12	쇠퇴	6,780	10.53	0.81	7.7%	−3.27	0.4
비즈니스온커뮤니케이션	2018/12	성장	15,000	27.03	4.58	16.9%	11.75	−12.8
비즈니스온커뮤니케이션	2019/12	성장	14,150	30.63	4.18	13.6%	4.25	684.7
비츠로셀	2018/12	성장	10,900	13.96	1.82	13.0%	0	0.0
비츠로셀	2019/12	성장	13,400	15.02	2.12	14.1%	14.44	−1.2
비츠로시스	2018/03	초기	1,610	–	1.76	−54.1%	4.47	7.8
비츠로시스	2019/03	초기	485	–	3.38	−732.1%	−60.81	−97.2
비츠로테크	2018/06	초기	7,010	–	1.89	1.4%	−66.64	−1.6
비츠로테크	2019/12	초기	6,340	–	1.71	1.1%	0	0.0
비트컴퓨터	2018/12	초기	5,060		2.08	−0.4%	3.35	−1.4

회사명	회계년도	성장단계	Price	PER	PBR	ROE	매출액증가율	유형자산증가율
비트컴퓨터	2019/12	성숙	4,365	11.64	1.60	13.7%	13.96	16.5
비피도	2018/12	초기	29,650	–	1.99	2.3%	8.83	4.7
비피도	2019/12	초기	23,150	–	2.05	3.5%	−12.51	137.7
빅솔론	2018/12	쇠퇴	6,270	7.92	0.86	10.9%	−4.11	2.3
빅솔론	2019/12	쇠퇴	5,590	10.16	0.76	7.5%	−3.55	21.7
빅텍	2018/12	초기	2,275	–	2.16	3.3%	19.44	−2.8
빅텍	2019/12	초기	3,380	43.90	2.63	6.0%	0.44	−8.4
빛샘전자	2018/12	재기	5,850	20.03	0.77	3.8%	−11.78	−1.9
빛샘전자	2019/12	재기	5,450	14.23	0.69	4.9%	10.18	−2.4
사람인에이치알	2018/12	성숙	18,150	12.75	2.70	21.1%	9.45	−1.4
사람인에이치알	2019/12	성장	31,000	14.29	3.74	26.2%	17.81	18.8
삼강엠앤티	2018/12	재기	4,545	–	0.54	−24.7%	−3.51	20.4
삼강엠앤티	2019/12	재기	4,505	–	0.84	−15.1%	125.67	5.4
삼기	2018/12	재기	2,490	13.76	0.60	4.4%	−4.85	9.2
삼기	2019/12	말기	2,190	12.88	0.53	4.1%	4.77	1.8
삼륭물산	2018/12	초기	4,775	37.60	1.31	3.5%	1.74	2.6
삼륭물산	2019/12	초기	9,300	–	2.35	4.1%	4.37	4.3
삼목에스폼	2018/12	쇠퇴	11,500	4.81	0.51	10.7%	−38.07	−5.2
삼목에스폼	2019/12	말기	8,360	7.52	0.36	4.8%	−23.67	−8.4
삼보모터스	2018/12	초기	7,300	–	1.02	−1.4%	1.09	−4.9
삼보모터스	2019/12	재기	5,180	–	0.95	−26.8%	4.92	−5.9
삼보산업	2018/12	초기	5,670	–	1.43	−68.1%	−20.52	−0.9
삼보산업	2019/12	재기	636	–	0.60	−23.0%	7.04	−1.3
삼보판지	2018/12	쇠퇴	8,930	6.16	0.62	10.1%	11.98	26.9
삼보판지	2019/12	재기	8,210	26.40	0.60	2.3%	10.54	11.1
삼본전자	2018/12	재기	3,200	–	0.37	0.3%	−13.89	5.4
삼본전자	2019/12	초기	2,730	–	1.12	0.0%	−9.35	2.9
삼성기업인수목적2호	2019/12	초기	2,025	–	1.08	1.2%	0	0.0
삼아제약	2018/12	말기	15,800	10.96	0.67	6.1%	8.34	−0.3
삼아제약	2019/12	말기	15,950	9.58	0.63	6.6%	6.89	−4.9
삼양옵틱스	2018/12	성숙	12,900	9.99	4.50	45.0%	−8.76	−1.4
삼양옵틱스	2019/12	성숙	12,750	9.48	3.90	41.1%	5.18	0.3
삼에스코리아	2018/03	초기	2,215	–	3.42	−7.6%	21.56	−3.2
삼에스코리아	2019/03	초기	2,390	–	3.33	3.8%	7.65	−5.0

회사명	회계년도	성장단계	Price	PER	PBR	ROE	매출액증가율	유형자산증가율
삼에스코리아	2020/03	초기	1,795	–	2.57	−2.3%	−39.06	−13.1
삼영엠텍	2018/12	재기	3,385	17.54	0.52	3.0%	6.79	−10.3
삼영엠텍	2019/12	말기	3,690	14.03	0.56	4.0%	3.27	−3.6
삼영이엔씨	2018/12	재기	5,360	28.82	0.67	2.3%	−7.18	1.3
삼영이엔씨	2019/12	재기	5,940	–	0.82	−14.8%	4.95	−1.3
삼일	2018/12	말기	1,980	11.93	0.52	4.4%	7.40	8.2
삼일	2019/12	말기	2,000	9.39	0.51	5.4%	−1.49	15.1
삼일기업공사	2018/12	재기	3,355	13.42	0.76	5.6%	−0.39	−2.5
삼일기업공사	2019/12	말기	3,605	13.60	0.78	5.8%	35.74	−1.9
삼지전자	2018/12	초기	9,880	36.32	1.26	3.5%	41.15	152.2
삼지전자	2019/12	초기	9,840	–	1.26	−0.7%	19.88	−21.8
삼진	2018/12	쇠퇴	7,220	7.35	0.71	9.7%	−16.80	−2.0
삼진	2019/12	성숙	11,450	8.39	1.01	12.1%	62.86	−39.3
삼진엘앤디	2018/12	재기	2,080	48.37	0.61	1.3%	−14.22	−9.9
삼진엘앤디	2019/12	말기	2,205	9.34	0.61	6.6%	14.42	−0.5
삼천당제약	2018/12	초기	38,000	–	7.71	5.2%	1.24	27.0
삼천당제약	2019/12	초기	35,600	–	7.57	5.2%	13.81	−12.2
삼천리자전거	2018/12	초기	6,420	–	1.00	−23.2%	−27.81	0.6
삼천리자전거	2019/12	재기	5,380	–	0.95	−13.8%	26.20	−2.5
삼표시멘트	2018/12	초기	4,300	–	1.11	−3.2%	−14.75	−3.2
삼표시멘트	2019/12	재기	3,790	23.54	0.96	4.1%	2.80	2.1
삼현철강	2018/12	말기	4,610	9.85	0.51	5.2%	34.73	−3.5
삼현철강	2019/12	말기	3,960	9.34	0.43	4.6%	4.22	−5.7
삼화네트웍스	2018/12	초기	1,450	–	2.07	−17.4%	−41.08	−5.1
삼화네트웍스	2019/12	초기	1,525	41.23	2.54	6.2%	362.12	14.6
상보	2018/12	초기	1,740	–	1.86	−107.6%	−3.48	−40.4
상보	2019/12	재기	1,070	–	0.93	−26.5%	−20.93	−3.6
상상인	2018/12	성장	17,850	31.76	6.02	19.0%	36.42	9.8
상상인	2019/12	성숙	8,670	5.60	2.49	44.4%	37.66	40.4
상상인이안제1호기업인수목적	2019/12	초기	2,020	–	1.07	1.0%	0	0.0
상상인인더스트리	2018/12	초기	1,575	–	2.21	−7027.5%	−27.53	−75.6
상상인인더스트리	2019/12	초기	1,540	–	3.81	−69.2%	−50.04	−69.6
상신이디피	2018/12	성장	12,550	20.27	2.55	12.6%	51.45	54.6
상신이디피	2019/12	초기	8,250	–	1.90	1.1%	−3.91	−5.1

회사명	회계년도	성장단계	Price	PER	PBR	ROE	매출액증가율	유형자산증가율
상신전자	2018/12	재기	5,800	22.31	0.74	3.3%	−0.82	−23.1
상신전자	2019/12	초기	3,670	20.39	1.01	5.0%	−2.44	17.0
상아프론테크	2018/12	성장	13,200	15.46	1.62	10.5%	4.71	−0.1
상아프론테크	2019/12	성장	15,250	18.13	1.65	9.1%	−8.71	−0.6
상지카일룸	2018/12	성숙	2,070	7.34	1.63	22.2%	274.43	−23.0
상지카일룸	2019/12	초기	1,690	−	1.52	−9.6%	93.60	66.6
새로닉스	2018/12	재기	4,100	24.40	0.91	3.7%	6	−6.5
새로닉스	2019/12	재기	3,515	−	0.79	0.7%	−2.66	8.2
샘코	2018/12	재기	4,200	−	0.86	−5.3%	3.66	15.1
샘코	2019/12	초기	7,140	−	6.73	−378.1%	−17.46	−18.8
서린바이오사이언스	2018/12	초기	10,350	29.91	1.43	4.8%	16.69	−2.5
서린바이오사이언스	2019/12	성숙	8,830	7.72	1.17	15.2%	10.22	−2.6
서부티엔디	2018/12	재기	8,960	−	0.72	−1.6%	87.87	−2.9
서부티엔디	2019/12	재기	8,700	−	0.72	0.0%	18.35	2.8
서산	2018/12	초기	3,505	−	1.83	0.3%	−14.77	−3.7
서산	2019/12	초기	3,575	−	1.94	0.4%	−22.02	−6.7
서암기계공업	2018/12	초기	7,000	25.64	1.49	5.8%	3.94	−7.0
서암기계공업	2019/12	초기	5,650	32.66	1.17	3.6%	−9.44	6.6
서연탑메탈	2018/12	재기	3,130	−	0.56	−6.4%	−12.34	−10.9
서연탑메탈	2019/12	재기	2,640	−	0.48	−0.4%	10.90	−6.0
서울리거	2018/12	초기	2,660	−	1.39	−6.2%	18	−7.5
서울리거	2019/12	재기	1,435	−	0.81	−12.9%	202.47	0.2
서울반도체	2018/12	성장	19,350	21.26	1.67	7.9%	9.11	2.6
서울반도체	2019/12	초기	16,250	34.21	1.35	3.9%	−13.91	−39.3
서울옥션	2018/12	초기	8,800	41.90	2.51	6.0%	−15.29	20.9
서울옥션	2019/12	초기	5,740	−	1.84	−13.4%	−27.86	10.0
서울전자통신	2018/12	초기	1,165	−	2.00	−7.9%	−4.85	−30.2
서울전자통신	2019/12	재기	1,010	20.20	0.73	3.6%	−35.37	13.8
서울제약	2018/12	초기	5,780	−	1.68	−26.2%	27.95	−3.5
서울제약	2019/12	초기	6,750	−	2.09	−6.8%	23.83	−4.6
서원인텍	2018/12	재기	4,710	−	0.62	−3.0%	−8.13	−30.0
서원인텍	2019/12	재기	7,340	19.21	0.96	5.0%	−10.89	−5.0
서전기전	2018/12	말기	4,285	12.35	0.58	4.7%	14.26	22.5
서전기전	2019/12	재기	3,780	27.39	0.99	3.6%	6.54	1.6

회사명	회계 년도	성장 단계	Price	PER	PBR	ROE	매출액 증가율	유형자산 증가율
서진시스템	2018/12	말기	17,350	12.50	0.70	5.6%	8.88	−40.7
서진시스템	2019/12	초기	28,800	−	3.23	5.9%	45.84	−9.0
서진오토모티브	2018/12	재기	2,295	−	0.59	−9.3%	8.08	0.3
서진오토모티브	2019/12	재기	2,055	−	0.65	−25.6%	4.68	−2.2
서플러스글로벌	2018/12	쇠퇴	3,065	5.69	0.94	16.6%	25.73	23.5
서플러스글로벌	2019/12	재기	2,390	35.15	0.72	2.0%	−32.83	30.0
서한	2018/12	쇠퇴	1,860	4.46	0.64	14.3%	21.09	5.0
서한	2019/12	말기	1,190	12.14	0.40	3.3%	−14.39	13.0
서호전기	2018/12	성숙	11,750	12.59	1.03	8.2%	−30.58	2.6
서호전기	2019/12	성숙	23,400	7.99	1.79	22.3%	111.55	67.4
서희건설	2018/12	쇠퇴	1,190	4.31	0.71	16.6%	10.04	14.4
서희건설	2019/12	쇠퇴	1,120	3.28	0.59	17.9%	9.59	556.7
선광	2018/12	말기	17,000	12.50	0.35	2.8%	−16.93	−3.4
선광	2019/12	재기	16,600	40.79	0.35	0.8%	8.56	19.2
선데이토즈	2018/12	초기	18,650	19.47	1.28	6.6%	16.57	23.8
선데이토즈	2019/12	초기	20,600	−	1.42	1.3%	−2.95	129.2
선익시스템	2018/12	말기	7,550	12.40	0.55	4.4%	−4.53	1.0
선익시스템	2019/12	쇠퇴	7,870	9.47	0.80	8.4%	−25.99	10.5
성광벤드	2018/12	재기	11,400	−	0.77	−1.6%	16.23	−1.0
성광벤드	2019/12	재기	10,350	30.80	0.69	2.2%	21.67	−1.0
성도이엔지	2018/12	재기	4,940	16.80	0.49	2.9%	28.77	0.1
성도이엔지	2019/12	재기	3,445	−	0.53	−65.7%	23.40	71.9
성우전자	2018/12	재기	2,855	23.99	0.58	2.4%	−22.22	−5.3
성우전자	2019/12	재기	2,730	−	0.58	−2.0%	−26.58	8.7
성우테크론	2018/12	쇠퇴	4,050	7.82	0.84	10.8%	2.40	−1.4
성우테크론	2019/12	쇠퇴	4,225	8.69	0.82	9.4%	−16.61	−2.7
성우하이텍	2018/12	말기	3,640	4.12	0.24	5.9%	−0.94	−3.9
성우하이텍	2019/12	재기	3,750	−	0.30	−2.7%	1.56	0.8
성창오토텍	2018/12	초기	8,380	−	1.64	−8.0%	0.31	−15.6
성창오토텍	2019/12	초기	8,100	−	1.60	−2.1%	−7.03	−6.1
성호전자	2018/12	재기	890	19.35	0.42	2.2%	0.91	28.3
성호전자	2019/12	재기	823	−	0.71	−66.4%	3.74	−0.7
세경하이테크	2019/12	초기	35,700	20.72	1.34	6.5%	−14.82	100.2
세동	2018/12	재기	566	−	0.77	−45.5%	20.13	9.5

회사명	회계년도	성장단계	Price	PER	PBR	ROE	매출액증가율	유형자산증가율
세동	2019/12	초기	798	–	2.37	-95.0%	3.14	-5.5
세명전기공업	2018/12	초기	7,030	29.79	1.59	5.3%	-8.89	-28.2
세명전기공업	2019/12	초기	4,855	21.67	1.06	4.9%	-2.96	-1.0
세미콘라이트	2018/12	초기	1,055	–	2.12	-57.6%	-33.50	15.9
세미콘라이트	2019/12	초기	515	–	1.27	-400.2%	-23.78	-70.5
세보엠이씨	2018/12	쇠퇴	9,200	3.83	0.66	17.2%	-22.31	3.9
세보엠이씨	2019/12	재기	7,960	–	0.59	-3.6%	31.92	-10.2
세운메디칼	2018/12	성장	3,770	16.91	1.98	11.7%	3.43	-0.7
세운메디칼	2019/12	성장	3,225	14.73	1.53	10.4%	3.76	19.2
세원	2018/12	재기	2,390	37.94	0.29	0.8%	25.99	6.3
세원	2019/12	초기	2,825	–	1.79	1.8%	-0.56	-6.4
세원물산	2018/12	말기	5,160	7.41	0.25	3.3%	20.81	26.3
세원물산	2019/12	말기	6,280	3.99	0.28	7.0%	32.73	14.5
세종메디칼	2018/12	초기	10,700	20.66	1.55	7.5%	2.29	15.1
세종메디칼	2019/12	초기	7,520	16.17	1.11	6.9%	9.44	67.8
세종텔레콤	2018/12	재기	472	–	0.86	-0.2%	11.45	-0.1
세종텔레콤	2019/12	재기	381	–	0.69	0.7%	26.39	16.6
세중	2018/12	초기	3,750	–	1.28	-4.1%	-55.12	-26.8
세중	2019/12	초기	3,070	–	1.03	-0.6%	-32.69	-17.5
세진티에스	2018/12	재기	2,685	–	0.58	-7.1%	-19.55	-22.1
세진티에스	2019/12	재기	3,065	–	0.71	-7.0%	-0.90	-30.4
세코닉스	2018/12	말기	7,650	9.49	0.59	6.3%	24.60	-15.8
세코닉스	2019/12	재기	6,540	–	0.56	-3.9%	-3.80	-6.4
세틀뱅크	2019/12	성장	28,900	19.71	2.33	11.8%	14.69	81.6
세화피앤씨	2018/12	초기	2,675	47.77	2.20	4.6%	-15.84	8.1
세화피앤씨	2019/12	초기	2,920	–	2.39	2.5%	5.48	-6.8
센트럴바이오	2018/12	초기	1,130	–	1.89	-25.8%	52.30	7.6
센트럴바이오	2019/12	재기	555	–	0.89	-28.4%	-29.35	16.3
셀루메드	2018/12	초기	9,090	–	11.32	-79.8%	-46.01	-4.7
셀리드	2019/12	초기	27,450	–	5.02	-4.9%	0	70.8
셀리버리	2018/12	초기	22,400	–	3.71	-21.6%	62.68	11.3
셀바스에이아이	2018/12	초기	4,150	–	2.22	-1.1%	-12.69	-1.3
셀바스에이아이	2019/12	초기	3,780	–	2.01	-3.6%	-15.86	37.3
셀바스헬스케어	2018/12	초기	3,220	–	4.62	-223.7%	-33.23	-5.3

회사명	회계 년도	성장 단계	Price	PER	PBR	ROE	매출액 증가율	유형자산 증가율
셀바스헬스케어	2019/12	초기	3,105	–	2.29	−16.9%	4.57	−4.2
셀트리온제약	2018/12	초기	63,500	–	9.12	−4.3%	7.67	−2.2
셀트리온제약	2019/12	초기	39,800	–	5.58	3.9%	23.81	10.8
셀트리온헬스케어	2018/12	초기	75,300	–	6.31	2.5%	1.53	−17.8
셀트리온헬스케어	2019/12	초기	53,000	–	4.40	3.6%	23.51	213.4
소리바다	2018/12	초기	1,010	–	1.70	−16.5%	−9.58	70.4
소리바다	2019/12	초기	742	–	1.76	−63.6%	0.35	19.8
소프트센	2018/12	초기	1,245	–	1.35	−2.0%	−6.25	1.1
소프트센	2019/12	초기	2,405	–	2.57	−10.9%	−28.90	−3.9
소프트캠프	2018/12	초기	2,050	–	1.08	0.3%	0	0.0
소프트캠프	2019/12	초기	1,700	–	4.11	1.9%	0	0.0
손오공	2018/12	초기	2,230	45.51	3.08	6.8%	−3.67	−30.8
손오공	2019/12	초기	1,550	–	1.70	−10.3%	−26.85	1,263.6
솔고바이오메디칼	2018/12	재기	367	–	0.88	−26.4%	−5.59	31.2
솔고바이오메디칼	2019/12	초기	192	–	1.02	−63.4%	−10.99	−18.7
솔루에타	2018/12	재기	3,405	–	0.64	−19.9%	27.25	0.6
솔루에타	2019/12	재기	3,000	–	0.59	−7.6%	5.27	18.1
솔본	2018/12	말기	4,470	11.23	0.88	7.8%	0.83	−2.9
솔본	2019/12	재기	4,040	14.69	0.75	5.1%	−1.87	−94.3
솔브레인홀딩스	2018/12	성숙	47,550	9.24	1.20	13.0%	24.26	−9.9
솔브레인홀딩스	2019/12	성장	84,300	15.81	1.92	12.1%	−0.58	27.5
솔트웍스	2018/12	초기	3,700	–	2.09	−7.6%	−38.09	86.6
솔트웍스	2019/12	초기	5,840	–	6.46	−79.5%	97.06	32.9
쇼박스	2018/12	초기	3,010	36.71	1.46	4.0%	−33.29	−31.7
쇼박스	2019/12	초기	3,880	–	1.81	2.5%	14.77	−43.8
수산아이앤티	2018/12	재기	6,800	14.72	0.67	4.5%	−0.75	212.8
수산아이앤티	2019/12	재기	7,450	17.33	0.69	4.0%	−1.65	−4.0
수성	2018/12	초기	5,820	–	3.49	−79.1%	−10.63	−1.2
수성	2019/12	초기	1,755	–	1.33	−37.2%	−3.60	39.1
수젠텍	2019/12	초기	5,480	–	2.86	−40.1%	−29.43	13.5
슈펙스비앤피	2018/12	초기	992	–	1.11	−33.3%	30.03	122.9
슈펙스비앤피	2019/12	재기	319	–	0.38	−38.3%	−47.71	42.6
슈프리마	2018/12	성장	26,000	16.38	1.77	10.8%	11.50	9.2
슈프리마	2019/12	성숙	33,850	9.05	1.84	20.4%	36.84	−0.5

회사명	회계년도	성장단계	Price	PER	PBR	ROE	매출액증가율	유형자산증가율
슈프리마아이디	2019/12	재기	19,650	41.99	0.59	1.4%	−32.18	731.2
슈프리마에이치큐	2018/12	재기	6,300	36.63	0.56	1.5%	−21.06	−49.7
슈프리마에이치큐	2019/12	말기	5,820	9.33	0.50	5.4%	−1.49	18.6
슈피겐코리아	2018/12	성숙	52,300	8.70	1.50	17.2%	19.92	6.4
슈피겐코리아	2019/12	성숙	51,000	8.09	1.31	16.2%	15.36	0.3
스맥	2018/12	재기	2,975	−	0.94	1.5%	−6.98	1.3
스맥	2019/12	재기	2,370	−	0.72	−18.4%	−5.88	33.6
스카이문스테크놀로지	2018/12	초기	2,365	−	1.22	−17.9%	7.36	−2.9
스카이문스테크놀로지	2019/12	재기	744	−	0.64	−61.9%	−60.36	−3.2
스카이이앤엠	2018/12	초기	19,800	−	7.07	−46.1%	73.91	−14.2
스카이이앤엠	2020/06	초기	2,270	−	4.87	−186.8%	0	0.0
스킨앤스킨	2018/12	초기	597	−	1.61	−39.6%	25.85	−7.6
스킨앤스킨	2019/12	초기	323	−	1.03	−19.2%	−0.51	−86.6
스타모빌리티	2018/12	초기	2,705	−	1.25	−63.4%	−57.11	−4.5
스타모빌리티	2019/12	초기	2,455	−	1.03	−32.6%	21.87	20.9
스타플렉스	2018/12	재기	4,990	37.24	0.41	1.1%	−7.23	−10
스타플렉스	2019/12	재기	7,450	−	0.75	−21.5%	−6.51	−21.2
스튜디오드래곤	2018/12	성장	92,400	−	10.03	11.5%	42.81	−18.1
스튜디오드래곤	2019/12	성장	80,900	−	7.76	9.8%	21.10	38.8
스튜디오산타클로스엔터테인먼트	2018/12	초기	2,800	−	1.80	0.4%	−58.46	−2.9
스튜디오산타클로스엔터테인먼트	2019/12	초기	2,555	−	2.03	−24.3%	52.46	2.5
스페코	2018/12	초기	4,045	−	1.31	−10.6%	10.90	−31.6
스페코	2019/12	초기	4,075	21.56	1.24	5.7%	−25.73	−4.5
승일	2018/12	말기	9,000	6.70	0.39	5.9%	11.20	−9.6
승일	2019/12	재기	8,500	−	0.37	−0.4%	−9.53	10.9
시공테크	2018/12	초기	6,090	−	1.52	−2.3%	−60	1.3
시공테크	2019/12	성숙	4,790	10.89	1.10	10.1%	73.93	−1.2
시그네틱스	2018/12	재기	867	−	0.51	−4.3%	−5.82	−9.5
시그네틱스	2019/12	재기	1,140	−	0.70	−14.3%	−12.63	−18.8
시너지이노베이션	2018/12	성숙	2,050	10.96	2.65	24.2%	89.44	41.0
시너지이노베이션	2019/12	성장	2,160	25.41	2.07	8.2%	−6.17	−7.3
시노펙스	2018/12	초기	2,840	−	2.29	−1.7%	−18.08	−4.9
시노펙스	2019/12	초기	2,745	−	2.06	3.6%	−8.88	8.4
시스웍	2018/12	성숙	2,385	9.00	1.23	13.7%	−32.23	−37.9

회사명	회계년도	성장단계	Price	PER	PBR	ROE	매출액 증가율	유형자산 증가율
시스웍	2019/12	초기	2,275	23.95	1.08	4.5%	−34.65	0.7
시큐브	2018/12	성장	1,360	17.22	2.06	12.0%	−8.27	−2.2
시큐브	2019/12	성숙	1,460	9.86	1.95	19.8%	30.88	37.9
신라섬유	2018/12	초기	2,160	−	3.71	1.2%	17.66	−61.9
신라섬유	2019/12	초기	2,000	−	3.38	1.5%	−11.10	−1.5
신라에스지	2018/12	초기	4,745	−	1.15	−5.5%	−16.20	5.4
신라에스지	2019/12	초기	7,910	−	2.36	−28.5%	30.71	−0.6
신성델타테크	2018/12	재기	3,395	−	0.70	0.5%	−14.62	−1.5
신성델타테크	2019/12	말기	3,500	10.80	0.65	6.0%	−9.96	−13.0
신신제약	2018/12	초기	7,330	36.47	2.07	5.7%	3.30	102.9
신신제약	2019/12	초기	6,820	39.65	1.84	4.7%	6.27	37.1
신원종합개발	2018/12	쇠퇴	4,100	3.41	0.54	15.8%	12.56	−10.8
신원종합개발	2019/12	쇠퇴	4,205	2.79	0.47	17.0%	15.79	−11.7
신일제약	2018/12	말기	9,690	12.73	0.82	6.5%	4.58	−3.9
신일제약	2019/12	말기	7,150	10.35	0.57	5.5%	13.84	12.9
신진에스엠	2018/12	재기	5,430	15.04	0.72	4.8%	−5.18	63.1
신진에스엠	2019/12	재기	5,420	19.71	0.70	3.5%	−7.31	−3.9
신테카바이오	2019/12	초기	15,500	−	1.36	−20.1%	0	0.0
신화인터텍	2018/12	재기	1,505	−	0.52	−9.6%	−1.41	−2.6
신화인터텍	2019/12	초기	3,880	36.26	1.28	3.5%	39.64	−11.1
신화콘텍	2018/12	재기	3,190	−	0.61	1.0%	−38.84	6.0
신화콘텍	2019/12	재기	2,670	−	0.58	−5.9%	24.45	16.7
신흥에스이씨	2018/12	성장	35,900	21.69	2.61	12.0%	44.54	71.9
신흥에스이씨	2019/12	성장	38,350	29.55	2.54	8.6%	−6.88	−3.5
실리콘웍스	2018/12	성숙	33,600	11.17	1.46	13.0%	14.30	43.0
실리콘웍스	2019/12	성장	39,800	16.93	1.60	9.4%	9.51	41.1
심텍	2018/12	재기	6,790	26.94	0.96	3.6%	3.91	15.0
심텍	2019/12	초기	12,400	−	3.39	−79.6%	6.21	7.1
심텍홀딩스	2018/12	재기	1,785	41.51	0.58	1.4%	48.12	−85.3
심텍홀딩스	2019/12	재기	1,640	−	0.56	−1.2%	−18.09	−7.9
싸이맥스	2018/12	쇠퇴	7,700	6.46	0.82	12.6%	−23.84	1.6
싸이맥스	2019/12	초기	11,000	19.68	1.15	5.8%	−39.91	−8.7
싸이토젠	2018/12	초기	11,000	−	2.25	−11.7%	495.26	82.5
싸이토젠	2019/12	초기	12,550	−	4.11	−24.1%	−34.81	45.5

회사명	회계년도	성장단계	Price	PER	PBR	ROE	매출액증가율	유형자산증가율
쌍용정보통신	2018/12	성숙	1,370	3.11	1.31	42.0%	-15.11	-23.8
쌍용정보통신	2019/12	초기	1,835	-	1.79	3.3%	-12.55	66.2
썸에이지	2018/12	초기	1,190	-	11.45	-326.3%	6.20	-14.7
썸에이지	2019/12	초기	566	-	1.73	-35.7%	4.92	-83.7
쎄노텍	2018/12	초기	2,020	-	2.21	-7.8%	-18.96	65.6
쎄노텍	2019/12	초기	2,025	-	2.33	-6.2%	-13.99	65.5
쎄니트	2018/12	초기	2,020	-	1.26	0.3%	-2.06	-4.0
쎄니트	2019/12	초기	1,890	-	1.20	-0.6%	-2.71	-27.1
쎄미시스코	2018/12	초기	7,290	43.92	1.34	3.0%	-12.36	-2.7
쎄미시스코	2019/12	초기	7,340	-	1.76	-28.9%	-22.10	-1.9
쎄트렉아이	2018/12	성장	24,750	23.15	2.79	12.0%	6.43	1.3
쎄트렉아이	2019/12	성장	19,450	20.26	3.26	16.1%	58.14	12.2
쎌바이오텍	2018/12	성숙	28,050	10.25	2.54	24.7%	2.71	25.2
쎌바이오텍	2019/12	성장	18,950	15.80	1.72	10.9%	-27.22	24.3
쏠리드	2018/12	성숙	3,255	9.57	1.50	15.6%	-4.28	16.1
쏠리드	2019/12	성장	5,410	25.52	2.24	8.8%	-0.17	11.9
씨씨에스충북방송	2018/12	초기	423	-	1.64	-34.1%	-1.16	-15.4
씨씨에스충북방송	2019/12	초기	423	-	1.39	-0.7%	-3.30	-12.8
씨아이에스	2018/12	초기	2,325	-	3.37	-22.8%	68.95	103.3
씨아이에스	2019/12	성숙	2,625	12.38	2.89	23.3%	134.24	11.3
씨앤에이치	2018/12	재기	1,390	36.58	0.51	1.4%	34.77	-12.0
씨앤에이치	2019/12	쇠퇴	1,910	7.86	0.66	8.4%	151.50	61.7
씨앤지하이테크	2018/12	쇠퇴	11,700	9.72	0.87	9.0%	17.38	32.6
씨앤지하이테크	2019/12	성숙	8,840	6.17	1.14	18.5%	45.98	-6.2
씨에스	2018/12	성숙	1,875	8.80	1.69	19.2%	35.54	610.1
씨에스	2019/12	초기	2,770	-	2.61	-1.7%	-45.24	-14.0
씨에스베어링	2019/12	성숙	8,490	9.20	1.44	15.7%	59.61	0.8
씨에스에이코스믹	2018/12	초기	4,080	-	3.46	-2.2%	104.79	-10.6
씨에스에이코스믹	2019/12	초기	4,170	-	5.14	-46.2%	-8.42	-71.9
씨엔플러스	2018/12	재기	839	-	0.64	-13.2%	-11.08	6.9
씨엔플러스	2019/12	초기	839	-	3.78	-62.7%	-31.47	-95.1
씨엠에스에듀	2018/12	성장	6,720	25.85	3.13	12.1%	7.85	54.7
씨엠에스에듀	2019/12	성장	5,300	23.56	2.83	12.0%	17.86	23.6
씨유메디칼시스템	2018/12	재기	2,240	-	0.88	1.1%	24.80	1.4

회사명	회계년도	성장단계	Price	PER	PBR	ROE	매출액증가율	유형자산증가율
씨유메디칼시스템	2019/12	초기	2,780	–	1.06	−11.6%	0.32	13.0
씨제이이엔엠	2018/12	재기	201,900	23.41	0.67	2.9%	77.51	243.6
씨제이이엔엠	2019/12	성숙	159,600	9.80	1.69	17.2%	56.50	38.5
씨제이프레시웨이	2018/12	초기	26,500	26.69	1.83	6.9%	17.24	12.4
씨제이프레시웨이	2019/12	성장	28,650	15.20	1.81	11.9%	10.15	20.5
씨젠	2018/12	초기	16,000	–	3.45	3.9%	19.86	10.1
씨젠	2019/12	성장	30,650	30.87	5.56	18.0%	15.75	−6.8
씨케이코퍼레이션	2018/12	초기	2,395	–	3.22	−39.5%	−76.17	2,167.5
씨케이코퍼레이션	2019/12	재기	505	–	0.84	−88.4%	40.05	−96.4
씨큐브	2018/12	성숙	6,690	10.45	1.18	11.3%	3.03	38.0
씨큐브	2019/12	성숙	8,360	12.69	1.38	10.9%	8.11	16.4
씨티씨바이오	2018/12	초기	8,100	–	1.80	−10.5%	11.12	−3.3
씨티씨바이오	2019/12	초기	6,100	–	1.71	−12.1%	3.26	−34.6
씨티케이코스메틱스	2018/12	초기	21,000	20.33	1.26	6.2%	−2.89	45.3
씨티케이코스메틱스	2019/12	쇠퇴	13,350	10.71	0.76	7.1%	−0.72	43.4
아가방앤컴퍼니	2018/12	재기	3,755	–	0.82	−10.4%	−20.12	−19.1
아가방앤컴퍼니	2019/12	재기	3,720	–	0.91	−11.7%	20.45	23.5
아나패스	2018/12	초기	18,550	–	2.82	−6.8%	−40.85	6.7
아나패스	2019/12	초기	29,350	–	5.46	−41.9%	18.13	106.2
아난티	2018/12	초기	18,750	–	1.31	−0.8%	60.65	−11.3
아난티	2019/12	초기	10,400	–	2.78	2.6%	11.39	1.5
아래스	2018/12	초기	3,220	–	7.05	−41.4%	−56.27	4,641.4
아리온테크놀로지	2018/12	초기	1,005	–	3.74	−51.0%	−17.77	−97.5
아리온테크놀로지	2019/12	초기	1,585	–	7.70	−83.5%	−30.08	138.3
아모그린텍	2019/12	초기	12,900	–	6.12	5.2%	9.85	46.2
아모텍	2018/12	재기	18,000	18.39	0.87	4.8%	−19.43	19.5
아모텍	2019/12	초기	29,650	–	1.48	−0.5%	−0.13	10.5
아미노로직스	2018/12	성장	1,715	18.85	4.42	23.5%	9.59	34.0
아미노로직스	2019/12	초기	1,955	–	5.25	−3.8%	2.88	−0.5
아미코젠	2018/12	성장	34,100	18.90	5.15	27.2%	17.08	3.5
아미코젠	2019/12	초기	25,450	–	4.00	0.3%	39.74	23.1
아바코	2018/12	쇠퇴	5,850	3.76	0.82	21.8%	31.12	1.0
아바코	2019/12	쇠퇴	6,210	4.45	0.80	17.9%	−7.44	−2.3
아바텍	2018/12	말기	5,340	10.47	0.62	5.9%	−22.27	−12.4

회사명	회계년도	성장단계	Price	PER	PBR	ROE	매출액 증가율	유형자산 증가율
아바텍	2019/12	재기	7,690	15.41	0.90	5.8%	1.45	53.5
아비코전자	2018/12	쇠퇴	5,600	8.83	0.80	9.1%	−0.85	−11.1
아비코전자	2019/12	재기	5,210	−	0.78	−2.6%	−12.10	−10.6
아세아텍	2018/06	재기	3,435	19.63	0.61	3.1%	−0.96	41.3
아세아텍	2019/06	재기	4,320	−	0.78	0.5%	2.11	−1.1
아세아텍	2020/06	재기	2,905	48.42	0.52	1.1%	9.91	10.1
아스타	2018/12	초기	8,360	−	2.47	1.8%	−46.99	−31.9
아스타	2019/12	초기	4,860	−	3.58	−104.6%	65.32	1,749.4
아스트	2018/12	초기	10,300	−	1.59	2.9%	26.03	13.9
아스트	2019/12	초기	8,260	−	11.88	−18.4%	24.38	0.8
아시아경제	2018/12	쇠퇴	2,350	1.91	0.58	30.3%	6.46	−1.5
아시아경제	2019/12	재기	1,970	−	0.51	0.9%	−0.15	−0.8
아우딘퓨쳐스	2018/12	성장	15,750	17.03	2.99	17.6%	75.25	23.0
아우딘퓨쳐스	2019/12	초기	7,360	−	2.19	−54.9%	−50.28	19.0
아이디스	2018/12	초기	21,150	45.29	1.61	3.6%	12.95	−0.7
아이디스	2019/12	초기	25,550	−	2.02	1.4%	2.16	34.7
아이디스홀딩스	2018/12	재기	13,600	22.44	0.84	3.8%	−22.31	44.2
아이디스홀딩스	2019/12	재기	12,000	−	0.81	−8.1%	−0.67	−14.2
아이센스	2018/12	성장	22,500	13.60	1.76	13.0%	8.51	4.1
아이센스	2019/12	성장	25,700	14.50	1.79	12.3%	7.99	0.3
아이스크림에듀	2019/12	초기	8,020	19.23	1.26	6.5%	6.33	110.9
아이쓰리시스템	2018/12	성숙	16,700	11.86	1.71	14.4%	−0.64	−5.9
아이쓰리시스템	2019/12	초기	21,900	−	2.28	0.3%	−25.02	16.9
아이씨디	2018/12	성숙	6,720	3.71	1.00	27.1%	−25.39	−15.0
아이씨디	2019/12	성장	19,650	34.29	2.63	7.7%	−52.48	−6.9
아이씨케이	2018/12	초기	1,205	−	2.82	−21.0%	−11.78	−9.8
아이씨케이	2019/12	초기	1,760	−	3.87	0.0%	2.53	8.0
아이앤씨테크놀로지	2018/12	초기	3,075	28.47	1.49	5.2%	−26.61	−2.7
아이앤씨테크놀로지	2019/12	성장	5,270	28.03	2.34	8.4%	48.82	0.5
아이에스시	2018/12	말기	8,620	8.90	0.69	7.7%	2.92	10.4
아이에스시	2019/12	재기	9,750	−	0.79	1.3%	−15.71	−5.3
아이에스이커머스	2018/12	초기	4,030	−	1.71	−21.9%	−4.27	−38.1
아이에스이커머스	2019/12	초기	4,385	−	3.47	−37.9%	−17.03	−63.7
아이에이	2018/12	초기	3,040	−	2.60	−10.5%	−4	1.5

회사명	회계 년도	성장 단계	Price	PER	PBR	ROE	매출액 증가율	유형자산 증가율
아이에이	2019/12	말기	510	12.75	0.46	3.6%	40.99	1.0
아이에이네트웍스	2018/12	초기	3,760	–	3.18	−77.9%	−34.88	−14.4
아이에이네트웍스	2019/12	초기	6,230	–	4.22	−99.2%	−41.01	−0.8
아이엘사이언스	2019/12	초기	1,920	–	3.14	−29.0%	0	0.0
아이엠	2018/12	재기	1,195	–	0.58	−30.4%	−62.84	−23.0
아이엠	2019/12	초기	1,090	–	1.35	−62.5%	−4.24	−44.1
아이엠비씨	2018/12	초기	2,255	–	1.11	−4.4%	0.76	−35.5
아이엠비씨	2019/12	초기	2,420	27.19	1.11	4.1%	−12.66	154.1
아이엠이연이	2018/12	재기	3,280	16.65	0.83	5.0%	−72.19	6.6
아이엠이연이	2019/12	초기	6,480	–	1.30	−0.5%	−21.95	−47.0
아이엠텍	2018/12	초기	1,290	–	4.88	−381.7%	−82.96	−27.0
아이엠텍	2019/12	초기	1,010	–	2.74	−78.4%	17.75	125.2
아이오케이컴퍼니	2018/12	초기	1,830	–	3.02	−58.7%	32.46	4.4
아이오케이컴퍼니	2019/12	재기	1,605	–	0.70	−10.8%	14.81	−50.7
아이원스	2018/12	재기	7,490	18.82	0.81	4.3%	37.55	3.7
아이원스	2019/12	재기	6,420	–	0.72	−2.8%	−29.56	−8.6
아이즈비전	2018/12	성숙	4,640	6.63	1.03	15.5%	−10.07	−2.7
아이즈비전	2019/12	재기	3,300	–	0.77	−6.5%	−26.73	−25.9
아이진	2018/12	초기	14,350	–	6.91	−25.9%	576.10	−14.8
아이진	2019/12	초기	11,550	–	7.19	−48.9%	108.59	51.8
아이컴포넌트	2018/12	초기	6,560	–	1.60	−10.9%	4.86	−9.7
아이컴포넌트	2019/12	초기	5,420	–	1.38	−4.5%	12.95	−9.6
아이큐어	2018/12	초기	33,050	–	2.03	−11.1%	−15.02	41.3
아이큐어	2019/12	초기	36,150	–	2.67	−11.7%	35.49	112.7
아이크래프트	2018/12	재기	2,725	–	0.67	−0.5%	−25.53	−34.1
아이크래프트	2019/12	초기	2,910	–	1.32	0.2%	−3.84	100.8
아이텍	2018/12	초기	13,250	–	2.12	3.1%	19.57	19.5
아이텍	2019/12	재기	7,120	–	0.90	−12.1%	32.48	4.8
아이톡시	2019/12	초기	805	–	4.96	−421.8%	−73.91	−16.6
아이티센	2018/12	초기	3,410	36.67	1.58	4.3%	−23.69	33.3
아이티센	2019/12	성장	6,850	31.00	2.92	9.4%	14.46	−0.3
아이티엑스에이아이	2018/12	초기	1,480	–	2.02	−16.1%	−11.02	−81.8
아이티엑스에이아이	2019/12	초기	1,550	–	3.20	−64.5%	11.54	11.2
아이티엠반도체	2019/12	성장	42,450	21.59	2.91	13.5%	80.04	−4.3

회사명	회계년도	성장단계	Price	PER	PBR	ROE	매출액증가율	유형자산증가율
아주아이비투자	2018/12	재기	1,100	21.57	0.10	0.5%	6.81	−13.1
아주아이비투자	2019/12	성숙	1,245	6.38	1.07	16.7%	61.54	209.1
아즈텍더블유비이	2018/12	말기	1,760	9.26	0.41	4.4%	36.50	−0.4
아즈텍더블유비이	2019/12	말기	1,855	8.03	0.41	5.1%	−5.17	1.2
아진산업	2018/12	재기	2,040	−	0.33	−6.8%	69.01	16.9
아진산업	2019/12	재기	2,595	19.66	0.41	2.1%	28.20	2.8
아진엑스텍	2018/12	성숙	7,690	11.89	1.29	10.8%	−13.45	20.6
아진엑스텍	2019/12	초기	7,650	20.35	1.27	6.3%	−22.41	0.4
아톤	2019/12	초기	30,050	−	2.27	−28.4%	0	0.0
아프리카티비	2018/12	성장	39,400	18.85	4.92	26.1%	28.35	27.8
아프리카티비	2019/12	성장	68,900	24.82	6.96	28.0%	28.46	20.3
안국약품	2018/12	쇠퇴	9,900	8.77	0.93	10.6%	0.67	−5.3
안국약품	2019/12	재기	10,750	36.07	0.99	2.8%	−17.09	0.7
안랩	2018/12	성장	46,400	18.54	2.54	13.7%	6.05	−1.9
안랩	2019/12	성장	65,500	30.03	3.38	11.3%	4.12	−12.5
안트로젠	2018/12	초기	70,700	−	10.60	−1.7%	−32.67	42.6
안트로젠	2019/12	초기	42,900	−	5.56	−6.1%	14.98	28.2
알로이스	2019/12	초기	2,400	−	2.52	−29.0%	0	0.0
알리코제약	2018/12	초기	12,350	−	1.99	2.1%	33.60	55.6
알리코제약	2019/12	성숙	14,100	13.36	2.01	15.0%	21.46	−29.6
알서포트	2018/12	성장	2,090	24.02	2.17	9.0%	8.96	−36.7
알서포트	2019/12	성장	2,660	18.47	2.48	13.4%	8.82	3,854.3
알에스오토메이션	2018/12	초기	11,100	−	2.77	2.5%	12.08	−2.9
알에스오토메이션	2019/12	초기	9,130	−	2.25	0.3%	−16.84	0.0
알에프세미	2018/12	재기	5,670	−	0.96	1.0%	−13.73	7.8
알에프세미	2019/12	재기	5,460	−	0.96	−5.4%	−20.45	−11.9
알에프에이치아이씨	2018/12	성장	24,600	22.69	3.63	16.0%	63.03	12.9
알에프에이치아이씨	2019/12	성장	36,850	43.00	4.48	10.4%	1.30	14.2
알에프텍	2018/12	초기	6,590	−	1.36	−11.0%	−13.46	2.5
알에프텍	2019/12	초기	7,960	−	2.35	−20.8%	13.15	99.2
알엔투테크놀로지	2018/12	초기	9,000	−	2.88	4.9%	20.09	43.9
알엔투테크놀로지	2019/12	초기	10,600	−	2.39	3.0%	21.31	11.5
알테오젠	2018/12	초기	28,600	−	5.50	−9.7%	−47.42	50.6
알테오젠	2019/12	초기	66,900	−	13.09	2.6%	926.11	47.7

회사명	회계년도	성장단계	Price	PER	PBR	ROE	매출액 증가율	유형자산 증가율
알톤스포츠	2018/12	초기	3,860	–	1.81	−5.6%	9.12	−7.6
알톤스포츠	2019/12	초기	1,245	–	1.13	−99.0%	−37.15	−98.2
알티캐스트	2018/12	재기	3,095	–	0.85	−9.6%	4.16	−7.9
알티캐스트	2019/12	재기	2,010	–	0.73	−49.2%	−38.30	−49.7
알파홀딩스	2018/12	초기	11,500	–	3.52	−13.6%	19.18	14.4
알파홀딩스	2019/12	초기	6,820	–	1.80	−26.5%	−15.60	120.6
압타바이오	2019/12	초기	34,600	–	4.56	−8.4%	−29.95	1,274.8
애니젠	2018/12	초기	13,800	–	3.43	−35.5%	−9.61	97.1
애니젠	2019/12	초기	10,100	–	3.68	−48.3%	52.56	−1.2
애니플러스	2019/12	초기	2,030	–	1.08	−1.2%	0	0.0
액션스퀘어	2018/12	초기	1,760	–	4.78	−114.3%	−20.54	−5.2
액션스퀘어	2019/12	초기	1,295	–	1.70	−38.4%	−3.62	6.2
액토즈소프트	2018/12	초기	9,500	–	1.21	−35.7%	−29.92	272.8
액토즈소프트	2019/12	성숙	12,500	5.21	1.26	24.2%	128.34	−14.3
액트	2018/12	초기	2,670	21.89	1.32	6.0%	−23.55	−1.8
액트	2019/12	초기	4,520	–	1.71	−4.5%	−17.95	−3.8
액트로	2018/12	쇠퇴	13,150	2.76	0.73	26.6%	32.52	0.7
액트로	2019/12	성장	14,600	16.48	1.95	11.9%	−29.83	2.0
앤디포스	2018/12	초기	14,500	–	2.63	−9.5%	−15.47	−59.0
앤디포스	2019/12	초기	4,455	–	1.68	1.6%	28.67	−30.6
앤씨앤	2018/12	초기	8,140	–	2.70	−28.3%	−27.14	44.4
앤씨앤	2019/12	말기	2,200	9.57	0.52	5.5%	150.37	−42.1
앱클론	2019/12	성장	40,100	–	8.22	7.3%	266.64	199.4
야스	2018/12	성숙	15,600	5.62	1.45	25.8%	113.94	41.8
야스	2019/12	성장	19,650	15.64	1.74	11.1%	−53.04	49.6
양지사	2018/06	초기	10,450	–	2.54	4.6%	−5.12	−3.1
양지사	2019/06	초기	10,350	–	2.47	4.0%	9.13	4.3
양지사	2020/06	쇠퇴	9,710	1.11	0.83	74.7%	−7.27	−1.2
어보브반도체	2018/12	성숙	4,210	8.96	1.23	13.7%	1.54	−14.2
어보브반도체	2019/12	성숙	7,090	8.55	1.72	20.1%	18.92	1.0
얼라인드제네틱스	2018/12	초기	13,100	–	2.29	−11.2%	−2	1.0
얼라인드제네틱스	2019/12	초기	13,550	–	2.36	−0.7%	35.50	204.8
에너토크	2018/12	재기	4,120	21.68	0.97	4.5%	−5.76	0.4
에너토크	2019/12	재기	3,480	28.52	0.84	2.9%	1.83	−3.4

회사명	회계년도	성장단계	Price	PER	PBR	ROE	매출액 증가율	유형자산 증가율
에버다임	2018/12	말기	5,730	11.15	0.56	5.0%	−8.92	−0.9
에버다임	2019/12	재기	4,430	−	0.44	0.4%	−21.41	2.8
에스넷시스템	2018/12	성숙	4,055	7.57	1.03	13.6%	35.95	−15.0
에스넷시스템	2019/12	초기	6,960	35.69	1.78	5.0%	6.62	2.9
에스디생명공학	2018/12	초기	8,720	−	1.69	2.7%	16.11	14.9
에스디생명공학	2019/12	초기	4,950	−	1.20	−15.7%	−6.42	41.1
에스디시스템	2018/12	재기	1,845	−	0.95	−36.9%	−17.70	−9.2
에스디시스템	2019/12	초기	2,350	−	2.34	−121.4%	−16.28	−36.2
에스디엔	2018/12	재기	1,625	38.69	0.96	2.5%	16.21	−2.6
에스디엔	2019/12	초기	2,990	26.23	1.72	6.6%	6.90	38.5
에스맥	2018/12	재기	1,005	−	0.96	1.7%	−29.62	−31.7
에스맥	2019/12	초기	1,300	−	1.39	−9.0%	−10.36	12.3
에스브이인베스트먼트	2019/03	성숙	4,250	13.58	1.99	14.7%	73.04	148.6
에스브이인베스트먼트	2020/03	초기	4,000	−	4.22	−4.7%	−64.23	298.2
에스비아이인베스트먼트	2018/12	초기	683	42.69	1.37	3.2%	−4.36	−35.0
에스비아이인베스트먼트	2019/12	성숙	718	10.11	1.26	12.5%	39.77	1,473.3
에스비아이핀테크솔루션즈	2018/03	성장	8,060	46.59	6.96	14.9%	10.85	269.8
에스비아이핀테크솔루션즈	2019/03	초기	13,050	−	9.69	−0.4%	−9.71	6.5
에스비아이핀테크솔루션즈	2020/03	성장	6,600	19.70	4.14	21.0%	42.58	115.0
에스비에스콘텐츠허브	2018/12	재기	4,940	20.50	0.70	3.4%	−22.53	−11.8
에스비에스콘텐츠허브	2019/12	재기	5,400	−	0.76	1.1%	3.22	6.2
에스씨디	2018/12	말기	1,120	9.33	0.56	6.0%	7.76	−5.7
에스씨디	2019/12	재기	1,320	−	0.69	−3.0%	9.45	−6.6
에스씨아이평가정보	2018/12	성장	2,000	26.67	4.36	16.3%	16.56	−13.2
에스씨아이평가정보	2019/12	성장	2,540	19.84	4.62	23.3%	4.69	130.0
에스아이리소스	2018/12	초기	557	−	1.74	−10.6%	−40.26	353.1
에스아이리소스	2019/12	초기	639	−	3.53	−97.8%	22.91	−86.7
에스앤더블류	2018/12	초기	14,550	−	2.49	−24.2%	−7.63	−0.5
에스앤더블류	2019/12	재기	3,320	−	0.61	−7.1%	19.12	0.7
에스앤에스텍	2018/12	초기	3,770	15.97	1.02	6.4%	13.20	−7.0
에스앤에스텍	2019/12	성장	12,200	23.11	2.92	12.6%	38.43	−5.3
에스앤케이	2019/07	쇠퇴	18,600	0.12	0.01	8.8%	0	0.0
에스앤케이	2020/07	쇠퇴	13,750	0.15	0.90	619.2%	−33.50	195.9
에스에너지	2018/12	재기	5,920	−	0.75	0.9%	−46.68	−23.1

회사명	회계년도	성장단계	Price	PER	PBR	ROE	매출액증가율	유형자산증가율
에스에너지	2019/12	재기	3,840	–	0.49	−0.6%	45.49	2.2
에스에스알	2018/12	재기	9,000	37.19	0.58	1.5%	0	0.0
에스에스알	2019/12	초기	6,110	31.49	1.47	4.7%	8.75	15.1
에스에이엠티	2018/12	성숙	1,650	6.63	1.02	15.4%	−2.97	10.6
에스에이엠티	2019/12	성숙	2,195	7.87	1.26	16.0%	3.22	−7.7
에스에이티	2018/12	말기	1,755	11.32	0.67	5.9%	−59.20	−5.6
에스에이티	2019/12	쇠퇴	2,225	10.96	0.81	7.4%	14.13	8.8
에스에프에이	2018/12	성숙	34,600	8.41	1.77	21.1%	−28.13	−3.2
에스에프에이	2019/12	성숙	46,250	9.54	2.01	21.1%	−8.84	4.5
에스에프에이반도체	2018/12	재기	1,360	28.33	0.96	3.4%	1.09	0.7
에스에프에이반도체	2019/12	초기	4,305	–	2.85	5.6%	55.93	−0.6
에스엔유프리시전	2018/12	쇠퇴	2,905	9.37	0.90	9.6%	−28.97	−16.3
에스엔유프리시전	2019/12	말기	2,720	12.31	0.84	6.8%	−22.19	−3.3
에스엔케이폴리텍	2018/12	재기	3,630	17.12	0.71	4.2%	−12.58	−30.0
에스엔케이폴리텍	2019/12	초기	8,470	–	1.69	1.2%	23.98	12.8
에스엠라이프디자인그룹	2018/12	초기	1,485		1.25	−4.0%	−36.41	1.8
에스엠라이프디자인그룹	2019/12	초기	2,030		1.87	−6.1%	66.36	−26.1
에스엠엔터테인먼트	2018/12	초기	52,300		3.14	3.3%	30.31	−8.0
에스엠엔터테인먼트	2019/12	초기	38,450		2.23	3.1%	9.18	−7.0
에스엠컬처앤콘텐츠	2018/12	초기	2,020		5.88	−5.8%	288.81	−10.0
에스엠컬처앤콘텐츠	2019/12	성장	1,530	46.36	3.60	7.8%	−15.79	−0.6
에스엠코어	2018/12	초기	8,660		2.61	3.7%	24.48	7.0
에스엠코어	2019/12	초기	11,000	49.33	3.28	6.6%	44.38	3.6
에스와이	2018/12	초기	5,680	32.83	1.30	4.0%	14.86	−17.2
에스와이	2019/12	초기	4,440	–	1.11	−19.1%	−14.03	10.3
에스제이그룹	2019/12	성숙	60,200	11.75	2.07	17.6%	49.95	−3.0
에스제이케이	2018/12	초기	3,270	–	12.65	−147.8%	−21.07	8.7
에스제이케이	2019/12	재기	1,155	–	0.89	−80.3%	−38.85	9.5
에스지씨이테크건설	2018/12	초기	80,500	26.91	1.44	5.3%	4.85	4.5
에스지씨이테크건설	2019/12	쇠퇴	73,100	6.95	0.65	9.4%	40.82	2.3
에스지에이	2018/12	초기	539		1.20	−0.2%	17.46	−6.5
에스지에이	2019/12	재기	693	–	0.97	−37.9%	−12.74	36.7
에스지에이솔루션즈	2018/12	초기	1,270		1.07	−17.2%	−12.75	−12.0
에스지에이솔루션즈	2019/12	초기	1,155	–	1.79	−104.1%	21.04	−41.9

회사명	회계년도	성장단계	Price	PER	PBR	ROE	매출액 증가율	유형자산 증가율
에스지엔지	2018/12	재기	2,350	–	0.82	0.0%	2.26	–16.6
에스지엔지	2019/12	재기	1,855	–	0.64	0.0%	–7.99	109.9
에스지이	2018/12	성장	11,300	14.11	3.40	24.1%	22.30	38.7
에스지이	2019/12	말기	2,235	9.31	0.54	5.8%	–5.94	12.3
에스케이 머티리얼즈	2018/12	성장	151,000	19.49	4.87	25.0%	18.86	10.1
에스케이 머티리얼즈	2019/12	성장	185,500	26.21	5.43	20.7%	2.20	4.9
에스케이씨솔믹스	2018/12	성숙	2,670	6.73	1.74	25.9%	6.06	32.2
에스케이씨솔믹스	2019/12	초기	3,735	–	2.42	0.9%	–0.92	4.9
에스케이에이씨피씨제4호기업인수목적	2019/12	초기	2,045	–	1.15	1.0%	0	0.0
에스케이제5호기업인수목적	2019/12	초기	2,020	–	1.05	–1.0%	0	0.0
에스코넥	2018/12	초기	1,640	36.44	1.44	3.9%	–10.46	–0.2
에스코넥	2019/12	초기	1,740	–	1.67	–11.6%	–51.25	8.4
에스텍	2018/12	성숙	9,840	7.60	1.08	14.3%	10.91	–0.4
에스텍	2019/12	성장	11,650	15.43	1.27	8.3%	9.99	–1.1
에스텍파마	2018/12	초기	8,240	14.61	1.14	7.8%	5.65	–6.3
에스텍파마	2019/12	성숙	10,450	8.09	1.28	15.8%	15.27	–2.4
에스트래픽	2018/12	초기	10,250	–	2.57	–15.4%	–63.85	785.2
에스트래픽	2019/12	초기	6,660	–	1.73	–3.7%	83.50	128.2
에스티아이	2018/12	쇠퇴	9,160	6.54	0.97	14.9%	–2.45	61.0
에스티아이	2019/12	성장	20,600	14.63	2.09	14.3%	6.25	120.0
에스티오	2018/12	재기	2,685	–	0.71	–1.0%	–2.78	–4.8
에스티오	2019/12	말기	2,370	8.78	0.60	6.8%	–3.58	43.4
에스티큐브	2018/12	초기	23,000	–	13.08	–18.1%	30.88	–36.8
에스티큐브	2019/12	초기	11,450	–	9.35	–50.0%	57.03	597.3
에스티팜	2018/12	초기	19,800	–	1.15	–3.1%	–51.98	11.6
에스티팜	2019/12	초기	29,800	–	1.84	–6.1%	–4.42	–3.0
에스폴리텍	2018/12	재기	1,845	14.30	0.65	4.6%	11.90	–3.8
에스폴리텍	2019/12	성숙	5,490	6.56	1.54	23.5%	–1.35	–3.4
에스퓨얼셀	2018/12	재기	30,700	–	0.21	0.2%	0	0.0
에스퓨얼셀	2019/12	초기	17,250	–	3.13	4.9%	20.52	1,710.7
에스피시스템스	2019/12	초기	6,720	22.86	1.56	6.8%	–34.90	–2.8
에스피지	2018/12	초기	6,500	–	1.32	0.9%	–4.81	34.5
에스피지	2019/12	초기	7,080	–	1.47	–0.8%	–3.17	–2.3
에쎈테크	2018/12	초기	954	34.07	2.31	6.8%	–11.10	–10.7

회사명	회계년도	성장단계	Price	PER	PBR	ROE	매출액증가율	유형자산증가율
에쎈테크	2019/12	초기	992	–	2.60	-1.8%	-12.05	0.0
에이디칩스	2018/12	초기	1,470	–	1.43	-28.1%	-32.16	194.3
에이디칩스	2019/12	초기	1,130	–	1.02	-40.0%	39.89	-17.7
에이디테크놀로지	2018/12	성숙	9,790	10.54	2.04	19.3%	242.39	19.0
에이디테크놀로지	2019/12	성장	18,650	19.45	3.39	17.4%	104.79	-13.1
에이루트	2018/12	재기	157	–	0.65	-24.1%	-39.45	-6.4
에이루트	2019/12	재기	1,530	–	0.63	0.1%	12.77	-5.6
에이비엘바이오	2018/12	재기	20,000	–	0.04	-0.8%	0	0.0
에이비엘바이오	2019/12	초기	24,150	–	8.45	-28.6%	217.12	86.8
에이비프로바이오	2018/12	재기	783	–	0.60	-11.1%	-13.40	-4.5
에이비프로바이오	2019/12	재기	804	–	0.65	-19.6%	-59.21	-1.2
에이스침대	2018/12	말기	23,400	7.56	0.12	1.6%	9.73	18.9
에이스침대	2019/12	쇠퇴	34,950	8.10	0.84	10.4%	22.89	12.4
에이스테크놀로지	2018/12	초기	5,100	–	1.91	2.9%	5.35	-0.4
에이스테크놀로지	2019/12	초기	8,130	–	3.18	-5.5%	-5.43	-60.0
에이스토리	2019/12	초기	8,910	–	1.71	-2.7%	-39.20	-10.5
에이씨티	2018/12	초기	4,325	–	2.38	-81.8%	-5.15	-28.7
에이씨티	2019/12	초기	4,480	–	2.83	-0.3%	-2.48	-34.2
에이아이비트	2018/12	초기	1,190	–	1.95	-27.1%	-43.31	-6.0
에이아이비트	2019/12	재기	396	–	0.64	-27.7%	-33.73	3,203.8
에이에프더블류	2019/12	성장	12,650	20.60	1.60	7.8%	-14.40	6.3
에이치비테크놀러지	2018/12	초기	3,195	40.44	1.78	4.4%	-12.03	-10.1
에이치비테크놀러지	2019/12	초기	2,995	–	1.63	1.3%	-10.84	-4.5
에이치시티	2018/12	쇠퇴	8,910	8.85	0.91	10.2%	31.51	-2.8
에이치시티	2019/12	성숙	10,000	9.43	1.35	14.3%	26.70	5.5
에이치알에스	2018/12	재기	2,830	–	0.66	-10.7%	7.74	-3.4
에이치알에스	2019/12	재기	2,675	–	0.60	1.2%	-9.16	-3.7
에이치엔티일렉트로닉스	2018/12	초기	3,015	–	1.19	-42.8%	8.26	-4.3
에이치엔티일렉트로닉스	2019/12	재기	2,170	17.79	0.55	3.1%	30.22	546.0
에이치엘비	2019/12	초기	114,900	–	11.09	-7.6%	9.18	17.4
에이치엘비생명과학	2018/12	초기	17,200	–	2.45	-0.2%	-74.42	-93.7
에이치엘비생명과학	2019/12	초기	27,750	–	4.17	0.6%	191.08	376.5
에이치엘비제약	2018/12	초기	4,225	–	3.62	-47.3%	32.03	-0.3
에이치엘비제약	2019/12	초기	5,430	–	4.62	2.1%	72.83	-2.3

회사명	회계 년도	성장 단계	Price	PER	PBR	ROE	매출액 증가율	유형자산 증가율
에이치엘비파워	2018/12	초기	755	–	2.66	−156.3%	20.55	−1.3
에이치엘비파워	2019/12	초기	1,690	–	3.10	1.1%	15.86	9.3
에이치엘사이언스	2018/12	성장	43,100	20.07	3.64	18.1%	59.48	−0.9
에이치엘사이언스	2019/12	성숙	54,700	14.02	3.58	25.6%	100.07	70.1
에이치케이	2018/12	재기	1,335	14.67	0.51	3.5%	−10.08	−2.7
에이치케이	2019/12	재기	1,440	35.12	0.54	1.5%	−7.36	2.8
에이테크솔루션	2018/12	초기	7,800	–	1.18	0.1%	−4.32	−7.4
에이테크솔루션	2019/12	초기	7,370	–	1.11	0.4%	18.20	−2.1
에이텍	2018/12	쇠퇴	7,400	9.93	0.89	9.0%	−7.62	25.1
에이텍	2019/12	성숙	9,200	11.66	1.03	8.8%	1.05	−4.8
에이텍티앤	2018/12	초기	7,500	41.44	1.09	2.6%	−42.23	13.9
에이텍티앤	2019/12	초기	8,970	–	1.39	1.5%	−8.58	120.6
에이티넘인베스트먼트	2018/12	성장	2,025	13.87	1.37	9.9%	−31.88	1,254.3
에이티넘인베스트먼트	2019/12	성숙	1,940	13.76	1.23	9.0%	25.26	699.1
에이티세미콘	2018/12	쇠퇴	548	9.13	0.98	10.7%	15.84	6.3
에이티세미콘	2019/12	초기	710	–	1.39	−26.6%	5.30	50.2
에이팩트	2018/12	성숙	3,995	4.73	1.25	26.4%	108.07	91.3
에이팩트	2019/12	초기	6,240	26.11	1.81	7.0%	−0.58	25.9
에이팸	2018/12	초기	7,070	–	7.91	6.3%	−12.57	−4.3
에이팸	2019/12	초기	1,705	–	2.98	−103.1%	−32.86	8.7
에이프런티어	2018/12	성장	5,940	41.83	3.69	8.8%	11.40	−2.5
에이프런티어	2019/12	초기	4,365	–	3.12	−14.6%	14.35	257.4
에이프로젠헬스케어앤게임즈	2018/12	말기	735	9.67	0.55	5.7%	73.17	−63.1
에이프로젠헬스케어앤게임즈	2019/12	재기	830	–	0.70	−3.0%	11.54	51.6
에이피시스템	2018/12	성숙	21,700	12.06	3.73	30.9%	0	0.0
에이피시스템	2019/12	성장	33,600	–	4.85	9.1%	−35.54	−19.7
에이피에스홀딩스	2018/12	재기	4,220	–	0.39	−2.5%	−10.87	131.4
에이피에스홀딩스	2019/12	초기	10,200	–	1.03	−0.3%	4.85	90.4
에이피위성	2018/12	초기	6,430	–	1.35	−1.0%	42.59	−7.5
에이피위성	2019/12	초기	7,030	–	1.36	1.0%	6.56	76.5
에이피티씨	2018/12	성숙	5,700	7.13	2.50	35.0%	48.43	8.6
에이피티씨	2019/12	성숙	7,540	11.49	2.96	25.7%	−2.81	−1.9
에치에프알	2018/12	초기	2,270	–	1.94	−1.3%	0	0.0
에코마이스터	2018/12	초기	11,050	–	9.55	−366.1%	−37.20	−8.1

회사명	회계 년도	성장 단계	Price	PER	PBR	ROE	매출액 증가율	유형자산 증가율
에코마이스터	2019/12	초기	4,475	–	5.95	−98.7%	21.10	−7.3
에코마케팅	2018/12	성장	11,400	12.82	2.19	17.1%	43.66	−6.8
에코마케팅	2019/12	성장	32,200	24.07	5.41	22.5%	40.30	90.0
에코바이오홀딩스	2018/12	초기	6,690	–	1.42	1.3%	−43.52	165.5
에코바이오홀딩스	2019/12	쇠퇴	4,480	8.19	0.81	9.9%	−23.51	−1.2
에코캡	2019/12	재기	2,900	–	0.65	1.0%	0	0.0
에코프로	2018/12	성숙	33,000	11.82	3.44	29.1%	104.62	−6.1
에코프로	2019/12	성숙	22,450	5.67	1.67	29.5%	12.37	6.1
에코프로비엠	2019/12	성장	53,000	30.29	2.96	9.8%	4.57	61.6
에코플라스틱	2018/12	재기	1,295	–	0.30	−4.8%	−0.55	8.9
에코플라스틱	2019/12	말기	1,505	14.07	0.36	2.6%	9.77	2.2
에프알텍	2018/12	재기	3,090	–	0.97	−2.9%	5.47	−8.3
에프알텍	2019/12	초기	5,450	–	1.91	−11.1%	6.62	−19.4
에프앤리퍼블릭	2018/12	성장	1,680	14.48	1.53	10.5%	55.57	−73.2
에프앤리퍼블릭	2019/12	초기	918	–	2.05	−158.1%	−68.52	177.6
에프에스티	2018/12	쇠퇴	3,795	4.57	0.85	18.6%	−13.95	6.5
에프에스티	2019/12	성숙	7,750	8.98	1.48	16.5%	−26.02	34.3
에프엔씨엔터테인먼트	2018/12	초기	7,890	–	2.17	−3.7%	−11.61	−16.6
에프엔씨엔터테인먼트	2019/12	초기	8,420	–	2.21	−14.6%	12.54	195.4
에프엔에스테크	2018/12	말기	4,135	8.78	0.68	7.7%	−33.23	10.4
에프엔에스테크	2019/12	초기	8,490	42.03	1.38	3.3%	−26.44	−0.5
엑사이엔씨	2018/12	초기	1,185	–	1.30	0.7%	−17.91	−6.9
엑사이엔씨	2019/12	초기	1,725	–	2.16	−13.5%	−7.76	0.5
엑세스바이오인코퍼레이션	2018/12	초기	4,285	–	2.24	1.7%	36.51	−7.6
엑세스바이오인코퍼레이션	2019/12	재기	2,060	–	1.00	−12.4%	−0.55	12.8
엑셈	2018/12	성장	2,790	15.59	1.62	10.4%	−7.12	20.4
엑셈	2019/12	초기	2,825	22.60	1.50	6.7%	9.60	43.4
엑스큐어	2018/12	초기	4,605	–	1.60	−23.2%	−11.15	−18.6
엑스큐어	2019/12	초기	6,530	37.31	2.12	5.7%	−1.23	26.8
엑시콘	2018/12	말기	5,780	12.32	0.67	5.5%	−14.99	−7.2
엑시콘	2019/12	재기	6,810	–	0.82	−7.5%	−32.32	5.8
엔바이오니아	2019/12	초기	8,010	–	2.04	4.1%	13.76	11.2
엔브이에이치코리아	2018/12	재기	2,145	–	0.47	−8.2%	−2.14	7.1
엔브이에이치코리아	2019/12	말기	2,775	13.94	0.59	4.2%	−4.29	0.3

회사명	회계년도	성장단계	Price	PER	PBR	ROE	매출액증가율	유형자산증가율
엔시트론	2019/12	초기	399	–	2.93	−61.0%	−33.76	532.3
엔에스	2018/12	성장	9,990	18.88	1.98	10.5%	20.58	92.2
엔에스	2019/12	쇠퇴	5,050	7.98	0.81	10.2%	32.71	5.3
엔에스엔	2018/12	초기	1,565	–	1.45	−8.2%	96.42	−4.5
엔에스엔	2019/12	초기	2,070	–	1.70	−18.1%	−11.64	−2.5
엔에이치기업인수목적13호	2019/12	초기	2,050	–	1.07	0.9%	0	0.0
엔에이치엔벅스	2018/12	성장	5,550	13.94	1.52	10.9%	−4.67	−34.8
엔에이치엔벅스	2019/12	성장	5,650	15.96	1.42	8.9%	−3.55	32.2
엔에이치엔한국사이버결제	2018/12	성장	11,650	14.21	2.32	16.3%	25.32	3.0
엔에이치엔한국사이버결제	2019/12	성장	22,200	20.85	4.38	21.0%	9.41	−45.7
엔이능률	2018/12	초기	2,820	–	1.07	−13.7%	49.60	−25.3
엔이능률	2019/12	초기	3,265	–	1.16	2.1%	−1.58	−42.5
엔지스테크널러지	2018/12	초기	5,350	–	2.10	−4.0%	24.30	−1.2
엔지스테크널러지	2019/12	초기	4,845	–	6.06	−112.6%	1.82	2.7
엔지켐생명과학	2018/12	초기	98,900	–	12.88	−25.2%	18.75	26.1
엔지켐생명과학	2019/12	초기	70,400	–	7.91	−24.4%	1.40	3.9
엔케이맥스	2018/12	초기	12,950	–	9.26	−50.9%	22.86	−9.2
엔텔스	2018/12	초기	10,400	–	1.90	2.9%	32.58	7.1
엔텔스	2019/12	초기	9,350	30.46	1.64	5.4%	−4.46	38.0
엔투텍	2018/12	초기	1,390	–	2.10	−58.4%	0	0.0
엔투텍	2020/06	초기	3,175	–	5.15	−111.3%	0	0.0
엔피케이	2018/12	재기	1,875	17.86	0.87	4.9%	−6.64	−6.7
엔피케이	2019/12	재기	1,830	–	0.84	0.1%	5.74	−6.9
엘디티	2018/12	초기	2,640	41.25	1.67	4.0%	−23.01	−3.1
엘디티	2019/12	초기	2,815	–	2.06	−15.3%	−3.24	−2.8
엘비세미콘	2018/12	성장	4,085	18.82	1.68	8.9%	19.19	16.7
엘비세미콘	2019/12	성숙	7,800	13.22	2.60	19.7%	41.88	26.3
엘아이에스	2018/12	성장	12,200	24.06	4.80	19.9%	175.45	31.5
엘아이에스	2019/12	초기	12,300	–	4.70	−6.9%	−32.18	6.8
엘앤씨바이오	2018/12	초기	19,650	23.09	1.12	4.8%	16.33	201.5
엘앤씨바이오	2019/12	성장	25,600	29.66	3.21	10.8%	21.18	34.6
엘앤에프	2018/12	성장	36,400	41.27	6.46	15.7%	37.55	28.1
엘앤에프	2019/12	초기	21,950	–	4.36	−10.2%	−36.87	71.5
엘앤케이바이오메드	2018/12	초기	7,170	–	2.11	−5.3%	5.43	−5.3

회사명	회계년도	성장단계	Price	PER	PBR	ROE	매출액 증가율	유형자산 증가율
엘앤케이바이오메드	2019/12	초기	7,010	–	2.43	−30.5%	−14.61	−38.4
엘엠에스	2018/12	말기	6,460	9.02	0.55	6.1%	0.62	−13.2
엘엠에스	2019/12	성장	17,500	14.38	1.45	10.1%	81.20	−2.7
엘오티베큠	2018/12	쇠퇴	6,790	5.23	0.83	15.8%	−17.31	70.1
엘오티베큠	2019/12	초기	9,530	–	1.10	1.5%	−7.69	14.2
엘컴텍	2018/12	초기	1,845	–	2.07	2.7%	−22.29	−1.5
엘컴텍	2019/12	초기	1,595	–	1.90	1.7%	12.97	4.7
엘티씨	2018/12	재기	9,710	–	0.87	0.5%	2.23	−5.0
엘티씨	2019/12	초기	12,650	–	1.16	−0.4%	−1.03	−4.1
엠게임	2018/12	성장	2,970	17.78	2.06	11.6%	−0.88	−3.7
엠게임	2019/12	성숙	3,440	8.49	1.82	21.5%	37.51	0.1
엠벤처투자	2018/12	성장	587	26.68	2.60	9.8%	9.76	−16.8
엠벤처투자	2019/12	성숙	1,160	13.97	2.12	15.2%	29.67	8.2
엠씨넥스	2018/12	쇠퇴	12,950	4.36	0.95	21.8%	0.33	−22.8
엠씨넥스	2019/12	성숙	37,750	6.22	2.60	41.7%	88.78	−4.3
엠아이텍	2018/12	재기	3,230	–	0.19	0.1%	33.96	−31.9
엠아이텍	2019/12	성장	4,200	33.87	2.85	8.4%	10.32	188.0
엠에스씨	2018/12	성장	7,500	15.21	1.83	12.0%	1.87	−1.9
엠에스씨	2019/12	성숙	4,735	7.34	1.02	13.9%	3.20	1.5
엠에스오토텍	2018/12	재기	2,085	16.68	0.32	1.9%	20.84	8.9
엠에스오토텍	2019/12	재기	6,020	28.26	0.94	3.3%	11.58	5.1
엠젠플러스	2018/12	초기	6,170	–	4.86	−20.1%	−32.04	28.0
엠젠플러스	2019/12	초기	4,075	–	3.12	−82.5%	70.04	−21.3
엠케이전자	2018/12	초기	8,410	–	1.88	−10.7%	−0.68	12.2
엠케이전자	2019/12	초기	7,710	–	1.77	1.3%	4.18	−4.0
엠투엔	2018/12	쇠퇴	1,995	10.23	0.85	8.3%	2.08	−0.4
엠투엔	2019/12	성장	3,205	16.03	1.26	7.9%	−6.67	−11.9
엠플러스	2018/12	초기	16,900	–	2.26	4.1%	8.33	102.8
엠플러스	2019/12	초기	17,450	44.74	2.18	4.9%	33.58	61.7
엠피그룹	2019/12	초기	1,315	–	5.98	−12.7%	−5.81	154.3
엠피한강	2018/12	성장	1,500	21.43	3.20	14.9%	−14.97	−18.4
엠피한강	2019/12	초기	921	–	1.78	−11.4%	−11.17	864.5
연우	2018/12	초기	22,900	37.79	1.52	4.0%	18.89	7.0
연우	2019/12	성장	23,350	15.01	1.40	9.3%	7.53	−2.5

회사명	회계 년도	성장 단계	Price	PER	PBR	ROE	매출액 증가율	유형자산 증가율
영신금속공업	2018/12	재기	1,650	–	0.53	0.0%	−0.56	−1.7
영신금속공업	2019/12	쇠퇴	1,635	3.31	0.54	16.5%	1.02	−4.5
영우디에스피	2018/12	초기	825	–	1.84	−324.0%	−43.44	6.9
영우디에스피	2019/12	초기	2,530	–	4.30	−11.1%	−31.19	−0.8
영풍정밀	2018/12	말기	7,810	10.86	0.44	4.1%	0.07	−2.9
영풍정밀	2019/12	말기	8,500	10.64	0.48	4.6%	13.77	−3.0
영화테크	2018/12	성장	11,350	15.21	1.29	8.5%	−12.22	24.1
영화테크	2019/12	초기	9,620	–	1.15	−2.9%	−10.71	5.0
예림당	2018/12	성숙	5,400	3.53	1.13	32.0%	−12.98	−2.1
예림당	2019/12	재기	3,750	–	0.80	−1.2%	−19.84	−1.1
예선테크	2018/12	초기	2,060	–	1.05	0.6%	0	0.0
예선테크	2019/12	초기	2,510	–	2.91	−29.7%	0	0.0
예스이십사	2018/12	초기	4,800	–	1.33	−14.3%	10.44	−0.5
예스이십사	2019/12	초기	7,460	–	2.32	2.5%	5.43	18.7
예스티	2018/12	초기	7,520	–	1.97	−11.3%	−38.78	69.8
예스티	2019/12	초기	13,800	–	3.89	−69.4%	−42.05	28.7
오공	2018/12	재기	3,180	13.89	0.56	4.0%	−4.24	2.6
오공	2019/12	재기	3,375	16.96	0.84	5.0%	5.43	9.3
오디텍	2018/12	재기	5,880	30.95	0.61	2.0%	−7.80	7.7
오디텍	2019/12	재기	4,870	–	0.52	0.8%	−9.01	−1.0
오로라월드	2018/12	초기	8,550	17.74	1.02	5.8%	−2.70	31.1
오로라월드	2019/12	초기	13,650	29.48	1.57	5.3%	8.94	−35.1
오르비텍	2018/12	초기	4,565	30.64	1.66	5.4%	43.50	0.3
오르비텍	2019/12	초기	3,545	–	1.29	1.6%	9.77	−4.2
오리엔탈정공	2018/12	초기	711	–	1.08	−6.8%	−13.48	−1.3
오리엔탈정공	2019/12	성장	800	14.55	1.08	7.4%	44.47	23.1
오리엔트정공	2018/12	재기	465	–	0.50	−14.3%	1.96	−8.2
오리엔트정공	2019/12	재기	388	–	0.82	−9.7%	4.15	−17.1
오리콤	2018/12	쇠퇴	5,110	9.43	0.93	9.9%	6.68	−0.6
오리콤	2019/12	재기	4,990	16.92	0.89	5.2%	5.65	7.5
오상자이엘	2018/12	초기	6,730	–	3.23	−4.7%	−6.20	−2.7
오상자이엘	2019/12	초기	6,270	–	4.67	−62.1%	14.08	−66.6
오성첨단소재	2018/12	재기	2,150	22.16	0.97	4.4%	−0.57	−3.0
오성첨단소재	2019/12	쇠퇴	2,645	10.45	0.83	7.9%	51.02	−36.4

회사명	회계 년도	성장 단계	Price	PER	PBR	ROE	매출액 증가율	유형자산 증가율
오션브릿지	2018/12	성숙	7,530	5.82	1.47	25.3%	43.32	60.7
오션브릿지	2019/12	성숙	10,300	10.83	1.63	15.1%	−28.79	−7
오스코텍	2018/12	초기	22,600	−	14.64	2.4%	215.87	21.2
오스코텍	2019/12	초기	24,100	−	12.81	−28.6%	−62.58	6.9
오스테오닉	2018/12	초기	4,070	−	1.38	−28.6%	6.37	113.0
오스테오닉	2019/12	초기	3,185	−	1.07	2.0%	22.86	65.1
오스템	2018/12	재기	3,800	−	0.90	−6.8%	−15.76	−12.3
오스템	2019/12	재기	2,020	−	0.49	−13.5%	−13.07	−4.9
오스템임플란트	2018/12	성장	53,500	40.90	6.17	15.1%	15.55	21.1
오스템임플란트	2019/12	초기	42,300	−	6.32	−18.4%	12.04	48.0
오이솔루션	2018/12	초기	17,000	49.85	2.02	4.1%	6.36	2.8
오이솔루션	2019/12	성숙	49,450	10.19	2.86	28.1%	158.26	−3.1
오킨스전자	2018/12	재기	2,585	−	0.79	1.0%	−14.16	−7.2
오킨스전자	2019/12	초기	3,720	35.09	1.01	2.9%	14.95	9.7
오텍	2018/12	성숙	10,500	10.14	1.17	11.6%	−10.23	−1.9
오텍	2019/12	성장	11,700	15.73	1.26	8.0%	−6.67	−1.4
오파스넷	2018/12	초기	12,650	18.60	1.26	6.8%	10.74	388.0
오파스넷	2019/12	초기	6,430	−	1.50	−68.9%	31.70	397.7
오픈베이스	2018/12	초기	2,135	44.48	1.23	2.8%	4.24	−3.0
오픈베이스	2019/12	초기	3,240	−	1.81	3.2%	19.43	−1.9
오하임아이엔티	2019/12	초기	2,035	−	1.12	1.2%	0	0.0
온코퀘스트파마슈티컬	2018/12	초기	3,730	−	1.95	−23.9%	−5.64	0.2
온코퀘스트파마슈티컬	2019/12	초기	1,535	−	1.39	−11.5%	0.02	1.1
올리패스	2019/12	초기	23,500	−	12.80	−145.3%	741	−3.6
올릭스	2018/12	초기	68,400	−	6.64	−12.9%	23.79	1.7
올릭스	2019/12	초기	42,400	−	6.56	−29.9%	274.28	−2.5
옴니시스템	2018/12	초기	1,765	26.74	1.31	4.9%	−12.14	10.8
옴니시스템	2019/12	성숙	1,960	3.19	1.01	31.6%	−9.28	0.8
옵트론텍	2018/12	쇠퇴	4,400	9.95	0.92	9.3%	−14.12	−10.4
옵트론텍	2019/12	초기	7,400	23.34	1.44	6.2%	27.25	7.9
옵티시스	2018/12	성숙	7,170	12.67	1.20	9.4%	18.65	−5.3
옵티시스	2019/12	성숙	7,780	13.44	1.20	8.9%	−7.44	104.0
옵티팜	2018/12	초기	9,190	−	3.08	−1.6%	0.73	−3.6
옵티팜	2019/12	초기	9,040	−	3.66	−1.9%	−2.19	1.1

회사명	회계 년도	성장 단계	Price	PER	PBR	ROE	매출액 증가율	유형자산 증가율
와이더블유	2018/12	재기	3,960	19.13	0.65	3.4%	11.12	−33.4
와이더블유	2019/12	재기	3,770	19.84	0.61	3.1%	−34.57	−2.5
와이비엠넷	2018/12	초기	3,045	−	1.49	1.2%	2.66	−3.1
와이비엠넷	2019/12	초기	3,880	35.27	1.81	5.1%	−4.04	−16.6
와이솔	2018/12	성숙	15,450	11.20	1.67	14.9%	−14.30	26.6
와이솔	2019/12	초기	15,100	−	1.34	2.6%	−28.83	1.8
와이아이케이	2018/12	성숙	2,695	5.50	1.55	28.2%	44.92	7.3
와이아이케이	2019/12	초기	3,350	−	2.14	−11.3%	−86.71	22.7
와이엔텍	2018/12	쇠퇴	4,480	8.68	0.74	8.5%	2.06	14.0
와이엔텍	2019/12	성숙	10,450	11.33	1.50	13.2%	39.61	15.3
와이엠씨	2018/12	쇠퇴	6,410	8.54	0.79	9.2%	59.47	10.5
와이엠씨	2019/12	초기	7,080	−	1.80	−3.3%	−29.90	3.2
와이엠티	2018/12	초기	15,950	33.30	2.42	7.3%	3.64	22.8
와이엠티	2019/12	성장	28,950	27.86	3.76	13.5%	35.35	−0.5
와이오엠	2019/12	초기	8,360	−	7.38	−180.0%	89.08	−9.6
와이제이엠게임즈	2018/12	초기	2,045	−	1.88	−32.6%	127.46	−23.0
와이제이엠게임즈	2019/12	초기	1,735	−	1.48	−14.4%	−38.14	15.8
와이즈버즈	2018/12	초기	2,030	−	1.08	1.0%	0	0.0
와이즈버즈	2019/12	초기	2,060	−	1.09	1.1%	0	0.0
와이지엔터테인먼트	2018/12	초기	47,500	−	2.77	4.9%	−35.20	22.3
와이지엔터테인먼트	2019/12	초기	27,350	−	1.64	−4.4%	−13.70	38.6
와이지−원	2018/12	쇠퇴	9,320	12.07	0.98	8.1%	5.75	2.9
와이지−원	2019/12	재기	7,600	−	0.80	1.0%	−2.76	−3.3
와이티엔	2018/12	재기	2,100	−	0.52	0.5%	1	−6.1
와이티엔	2019/12	재기	2,050	−	0.51	−0.7%	−3.46	−15.2
와토스코리아	2018/12	재기	5,720	14.19	0.57	4.0%	−0.58	−2.2
와토스코리아	2019/12	말기	5,540	12.68	0.54	4.3%	−13.98	56.6
우노앤컴퍼니	2018/12	재기	4,345	−	0.88	−2.8%	17.91	9.0
우노앤컴퍼니	2019/12	재기	3,915	−	0.78	0.4%	−4.47	−12.8
우리기술	2018/12	초기	1,115	−	3.59	−30.9%	−18.46	−3.8
우리기술	2019/12	초기	979	−	3.69	−47.6%	−32	−0.2
우리기술투자	2018/12	성장	2,590	21.95	3.38	15.4%	115.32	−23.5
우리기술투자	2019/12	성장	2,520	18.67	2.83	15.1%	16.10	390.2
우리넷	2018/12	재기	6,120	20.89	0.77	3.7%	−13.70	1.6

회사명	회계년도	성장단계	Price	PER	PBR	ROE	매출액증가율	유형자산증가율
우리넷	2019/12	재기	10,600	31.93	0.97	3.0%	65.20	−0.1
우리로	2018/12	초기	2,100	−	1.57	−1.0%	92.45	10.6
우리로	2019/12	초기	2,365	−	2.05	−28.5%	217.55	13.4
우리바이오	2018/12	재기	839	−	0.39	−11.1%	−49.42	15.2
우리바이오	2019/12	재기	1,120	30.27	0.54	1.8%	59.64	7.6
우리산업	2018/12	성장	36,350	29.53	3.35	11.4%	14	2.8
우리산업	2019/12	초기	20,400	27.31	1.82	6.6%	−2.78	−1.8
우리산업홀딩스	2018/12	초기	6,210	−	1.21	0.1%	86.94	−6.1
우리산업홀딩스	2019/12	재기	3,010	−	0.59	0.1%	−1.20	67.5
우리손에프앤지농업회사법인	2018/12	재기	1,575	26.25	0.94	3.6%	0.51	−2.2
우리손에프앤지농업회사법인	2019/12	초기	2,020	−	1.20	2.0%	−12.43	1.0
우리이앤엘	2018/12	재기	698	−	0.49	0.3%	−3.83	−40.5
우리이앤엘	2019/12	재기	1,075	−	0.75	0.4%	−3.21	−30.3
우리조명	2018/12	재기	1,020	−	0.30	−22.4%	−7.56	5.8
우리조명	2019/12	재기	1,220	−	0.36	−2.2%	2.01	−0.9
우림기계	2018/12	말기	3,690	11.53	0.58	5.0%	18.75	0.5
우림기계	2019/12	재기	3,165	−	0.51	−0.8%	−13.70	−5.1
우수AMS	2018/12	초기	3,710	36.73	1.65	4.5%	10.90	8.1
우수AMS	2019/12	초기	3,080	−	1.28	2.0%	3.69	−1.3
우양	2019/12	말기	3,990	12.24	0.02	0.2%	9.75	14.3
우원개발	2018/12	성장	4,030	13.94	1.16	8.3%	−11.82	−59.9
우원개발	2019/12	초기	6,940	−	1.90	3.0%	−5.98	5.4
우정바이오	2018/12	초기	2,070	−	2.56	−23.1%	−17.88	66.6
우정바이오	2019/12	초기	5,370	−	2.16	1.1%	35.91	59
우주일렉트로닉스	2018/12	재기	7,970	31.63	0.44	1.4%	−9.84	−4.1
우주일렉트로닉스	2019/12	말기	8,400	7.64	0.45	5.9%	3.33	−1.5
우진비앤지	2018/12	초기	2,135	−	1.25	−20.8%	15.84	−73.0
우진비앤지	2019/12	초기	2,450	−	2.16	−42.9%	−6.09	16.5
원익	2018/12	재기	4,230	−	0.89	−65.8%	2.05	−4.4
원익	2019/12	쇠퇴	4,230	1.89	0.65	34.3%	−0.90	375.1
원익머트리얼즈	2018/12	쇠퇴	21,750	5.84	0.48	8.2%	16.08	17.2
원익머트리얼즈	2019/12	성장	30,350	14.76	1.25	8.5%	−1.10	−0.9
원익아이피에스	2018/12	성숙	20,100	9.60	2.37	24.7%	2.89	27.5
원익아이피에스	2019/12	성장	35,850	40.06	3.36	8.4%	3.03	77.4

회사명	회계년도	성장단계	Price	PER	PBR	ROE	매출액 증가율	유형자산 증가율
원익큐브	2018/12	초기	2,445	–	1.17	−4.0%	−4.08	38.0
원익큐브	2019/12	재기	2,175	32.95	0.99	3.0%	−12.33	1.0
원익큐엔씨	2018/12	성숙	10,000	7.81	1.42	18.2%	23.81	42.3
원익큐엔씨	2019/12	성장	15,600	26.35	2.04	7.7%	−9.37	8.7
원익홀딩스	2018/12	말기	3,510	8.95	0.48	5.4%	−6.52	82.0
원익홀딩스	2019/12	재기	5,460	–	0.75	0.5%	−20.28	40.5
원일특강	2018/12	말기	9,150	7.78	0.39	5.0%	5.01	16.7
원일특강	2019/12	쇠퇴	8,970	3.91	0.35	9.0%	1.19	−5.7
원풍	2018/12	재기	3,395	–	0.58	−1.9%	−2.96	−6.5
원풍	2019/12	재기	3,915	17.40	0.67	3.9%	6.67	−4.4
원풍물산	2018/12	초기	3,070	–	4.84	−15.0%	−3.27	−2.0
원풍물산	2019/12	초기	3,385	–	3.03	−12.7%	−4.49	0.4
월덱스	2018/12	성숙	4,900	7.16	1.26	17.6%	16.09	3.0
월덱스	2019/12	성숙	8,280	9.81	1.76	18.0%	9.56	7.5
웰크론	2018/12	초기	2,855	23.21	1.17	5.0%	4.66	25.8
웰크론	2019/12	초기	3,650	–	1.56	−9.8%	−1.84	11.4
웰크론한텍	2018/12	재기	1,840	–	0.64	−12.5%	6.58	30.0
웰크론한텍	2019/12	쇠퇴	1,935	7.50	0.62	8.2%	27.89	−2.4
웹스	2018/12	재기	2,010	–	0.37	0.0%	−7.72	−7.8
웹스	2019/12	재기	1,895	–	0.70	−0.6%	−1.05	−8.4
웹젠	2018/12	성장	21,300	14.67	2.64	18.0%	32.03	−0.4
웹젠	2019/12	성숙	16,300	11.68	1.75	15.0%	−18.70	−7.1
웹케시	2019/12	성장	42,850	30.48	6.67	21.9%	−20.06	−5.5
위니아딤채	2018/12	초기	2,600	–	1.46	−28.4%	6.38	−8.9
위니아딤채	2019/12	초기	2,965	25.56	1.47	5.7%	16.39	−5.6
위닉스	2018/12	성숙	14,550	12.36	3.59	29.0%	35.43	4.6
위닉스	2019/12	성숙	26,050	10.55	4.53	43.0%	18.08	7.7
위메이드	2018/12	초기	25,950	–	1.65	−12.3%	−55.45	3.8
위메이드	2019/12	초기	29,650	–	2.50	−27.9%	−12.06	−6.0
위즈코프	2018/12	초기	1,140	–	1.01	−4.3%	8.98	−0.4
위즈코프	2019/12	초기	1,115	–	1.08	−5.3%	3.89	3.0
위지윅스튜디오	2018/12	말기	9,650	12.50	0.01	0.1%	82.06	917.9
위지윅스튜디오	2019/12	성장	16,150	29.96	2.67	8.9%	34.61	7.7
위지트	2018/12	초기	1,080	23.48	1.29	5.5%	14.27	38.3

회사명	회계년도	성장단계	Price	PER	PBR	ROE	매출액증가율	유형자산증가율
위지트	2019/12	재기	872	–	0.96	−1.8%	−29.82	−3.4
윈스	2018/12	성숙	11,050	11.02	1.35	12.2%	−0.94	−31.2
윈스	2019/12	성숙	13,300	11.05	1.54	14.0%	13.11	9.2
윈팩	2018/12	초기	1,275	29.65	1.18	4.0%	43.18	31.2
윈팩	2019/12	성숙	2,015	7.93	1.56	19.7%	45.05	56.9
윈하이텍	2018/12	쇠퇴	4,155	6.21	0.74	11.9%	38.88	1.8
윈하이텍	2019/12	재기	3,655	–	0.74	−13.6%	−11.92	35.1
윌링스	2019/12	성장	11,750	16.39	1.27	7.7%	−21.09	12.5
유니셈	2018/12	쇠퇴	3,235	5.97	0.98	16.5%	1.81	13.6
유니셈	2019/12	성숙	5,430	7.24	1.37	19.0%	−17.16	9.2
유니슨	2018/12	초기	1,575	–	1.63	−8.4%	−11.23	23.3
유니슨	2019/12	초기	1,005	–	1.35	−29.7%	−55.29	0.9
유니온커뮤니티	2018/12	성숙	2,640	10.23	1.30	12.7%	−3.10	1.3
유니온커뮤니티	2019/12	성숙	2,780	9.30	1.27	13.6%	14.10	4.3
유니크	2018/12	초기	6,650	31.07	1.46	4.7%	−9.29	−1.0
유니크	2019/12	초기	6,150	24.50	1.20	4.9%	6.95	3.0
유니테스트	2018/12	성숙	10,500	4.69	1.94	41.4%	57.24	2.8
유니테스트	2019/12	성장	14,350	15.25	2.34	15.3%	−30.63	15.0
유니테크노	2018/12	성장	14,100	28.89	2.89	10.0%	0.26	110.2
유니테크노	2019/12	성장	8,400	17.57	1.66	9.5%	16.81	3.8
유니트론텍	2018/12	성숙	4,470	6.86	1.20	17.5%	5.91	−9.3
유니트론텍	2019/12	성장	6,770	17.63	1.58	8.9%	17.20	245.8
유라테크	2018/12	말기	5,850	12.04	0.73	6.1%	1.72	−11.5
유라테크	2019/12	쇠퇴	5,950	8.23	0.70	8.6%	2.67	−6.2
유바이오로직스	2018/12	성장	6,000	39.74	6.47	16.3%	115.18	239.9
유바이오로직스	2019/12	초기	7,900	–	6.56	−2.7%	32.86	84.6
유비벨록스	2018/12	쇠퇴	4,940	5.81	0.97	16.7%	9.59	−8.1
유비벨록스	2019/12	성숙	6,530	6.06	1.28	21.1%	−3.12	−18.8
유비케어	2018/12	초기	4,400	36.67	2.13	5.8%	15.25	−4.4
유비케어	2019/12	초기	5,740	44.84	3.08	6.9%	8.83	6.5
유비쿼스	2018/12	성장	37,900	13.04	2.58	19.7%	0	0.0
유비쿼스	2019/12	성숙	28,400	13.06	1.72	13.2%	9.03	−9.9
유비쿼스홀딩스	2018/12	재기	7,980	37.64	0.88	2.3%	13.96	−4.3
유비쿼스홀딩스	2019/12	초기	20,150	–	2.13	1.1%	−0.99	−4.4

회사명	회계년도	성장단계	Price	PER	PBR	ROE	매출액증가율	유형자산증가율
유성티엔에스	2018/12	재기	2,550	14.01	0.48	3.4%	−10.82	2.7
유성티엔에스	2019/12	재기	2,825	15.19	0.51	3.4%	−9.64	6.7
유신	2018/12	재기	18,050	−	0.63	−8.6%	1.58	3.1
유신	2019/12	재기	19,750	−	0.73	−7.6%	10.46	13.0
유씨아이	2018/12	초기	3,600	−	7.93	−13.4%	4.11	−1.7
유씨아이	2019/12	초기	4,080	−	1.70	−16.2%	−6.69	39.0
유아이디	2018/12	재기	1,550	−	0.65	−28.4%	−45.24	−19.6
유아이디	2019/12	초기	1,830	−	1.45	−98.1%	318.68	−48.5
유아이엘	2018/12	재기	4,460	−	0.94	−1.7%	−31.09	−7.7
유아이엘	2019/12	초기	5,190	−	1.20	−0.6%	−20.53	−9.4
유안타제3호기업인수목적	2018/12	재기	2,045	−	0.84	0.0%	0	0.0
유안타제3호기업인수목적	2019/12	초기	2,095	−	1.15	0.5%	0	0.0
유안타제4호기업인수목적	2019/12	재기	2,060	−	0.90	0.2%	0	0.0
유앤아이	2018/12	초기	9,600	−	1.83	−37.9%	28.33	27.9
유앤아이	2019/12	초기	5,510	−	1.19	−5.3%	32.52	−5.8
유에스티	2018/12	초기	5,300	−	2.87	2.8%	0	0.0
유에스티	2019/12	초기	3,400	31.48	1.74	5.5%	5.55	−3.1
유진기업	2018/12	재기	6,250	19.29	0.67	3.5%	−5.66	−2.4
유진기업	2019/12	재기	5,030	17.71	0.53	3.0%	3.33	−1.2
유진로봇	2018/12	초기	3,515	−	2.04	0.6%	40.26	0.4
유진로봇	2019/12	초기	3,000	−	2.23	−31.4%	−42.56	−5.2
유진테크	2018/12	성숙	10,700	5.79	1.03	17.7%	50.36	54.5
유진테크	2019/12	성숙	16,500	11.25	1.41	12.5%	−2.48	−1.6
유테크	2018/12	초기	3,035	−	2.96	−123.3%	−10.39	−37.4
유테크	2019/12	초기	2,470	−	2.10	−31.2%	−14.94	−72.9
유티아이	2018/12	재기	5,680	13.09	0.53	4.1%	−5.57	5.7
유티아이	2019/12	성장	18,500	35.78	4.71	13.2%	29.62	12.2
유틸렉스	2018/12	초기	87,000	−	7.41	−17.2%	201.95	12.8
유틸렉스	2019/12	초기	67,300	−	8.04	−28.1%	1.70	63.0
육일씨엔에쓰	2018/12	재기	3,295	−	0.72	−6.4%	−46.51	−13.7
육일씨엔에쓰	2019/12	재기	2,345	−	0.70	−13.6%	−39.22	−5.2
율호	2018/12	초기	1,770	−	2.63	−10.7%	−1.83	−5.2
율호	2019/12	초기	1,345	−	2.43	−20.1%	−0.98	−90.4
이건홀딩스	2018/12	쇠퇴	2,820	2.85	0.30	10.4%	−31.61	64.1

회사명	회계년도	성장단계	Price	PER	PBR	ROE	매출액증가율	유형자산증가율
이건홀딩스	2019/12	말기	2,635	9.15	0.39	4.3%	−58.94	1,497.2
이그잭스	2018/12	초기	1,620	−	2.67	−10.4%	−42.47	−22.0
이그잭스	2019/12	초기	1,310	−	1.77	−3.4%	−19.85	−4.6
이글루시큐리티	2018/12	성숙	4,525	5.31	1.14	21.5%	7.03	−13.8
이글루시큐리티	2019/12	초기	4,375	18.86	1.09	5.8%	16.91	0.8
이글벳	2018/12	초기	3,765	44.29	1.29	2.9%	−11.40	−10.2
이글벳	2019/12	초기	6,710	−	2.42	0.0%	13.75	−5.3
이노메트리	2018/12	재기	25,200	21.59	0.02	0.1%	0	0.0
이노메트리	2019/12	초기	15,300	28.39	1.46	5.1%	4.30	31.7
이노와이어리스	2018/12	초기	25,200	−	2.44	−8.6%	0.26	13.2
이노와이어리스	2019/12	성장	33,200	28.60	2.97	10.4%	52.29	2.3
이노와이즈	2018/12	초기	5,370	−	2.53	−40.3%	−24.67	−3.5
이노인스트루먼트	2018/12	초기	4,740	−	1.62	−8.1%	−12.89	−3.3
이노인스트루먼트	2019/12	초기	2,130	−	1.18	−66.5%	−11.77	−9.6
이노테라피	2019/12	초기	13,800	−	4.61	−26.7%	33.64	0.5
이녹스	2018/12	재기	8,140	−	0.56	−21.6%	224.74	1,441.2
이녹스	2019/12	재기	6,240	−	0.47	−8.2%	21.85	13.1
이녹스첨단소재	2018/12	성숙	37,700	10.84	2.34	21.6%	0	0.0
이녹스첨단소재	2019/12	성숙	53,500	11.85	2.69	22.7%	19.25	2.8
이니텍	2018/12	초기	5,540	−	1.25	1.1%	−16.21	14.6
이니텍	2019/12	초기	5,040	−	1.13	−0.4%	−5.59	−19.0
이더블유케이	2018/12	성숙	4,040	9.93	1.23	12.4%	−2.06	−0.5
이더블유케이	2019/12	초기	9,800	−	2.19	−3.8%	−12.97	7.6
이디티	2018/12	초기	1,685	−	1.69	−9.1%	0	0.0
이디티	2019/12	초기	1,680	−	2.23	−39.8%	−14.38	−25.9
이라이콤	2018/12	재기	5,370	14.28	0.32	2.2%	19.08	−5.3
이라이콤	2019/12	재기	5,100	−	0.31	−2.1%	−15.53	−2.0
이랜시스	2018/12	초기	2,085	−	1.07	0.5%	0	0.0
이랜시스	2019/12	초기	1,990	45.23	2.27	5.0%	0	0.0
이랜텍	2018/12	재기	3,435	13.91	0.47	3.4%	−34.89	−11.5
이랜텍	2019/12	재기	5,540	−	0.85	−16.8%	35.56	4.3
이루온	2018/12	재기	1,390	−	0.67	0.9%	37.93	−4.0
이루온	2019/12	초기	1,500	26.79	1.21	4.5%	34.63	−3.3
이매진아시아	2018/12	초기	2,100	−	3.23	−53.9%	119.99	−15.0

회사명	회계 년도	성장 단계	Price	PER	PBR	ROE	매출액 증가율	유형자산 증가율
이매진아시아	2019/12	초기	2,220	–	5.98	−116.9%	−58.21	172.0
이미지스테크놀로지	2018/12	초기	3,435	–	1.51	−41.9%	−42.36	−61.5
이미지스테크놀로지	2019/12	초기	2,780	–	1.87	−65.7%	25.07	75.1
이베스트투자증권	2018/12	쇠퇴	8,860	9.09	0.95	10.5%	59.47	32.9
이베스트투자증권	2019/12	쇠퇴	5,600	4.90	0.58	11.9%	4.04	38.0
이상네트웍스	2018/12	재기	7,450	15.46	0.87	5.7%	−1.47	307.0
이상네트웍스	2019/12	재기	7,120	–	0.81	0.7%	−37.19	−56.6
이수앱지스	2018/12	초기	6,360	–	3.37	−26.1%	−13.94	40.5
이수앱지스	2019/12	초기	6,650	–	4.18	−42.1%	25.52	0.0
이스트소프트	2018/12	초기	6,270	–	1.80	−2.0%	2.87	5.8
이스트소프트	2019/12	초기	7,260	–	1.53	−7.4%	−8.11	68.1
이씨에스텔레콤	2018/03	쇠퇴	4,760	10.65	0.93	8.7%	11.17	−21.2
이씨에스텔레콤	2019/03	재기	4,460	15.59	0.84	5.4%	2.41	−33.0
이씨에스텔레콤	2020/03	성숙	3,815	12.39	1.27	10.2%	11.03	−10.4
이에스에이	2018/12	재기	1,610	–	0.75	−32.9%	−41.05	13,768.2
이에스에이	2019/12	초기	1,245	–	1.01	−62.2%	−37.86	−0.3
이엑스티	2018/12	성장	2,935	21.90	2.10	9.6%	9.51	24.4
이엑스티	2019/12	초기	3,720	–	2.46	−6.3%	−18.62	74.0
이엔에프테크놀로지	2018/12	쇠퇴	12,550	6.68	0.89	13.3%	9.60	20.7
이엔에프테크놀로지	2019/12	성숙	28,600	10.08	1.70	16.9%	9.48	12.2
이엘피	2018/12	쇠퇴	12,750	4.27	0.95	22.3%	0	0.0
이엘피	2019/12	말기	11,950	13.80	0.85	6.2%	−26.48	−1.4
이엠네트웍스	2018/12	초기	56,400	–	6.37	−27.3%	−18.49	6.7
이엠네트웍스	2019/12	초기	1,920	–	9.38	−2437.1%	1.07	93.1
이엠넷	2018/12	쇠퇴	2,155	6.71	1.00	14.9%	9.49	−4.2
이엠넷	2019/12	성숙	3,535	13.04	1.50	11.5%	14.41	3.4
이엠따블유	2018/12	초기	2,780	–	2.51	−41.0%	−17.84	−45.4
이엠따블유	2019/12	초기	2,780	–	2.43	1.7%	−29.30	8.2
이엠앤아이	2019/12	성숙	387	0.30	1.88	616.5%	−96.48	−98.8
이엠코리아	2018/12	초기	6,060	–	2.44	2.5%	14.92	−0.9
이엠코리아	2019/12	초기	4,330	–	1.80	−8.4%	−18.78	23.6
이엠텍	2018/12	성숙	17,100	8.16	1.46	17.9%	97.22	9.4
이엠텍	2019/12	재기	8,520	–	0.84	−5.3%	−28.03	3.2
이오테크닉스	2018/12	초기	48,300	–	1.89	1.7%	−27.83	7.8

회사명	회계년도	성장단계	Price	PER	PBR	ROE	매출액증가율	유형자산증가율
이오테크닉스	2019/12	초기	103,300	–	3.95	2.3%	−33.68	−3.8
이원다이애그노믹스	2018/12	초기	5,220	–	3.45	−14.1%	79.46	36.0
이원다이애그노믹스	2019/12	초기	5,350	–	4.46	−20.3%	−6.71	32.8
이원컴포텍	2018/12	초기	1,170	–	2.31	−39.1%	17.03	−14.8
이원컴포텍	2019/12	초기	17,200	–	14.04	0.0%	8.22	4.5
이즈미디어	2018/12	성숙	5,310	11.67	1.04	8.9%	77.55	−2.4
이즈미디어	2019/12	재기	4,830	–	1.00	−4.5%	−14.87	9.3
이지	2018/12	초기	11,400	–	2.57	−49.4%	−24.21	25.4
이지	2019/12	초기	8,630	43.81	1.88	4.3%	−42.51	26.7
이지웰	2018/12	성장	7,660	22.80	2.70	11.8%	25.30	1.6
이지웰	2019/12	성장	11,000	30.64	3.44	11.2%	12.61	−7.7
이지케어텍	2019/03	성장	26,500	34.28	3.70	10.8%	0.68	11.5
이지케어텍	2020/03	초기	12,750	–	3.36	−4.1%	16.04	255.4
이지홀딩스	2018/12	초기	6,060	–	1.22	2.1%	10.99	8.3
이지홀딩스	2019/12	재기	4,985	19.10	0.96	5.0%	−1.02	8.5
이큐셀	2018/12	성숙	5,730	11.26	1.98	17.6%	85.65	−44.7
이큐셀	2019/12	초기	1,715	–	1.21	−112.2%	−17.41	3.1
이크레더블	2018/12	성장	15,700	16.02	5.54	34.6%	10.32	1.5
이크레더블	2019/12	성장	18,550	17.24	5.82	33.8%	11.83	47.4
이트론	2018/12	재기	182	–	0.88	−14.1%	−45.57	−5.1
이트론	2019/12	재기	263	–	0.97	−4.1%	242.13	−0.8
이퓨쳐	2018/12	초기	3,780	–	1.26	2.5%	14.49	−2.5
이퓨쳐	2019/12	성장	6,340	16.64	1.89	11.4%	8.73	−1.4
이화공영	2018/12	초기	6,730	–	3.25	1.2%	−11.52	2.5
이화공영	2019/12	초기	4,610	–	2.21	0.7%	−25.79	11.7
이화전기공업	2018/12	재기	266	–	0.71	−1.1%	−11.26	−3.4
이화전기공업	2019/12	재기	219	–	0.63	0.0%	35.20	1.8
인바디	2018/12	성장	21,700	14.60	2.53	17.4%	2.80	126.1
인바디	2019/12	성장	23,650	14.52	2.42	16.7%	3.81	−3.7
인베니아	2018/12	성숙	2,950	12.04	1.69	14.1%	−5.11	9.8
인베니아	2019/12	초기	2,570	29.54	1.41	4.8%	−15.29	−3.2
인산가	2018/12	초기	1,590	–	1.74	−5.4%	0	0.0
인산가	2019/12	성장	1,915	17.25	1.77	10.3%	2.44	41.7
인선이엔티	2018/12	초기	6,320	16.33	1.25	7.7%	24.13	8.1

회사명	회계년도	성장단계	Price	PER	PBR	ROE	매출액증가율	유형자산증가율
인선이엔티	2019/12	초기	8,320	25.52	1.53	6.0%	10.59	−1.8
인성정보	2018/12	초기	3,000	−	1.46	−0.2%	15.01	−2.0
인성정보	2019/12	초기	2,195	−	1.11	−1.1%	−5.95	−0.1
인지디스플레이	2018/12	재기	1,655	15.47	0.56	3.6%	10.88	−18.5
인지디스플레이	2019/12	쇠퇴	2,090	6.43	0.58	9.1%	25.57	352.0
인콘	2018/12	재기	1,460	−	0.76	−0.8%	−6.81	−1.4
인콘	2019/12	초기	1,490	−	3.20	−34.8%	−25.02	−2.3
인크로스	2018/12	성장	15,800	15.30	1.86	12.2%	−7.67	81.9
인크로스	2019/12	성장	25,150	21.06	3.00	14.3%	−3.37	−7.6
인탑스	2018/12	재기	11,500	−	0.56	0.4%	6.31	−6.3
인탑스	2019/12	재기	12,900	18.27	0.61	3.4%	35.05	−1.5
인터로조	2018/12	성장	24,650	18.26	2.30	12.6%	−2.52	20.5
인터로조	2019/12	성장	26,500	16.31	2.34	14.4%	17.53	21.9
인터엠	2018/09	재기	2,910	−	0.90	−7.8%	3.54	−0.6
인터엠	2019/09	재기	2,545	−	0.89	−14.1%	−15.69	2.4
인터파크	2018/12	재기	2,350	29.75	0.43	1.4%	−1.98	−37.9
인터파크	2019/12	재기	2,170	28.18	0.40	1.4%	−28.75	1,044.4
인터플렉스	2018/12	초기	10,850	−	1.05	−33.9%	−74.39	−2.3
인터플렉스	2019/12	초기	17,050	−	1.84	−12.9%	94.30	−15.8
인텍플러스	2018/12	초기	4,320	−	3.16	−46.7%	−33.72	−1.7
인텍플러스	2019/12	성숙	4,900	10.89	3.02	27.7%	148.82	−0.1
인텔리안테크놀로지스	2018/12	성숙	13,200	9.46	1.70	18.0%	30.86	8.0
인텔리안테크놀로지스	2019/12	성장	35,850	40.78	4.47	11.0%	−0.10	48.7
인트로메딕	2018/12	초기	3,630	−	4.05	−36.9%	3.33	40.1
인트로메딕	2019/12	초기	3,210	−	4.60	−115.1%	−7.85	193.6
인트론바이오테크놀로지	2019/12	초기	15,500	−	7.63	−5.1%	−59.45	−8.4
인포마크	2018/12	성장	9,980	18.90	1.92	10.2%	100.03	−16.9
인포마크	2019/12	초기	10,750	−	5.26	−157.5%	−34.25	3.8
인포바인	2018/12	쇠퇴	22,900	6.88	0.97	14.1%	−7.88	58.4
인포바인	2019/12	쇠퇴	21,450	5.17	0.84	16.2%	−4.96	627.1
인포뱅크	2018/12	초기	7,210	23.11	1.24	5.4%	−4.63	1.7
인포뱅크	2019/12	초기	6,180	−	1.07	1.1%	−4.56	−1.6
인프라웨어	2018/12	초기	1,385	−	1.29	−19.2%	69.28	−25.8
인프라웨어	2019/12	초기	1,625	−	2.40	−26.8%	−21.81	99.1

회사명	회계년도	성장단계	Price	PER	PBR	ROE	매출액증가율	유형자산증가율
인피니트헬스케어	2018/12	초기	5,900	30.73	1.95	6.3%	−7.66	−5.4
인피니트헬스케어	2019/12	성장	5,770	20.10	1.68	8.3%	10.21	−5.1
인화정공	2018/12	재기	6,280	34.32	0.48	1.4%	7.20	−5.3
인화정공	2019/12	재기	5,350	−	0.41	0.2%	56.05	−5.3
일신바이오베이스	2018/12	성장	1,780	25.07	2.34	9.3%	20.24	−0.9
일신바이오베이스	2019/12	초기	2,110	−	2.49	0.0%	15.07	−2.5
일야	2018/12	초기	1,495	−	1.09	−80.6%	−32.80	−3.8
일야	2019/12	초기	1,875	−	3.06	−35.3%	−3.41	−10.7
일지테크	2018/12	말기	2,335	4.10	0.23	5.7%	21.84	15.1
일지테크	2019/12	재기	3,535	14.67	0.34	2.3%	9.95	−3.3
일진파워	2018/12	성숙	5,760	5.35	1.04	19.4%	12.81	6.8
일진파워	2019/12	쇠퇴	5,420	6.78	0.90	13.3%	7.92	19.9
잉글우드랩	2018/12	초기	6,230	−	2.16	−7.2%	28.58	82.3
잉글우드랩	2019/12	초기	4,420	31.57	1.41	4.5%	16.04	17.9
잉크테크	2018/12	초기	2,705	−	1.11	−9.3%	−2.25	−2.2
잉크테크	2019/12	초기	3,980	−	1.82	−9.8%	2.54	−4.7
자비스	2018/12	초기	2,060	−	1.09	0.9%	0	0.0
자비스	2019/12	초기	1,930	−	2.92	−80.4%	0	0.0
자안	2018/12	초기	5,380	−	1.40	−75.6%	−9.11	−18.8
자안	2019/12	성장	9,130	25.43	2.19	8.6%	12.60	−8.4
자연과환경	2018/12	초기	1,730	−	1.99	3.8%	87.33	8.6
자연과환경	2019/12	재기	1,050	−	0.81	−1.6%	27	28.5
자이글	2018/12	초기	8,780	−	1.74	−9.2%	−32.27	3.8
자이글	2019/12	초기	5,750	−	1.51	−58.5%	−46.78	−1.5
장원테크	2018/12	성숙	14,450	10.87	1.55	14.2%	35.81	−11.1
장원테크	2019/12	초기	2,765	−	1.36	−0.6%	−27.96	−13.0
재영솔루텍	2018/12	초기	1,015	−	1.38	−22.1%	7.80	−0.3
재영솔루텍	2019/12	성숙	1,070	12.16	1.60	13.2%	4.47	−2.3
전진바이오팜	2018/12	초기	9,190	−	11.79	−103.3%	−55.85	−15.3
전진바이오팜	2019/12	초기	6,620	−	14.03	−65.3%	185.24	573.4
정다운	2018/12	성숙	3,205	7.28	1.38	18.9%	18.24	−2.1
정다운	2019/12	성숙	2,530	13.83	1.14	8.2%	20.29	148.8
정산애강	2018/12	성장	2,125	14.66	1.57	10.7%	−16.98	2.5
정산애강	2019/12	성숙	2,105	9.48	1.33	14.0%	9.89	−2.0

회사명	회계년도	성장단계	Price	PER	PBR	ROE	매출액증가율	유형자산증가율
정상제이엘에스	2018/12	초기	6,980	29.70	2.12	7.1%	3.40	8.0
정상제이엘에스	2019/12	성숙	7,570	13.69	2.22	16.2%	6.73	46.6
정원엔시스	2018/12	성장	1,700	12.98	1.42	11.0%	−9.34	−0.8
정원엔시스	2019/12	초기	1,745	−	1.45	2.1%	16.59	−0.4
제너셈	2018/12	재기	1,705	−	0.88	−39.9%	2.27	9.2
제너셈	2019/12	성숙	3,040	8.26	1.41	17.1%	30.60	−0.3
제넥신	2018/12	초기	72,600	−	4.98	−11.5%	−54.73	14.2
제넥신	2019/12	초기	62,500	−	4.86	−6.0%	−12.25	5.6
제넨바이오	2018/12	초기	1,480	−	2.78	0.0%	−55.68	−7.2
제넨바이오	2019/12	초기	1,930	−	8.33	−271.8%	65.35	1.8
제노레이	2018/12	성숙	19,400	8.52	2.32	27.3%	28.03	32.4
제노레이	2019/12	성숙	22,150	7.82	2.31	29.6%	14.90	62.3
제노포커스	2018/12	초기	7,040	−	2.72	−3.4%	23.39	17.6
제노포커스	2019/12	초기	5,700	−	2.24	−3.5%	87.10	20.6
제닉	2018/12	초기	6,570	−	1.15	−37.9%	1.86	−6.5
제닉	2019/12	초기	4,920	−	4.86	−480.1%	−14.38	−7.9
제로투세븐	2018/12	초기	6,870	−	2.04	−10.9%	−4.78	1,413.4
제로투세븐	2019/12	성장	10,450	18.97	3.98	21.0%	37.20	49.5
제룡산업	2018/12	초기	8,920	27.62	1.65	6.0%	−6.57	−2.8
제룡산업	2019/12	초기	5,900	23.14	1.06	4.6%	−15.35	−59.5
제룡전기	2018/12	초기	8,330	45.77	2.82	6.2%	−10.84	−5.6
제룡전기	2019/12	성장	6,730	19.34	2.03	10.5%	6.40	−4.1
제우스	2018/12	쇠퇴	11,400	4.81	0.75	15.6%	19.30	11.9
제우스	2019/12	재기	13,600	17.73	0.86	4.9%	−34.82	14.0
제이더블유신약	2018/12	초기	6,710	−	4.38	−5.0%	18.64	2.2
제이더블유신약	2019/12	초기	4,855	−	2.32	−10.0%	7.60	−2.9
제이브이엠	2018/12	초기	33,600	24.89	1.83	7.3%	−2.59	−1.3
제이브이엠	2019/12	초기	29,600	24.16	1.54	6.4%	10.48	1.2
제이스텍	2018/12	말기	5,290	9.55	0.62	6.5%	−77.89	8.0
제이스텍	2019/12	초기	13,850	−	1.61	1.2%	0.53	3.5
제이씨케미칼	2018/12	쇠퇴	3,965	7.95	0.87	11.0%	3.08	80.4
제이씨케미칼	2019/12	초기	6,000	21.20	1.23	5.8%	10.74	144.0
제이씨현시스템	2018/12	성숙	4,855	12.58	1.31	10.4%	0.22	39.5
제이씨현시스템	2019/12	초기	4,960	−	1.33	0.2%	−25.46	−5.1

회사명	회계년도	성장단계	Price	PER	PBR	ROE	매출액증가율	유형자산증가율
제이에스티나	2018/12	초기	5,180	–	1.21	0.3%	−9.05	18.4
제이에스티나	2019/12	초기	4,065	–	1.58	−90.1%	−24.78	−10.9
제이엔케이히터	2018/12	초기	5,200	–	1.78	−15.8%	18.54	27.7
제이엔케이히터	2019/12	초기	4,815	18.17	1.28	7.0%	72.28	19.6
제이엘케이	2019/12	초기	7,390	–	2.28	−26.4%	−36.75	30.9
제이엠아이	2018/12	재기	1,060	19.27	0.77	4.0%	−25.55	−20.2
제이엠아이	2019/12	초기	1,290	–	1.04	−11.5%	5.96	24.4
제이엠티	2018/12	성숙	2,800	10.37	1.04	10.0%	−10.97	−4.2
제이엠티	2019/12	초기	3,830	26.97	1.37	5.1%	−46.67	−2.3
제이와이피엔터테인먼트	2018/12	성장	30,250	43.65	12.59	28.9%	22.12	46.5
제이와이피엔터테인먼트	2019/12	성장	24,150	28.75	7.94	27.6%	22.38	4.9
제이웨이	2018/12	초기	1,340	–	1.84	−28.0%	−25.25	−64.1
제이웨이	2019/12	초기	1,530	–	2.26	−26.2%	0.64	48.1
제이티	2018/12	성숙	2,550	10.45	1.19	11.4%	8.54	−10.5
제이티	2019/12	성장	5,400	14.21	2.17	15.3%	21.31	−11.9
제이티씨	2019/02	재기	9,070	19.63	0.95	4.8%	−7.24	8.7
제이티씨	2020/02	재기	6,000	–	0.88	−9.3%	−1.96	472.2
제일바이오	2018/12	초기	3,800	–	1.92	3.8%	−0.63	−3.2
제일바이오	2019/12	성장	6,930	45.59	3.29	7.2%	−17.34	−4.2
제일제강공업	2018/12	재기	1,350	–	0.59	0.6%	−1.53	12.0
제일제강공업	2019/12	초기	2,235	–	1.06	−5.8%	−17.77	−8.3
제일테크노스	2018/12	말기	3,830	6.68	0.50	7.5%	3.66	−3.2
제일테크노스	2019/12	말기	4,235	8.45	0.54	6.3%	3.91	−8.5
제주반도체	2018/12	성숙	3,605	8.62	1.25	14.5%	21.62	−10.2
제주반도체	2019/12	초기	4,130	–	1.52	−5.1%	−24.51	49.6
제테마	2019/12	초기	20,650	–	4.05	−44.6%	18.67	43.3
젬백스&카엘	2018/12	초기	12,000	–	3.62	−21.5%	3.88	0.4
젬백스&카엘	2019/12	초기	38,550	–	13.12	−75.1%	−10.62	1.3
젬백스링크	2018/12	재기	1,835	13.49	0.94	6.9%	197.24	14.5
젬백스링크	2019/12	재기	1,520	24.13	0.77	3.2%	126.94	49.6
젬백스지오	2018/12	초기	2,275	–	1.29	−10.0%	−42.72	−8.4
젬백스지오	2019/12	초기	1,440	–	1.41	−130.0%	−41.53	−31.8
조광아이엘아이	2018/12	쇠퇴	4,930	10.08	0.92	9.2%	21.04	−3.2
조광아이엘아이	2019/12	성장	7,630	16.23	1.32	8.1%	−0.28	−1.3

회사명	회계년도	성장단계	Price	PER	PBR	ROE	매출액 증가율	유형자산 증가율
조아제약	2018/12	초기	4,365	–	2.25	1.2%	7.82	0.4
조아제약	2019/12	초기	3,780	–	1.98	−1.2%	7.85	−3.4
조이맥스	2018/12	초기	5,410	–	1.55	−133.1%	−5.44	−0.4
조이맥스	2019/12	초기	4,115	–	2.39	−103.5%	−19.03	10.7
조이시티	2018/12	초기	10,300	–	5.20	−34.1%	−4.19	−37.9
조이시티	2019/12	초기	8,070	–	3.98	−6.6%	18.10	53.6
좋은사람들	2018/12	초기	4,510	42.15	1.44	3.4%	7.62	−11.0
좋은사람들	2019/12	초기	3,015	–	1.23	−14.3%	−1.31	161.3
주성엔지니어링	2018/12	성숙	6,450	7.12	1.63	22.9%	−3.61	28.0
주성엔지니어링	2019/12	성장	8,100	15.17	1.69	11.1%	−3.12	16.8
줌인터넷	2018/12	초기	2,085	–	1.07	0.2%	0	0.0
줌인터넷	2019/12	초기	4,585	–	4.71	−53.1%	0	0.0
중앙백신연구소	2018/12	초기	16,600	44.74	1.46	3.3%	4.04	2.5
중앙백신연구소	2019/12	초기	18,000	–	2.11	2.2%	−0.75	2.9
중앙에너비스	2018/12	말기	6,700	6.99	0.20	2.8%	7.50	−1.7
중앙에너비스	2019/12	초기	8,090	–	1.19	1.9%	−13.72	4.5
지노믹트리	2019/12	초기	23,450	–	4.15	−9.4%	−27.22	30.9
지니뮤직	2018/12	초기	4,810	41.47	2.85	6.9%	10.02	215.0
지니뮤직	2019/12	성장	3,525	27.98	2.23	8.0%	34.59	25.2
지니언스	2018/12	재기	5,250	13.46	0.77	5.7%	2.57	73.0
지니언스	2019/12	성장	5,130	14.45	1.52	10.5%	16.52	−18.9
지니틱스	2019/12	초기	2,820	–	3.87	2.1%	0	0.0
지란지교시큐리티	2018/12	성장	1,280	16.84	1.54	9.1%	−2.44	392.6
지란지교시큐리티	2019/12	성장	5,900	17.66	7.02	39.8%	16.39	498.2
지스마트글로벌	2018/12	재기	1,810	–	0.41	−3.7%	−67.18	604.3
지스마트글로벌	2019/12	재기	321	–	0.75	−191.7%	−60.87	370.6
지어소프트	2018/12	성장	3,225	20.03	6.39	31.9%	29.64	14.2
지어소프트	2019/12	초기	4,200	–	7.52	−8.1%	−10.91	184.7
지에스이	2018/12	쇠퇴	1,530	7.32	0.71	9.7%	23.13	2.9
지에스이	2019/12	말기	1,455	9.39	0.65	6.9%	2.11	4.9
지에스홈쇼핑	2018/12	성숙	179,600	9.14	1.14	12.5%	2.08	8.8
지에스홈쇼핑	2019/12	쇠퇴	148,600	8.33	0.89	10.7%	11.28	17.7
지에이치신소재	2018/12	재기	2,430	–	0.64	0.2%	25.20	91.3
지에이치신소재	2019/12	재기	3,080	37.11	0.78	2.1%	4	−6.2

회사명	회계년도	성장단계	Price	PER	PBR	ROE	매출액 증가율	유형자산 증가율
지엔씨에너지	2018/12	성숙	4,450	11.71	1.02	8.7%	5.19	28.8
지엔씨에너지	2019/12	쇠퇴	4,490	12.90	0.96	7.4%	24.53	3.8
지엔원에너지	2018/12	초기	2,065	–	1.11	0.5%	0	0.0
지엔원에너지	2019/12	초기	2,040	–	1.09	0.7%	0	0.0
지엔코	2018/12	초기	1,650	–	1.41	−33.5%	0.39	−0.9
지엔코	2019/12	초기	1,220	–	1.29	−25.3%	−4.88	0.5
지엘팜텍	2018/12	초기	3,625	–	12.61	−29.2%	55.83	−18.1
지엘팜텍	2019/12	초기	1,100	–	6.34	−46.7%	14.35	−24.1
지트리비앤티	2018/12	초기	28,200	–	9.14	1.5%	202.83	−1.7
지트리비앤티	2019/12	초기	31,300	–	10.74	−16.0%	34.47	1.7
지티지웰니스	2018/12	재기	6,250	–	0.62	−12.2%	−14.52	20.9
지티지웰니스	2019/12	초기	3,490	34.22	1.21	3.5%	37.84	198.7
진로발효	2018/12	성장	30,100	16.10	2.53	15.7%	−1.06	5.6
진로발효	2019/12	성장	30,700	15.66	3.46	22.1%	0.93	−2.8
진매트릭스	2018/12	초기	4,230	–	3.93	−19.1%	−5.63	1.8
진매트릭스	2019/12	초기	2,120	–	2.48	−9.0%	38.76	5.3
진바이오텍	2018/12	재기	4,065	–	0.91	−1.0%	10.72	−2.3
진바이오텍	2019/12	초기	5,620	–	1.39	−4.8%	4.94	1.1
진성티이씨	2018/12	성숙	7,500	7.93	1.59	20.0%	36.59	0.3
진성티이씨	2019/12	성숙	6,940	7.27	1.29	17.7%	−6.21	2.4
진양제약	2018/12	초기	3,760	45.30	1.14	2.5%	7.85	1.3
진양제약	2019/12	초기	4,400	29.93	1.29	4.3%	1.04	−3.4
차바이오텍	2019/12	성장	14,450	17.31	3.18	18.4%	13.16	73.6
참좋은여행	2018/12	성숙	7,880	10.59	1.43	13.5%	15.05	−25.4
참좋은여행	2019/12	성숙	6,700	3.91	1.03	26.4%	−4.55	158.4
창해에탄올	2018/12	성숙	13,350	8.20	2.38	29.0%	4.80	−5.9
창해에탄올	2019/12	성숙	12,550	7.37	2.03	27.5%	−1.34	1.3
천랩	2019/12	초기	37,600	–	3.94	−13.8%	21.90	87.7
천보	2019/12	성장	61,600	38.62	3.06	7.9%	−3.63	−22.9
청담러닝	2018/12	성장	18,450	18.66	2.67	14.3%	3.90	−21.2
청담러닝	2019/12	성장	18,750	17.72	2.58	14.5%	15.02	34.5
청보산업	2018/12	재기	2,295	–	0.88	0.6%	−1.74	−1.0
청보산업	2019/12	재기	2,390	–	0.90	1.4%	1.37	29.9
체리부로	2018/12	재기	2,340	–	0.69	−9.2%	−18.63	−3.5

회사명	회계년도	성장단계	Price	PER	PBR	ROE	매출액증가율	유형자산증가율
체리부로	2019/12	재기	2,720	–	0.84	−21.7%	6.05	18.6
초록뱀미디어	2018/12	초기	1,770	–	1.49	−20.1%	72.71	95.2
초록뱀미디어	2019/12	성장	1,275	17.23	1.67	9.7%	−20.53	3,758.0
칩스앤미디어	2018/12	성장	6,390	17.70	1.72	9.7%	56.22	50.2
칩스앤미디어	2019/12	성장	9,520	15.66	2.33	14.9%	14.14	72.2
카스	2018/12	재기	1,260	13.26	0.58	4.4%	−2.43	11.2
카스	2019/12	재기	1,465	29.30	0.75	2.6%	−4.88	−1.5
카이노스메드	2018/12	재기	2,035	–	0.71	0.4%	0	0.0
카이노스메드	2019/12	초기	2,100	–	1.14	0.8%	0	0.0
카페24	2018/12	초기	109,800	–	9.49	−28.5%	16.63	41.2
카페24	2019/12	초기	51,200	–	4.49	5.0%	9.95	46.7
캐리소프트	2019/12	초기	7,920	–	2.09	−9.6%	−3.81	27.0
캐스텍코리아	2018/12	재기	3,315	14.35	0.36	2.5%	−5.52	−9.0
캐스텍코리아	2019/12	재기	2,645	–	0.36	−2.9%	−14.41	−21.5
캔서롭	2018/12	초기	6,140	–	4.84	−47.9%	13.59	61.5
캔서롭	2019/12	초기	7,740	–	6.83	−65.6%	8.46	0.8
캠시스	2018/12	성숙	1,725	5.23	1.65	31.5%	1.84	6.4
캠시스	2019/12	성장	3,100	24.22	2.06	8.5%	22.63	24.7
컴투스	2018/12	성숙	129,000	12.39	2.03	16.4%	−2.55	5.8
컴투스	2019/12	성숙	107,500	11.32	1.54	13.6%	−3.59	290.1
컴퍼니케이파트너스	2019/12	성숙	7,770	12.86	2.27	17.6%	13.78	263.0
케어랩스	2018/12	성장	19,150	33.77	2.90	8.6%	22.83	5,659.8
케어랩스	2019/12	성장	15,250	31.38	2.32	7.4%	27.33	7.7
케어젠	2018/12	성장	70,900	44.54	3.83	8.6%	9.09	1.0
케어젠	2019/12	성장	76,500	26.28	4.33	16.5%	27.55	14.3
케이디켐	2018/12	쇠퇴	12,300	7.98	0.74	9.3%	−0.78	11.0
케이디켐	2019/12	쇠퇴	12,300	7.93	0.70	8.9%	−3.25	0.7
케이맥	2018/12	성숙	9,290	8.28	1.22	14.7%	19.11	−2.0
케이맥	2019/12	초기	11,650	–	2.00	−26.7%	−41.46	−2.3
케이비아이메탈	2018/12	재기	2,100	17.50	0.83	4.7%	−2.29	0.1
케이비아이메탈	2019/12	말기	1,685	9.36	0.63	6.7%	6.36	5.2
케이사인	2018/12	초기	1,025	–	1.55	−0.2%	−17.67	42.1
케이사인	2019/12	초기	1,120	32.00	1.55	4.8%	9.33	23.7
케이씨씨건설	2018/12	말기	7,070	6.27	0.44	7.0%	−19.82	9.6

회사명	회계년도	성장단계	Price	PER	PBR	ROE	매출액증가율	유형자산증가율
케이씨씨건설	2019/12	쇠퇴	6,500	4.93	0.38	7.6%	54.43	0.9
케이씨아이	2018/12	성숙	7,780	9.42	1.65	17.5%	24.92	0.6
케이씨아이	2019/12	성숙	10,850	10.23	1.96	19.1%	14.94	18.5
케이씨에스	2018/12	성장	4,255	19.08	3.03	15.9%	13.66	1.8
케이씨에스	2019/12	성장	4,500	19.07	3.02	15.8%	18.63	2.9
케이씨티	2018/12	재기	1,970	27.36	0.91	3.3%	10.19	14.7
케이씨티	2019/12	초기	2,390	47.80	1.14	2.4%	−34.79	−7.8
케이씨피드	2018/12	재기	2,235	−	0.64	1.0%	−15.16	−6.1
케이씨피드	2019/12	재기	2,330	−	0.75	−12.7%	2.17	−24.2
케이아이엔엑스	2018/12	성숙	24,000	10.01	1.94	19.4%	23.65	18.7
케이아이엔엑스	2019/12	성숙	36,450	12.96	2.50	19.3%	13.62	159.1
케이에스피	2018/12	재기	1,430	−	0.51	−61.1%	−5.71	−16.4
케이에스피	2019/12	성장	1,755	38.15	2.79	7.3%	75.06	−0.1
케이에이치바텍	2018/12	재기	8,190	−	0.96	−23.6%	−62.69	−59.8
케이에이치바텍	2019/12	초기	22,950	−	2.65	−5.9%	−40.43	−2.1
케이엔더블유	2018/12	재기	3,990	−	0.67	−4.2%	39.67	−9.9
케이엔더블유	2019/12	재기	4,435	−	0.96	−29.1%	−42.93	−6.5
케이엔엔	2018/12	재기	833	14.61	0.59	4.1%	−3.65	−3.5
케이엔엔	2019/12	재기	1,215	21.32	0.84	3.9%	7.18	−10.6
케이엔제이	2019/12	성장	11,800	14.64	2.23	15.2%	10.74	23.6
케이엘넷	2018/12	초기	2,590	25.64	1.88	7.3%	8.16	5.7
케이엘넷	2019/12	성숙	2,305	13.97	1.66	11.9%	−9.44	−2.1
케이엠	2018/12	초기	6,700	16.63	1.09	6.6%	13.53	12.6
케이엠	2019/12	성숙	7,490	11.76	1.14	9.7%	15.90	12.4
케이엠더블유	2018/12	초기	22,050	−	4.24	−38.1%	7.56	1.8
케이엠더블유	2019/12	성장	51,100	19.69	9.40	47.7%	281.41	17.3
케이엠에이치	2018/12	초기	7,520	36.86	1.43	3.9%	−2.89	−14.1
케이엠에이치	2019/12	초기	5,380	26.12	1.05	4.0%	9.78	3.9
케이엠에이치하이텍	2018/12	말기	902	10.13	0.66	6.5%	20.82	−6.8
케이엠에이치하이텍	2019/12	재기	1,285	23.80	0.97	4.1%	−4.49	−6.4
케이엠제약	2018/12	초기	2,955	−	2.47	−61.3%	0	0.0
케이엠제약	2019/12	초기	2,785	−	2.48	−3.8%	17.55	174.0
케이지모빌리언스	2018/12	초기	7,350	16.82	1.08	6.4%	1.93	−6.2
케이지모빌리언스	2019/12	쇠퇴	6,130	9.94	0.84	8.5%	−7.02	−86.8

회사명	회계 년도	성장 단계	Price	PER	PBR	ROE	매출액 증가율	유형자산 증가율
케이지이니시스	2018/12	성장	15,400	13.53	2.72	20.1%	9.02	-28.7
케이지이니시스	2019/12	성숙	17,000	11.33	2.56	22.5%	-0.46	166.4
케이지이티에스	2018/12	쇠퇴	3,210	8.40	0.78	9.2%	1.94	-1.8
케이지이티에스	2019/12	쇠퇴	3,320	1.19	0.51	42.6%	45.06	7.9
케이티서브마린	2018/12	재기	3,200	-	0.69	-4.5%	-16.90	-10.0
케이티서브마린	2019/12	초기	4,730	-	1.02	0.5%	-9.97	-11.7
케이티하이텔	2018/12	재기	4,820	-	0.96	0.5%	22.52	-5.1
케이티하이텔	2019/12	초기	5,400	-	1.16	0.9%	15.57	-3.3
케이프	2018/12	재기	1,850	19.07	0.33	1.7%	30.25	-1.0
케이프	2019/12	말기	2,170	8.35	0.37	4.5%	35.47	4.9
케이피에스	2018/12	성숙	7,860	4.94	1.12	22.7%	68.98	84.0
케이피에스	2019/12	초기	13,650	-	1.95	-1.0%	-65.07	-3.7
케이피에프	2018/12	말기	4,175	8.35	0.37	4.5%	-1.85	-15.6
케이피에프	2019/12	말기	4,680	10.06	0.43	4.3%	1.82	-6.4
케이피엑스라이프사이언스	2018/12	초기	4,250	-	1.09	-2.5%	-23.09	13.7
케이피엑스라이프사이언스	2019/12	초기	6,170	-	1.55	2.0%	14.85	1.9
케이피엠테크	2018/12	쇠퇴	1,070	2.93	0.66	22.6%	4.71	-2.0
케이피엠테크	2019/12	재기	975	-	0.80	-27.1%	-44.63	2.6
케이피티유	2018/12	재기	4,575	33.15	0.73	2.2%	-4.43	7.2
케이피티유	2019/12	재기	4,595	-	0.71	-2.3%	2.16	-4.8
켐온	2018/12	초기	1,620	-	3.06	2.6%	25.09	4.4
켐온	2019/12	초기	1,390	43.44	2.40	5.5%	7.52	7.1
켐트로닉스	2018/12	초기	6,150	36.83	1.06	2.9%	7.30	-9.3
켐트로닉스	2019/12	초기	18,050	-	3.19	0.2%	4.74	16.7
켐트로스	2018/12	성숙	2,555	11.11	1.74	15.7%	2.26	11.8
켐트로스	2019/12	초기	3,165	-	1.73	0.6%	-1.49	56.1
코나아이	2018/12	초기	10,450	-	2.21	-70.1%	-4.18	202.7
코나아이	2019/12	초기	14,600	-	3.10	-8.6%	41.68	5.5
코너스톤네트웍스	2018/12	재기	437	-	0.92	-7.8%	23.92	-31.5
코너스톤네트웍스	2019/12	초기	953	-	3.38	-188.1%	-53.40	165.4
코닉글로리	2018/12	초기	450	-	2.91	-51.2%	0.36	-2.9
코닉글로리	2019/12	초기	1,330	-	7.22	-30.4%	24.33	38.8
코다코	2018/12	재기	2,180	-	0.94	-21.2%	-9.42	-1.1
코다코	2019/12	초기	2,195	-	1.74	-24.4%	-12.52	-16.5

회사명	회계 년도	성장 단계	Price	PER	PBR	ROE	매출액 증가율	유형자산 증가율
코데즈컴바인	2018/12	성장	2,780	23.97	3.29	13.7%	31.61	42.1
코데즈컴바인	2019/12	성장	2,820	15.41	2.74	17.8%	21.03	137.3
코드네이처	2018/12	초기	1,280	–	4.94	−119.2%	152.59	535.5
코드네이처	2019/12	초기	2,980	–	6.36	−25.4%	649.75	10,437.2
코디	2018/12	초기	3,590	–	1.86	−63.8%	20.24	40.1
코디	2019/12	초기	3,590	–	1.45	−16.0%	93.20	−60.8
코디엠	2018/12	초기	743	–	1.82	−26.5%	−51.77	102.3
코디엠	2019/12	초기	522	–	1.30	0.7%	−66.91	−35.6
코렌	2018/12	성숙	1,305	4.91	1.27	25.9%	−5.09	−27.5
코렌	2019/12	초기	1,875	–	1.57	−17.8%	−11.97	122.9
코렌텍	2018/12	초기	6,080	–	2.86	−166.0%	−3.85	−51.5
코렌텍	2019/12	성장	5,630	24.16	2.09	8.7%	21.10	−8.3
코리아나화장품	2018/12	초기	4,270	–	2.26	2.3%	−0.99	0.1
코리아나화장품	2019/12	초기	3,840	–	2.04	1.1%	1.08	−4.5
코리아센터	2019/12	초기	16,950	–	2.05	2.1%	8.75	−9.1
코리아에셋투자증권	2020/03	쇠퇴	5,560	4.61	0.45	9.7%	31.53	376.3
코리아에스이	2018/12	초기	1,715	–	1.16	−2.8%	−11.55	−2.7
코리아에스이	2019/12	초기	1,655	33.78	1.09	3.2%	2.13	−3.1
코리아에프티	2018/12	재기	2,780	47.12	0.98	2.1%	16.99	−20.2
코리아에프티	2019/12	초기	2,940	26.25	1.04	4.0%	13.89	3.9
코맥스	2018/12	재기	4,130	19.30	0.95	4.9%	2.14	−0.8
코맥스	2019/12	재기	4,245	15.84	0.92	5.8%	−1.18	−1.4
코메론	2018/12	쇠퇴	7,600	5.86	0.57	9.7%	−1.78	−0.1
코메론	2019/12	쇠퇴	8,550	6.29	0.60	9.5%	−5.50	−1.3
코미코	2018/12	성숙	21,350	6.42	1.84	28.7%	36.08	133.8
코미코	2019/12	성숙	27,900	10.75	2.01	18.7%	−6.22	17.8
코미팜	2018/12	초기	20,300	–	14.10	−16.0%	−1.74	−4.1
코미팜	2019/12	초기	15,250	–	13.13	−21.1%	3.71	−4.9
코세스	2018/12	성숙	5,160	9.47	4.19	44.2%	60.08	138.0
코세스	2019/12	성장	8,730	22.79	5.47	24.0%	0.10	0.7
코센	2018/12	초기	1,565	–	2.90	−45.6%	−4.51	2.1
코센	2019/12	초기	1,050	–	12.45	−950.1%	−0.61	−4.9
코스나인	2018/12	초기	902	–	2.61	−317.4%	−73.44	−99.9
코스나인	2019/12	초기	1,845	–	6.92	−1108.9%	133.27	9,971.7

회사명	회계 년도	성장 단계	Price	PER	PBR	ROE	매출액 증가율	유형자산 증가율
코스맥스엔비티	2018/12	성장	16,400	15.83	2.88	18.2%	20.15	-1.9
코스맥스엔비티	2019/12	초기	6,570	20.40	1.10	5.4%	0.36	-4.9
코스메카코리아	2018/12	성장	32,500	32.80	2.80	8.5%	30.52	42.8
코스메카코리아	2019/12	재기	11,350	16.50	0.92	5.6%	-5.75	13.3
코스온	2018/12	초기	10,150	–	1.79	-3.0%	-2.27	-4.1
코스온	2019/12	초기	6,330	–	1.30	-3.1%	4.48	30.2
코썬바이오	2018/12	초기	2,220	–	1.09	-78.7%	-62.95	-5.5
코썬바이오	2019/12	초기	1,060	–	7.13	-1204.9%	-38.69	-18.2
코아스템	2018/12	초기	12,000	–	3.70	-7.8%	6.45	3.4
코아스템	2019/12	초기	9,050	–	3.16	-13.5%	18.24	22.0
코아시아	2018/12	재기	5,100	–	0.97	-17.9%	15.27	-38.2
코아시아	2019/12	성숙	6,300	8.17	1.09	13.3%	1,581.13	19,576.1
코엔텍	2018/12	성숙	7,640	10.49	2.97	28.3%	19.86	-8.6
코엔텍	2019/12	성장	9,930	20.47	3.96	19.3%	10.68	-6.4
코오롱생명과학	2018/12	초기	74,500	–	1.95	-11.6%	12.34	15.3
코오롱생명과학	2019/12	초기	18,050	–	2.08	-93.4%	11.95	7.0
코오롱티슈진	2018/12	초기	43,150	–	4.01	-24.6%	18.58	2.3
코오롱티슈진	2019/12	초기	8,010	–	1.06	-53.3%	-19.34	178.6
코웰패션	2018/12	성숙	4,755	8.48	2.13	25.1%	13.04	0.4
코웰패션	2019/12	성숙	5,640	9.76	2.17	22.3%	19.56	13.5
코위버	2018/12	쇠퇴	7,220	6.04	0.73	12.1%	1.06	56.8
코위버	2019/12	쇠퇴	8,840	4.07	0.76	18.6%	105.54	-18.1
코원테크	2019/12	말기	25,150	11.57	0.18	1.5%	18.57	100.9
코이즈	2018/12	초기	1,910	–	1.62	-82.4%	-19.28	-3.4
코이즈	2019/12	초기	1,355	–	1.13	1.1%	90.17	-16.0
코콤	2018/12	성숙	6,750	8.07	1.09	13.5%	14.34	4.0
코콤	2019/12	성숙	6,550	13.23	1.01	7.6%	-18.16	-1.1
코텍	2018/12	쇠퇴	13,900	5.90	0.77	13.1%	5.84	-1.3
코텍	2019/12	쇠퇴	12,850	5.84	0.65	11.1%	-17.70	4.9
코프라	2018/12	말기	2,865	12.57	0.60	4.8%	16.18	-6.3
코프라	2019/12	재기	3,725	14.16	0.75	5.3%	-6.26	-5.8
콜마비앤에이치	2018/12	성장	19,950	13.55	3.16	23.3%	12.43	20.0
콜마비앤에이치	2019/12	성장	27,750	17.10	3.62	21.2%	14.40	36.8
큐렉소	2018/12	초기	6,440	–	3.36	-47.1%	1.21	165.1

회사명	회계년도	성장단계	Price	PER	PBR	ROE	매출액 증가율	유형자산 증가율
큐렉소	2019/12	초기	4,745	–	4.04	−66.1%	1.47	−29.8
큐로컴	2018/12	초기	1,290	–	2.18	−37.6%	−8.71	−18.7
큐로컴	2019/12	초기	1,830	–	4.22	−38.5%	−0.97	−25.1
큐로홀딩스	2018/12	초기	597	–	2.27	−47.4%	83.25	−4.6
큐로홀딩스	2019/12	초기	954	–	2.81	−25.9%	−1.23	63.7
큐리언트	2018/12	초기	19,900	–	3.87	−41.0%	0	−38.9
큐브앤컴퍼니	2018/12	초기	4,470	–	6.75	−31.1%	−42.61	45.1
큐브앤컴퍼니	2019/12	초기	2,890	–	3.79	−36.4%	−34.38	17.1
큐브엔터테인먼트	2018/12	초기	3,300	–	5.69	7.1%	36.77	−12.3
큐브엔터테인먼트	2019/12	성장	4,110	–	7.69	7.2%	−10.10	560.3
큐에스아이	2018/12	재기	4,500	–	0.78	−5.0%	−16.81	−5.2
큐에스아이	2019/12	초기	13,500	–	2.20	1.9%	20.48	−3.2
큐캐피탈파트너스	2018/12	재기	621	–	0.80	−13.4%	−64.11	−41.1
큐캐피탈파트너스	2019/12	재기	699	18.89	0.88	4.7%	144.10	1,280.1
크로바하이텍	2018/12	초기	1,955	–	1.21	−109.6%	−21.33	−9.7
크로바하이텍	2019/12	초기	1,490	–	2.13	−47.6%	−36.84	−54.1
크루셜텍	2018/12	재기	952	–	0.31	−33.0%	−51.57	−8.8
크루셜텍	2019/12	초기	918	–	2.19	−415.3%	−22.72	9.2
크리스에프앤씨	2018/12	말기	25,150	8.15	0.25	3.1%	−7.89	−4.2
크리스에프앤씨	2019/12	성숙	18,950	8.95	1.08	12.0%	0.76	10.4
크리스탈지노믹스	2018/12	초기	17,300	–	2.59	2.8%	63.56	−2.4
크리스탈지노믹스	2019/12	초기	14,800	–	4.19	−26.6%	−68.34	8.9
크린앤사이언스	2018/12	성숙	12,800	11.65	2.36	20.2%	23.51	32.4
크린앤사이언스	2019/12	성장	27,600	21.30	4.52	21.2%	24.22	84.8
클래시스	2018/12	성장	4,085	16.81	5.06	30.1%	35.56	43.7
클래시스	2019/12	성장	14,150	26.55	10.42	39.2%	70.62	10.9
클리오	2018/12	초기	14,450	–	1.95	−4.8%	−3.23	40.4
클리오	2019/12	초기	21,950	–	2.73	0.0%	34.24	18.9
키네마스터	2018/12	초기	2,575	–	1.55	−32.0%	20.90	−51.9
키네마스터	2019/12	초기	13,000	–	8.26	−4.3%	60.21	22.0
키움제5호기업인수목적	2019/12	초기	2,030	–	1.02	0.6%	0	0.0
키이스트	2018/12	초기	2,640	–	3.79	−29.7%	−29.31	−13.5
키이스트	2019/12	초기	2,420	–	4.68	−14.1%	91.88	3.0
타이거일렉	2018/12	말기	4,080	11.86	0.62	5.3%	0.90	15.3

회사명	회계년도	성장단계	Price	PER	PBR	ROE	매출액증가율	유형자산증가율
타이거일렉	2019/12	재기	5,480	21.49	0.80	3.7%	3.90	17.8
탑엔지니어링	2018/12	쇠퇴	7,070	7.63	0.64	8.4%	28.46	5.6
탑엔지니어링	2019/12	쇠퇴	10,050	3.79	0.72	19.0%	11.69	−0.4
태광	2018/12	재기	11,700	29.62	0.74	2.5%	−13.85	−2.3
태광	2019/12	재기	10,200	24.11	0.63	2.6%	19.61	5.1
태양	2018/12	재기	10,100	47.42	0.61	1.3%	−13.21	5.9
태양	2019/12	말기	7,900	8.67	0.45	5.2%	3.71	−3.8
태웅	2018/12	재기	10,500	−	0.35	−5.4%	−4.87	−1.3
태웅	2019/12	재기	8,890	−	0.31	−6.0%	29.18	−4.3
태웅로직스	2019/12	성숙	5,110	9.39	2.15	22.8%	19.49	14.9
테고사이언스	2018/12	초기	35,550	−	3.11	−2.4%	−9.68	0.1
테고사이언스	2019/12	초기	23,450	−	4.00	2.0%	−19.25	−2.5
테라사이언스	2018/12	초기	1,750	−	3.50	−7.4%	−19.21	6.1
테라사이언스	2019/12	초기	1,195	−	2.24	−4.3%	−16.72	−0.1
테라셈	2018/12	초기	990	−	1.99	−71.0%	−9.95	−13.7
테라셈	2019/12	초기	2,835	−	2.78	−26.8%	−24.20	−16.0
테라젠이텍스	2018/12	초기	10,400	−	4.17	−15.2%	−4.98	2.3
테라젠이텍스	2019/12	성숙	8,380	6.09	2.01	33.0%	4.91	5.3
테스	2018/12	성숙	12,150	5.64	1.25	22.1%	4.12	−7.5
테스	2019/12	초기	25,000	47.80	2.45	5.1%	−38.04	−8.3
테스나	2018/12	성숙	19,400	7.97	1.65	20.8%	38.31	14.0
테스나	2019/12	성장	51,000	18.83	2.16	11.5%	48.36	157.0
테크윙	2018/12	성숙	9,170	7.66	1.16	15.2%	−0.67	6.3
테크윙	2019/12	초기	13,900	36.58	1.70	4.6%	−12.81	−1.7
텔레칩스	2018/12	성숙	8,600	11.53	1.40	12.1%	3.06	376.0
텔레칩스	2019/12	성장	10,550	15.91	1.74	10.9%	4.70	4.0
텔레필드	2018/12	초기	2,665	−	1.19	−68.1%	−18.63	−1.1
텔레필드	2019/12	성장	3,410	15.50	1.44	9.3%	22.49	−9.6
텔콘알에프제약	2018/12	초기	8,280	−	6.14	−5.5%	61.46	451.7
텔콘알에프제약	2019/12	초기	4,860	−	4.54	−46.5%	6.79	−3.4
토박스코리아	2018/12	초기	848	−	1.85	−22.6%	−20.19	−13.9
토박스코리아	2019/12	초기	1,355	−	2.45	0.7%	16.39	−5.5
토비스	2018/12	쇠퇴	6,690	5.76	0.65	11.3%	−17.75	6.1
토비스	2019/12	쇠퇴	9,420	6.81	0.84	12.4%	−3	−5.4

회사명	회계년도	성장단계	Price	PER	PBR	ROE	매출액증가율	유형자산증가율
토탈소프트뱅크	2018/12	성숙	2,555	7.81	2.58	33.1%	19.32	−0.1
토탈소프트뱅크	2019/12	성숙	3,175	10.55	2.45	23.3%	1.61	−0.6
톱텍	2018/12	재기	7,670	14.13	0.86	6.1%	−74.82	−6.1
톱텍	2019/12	초기	9,990	−	1.12	1.1%	−42.17	15.4
투비소프트	2018/12	초기	5,400	−	2.52	−68.5%	8.83	−83.2
투비소프트	2019/12	초기	2,630	−	1.73	−34.6%	6.99	110.4
트루윈	2018/12	초기	4,150	−	2.62	−7.4%	−4.92	−9.0
트루윈	2019/12	초기	6,040	−	3.57	−16.9%	−12.15	−21.3
특수건설	2018/12	재기	5,530	−	0.65	0.8%	31.39	138.2
특수건설	2019/12	초기	6,370	−	1.11	0.9%	8.69	41.2
티라유텍	2019/12	재기	14,850	22.99	0.37	1.6%	0	0.0
티로보틱스	2018/12	성숙	9,450	7.99	1.30	16.3%	−4.06	30.9
티로보틱스	2019/12	초기	10,700	−	1.94	−8.8%	−22.45	48.9
티비씨	2018/12	재기	575	15.97	0.54	3.4%	−3.73	−4.3
티비씨	2019/12	초기	1,210	20.86	1.11	5.3%	21.49	−0.8
티사이언티픽	2018/12	초기	1,730	20.84	1.31	6.3%	−88.25	−19.6
티사이언티픽	2019/12	초기	1,405	26.02	1.34	5.1%	47.50	−1.0
티씨케이	2018/12	성숙	40,400	10.07	2.74	27.2%	30.86	1.9
티씨케이	2019/12	성장	65,900	16.43	3.69	22.5%	0.50	37.6
티앤알바이오팹	2018/12	초기	8,910	−	1.92	−14.7%	140.25	41.7
티앤알바이오팹	2019/12	초기	10,000	−	3.40	−25.6%	32.11	8.7
티에스이	2018/12	쇠퇴	6,530	5.27	0.54	10.2%	5.84	19.8
티에스이	2019/12	성숙	13,800	10.66	1.03	9.7%	7.28	4.2
티에스인베스트먼트	2018/12	성숙	2,350	12.70	1.91	15.0%	117.18	29.1
티에스인베스트먼트	2019/12	성숙	2,570	12.60	1.82	14.5%	3.11	33.0
티엘아이	2018/12	재기	4,340	−	0.72	−42.9%	−28.22	−8.1
티엘아이	2019/12	재기	4,995	18.43	0.77	4.2%	−14.74	−4.9
티움바이오	2019/12	초기	17,650	−	3.91	−7.8%	0	0.0
티제이미디어	2018/12	재기	3,425	−	0.64	−3.8%	−18.77	10.6
티제이미디어	2019/12	재기	3,320	−	0.62	0.9%	10.37	14.2
티케이케미칼	2018/12	쇠퇴	2,770	8.42	0.97	11.6%	10.45	−11.3
티케이케미칼	2019/12	재기	2,215	20.14	0.74	3.7%	−22.35	−2.4
티플랙스	2018/12	재기	2,890	33.22	0.85	2.6%	3.37	−0.4
티플랙스	2019/12	재기	2,350	25.82	0.59	2.3%	7.85	23.0

회사명	회계년도	성장단계	Price	PER	PBR	ROE	매출액증가율	유형자산증가율
티피씨	2018/12	재기	2,770	–	0.46	0.9%	2.36	-2.9
티피씨	2019/12	재기	2,480	40.00	0.43	1.1%	-9.85	9.7
티피씨메카트로닉스	2018/12	성장	3,765	14.71	1.84	12.5%	-7.11	-3.6
티피씨메카트로닉스	2019/12	초기	4,055	–	2.01	-9.3%	-1.44	-2.3
팅크웨어	2018/12	재기	7,800	49.68	0.60	1.2%	-2.50	-7.1
팅크웨어	2019/12	재기	7,140	23.49	0.53	2.3%	-8.56	-1.7
파나진	2018/12	초기	4,545	–	9.03	-25.6%	4.18	-3.6
파나진	2019/12	성장	2,345	21.51	3.77	17.5%	3.20	-3.4
파라다이스	2018/12	초기	18,850	–	1.75	0.9%	3.01	40.7
파라다이스	2019/12	초기	19,750	–	1.80	2.3%	5.16	-1.5
파라텍	2018/12	초기	5,500	–	1.12	0.5%	-26.38	277.6
파라텍	2019/12	초기	4,565	–	1.47	-57.2%	-33.86	53.8
파루	2018/12	초기	2,750	–	2.62	-87.5%	39.10	-3.4
파루	2019/12	초기	2,130	–	1.71	0.3%	51.81	10.3
파마리서치프로덕트	2018/12	초기	33,650	22.02	1.68	7.6%	17.76	103.7
파마리서치프로덕트	2019/12	성장	36,400	20.08	1.72	8.6%	28.62	12.7
파멥신	2018/12	초기	80,000	–	6.62	-9.8%	0	0.0
파멥신	2019/12	초기	38,650	–	3.90	-14.2%	0	220.0
파버나인	2018/12	재기	4,360	37.59	0.85	2.3%	-2.71	-4.3
파버나인	2019/12	초기	5,430	–	1.33	-28.1%	-14.43	-4.3
파세코	2018/12	재기	4,620	13.59	0.97	7.2%	23.19	1.2
파세코	2019/12	성장	8,900	14.40	1.75	12.2%	20.75	1.4
파수	2018/12	성장	3,245	28.72	2.25	7.8%	-11.60	-20.9
파수	2019/12	초기	3,680	–	3.82	-44.8%	5.22	95.7
파워넷	2018/12	쇠퇴	3,410	8.04	0.84	10.4%	-4.67	3.1
파워넷	2019/12	쇠퇴	4,210	9.95	0.99	10.0%	9.99	10.9
파워로직스	2018/12	성숙	6,330	9.62	1.31	13.6%	3.78	-10.4
파워로직스	2019/12	성숙	10,200	9.64	1.76	18.2%	53.59	22.0
파이오링크	2018/12	초기	4,385	–	1.01	1.3%	46.74	-5.9
파이오링크	2019/12	성숙	8,190	9.44	1.61	17.1%	28.37	42.7
파인디앤씨	2018/12	초기	2,105	–	1.24	1.1%	-3	-8.8
파인디앤씨	2019/12	초기	2,110	–	1.39	-11.0%	23.66	-7.1
파인디지털	2018/12	재기	3,750	–	0.51	0.4%	15.65	-5.1
파인디지털	2019/12	재기	3,980	18.95	0.52	2.7%	18.86	-3.6

회사명	회계 년도	성장 단계	Price	PER	PBR	ROE	매출액 증가율	유형자산 증가율
파인테크닉스	2018/12	초기	1,350	–	1.50	-61.7%	-27.53	-37.1
파인테크닉스	2019/12	성장	4,140	15.11	2.95	19.5%	-11.70	-35.8
파인텍	2018/12	초기	2,245	–	1.30	-111.4%	-37.22	-13.0
파인텍	2019/12	초기	2,160	–	1.39	-8.0%	18	-7.1
파커스	2018/12	말기	3,195	9.31	0.48	5.1%	-14.61	-4.2
파커스	2019/12	재기	2,840	–	0.50	-4.7%	-9.36	-5.7
파크시스템스	2018/12	성장	40,300	45.13	7.32	16.2%	29.51	18.9
파크시스템스	2019/12	성장	40,550	33.57	6.13	18.3%	20.59	66.2
파트론	2018/12	초기	8,180	47.84	1.45	3.0%	-1.49	-8.1
파트론	2019/12	성숙	13,200	11.96	2.04	17.1%	61.43	12.3
팍스넷	2018/12	초기	7,320	–	2.01	-3.4%	-4.64	2,759.7
팍스넷	2019/12	초기	3,805	–	3.48	-247.0%	-55	45.6
판타지오	2018/12	초기	507	–	1.12	-22.5%	-3.88	-4.8
판타지오	2019/12	초기	655	–	2.42	-91.6%	46.85	47.3
팜스빌	2019/12	말기	11,700	10.58	0.55	5.2%	51.53	140.8
팜스토리	2018/12	재기	1,025	13.14	0.50	3.8%	12.20	0.2
팜스토리	2019/12	말기	1,125	11.48	0.65	5.6%	16.87	91.5
패션플랫폼	2018/12	초기	1,340	23.93	1.11	4.7%	0	0.0
패션플랫폼	2019/12	쇠퇴	1,275	7.77	0.86	11.1%	6.83	192.6
팬스타엔터프라이즈	2018/12	재기	721	–	0.95	-3.3%	-15.39	-3.6
팬스타엔터프라이즈	2019/12	초기	962	–	1.14	1.9%	31.11	75.5
팬엔터테인먼트	2018/12	초기	3,700	–	1.12	-2.3%	-69.10	-1.6
팬엔터테인먼트	2019/12	초기	5,210	–	1.53	2.5%	204.36	-1.4
팬젠	2018/12	초기	10,500	–	5.20	-23.8%	139.36	1.1
팬젠	2019/12	초기	7,770	–	6.11	-72.9%	-49.27	0.5
펄어비스	2018/12	성장	207,900	15.76	6.44	40.9%	0	0.0
펄어비스	2019/12	성장	185,200	15.95	4.33	27.1%	24.27	113.7
펌텍코리아	2019/12	성숙	18,400	11.48	1.50	13.1%	7.03	15.4
펩트론	2018/12	초기	24,400	–	4.33	-4.3%	20.10	32.9
펩트론	2019/12	초기	19,550	–	11.02	-65.2%	-53.36	6.3
평화정공	2018/12	쇠퇴	6,670	3.38	0.38	11.3%	1.85	22.5
평화정공	2019/12	말기	8,630	7.69	0.47	6.1%	-0.30	14.8
포메탈	2018/12	초기	3,620	20.45	1.01	4.9%	2.64	8.8
포메탈	2019/12	재기	2,930	15.75	0.79	5.0%	-7.01	0.7

회사명	회계년도	성장단계	Price	PER	PBR	ROE	매출액 증가율	유형자산 증가율
포비스티앤씨	2018/12	초기	1,440	–	1.05	1.0%	−84.05	−1.1
포비스티앤씨	2019/12	초기	1,535	–	1.35	−19.1%	−47.88	−90.8
포스링크	2018/12	초기	2,405	–	3.36	−57.1%	−25.99	7.7
포스코아이씨티	2018/12	초기	5,210	–	2.58	−10.8%	−2.54	−4.2
포스코아이씨티	2019/12	성장	5,290	21.08	2.32	11.0%	4.69	−19.3
포스코엠텍	2018/12	성장	6,570	19.38	3.32	17.1%	16.73	−9.9
포스코엠텍	2019/12	성장	4,780	18.82	2.36	12.5%	−4.08	−1.8
포시에스	2018/06	성숙	7,000	7.99	1.08	13.5%	39.60	6.2
포시에스	2019/06	초기	6,740	23.57	1.06	4.5%	10.82	−0.5
포시에스	2020/06	성숙	7,810	11.92	1.20	10.1%	6.53	−14.0
포인트엔지니어링	2018/12	초기	2,040	–	1.05	1.3%	0	0.0
포인트엔지니어링	2019/12	초기	2,035	–	1.83	1.6%	0	0.0
푸드나무	2018/12	재기	20,200	19.11	0.00	0.0%	0	0.0
푸드나무	2019/12	성장	16,500	25.08	2.26	9.0%	22.44	24.5
푸드웰	2018/12	초기	5,950	32.16	1.15	3.6%	−10.76	−41.9
푸드웰	2019/12	쇠퇴	6,100	2.15	0.72	33.6%	14.73	−0.1
푸른기술	2018/12	초기	20,250	–	5.46	6.1%	15.89	−3.4
푸른기술	2019/12	초기	15,850	–	3.86	2.5%	−7.50	−2.4
푸른상호저축은행	2018/12	쇠퇴	7,800	3.91	0.49	12.6%	10.74	−8.6
푸른상호저축은행	2019/12	쇠퇴	7,830	3.90	0.46	11.9%	0.82	2.0
풍강	2018/08	재기	3,355	19.28	0.54	2.8%	−4.93	6.9
풍강	2019/08	재기	3,095	28.39	0.51	1.8%	1.62	−3.0
풍강	2020/08	재기	2,800	–	0.46	0.3%	−20.64	−4.3
풍국주정공업	2018/12	초기	19,200	28.36	2.20	7.7%	−1.60	99.9
풍국주정공업	2019/12	초기	16,750	38.77	1.86	4.8%	−2.63	6.3
퓨전	2019/12	초기	5,210	–	11.21	−742.0%	−48.99	58.1
퓨쳐스트림네트웍스	2018/12	초기	1,285	–	1.09	−3.1%	36.07	9.4
퓨쳐스트림네트웍스	2019/12	재기	1,130	–	0.93	0.9%	3.69	1,650.8
퓨쳐켐	2018/12	초기	12,450	–	4.22	−66.3%	10.42	91.0
퓨쳐켐	2019/12	초기	13,850	–	6.13	−28.9%	49.24	86.8
프럼파스트	2018/12	재기	3,385	15.74	0.89	5.7%	−28.43	−4.1
프럼파스트	2019/12	재기	3,310	16.31	0.95	5.8%	−4.90	−4.6
프로스테믹스	2018/12	초기	5,420	–	7.93	−22.4%	−22.98	−9.0
프로스테믹스	2019/12	초기	3,490	–	5.66	−10.5%	47.21	8.0

회사명	회계년도	성장단계	Price	PER	PBR	ROE	매출액증가율	유형자산증가율
프로텍	2018/12	쇠퇴	12,800	4.55	0.74	16.3%	2.99	−0.6
프로텍	2019/12	쇠퇴	16,100	4.48	0.88	19.6%	16.60	0.3
프리엠스	2018/12	재기	6,270	15.18	0.85	5.6%	−5.26	−1.4
프리엠스	2019/12	재기	5,760	46.08	0.77	1.7%	−32.15	−0.1
플랜티넷	2018/12	재기	4,395	36.32	0.68	1.9%	1.07	−4.5
플랜티넷	2019/12	재기	4,555	18.98	0.73	3.8%	−39.36	−7.3
플레이위드	2018/12	초기	6,900	−	8.29	−264.3%	−0.92	−7.9
플레이위드	2019/12	성숙	17,500	7.65	4.09	53.5%	374.23	78.7
플리토	2019/12	재기	17,900	−	0.16	−1.2%	−43	2,134.0
피델릭스	2018/12	성숙	1,740	10.30	1.56	15.2%	23.35	−6.3
피델릭스	2019/12	초기	1,605	−	1.20	−3.9%	−25.72	26.5
피씨디렉트	2018/12	성숙	4,540	10.29	1.01	9.8%	5.56	24.5
피씨디렉트	2019/12	성장	10,750	21.76	2.38	11.0%	16.06	−34.9
피씨엘	2018/12	초기	9,600	−	8.87	−59.7%	−74.60	55.8
피씨엘	2019/12	초기	8,060	−	12.69	−138.7%	−72.14	2.8
피아이첨단소재	2018/12	성장	33,200	27.88	4.28	15.3%	13.45	27.0
피아이첨단소재	2019/12	성장	35,000	−	4.35	7.5%	−8.88	0.6
피앤씨테크	2018/12	재기	8,400	23.40	0.96	4.1%	−23.65	3.2
피앤씨테크	2019/12	말기	5,540	12.94	0.61	4.7%	−6.03	−0.6
피앤이솔루션	2018/12	성장	11,750	16.23	2.78	17.2%	42.14	−32.3
피앤이솔루션	2019/12	성숙	10,850	10.49	2.09	19.9%	37.83	48.5
피에스엠씨	2018/03	초기	744	−	1.48	−0.2%	0	0.0
피에스엠씨	2019/03	초기	831	−	1.71	−0.6%	−4.26	−15.1
피에스엠씨	2020/03	성장	687	15.27	1.28	8.4%	19.74	−2.8
피에스케이홀딩스	2018/12	쇠퇴	12,300	4.77	0.97	20.3%	20.79	66.3
피에스케이홀딩스	2019/12	쇠퇴	8,540	4.94	0.89	18.0%	−89.59	−70.3
피에스텍	2018/12	재기	4,675	47.22	0.66	1.4%	−12.96	−0.9
피에스텍	2019/12	재기	4,030	33.31	0.57	1.7%	−17.99	−2.2
피엔티	2018/12	초기	10,700	34.63	1.17	3.4%	59.51	32.8
피엔티	2019/12	초기	7,210	−	1.58	−3.1%	24.76	151.6
피엔풍년	2018/12	재기	2,245	17.68	0.69	3.9%	−7.85	7.6
피엔풍년	2019/12	쇠퇴	2,230	3.86	0.59	15.4%	−11.72	−14.2
피제이메탈	2018/12	성장	2,150	16.54	1.44	8.7%	11.15	−7.8
피제이메탈	2019/12	초기	2,720	32.00	1.84	5.8%	−5.28	−7.2

회사명	회계년도	성장단계	Price	PER	PBR	ROE	매출액증가율	유형자산증가율
피제이전자	2018/12	말기	4,475	9.46	0.44	4.6%	2.65	6.9
피제이전자	2019/12	재기	5,150	15.80	0.74	4.7%	−1.82	−2.4
피피아이	2019/12	성장	9,710	28.64	3.65	12.8%	27.58	−8.2
픽셀플러스	2018/12	재기	6,040	−	0.60	−13.7%	−31.01	741.1
픽셀플러스	2019/12	재기	3,970	−	0.43	−9.6%	−6.61	5.9
필로시스헬스케어	2018/12	초기	1,700	−	2.07	−88.9%	−54.72	−12.9
필로시스헬스케어	2019/12	초기	1,360	−	2.20	−103.6%	26.56	−0.2
필옵틱스	2018/12	초기	7,330	−	2.20	−48.7%	−80.16	2.4
필옵틱스	2019/12	초기	10,450	−	3.55	−31.4%	152.86	25.3
하나마이크론	2018/12	재기	3,795	13.27	0.66	5.0%	23.14	−2.6
하나마이크론	2019/12	재기	5,590	18.33	0.91	4.9%	−6.42	15.6
하나머스트제6호기업인수목적	2019/12	초기	2,065	−	1.14	1.1%	0	0.0
하나머티리얼즈	2018/12	성숙	12,050	6.37	2.08	32.6%	70.59	89.5
하나머티리얼즈	2019/12	성숙	18,950	13.34	2.71	20.3%	−11.81	5.5
하림	2018/12	재기	2,800	−	0.83	−2.6%	−4.44	27.0
하림	2019/12	재기	2,825	−	0.97	−16.1%	−2.80	3.7
하림지주	2018/12	재기	11,500	−	0.74	0.5%	3.08	45,563.5
하림지주	2019/12	재기	8,570	−	0.73	0.2%	6.18	19.4
하이로닉	2018/12	초기	4,485	−	1.57	2.9%	−2.93	8.5
하이로닉	2019/12	성장	5,600	22.31	1.86	8.3%	−5.80	−1.3
하이록코리아	2018/12	재기	16,450	21.14	0.71	3.4%	−34.40	0.1
하이록코리아	2019/12	재기	19,200	20.15	0.82	4.1%	13.94	−3.2
하이비전시스템	2018/12	성숙	8,800	5.22	1.18	22.5%	6.15	66.0
하이비전시스템	2019/12	성장	12,500	18.38	1.55	8.5%	−30.49	2.5
하이소닉	2019/12	초기	4,200	−	7.37	−443.2%	−34.39	−43.0
하이즈항공	2018/12	초기	5,300	−	1.33	2.3%	11.60	0.1
하이즈항공	2019/12	초기	4,920	22.06	1.19	5.4%	15.56	−2.1
하이텍팜	2018/12	초기	17,400	47.28	1.20	2.5%	0.51	11.7
하이텍팜	2019/12	재기	11,300	−	0.82	−4.3%	−5	−3.6
하츠	2018/12	재기	3,755	30.78	0.61	2.0%	1.59	−1.4
하츠	2019/12	초기	7,500	38.66	1.18	3.1%	8.47	−4.9
한국가구	2018/12	말기	20,400	10.70	0.46	4.3%	25.14	−1.0
한국가구	2019/12	재기	4,180	26.29	0.19	0.7%	−7.20	−0.5
한국경제티브이	2018/12	쇠퇴	3,885	6.72	0.84	12.5%	32.11	−38.4

회사명	회계 년도	성장 단계	Price	PER	PBR	ROE	매출액 증가율	유형자산 증가율
한국경제티브이	2019/12	쇠퇴	4,715	8.65	0.93	10.7%	−5.57	326.9
한국기업평가	2018/12	성장	51,800	18.85	2.94	15.6%	5.51	70.7
한국기업평가	2019/12	성장	58,500	15.39	4.51	29.3%	10.38	−33.2
한국맥널티	2018/12	초기	11,150	−	2.07	1.8%	−2.45	4.2
한국맥널티	2019/12	초기	9,060	−	1.71	−2.6%	8.38	3.9
한국바이오젠	2019/12	재기	6,820	−	0.61	−1.9%	12.73	26.7
한국비엔씨	2018/12	초기	2,045	−	1.04	1.2%	0	0.0
한국비엔씨	2019/12	초기	1,725	−	3.12	−25.7%	0	0.0
한국선재	2018/12	쇠퇴	2,750	9.75	0.77	7.9%	11.37	−0.5
한국선재	2019/12	재기	3,045	27.43	0.84	3.1%	−11.61	2.1
한국아트라스비엑스	2018/12	성숙	52,000	3.90	1.54	39.5%	4.43	1.6
한국아트라스비엑스	2019/12	성숙	51,100	3.79	1.30	34.2%	−2.52	2.4
한국알콜산업	2018/12	쇠퇴	7,170	4.27	0.60	14.0%	20.72	13.5
한국알콜산업	2019/12	쇠퇴	7,520	6.62	0.58	8.7%	−3.94	3.0
한국유니온제약	2018/12	쇠퇴	13,250	11.20	0.98	8.8%	7.51	36.6
한국유니온제약	2019/12	초기	13,900	−	1.44	1.1%	−6.22	90.4
한국전자금융	2018/12	성장	8,990	17.36	2.34	13.5%	36.46	73.4
한국전자금융	2019/12	초기	7,800	41.94	2.06	4.9%	6.91	16.4
한국전자인증	2018/12	성장	4,000	26.32	2.58	9.8%	−1.25	−4.6
한국전자인증	2019/12	초기	4,475	−	2.46	4.8%	8.02	−14.7
한국전파기지국	2018/12	재기	2,520	−	0.20	0.2%	−20.66	0.8
한국전파기지국	2019/12	초기	3,280	−	2.65	3.6%	30.84	3.4
한국정밀기계	2018/12	재기	2,410	−	0.35	−32.3%	−4.05	−5.0
한국정밀기계	2019/12	재기	2,720	−	0.41	−2.2%	5.58	−5.5
한국정보공학	2018/12	재기	3,240	−	0.65	−25.2%	14.22	−2.8
한국정보공학	2019/12	말기	3,045	12.33	0.58	4.7%	−8.13	11.6
한국정보인증	2018/12	성장	3,775	14.98	1.63	10.9%	7.72	33.5
한국정보인증	2019/12	성장	3,785	15.08	1.48	9.8%	9.45	0.7
한국정보통신	2018/12	성장	9,340	13.88	1.98	14.2%	17.87	−35.8
한국정보통신	2019/12	성숙	6,870	11.43	1.34	11.7%	12.22	−32.1
한국제7호기업인수목적	2019/12	초기	2,065	−	1.12	0.8%	0	0.0
한국제8호기업인수목적	2019/12	초기	2,050	−	1.09	1.0%	0	0.0
한국캐피탈	2018/12	말기	607	5.95	0.41	6.9%	52.18	−0.9
한국캐피탈	2019/12	쇠퇴	545	4.62	0.34	7.4%	25.86	65.9

회사명	회계 년도	성장 단계	Price	PER	PBR	ROE	매출액 증가율	유형자산 증가율
한국컴퓨터	2018/12	재기	2,385	25.92	0.39	1.5%	−77.83	−5.2
한국컴퓨터	2019/12	재기	3,060	−	0.51	−2.4%	−7.71	−19.0
한국코퍼레이션	2018/12	초기	3,050	−	2.06	−50.0%	−0.91	−5.5
한국코퍼레이션	2019/12	초기	2,035	−	2.17	−25.0%	−8.94	6.9
한국큐빅	2018/12	재기	2,330	19.26	0.56	2.9%	1.49	−2.8
한국큐빅	2019/12	말기	2,725	10.02	0.62	6.2%	16.55	−50.2
한국테크놀로지	2018/12	초기	642	−	1.80	−182.2%	20.02	−19.5
한국테크놀로지	2019/12	초기	1,970	−	9.43	−97.7%	−59.92	242.2
한국팩키지	2018/12	초기	1,855	26.13	1.12	4.3%	−0.21	−3.5
한국팩키지	2019/12	초기	2,165	30.07	1.41	4.7%	2.68	5.4
한글과컴퓨터	2018/12	초기	13,000	49.81	1.72	3.4%	1.95	2.9
한글과컴퓨터	2019/12	성숙	10,000	12.55	1.08	8.6%	3.85	−25.7
한네트	2018/12	재기	2,560	26.95	0.86	3.2%	−1.58	−8.7
한네트	2019/12	초기	3,095	31.58	1.06	3.3%	−4.50	−9.1
한독크린텍	2019/12	성숙	15,550	9.71	1.69	17.4%	22.04	28.2
한라아이엠에스	2018/12	초기	7,000	30.70	1.10	3.6%	−7.50	20.7
한라아이엠에스	2019/12	초기	7,580	20.65	1.16	5.6%	48.14	20.4
한류타임즈	2018/03	재기	1,220	−	0.77	−52.3%	−11.09	16.7
한류타임즈	2019/03	초기	1,250	−	2.07	−167.4%	−9.80	8.5
한빛소프트	2018/12	초기	3,100	−	3.83	−13.5%	−6.66	−24.0
한빛소프트	2019/12	초기	3,395	−	5.53	−33.3%	7.60	32.5
한솔인티큐브	2018/12	초기	2,300	−	1.42	−10.3%	37.65	−6.7
한솔인티큐브	2019/12	초기	3,000	−	2.00	−4.4%	−7.48	27.6
한송네오텍	2018/12	초기	1,875	−	4.31	−18.6%	0	0.0
한송네오텍	2019/12	초기	1,330	−	2.75	1.9%	−43.87	8.6
한스바이오메드	2018/09	초기	31,400	−	4.78	6.0%	20.91	−2.9
한스바이오메드	2019/09	성장	22,450	15.90	2.83	17.8%	37.75	49.7
한양디지텍	2018/12	말기	2,900	11.79	0.83	7.1%	20.93	−7.8
한양디지텍	2019/12	초기	5,800	−	1.98	−19.6%	−24.94	19.9
한양이엔지	2018/12	쇠퇴	12,450	3.14	0.84	26.8%	2.88	3.3
한양이엔지	2019/12	말기	12,300	12.68	0.81	6.4%	−7.35	−3.0
한일네트웍스	2018/12	성숙	5,150	11.89	1.03	8.6%	9.08	39.9
한일네트웍스	2019/12	쇠퇴	4,435	7.62	0.82	10.8%	−3.93	214.4
한일단조공업	2018/12	재기	1,395	−	0.37	−2.4%	14.45	4.2

회사명	회계년도	성장단계	Price	PER	PBR	ROE	매출액증가율	유형자산증가율
한일단조공업	2019/12	재기	1,660	–	0.47	0.8%	−7.72	2.9
한일사료	2018/12	초기	1,730	–	1.60	0.2%	5.08	−3.7
한일사료	2019/12	초기	1,825	–	1.62	−0.8%	3.91	1.8
한일진공	2018/12	재기	1,165	–	0.45	−8.2%	119.03	3.5
한일진공	2019/12	재기	974	–	0.55	−36.2%	−56.99	−4.5
한일화학공업	2018/12	재기	10,450	24.25	0.38	1.6%	6.62	6.1
한일화학공업	2019/12	재기	11,500	27.71	0.41	1.5%	−14.91	23.8
한창산업	2018/12	재기	5,510	20.11	0.56	2.8%	15.56	−0.5
한창산업	2019/12	재기	5,460	24.05	0.55	2.3%	4.85	−30.1
한컴MDS	2018/12	성장	14,600	19.62	1.56	7.9%	−3.24	7.1
한컴MDS	2019/12	성숙	11,200	6.41	1.01	15.8%	9.31	5.8
한컴위드	2018/12	재기	3,195	–	0.82	0.5%	−4.18	−21.6
한컴위드	2019/12	쇠퇴	2,780	1.46	0.44	30.0%	−1.34	3,387.1
한탑	2018/12	초기	2,330	–	1.15	−10.1%	−9.61	0.1
한탑	2019/12	초기	1,930	–	1.25	−32.7%	−13.50	1.9
한프	2018/12	초기	1,300	–	1.33	−76.5%	−39.31	−46.1
한프	2019/12	초기	770	–	1.53	−76.1%	−32.45	−41.9
해덕파워웨이	2018/12	재기	1,100	–	0.13	−1.4%	16.86	−2.7
해덕파워웨이	2019/12	재기	1,100	–	0.73	−12.4%	17.21	0.6
해마로푸드서비스	2018/12	성장	2,110	13.70	3.06	22.4%	15.46	21.1
해마로푸드서비스	2019/12	성장	2,785	25.79	3.94	15.3%	11.46	12.9
해성산업	2018/12	재기	10,450	–	0.73	0.5%	22.39	−99.6
해성산업	2019/12	재기	10,200	42.86	0.73	1.7%	35.69	21.3
해성옵틱스	2018/12	재기	2,430	–	0.72	−23.8%	−66.12	−43.1
해성옵틱스	2019/12	재기	2,295	–	0.93	−22.5%	−2.31	−13.4
핸디소프트	2018/12	초기	7,120	–	1.79	−33.5%	3.20	−4.0
핸디소프트	2019/12	재기	2,035	–	0.56	−19.7%	−16.59	−51.9
행남사	2018/12	초기	3,250	–	2.06	−43.1%	−43.37	23.8
행남사	2019/12	초기	1,770	–	1.78	−103.3%	−23.13	13.0
헬릭스미스	2019/12	초기	92,700	–	7.52	−42.4%	39.77	150.6
현대공업	2018/12	말기	2,590	6.23	0.45	7.3%	−0.45	−8.6
현대공업	2019/12	쇠퇴	3,030	4.48	0.48	10.7%	14.04	2.4
현대바이오랜드	2018/12	성장	15,850	17.53	1.70	9.7%	−4.32	−3.1
현대바이오랜드	2019/12	초기	21,050	32.99	2.29	6.9%	6.86	−2.5

회사명	회계년도	성장단계	Price	PER	PBR	ROE	매출액 증가율	유형자산 증가율
현대바이오사이언스	2018/12	성장	5,420	–	5.64	8.0%	−4.42	−11.7
현대사료	2018/12	초기	20,050	–	1.99	0.0%	20.30	2.5
현대사료	2019/12	초기	12,550	23.77	1.33	5.6%	12.73	1.7
현대통신	2018/12	성숙	10,800	5.47	1.33	24.3%	8.51	3.4
현대통신	2019/12	쇠퇴	8,020	6.48	0.92	14.2%	−17.89	−0.1
현우산업	2018/12	쇠퇴	3,185	7.21	0.66	9.1%	15.96	16.0
현우산업	2019/12	재기	3,415	20.95	0.69	3.3%	14.02	9.9
현진소재	2018/12	재기	2,050	–	0.41	−32.3%	−12.01	−8.2
형지아이앤씨	2018/12	초기	677	–	1.27	−29.9%	−4.21	−26.9
형지아이앤씨	2019/12	초기	600	–	1.04	−0.3%	−6.12	91.4
홈센타홀딩스	2018/12	초기	1,300	–	1.44	−48.5%	−19.69	0.8
홈센타홀딩스	2019/12	초기	1,350	–	1.58	−6.3%	−13.59	−0.8
홈캐스트	2018/12	초기	4,615	–	1.98	−26.8%	−33.38	−1.3
홈캐스트	2019/12	초기	4,665	–	2.17	−14.8%	−24.94	−1.3
화성밸브	2018/12	초기	13,700	32.85	1.60	4.9%	0	0.0
화성밸브	2019/12	재기	5,880	20.70	0.84	4.1%	2.85	16.7
화신정공	2018/12	재기	1,165	38.83	0.56	1.4%	5.74	−0.9
화신정공	2019/12	말기	1,280	12.93	0.59	4.5%	9.05	4.6
화일약품	2018/12	재기	6,500	17.33	0.98	5.7%	−0.38	−5.3
화일약품	2019/12	재기	6,540	27.83	0.83	3.0%	6.54	−2.0
효성오앤비	2018/06	초기	14,500	35.28	1.41	4.0%	−12.09	−2.3
효성오앤비	2019/06	초기	8,800	–	1.22	2.4%	−9.09	−3.2
효성오앤비	2020/06	재기	6,400	33.86	0.92	2.7%	6.62	−2.5
휘닉스소재	2018/12	초기	629	–	1.90	−12.7%	−59.48	−80.9
휘닉스소재	2019/12	초기	652	–	2.03	−9.0%	−13.77	−4.4
휴네시온	2018/12	초기	7,170	29.15	1.20	4.1%	0	0.0
휴네시온	2019/12	성장	4,665	24.95	1.97	7.9%	26.72	107.5
휴림로봇	2018/12	초기	1,015	–	2.89	−81.6%	−55.77	19.2
휴림로봇	2019/12	초기	1,090	–	3.20	−37.5%	−43.01	−2.8
휴마시스	2018/12	초기	1,365	–	2.35	−5.3%	13.51	5.6
휴마시스	2019/12	초기	1,390	–	2.57	−8.1%	−5.25	29.9
휴맥스	2018/12	재기	5,400	–	0.39	−25.6%	−20.88	20.5
휴맥스	2019/12	재기	5,200	–	0.40	−5.5%	−23.11	−27.6
휴맥스홀딩스	2018/12	재기	2,900	–	0.24	−10.6%	−35.46	−28.0

회사명	회계년도	성장단계	Price	PER	PBR	ROE	매출액 증가율	유형자산 증가율
휴맥스홀딩스	2019/12	재기	3,140	–	0.28	–6.0%	–18.27	–39.0
휴메딕스	2018/12	성장	27,600	31.94	2.63	8.2%	14.52	3.1
휴메딕스	2019/12	성장	23,150	25.14	2.23	8.9%	19.90	2.4
휴비츠	2018/12	성장	8,050	15.25	1.54	10.1%	8.17	–10.3
휴비츠	2019/12	성숙	8,330	13.79	1.53	11.1%	11.93	5.0
휴온스	2018/12	성장	71,600	13.45	3.69	27.4%	12.73	17.9
휴온스	2019/12	성숙	54,000	11.92	2.56	21.4%	6.30	13.9
휴온스글로벌	2018/12	초기	44,150	42.45	1.49	3.5%	7.85	108.8
휴온스글로벌	2019/12	초기	35,150	38.46	1.24	3.2%	6.25	4.5
휴젤	2018/12	성장	381,500	27.44	2.57	9.4%	71.20	9.8
휴젤	2019/12	초기	397,700	49.31	3.00	6.1%	9.99	20.5
흥구석유	2018/12	재기	2,705	16.60	0.59	3.6%	6.87	–0.4
흥구석유	2019/12	성숙	5,360	9.40	1.08	11.4%	–9.35	–7.0
흥국	2018/12	성숙	6,400	11.87	1.58	13.3%	21.51	–7.8
흥국	2019/12	성숙	4,425	12.16	1.03	8.5%	–19.93	–6.7
흥국에프엔비	2018/12	재기	6,450	14.56	0.84	5.8%	1.05	2.6
흥국에프엔비	2019/12	말기	1,780	12.71	0.22	1.7%	17.65	11.8
희림종합건축사사무소	2018/12	성장	4,625	15.26	1.36	8.9%	6.69	8.6
희림종합건축사사무소	2019/12	성장	4,285	14.14	1.21	8.5%	5.30	6.2
힘스	2018/12	재기	9,480	–	0.97	–2.0%	–61.22	–2.1
힘스	2019/12	성장	27,200	17.94	2.65	14.8%	139.92	6.9

기업성장단계 주식투자

초판 1쇄 인쇄·2021년 3월 5일
초판 1쇄 발행·2021년 3월 22일

지은이·김상정
펴낸이·이종문(李從聞)
펴낸곳·(주)국일증권경제연구소

등록·제406-2005-000029호
주소·경기도 파주시 광인사길 121 파주출판문화정보산업단지(문발동)
영업부·Tel 031)955-6050 | Fax 031)955-6051
편집부·Tel 031)955-6070 | Fax 031)955-6071

평생전화번호·0502-237-9101~3

홈페이지·www.ekugil.com
블 로 그·blog.naver.com/kugilmedia
페이스북·www.facebook.com/kugilmedia
E-mail·kugil@ekugil.com

· 값은 표지 뒷면에 표기되어 있습니다.
· 잘못된 책은 구입하신 서점에서 바꿔드립니다.

ISBN 978-89-5782-134-3(13320)